本书为

国家社科基金青年项目
"上博楚简儒籍研究"（12CZS007）

"古文字与中华文明传承发展工程"规划项目
"上博楚简儒籍考论"（G3461）

成果

武汉大学简帛丛书

上博楚简儒籍考论

梁　静　著

科学出版社
北京

内 容 简 介

上博儒籍是20世纪末上海博物馆入藏的一批战国竹简中与儒家学派有关的简文，包含《孔子诗论》《性情论》等二十篇，除少数几篇以外，都属于传世文献中未见的佚籍。本书分为上、下两编。上编是文本研究，包括综合前人意见确定竹简编连，疏通简文大意，参考竹简形制和字迹特征，恢复每篇简文原始的篇卷状态等。下编为综合研究，结合传世文献的相关记载，对简文涉及的深层问题进行探讨，分为"上博儒籍与孔子""上博儒籍与'七十子'"和"上博儒籍与儒学文献"三个主题，发掘上博儒籍提供的新信息，探讨儒学文献流传中的各种现象，反思判断出土文献学派属性的标准等问题。

图书在版编目（CIP）数据

上博楚简儒籍考论 / 梁静著. —北京：科学出版社，2022.12
（武汉大学简帛丛书）
ISBN 978-7-03-073992-6

Ⅰ. ①上… Ⅱ. ①梁… Ⅲ. ①竹简文-研究-中国-战国时代 ②儒家-古籍-研究 Ⅳ. ①K877.54 ②B222.05

中国版本图书馆CIP数据核字（2022）第223810号

责任编辑：王光明　郝莎莎 / 责任校对：邹慧卿
责任印制：肖　兴 / 封面设计：张　放

科 学 出 版 社 出版
北京东黄城根北街 16 号
邮政编码：100717
http://www.sciencep.com
中国科学院印刷厂 印刷
科学出版社发行　各地新华书店经销

*

2022年12月第 一 版　开本：787×1092　1/16
2022年12月第一次印刷　印张：21 3/4
字数：480 000

定价：**198.00元**
（如有印装质量问题，我社负责调换）

凡　例

（1）本书校读侧重于对简文内容的梳理，为行文方便，释文多用通行字，如"亓"直接写为"其"。读法确定的，释文径录所读之字。根据文意补出的缺文、残文，外加"〔〕"表示。简文误字、衍字，外加"〈〉"表示。

（2）释文中简号下标于该简末字后。

（3）简文中有与他篇竹简连读的，一般用该篇原名中的一个或若干个字来指代，如"港3"表示香港中文大学收藏的3号竹简，"内附"表示《内礼》附简。特殊的命名会单独说明。

（4）说明简序时，前后两简可以连读的，简号之间用顿号，不能连读的，简号之间用逗号；可以拼接的，简号间用"+"连接，外加"〔〕"。

（5）为尽量展示简文的抄写原貌，简文的分章多以本身标识符号为据，并非完全根据文意，有的存在字数不平均的情况，如《性情论》等篇。

（6）简文使用的墨识符号原则上不写在释文中，一些比较特殊、值得注意的符号，用脚注的形式标于相应的文字之后。

（7）为使行文简洁，引述上博简原整理意见时文中直接称"整理者"，不再出注，引述前人观点时，统一不加"先生""老师"等称呼，敬请谅解。

自序　出土文献与早期儒学

　　春秋战国时期是子学时代。在先秦诸子的研究中，早期儒学——即以孔子和孔门弟子为代表的先秦儒家学派及其学说的研究，有着特殊的意义。

　　这不仅由于儒家对传统文化的深刻影响及其在后世的重要地位，更重要的是，在先秦诸子中，儒家保存了更多关于早期面貌的记录。有关孔门师弟生平事迹言行等记载，散见于春秋到秦汉的古籍之中，既包括"六艺"之书，又包括儒门传记及儒门后学的著作（如《礼记》《孔子家语》），还包括其他诸子的称引、评论和史书记载等儒门之外的材料（如《庄子》《墨子》《史记》《汉书》等）。

　　这些记载非常丰富，孔子给学生"上课"的内容和方式，师生关于为政、理想和人生的讨论，孔子一生的重要事件，对时人及先贤的品评，孔门"七十子"的名籍等，基本都被记录在案[①]。与之相比，其他学派的早期传授情况往往不够明晰，若干代表人物之间常存在断层。因而，在先秦学术史的研究中，儒家正好可以作为一个范本，让我们得以管窥先秦学派样貌之一斑。

　　然而关于早期儒学的系统研究，虽然自司马迁撰《史记》之《孔子世家》《仲尼弟子列传》以来从未中断，却多集中于孔子本身。对于孔孟之间的"七十子"，则正如李零所说，"太不重视，认为《礼记》是汉代文献，《论语》以外，免谈孔子，老是用'孔—孟—荀'三段式讲早期儒家，把本来最重要的一段给忽略掉了"[②]。究其原因，恐怕与三个因素分不开。

　　首先，是"道统"说的影响。"道统"之说，源出《孟子·尽心下》："由尧舜至于汤五百有余岁，若禹、皋陶，则见而知之；若汤，则闻而知之。由汤至于文王五百有余岁，若伊尹、莱朱，则见而知之；若文王，则闻而知之。由文王至于孔子五百有余岁，若太公望、散宜生，则见而知之；若孔子，则闻而知之。由孔子而来至于今百有余岁，去圣人之世若此其未远也；近圣人之居若此其甚也，然而无有乎尔，则亦无有乎尔。"文中虽未明确提出"道统"一词，但儒家推崇的"道"自尧、舜、

---

　　①　见《史记·仲尼弟子列传》和《孔子家语·七十二弟子解》。

　　②　李零：《郭店楚简校读记·前言》，中国人民大学出版社，2007年，2页；初以《重见"七十子"》为题发表于《读书》2002年4期，37—42页。

汤、文王、孔子的传授过程，已见端倪。

孟子最后的一句"然而无有乎尔，则亦无有乎尔"，应看作是孟子对儒学传承的忧虑还是"自以当之"，旧注虽然并未统一，后世儒学将孟子地位提升到仅次于孔子的"亚圣"之位却无可怀疑。宋冬梅指出，孔、孟并称由魏晋始，中唐时期韩愈在孟子思想中发现了很多与孔子相合的内容，并且有抑制藩镇割据和佛教发展的作用，首倡"道统学说"，在确定孟子作为孔子之道正统继承人方面起到了关键作用①。最具标志意义的事件发生在南宋，朱熹汇集《论语》《大学》《中庸》《孟子》为"四书"并为之做注，后其成为士人必读必考的儒学经典，"孔—曾—思—孟"的"道统"脉络正式建立起来，后人又接续以周敦颐、二程（颢、颐）、张载、朱熹等②。每隔数百年便有儒学之集大成者出现，道统一脉从此便源源不断。

不可否认，孟子的"升格"是基于中晚唐的社会现实，当时确实存在积极的作用。然而就如顾实指出的，"唐以前，周公、孔子并称，宋以后孔子、孟子并称，此中国文化一大升降之机也。周公、孔子皆集前古献典而制经，孟子则发表其一己所欲言而已。故自孟子之说横流，而文化偏趋于简单"③。就早期儒学的研究来说，自道统确立以来，孔门弟子的地位渐渐发生了变化，曾子这位并未列入"四科十哲"的孔门弟子越来越受重视，"思孟"学派的"心性"之学亦如此；而对于孔门其他弟子，甚至最为重要的"四科十哲"，关注度却远远不够。

其次，是受到了辨伪的影响。古书年代久远，大多来历不明，对文本真伪的考辨是研究古史的重要前提，必不可少。然而传统的辨伪主要在于辨别题名作者的真伪，"所谓真，是指古籍与作者或成书时代相符；所谓伪，是指其传闻者和它确实的作者、成书时代相乖，甚至有附益的篇章和文字"④。而很多古书内容虽源自先秦，定型却要到秦、汉甚至更晚的时代，难免掺杂着后人的印记。按照这个标准，就是妥妥的"伪书"了。

辨伪依据的另一个标准是文本思想与作者学派的一致性。这本来无可厚非，然而实际操作中，却更容易依据学派的核心概念对文本进行片面地判断。例如，《礼记·孔子闲居》和《孔子家语·论礼》被认为不可靠，虽然主要的原因在于它们的来源，但其中出自孔子之口、却更像道家思想的"三无"之说，也起到了很大的作用。

在如此辨伪之下，《大戴礼记》《礼记》《孔子家语》《孔丛子》等儒门传记

---

① 宋冬梅：《儒家道统中的孟子升格与孔孟之道》，《中国文化论衡》2017年2期，53—65页。

② 武勇：《宋型文化背景下宋代道统论之发展——以孟子道统地位的确立历程为中心》，《湖北社会科学》2016年8期，91—94、185页。

③ （汉）班固撰，顾实讲疏：《汉书艺文志讲疏》，上海古籍出版社，1987年，100页。

④ 郑良树：《古籍辨伪学》，台湾学生书局，1986年，Ⅰ页。

都成了"伪书"。研究早期儒学可以依据的材料，几乎只剩《论语》。杨朝明谈到："关于孔子遗说的许多问题，早期记载本来比较清晰，但由于对这些记载的解释不当，有的成书年代被严重后置，古书序列混乱；有的被定为伪书被弃之不用；还有的连学派属性也被误指（如《易传》）。"①说的就是这种情况。

最后，当今的思想史研究往往偏爱理论性、系统性比较强的著作，而比较容易忽略记言记事的零散篇章。早期古书多由零章碎句构成，随作随传，常常缺乏统一的结构②。孔孟之间的传世文献记录，以及出土发现的简帛佚籍，也多是这类零散的言行故事。忽视这些材料，直接造成资料的缺环。"七十子之徒"几乎成了虚无缥缈、无迹可寻的传说。

早期儒学研究的契机来自简帛古书的发现。自20世纪70年代以来，随着考古工作的开展，越来越多的简帛古书被发现。它们的数量庞大，内容相当丰富，其中很多与儒家学派有关，可与《论语》《礼记》《孔子家语》《说苑》等传世文献对读③。兹选取其中主要的几批材料，按所属年代顺序进行简要介绍。

一、战国早中期——安大简

安徽大学2015年初入藏了一批竹简，经过年代检测，基本可以判定为战国早中期。安大简由黄德宽、徐在国为首的安徽大学汉字发展与应用研究中心整理。竹简编号有1167个，形制不一，最短约23.5厘米，最长约48.5厘米。内容包括《诗经》、楚国历史、孔子语录、《楚辞》等多种佚书，有些见于《论语》和《礼记》④。

经过整理，第一册安大简已于2019年出版，内容为《诗经》。完简长48.5厘米，宽0.6厘米。竹简下端有编号，极大地方便了编连。现存93支，57篇，为《诗经·国风》部分，次序不同于《左传》、《毛诗》和郑玄《诗谱》所记。篇题应与《毛诗》相同，具体的诗句则存在大量异文⑤。

---

① 杨朝明：《〈论语〉成书及其文本特征》，《理论学刊》2009年2期，99—104、128页。
② 李零：《从简帛发现看古书的体例和分类》，《中国典籍与文化》2001年1期，27页。
③ 可参看沈颂金：《二十世纪简帛学研究》，学苑出版社，2003年；李零：《简帛古书与学术源流》，生活·读书·新知三联书店，2004年；胡平生、李天虹：《长江流域出土简牍与研究》，湖北教育出版社，2004年；骈宇骞、段书安编著：《二十世纪出土简帛综述》，文物出版社，2006年；骈宇骞：《简帛文献纲要》，北京大学出版社，2015年。
④ 黄德宽：《安徽大学藏战国竹简概述》，《文物》2017年9期，54—59页。
⑤ 安徽大学汉字发展与应用研究中心编，黄德宽、徐在国主编：《安徽大学藏战国竹简》，中西书局，2019年。

二、战国中期偏晚——郭店楚简

1993年10月出土于湖北省荆门市沙洋区四方乡郭店一号楚墓（头箱），共804枚，其中有字简730枚。据发掘者推测，墓葬年代为战国中期偏晚，竹书抄写年代当在此前①。

简文中与儒家学派有关的共有十三篇。李零根据竹简形制与字体，将其分为七卷：①《缁衣》《五行》；②《鲁穆公问子思》《穷达以时》；③《唐虞之道》《忠信之道》；④《性自命出》《成之闻之》《六德》《尊德义》；⑤《语丛三》；⑥《语丛一》；⑦《语丛二》②。

《缁衣》与今本《礼记·缁衣》章节次序不同。《五行》即为《荀子·非十二子》中批判的子思、孟子的"五行"学说。《鲁穆公问子思》记载了鲁穆公、子思和成孙弋关于"忠臣"的对话。《穷达以时》与《荀子·宥坐》、《孔子家语·在厄》、《韩诗外传》卷七、《说苑·杂言》所载孔子困于陈蔡时答子路问的一段话类似。《性自命出》《成之闻之》《六德》《尊德义》形制相同，内容相关，由人的性情讲到教化。《语丛》三篇都是短札，很像摘抄，内容多见于其他文献，如"强之树也，强取之也"（《语丛三》简46），相近的语句除见于《性自命出》简8以外，还见于《荀子》和《大戴礼记》的《劝学》篇；简50、51"志于道，狎于德，比于仁，游于艺"，也见于《论语·述而》等。

三、战国中晚期——上博楚简

上博楚简是1994年上海博物馆从香港文物市场购回的一批竹简，共1200多枚，相传出自湖北。抄写年代可能在战国中期偏晚到晚期偏早③，地属当时的楚国。最初主要由李零整理，后由马承源、李零、李朝远、濮茅左、张光裕、陈佩芬、曹锦炎等分别撰写释文和注释。自2001年开始，以《上海博物馆藏战国楚竹书》为名，由上海古籍

① 湖北省荆门市博物馆：《荆门郭店一号楚墓》，《文物》1997年7期，35—48页；荆门市博物馆编：《郭店楚墓竹简》，文物出版社，1998年。

② 李零：《郭店楚简校读记》，中国人民大学出版社，2007年，4—6页。

③ 李学勤：《孔孟之间与老庄之间》，《中国思想史研究通讯》（第6辑），中国社会科学院思想史研究室，2005年。

出版社分册出版，目前已经出版了九册①。其中有相当一部分与孔子和孔门弟子有关，包括《孔子诗论》《性情论》《缁衣》《民之父母》《子羔》《鲁邦大旱》《从政》《仲弓》《内礼》《相邦之道》《季康子问于孔子》《君子为礼》《弟子问》《孔子见季桓子》《天子建州（甲、乙）》《武王践阼》《子道饿》《颜渊问于孔子》《史蒥问于夫子》二十篇。

　　据李零介绍，未发表的部分还有若干篇与儒家学派有关②。其中的《子路初见》篇，邬可晶征得上海博物馆葛亮的同意后，公布了李零所作的最初释文③。香港中文大学文物馆藏有10支战国楚简，与上博楚简属于同一批④，其中也有可与上博儒籍缀合的残简。

四、战国中晚期——清华简

　　清华大学2008年受赠的一批流失境外的战国中晚期竹简，2388枚，由出土文献研究与保护中心负责整理⑤。自2011年《清华大学藏战国竹简》（壹）出版以来，已经陆续出版了十册⑥。清华简保存状况较好，内容亦精，是继郭店楚简、上博楚简之后的又一次重大发现。

　　清华简中数量最多、最引人注目的是《尚书》类文献，包括《保训》《耆夜》《尹至》《尹诰》《程寤》《金縢》《皇门》《祭公》《说命》《周公之琴舞》《芮良夫毖》《赤鹄之集汤之屋》《厚父》《封许之命》《命训》《汤处于汤丘》《汤在啻门》《殷高宗问于三寿》《摄命》等篇，有的与今本《尚书》篇目有明显不同；有的引诗甚多，为今本《诗经》的研究提供了新材料。《筮法》一篇与《周易》有关。

---

　　① 马承源主编：《上海博物馆藏战国楚竹书》（一——九册），上海古籍出版社，2001、2002、2003、2004、2005、2007、2008、2011、2012年。为行文简洁，按照学界惯例将之简称为"《上博一》"等。

　　② 见李零：《丧家狗——我读〈论语〉》，山西人民出版社，2007年，46、47页。包括可能与《民之父母》《武王践阼》合抄一卷的简文，与子路有关，还有写在《君子为礼》《弟子问》背面的《齐师子家见曾子》，一种与季桓子有关的简文、一种跟曾子有关的简文、一种自题为"殷言"的简文。

　　③ 邬可晶：《〈孔子家语〉成书考》，中西书局，2015年，59页。

　　④ 参见陈松长编著：《香港中文大学文物馆藏简牍》，香港中文大学文物馆，2001年。

　　⑤ 李学勤：《清华简整理工作的第一年》，《清华大学学报（哲学社会科学版）》2009年5期，5、6页。

　　⑥ 清华大学出土文献研究与保护中心编，李学勤主编：《清华大学藏战国竹简》（壹——拾册），中西书局，2010、2011、2012、2013、2015、2016、2017、2018、2019、2020年。

五、汉初——马王堆汉墓帛书

　　1973年12月出土于湖南长沙马王堆三号汉墓，位于该墓东边箱的一个漆盒内，共十二万多字。与儒家学派有关的有《五行》经传、《德圣》、《周易》经传（《六十四卦》、《二三子问》、《系辞》①、《衷》②、《要》、《昭力》、《缪和》，共7篇）。

　　《五行》经传和《德圣》是同出的帛书《老子》甲本卷后古佚书的第一篇和第四篇。出土时卷在长条形木片上，压在两卷竹简下边。抄写年代约在公元前206—前195年。这两篇帛书的释文和图版，发表于《马王堆汉墓帛书》（壹）。《五行》经传共181行，5400多字，经文又见于郭店楚简。内容主张"性善"，可能是子思、孟轲学派所传。《德圣》共13行，约400字，综述"五行"和德、圣、智的关系。

　　《周易》经传由同一个书手用隶书抄写在两张黄帛之上，折叠成长方形放在漆盒下层的一个格子里，抄写年代约在文帝初年。《六十四卦》（即《易经》）与传文《二三子问》抄在同一件帛上。前者93行，卦序与今本不同。《二三子问》36行，后接于《六十四卦》，只谈德义，罕言卦象、爻象和筮数。《系辞》《衷》《要》《昭力》《缪和》抄在另一张黄帛上，后四篇记有尾题和字数。《系辞》47行，缺少今本《大衍之数》等若干章节。《衷》存45行，《要》存24行，记录了孔子与弟子关于卦、爻辞含义的讨论。《昭力》14行，《缪和》约70行，内容是"昭力""缪和"等人向"先生"请教"易"的谈话记录。虽各自名篇，但实为一体，犹如上、下篇③。

---

　　① 廖名春指出，此篇结尾处有残损，在相当于尾题的地方尚余两个小墨点，应该是尾题第一字残余的墨痕，因而此篇帛书可能像大多数帛书一样原有尾题及字数的记录，其尾题虽然不一定就是"系辞"，但名为"系辞"的可能性还是很大的。陈光林主编，廖名春著：《〈周易〉经传与易学史新论》，齐鲁书社，2001年，178页。

　　② 原补题"易之义"，廖名春找到尾题残片才知其自题为"衷"。参廖名春：《试论帛书〈衷〉的篇名和字数》，《周易研究》2002年5期，3—9页。

　　③ 晓菡：《长沙马王堆汉墓帛书概述》，《文物》1974年9期，40—44页；佚名：《座谈长沙马王堆汉墓帛书》《文物》1974年9期，45—57页；马王堆汉墓帛书整理小组：《马王堆汉墓帛书》（壹），文物出版社，1980年；马王堆汉墓帛书整理小组：《马王堆帛书〈六十四卦〉释文》，《文物》1984年3期，1—8页；张政烺：《帛书〈六十四卦〉跋》，《文物》1984年3期，9—14页。于豪亮：《帛书〈周易〉》，《文物》1984年3期，15—24页；陈鼓应主编：《道家文化研究》（第三辑　马王堆帛书专号），上海古籍出版社，1993年；陈光林主编，廖名春著：《〈周易〉经传与易学史新论》；裘锡圭主编，湖南省博物馆、复旦大学出土文献与古文字研究中心编纂：《长沙马王堆汉墓简帛集成》（全七册），中华书局，2014年。

六、汉文帝十五年以前——阜阳双古堆汉简

1977年双古堆西汉一号墓出土，墓主为汝阴侯夏侯灶。出土简文的抄写年代当在其卒年，即汉文帝十五年（前165年）之前。其中跟儒家学派有关的有《诗经》《周易》以及一块篇题木牍。

《诗经》包括《国风》与《小雅》，现存长短不一的汉简170余支。《国风》包括《周南》《召南》《邶》《鄘》《卫》《王》《郑》《齐》《魏》《唐》《秦》《陈》《曹》《豳》，共65首。《小雅》则仅存《鹿鸣之什》中四首的残句。每首诗后有题记曰"此右某诗若干字"，每国诗后又有题记曰"右方某国"，题记单独占一支简。

《周易》有残简752支，包括四十多卦。每卦的卦画写在简的上端，空一个字再写卦名，之后依次写卦辞、卜辞、爻题、爻辞、卜辞。爻题前有圆点隔开。

木牍所记皆为篇题。其中的1号木牍保存完整，正反两面各分三行书写，存篇题四十多条，内容多与孔子及门人弟子有关，如"子曰北方有兽""孔子临河而叹""卫人醢子路"等，类似于今本《孔子家语》所记故事①。

七、西汉武帝后期——北大汉简

2009年北京大学获赠的一批从海外抢救的汉简，共3300多枚，抄写年代约在西汉武帝后期。内容全部为古代书籍，包括《苍颉篇》《老子》等二十种文献，涵盖了《汉书·艺文志》所分"六艺""诸子""诗赋""兵书""数术""方技"六类。原主人很可能是王侯，与定州八角廊汉简、阜阳双古堆汉简墓主人为同一级别②。

---

① 安徽省文物工作队、阜阳地区博物馆、阜阳县文化局：《阜阳双古堆西汉汝阴侯墓发掘简报》，《文物》1978年8期，12—31页；文物局古文献研究室、安徽省阜阳地区博物馆阜阳汉简整理组：《阜阳汉简简介》，《文物》1983年2期，21—23页；阜阳汉简整理组：《阜阳汉简〈诗经〉》，《文物》1984年8期，1—12页；胡平生、韩自强《阜阳汉简〈诗经〉简论》，《文物》1984年8期，13—21页；胡平生、韩自强《阜阳汉简诗经研究》，上海古籍出版社，1988年；胡平生：《〈阜阳汉简·周易〉概述》，《简帛研究》（第三辑），广西教育出版社，1998年；中国文物研究所古文献研究室、安徽省阜阳市博物馆：《阜阳汉简〈周易〉释文》，《道家文化研究》（第18辑），生活·读书·新知三联书店，2000年，15—62页；韩自强：《阜阳汉简〈周易〉研究——附：〈儒家者言〉章题〈春秋事语〉章题及相关竹简》，上海古籍出版社，2004年，按：此处的"儒家者言"是指阜阳汉简1号木牍。

② 北京大学出土文献研究所：《北京大学藏西汉竹书概说》，《文物》2011年6期，49—56页。

属于儒家类的是发表于《北京大学藏西汉竹书》（叁）的《儒家说丛》。经过整理者的拼合共9支竹简，完简长30.1—30.3厘米，宽0.8厘米。现存三章，其中两章开头有分章符号"·"，内容类似《晏子春秋》《说苑》《韩诗外传》等所记的儒家故事①。

八、汉宣帝神爵三年以前——海昏侯墓汉简

2011年出土于南昌海昏侯墓葬，包括5200多枚简牍，大多数都为典籍。海昏侯卒于汉宣帝神爵三年（前59年），简牍年代当在此前。简牍还在整理之中，其中有一些文献与儒家学派有关。

《诗经》竹简约1200枚，多残断，是目前发现的存字最多的西汉本，篇目与正文分开书写。《礼记》竹简约300枚，内容见于今本《礼记》的《曲礼》《祭义》《丧服》《中庸》，以及《大戴礼记》的《曾子疾病》《曾子事父母》《曾子大孝》《保傅》等篇。《论语》类竹简500多枚，目前发现的篇题包括《雍也》《子路》《尧》《智道》等，很可能属于《汉书·艺文志》所载的《齐论》。此外，还有数百枚竹简内容见于今本《春秋》和《孝经》②。

九、汉宣帝五凤三年以前——定州八角廊汉简

1973年出土于河北省定县40号汉墓。由于该墓早年被盗、被焚，竹简残损严重。墓主为西汉中山怀王刘修，竹简年代当在其卒年，即汉宣帝五凤三年（前55年）之前。与儒家学派有关的有《论语》《儒家者言》《哀公问五义》《保傅传》，尚未完全发表③。据悉，河北省文物研究所、中国文化遗产研究院、清华大学出土文献研究与保护中心已就八角廊汉简的整理工作达成协议，将采用红外线扫描与照相技术对这批汉简进行重新整理④。

---

① 北京大学出土文献研究所：《北京大学藏西汉竹书》（叁），上海古籍出版社，2015年。

② 杨军、王楚宁、徐长青：《西汉海昏侯刘贺墓出土〈论语·知道〉简初探》，《文物》2016年12期，72—75、92页；朱凤瀚主编：《海昏简牍初论》，北京大学出版社，2020年。

③ 国家文物局古文献研究室、河北省博物馆、河北省文物研究所等：《〈儒家者言〉释文》，《文物》1981年8期，13—19页；另，《中国简牍集成》（第18卷）也有部分内容；中国简牍集成编委会编：《中国简牍集成》，敦煌文艺出版社，2005年。

④ 参见《我院与河北省文物研究所、清华大学出土文献研究与保护中心就合作整理定州八角廊汉简签署框架协议》，中国文化遗产研究院网站，http://www.cach.org.cn/，2019年11月27日。

　　定县《论语》今存620多枚简，大多残断。录成释文的共7576字，不足今本《论语》的二分之一。其中保存最少的是《学而》，仅20字；最多的为《卫灵公》，存694字，达今本的77%。

　　《儒家者言》包括《明主者有三惧》《孔子之周》《汤见祝网者》等二十七章。多为孔子及弟子的言行故事，论及商汤、周文王、乐正子春等明君贤人。

十、王莽时期——武威磨咀子汉简

　　1959年武威县城南15千米处的磨咀子王莽时期墓葬六号墓出土《仪礼》部分篇章，共469支，27332字，墨书颇精，"首尾完整，次第可循"。整理者参考《后汉书》所记临终遗令写《尧典》同葬的周磐，认为墓主可能为教授《仪礼》的经师，活动于宣帝以后的西汉晚期，可能属于今文后氏"礼"的庆氏学。

　　简上写有编号，以形制分为甲、乙、丙三本。甲本内容最多，包括七篇，并书有篇题，分别为《士相见之礼第三》《服传第八》《特牲第十》《少牢第十一》《有司第十二》《燕礼第十三》《泰射第十四》。乙本内容为《服传》。丙本为《丧服》经、记。与今本大略相同，但存在异文。甲、乙本《服传》相同，为《丧服》的经、记和传，经、记有删节，与今本差异较大。丙本《丧服》有经、记而无传（"单经本"），与今本大致相同。武威汉简《仪礼》的发现在经学史上的价值很大，既发现了"服传"这一在经学上被遗忘的篇名，又有助于理解"礼"在汉初被称为"礼记"的原因①。

十一、西汉中晚期以后——居延汉简

　　包括20世纪30年代中国和瑞典等国科学家组成的"西北科学考察团"在额济纳河流域汉代长城居延段发现的大量汉代简牍（"居延旧简"），以及中华人民共和国成立后1972—1974年在甲渠候官、甲渠塞第四隧和肩水金关遗址出土发现的"居延新简"。主要为文书，也有少量的"六艺"诸子类古书，如《论语》等②。

---

　　①　甘肃省博物馆：《甘肃武威磨咀子6号汉墓》，《考古》1960年5期，10—12页；中国科学院考古研究所、甘肃省博物馆编：《武威汉简》，文物出版社，1964年。

　　②　甘肃居延考古队：《居延汉代遗址的发掘和新出土的简册文物》，《文物》1978年1期，10页；甘肃简牍博物馆、甘肃省文物考古研究所、甘肃省博物馆等编：《肩水金关汉简》（壹、贰、三、肆、伍），中西书局，2011、2012、2013、2015、2016年；刘娇：《居延汉简所见六艺诸子类资料辑释》，《出土文献与古文字研究》（第七辑），上海古籍出版社，2018年，279—326页。

肩水金关建于汉武帝元狩二年（前121年）至太初三年（前102年），此处的汉简肯定不早于这一时期，但时代跨度比较大，具体晚到什么时候，还是个未知数，此处暂列于最后。居延旧简大部分收藏于台北中研院历史语言研究所，相关研究自劳干开始一直在进行①。

综上所述，目前已经出土发现的简帛类儒学文献数量庞大，内容也相当丰富。既包括"六艺"经典，即《诗经》（安大简、阜阳汉简）、《尚书》（清华简）、《仪礼》（武威汉简）、《周易》经传（上博楚简、阜阳汉简、马王堆帛书）等，也包括儒门传记，如郭店楚简《缁衣》《五行》，上博楚简《子羔》《内礼》，北大汉简《儒家说丛》，阜阳汉简《儒家者言》，居延汉简中的《论语》散简等。可以说，出土发现让人们看到了儒学文献从先秦至汉晋漫长演变过程中的若干片段，产生了深远的影响。

在研究方法上，简帛古书引发了人们对古书辨伪方法的重新思考。余嘉锡曾指出，传统的辨伪"乃执曹公之律令以案肃慎氏之不贡楛矢，先零之盗苏武牛羊也"②，并不适用于对先秦古书的研究。虽然独具慧眼，但这一论断以往并没有足够的、直观的材料去证实。而大量可与《礼记》《说苑》《孔丛子》等传世文献对照的战国简帛儒籍的发现，直接向人们证明，过去被人们怀疑的"伪书"很多都有着较早的来源。李学勤提出要对古书进行"第二次的反思"，并通过对比大量简帛书籍和现存古书，总结出古书产生、流传过程中十种值得注意的情况③。李零进一步指出先秦古书年代的

① 劳干：《居延汉简考释·释文之部》，1943年四川南溪石印本、1949年商务印书馆铅印本；《居延汉简考释·考证之部》，1944年四川南溪石印本；中国科学院考古研究所：《居延汉简甲编》，科学出版社，1959年；中国社会科学院考古研究所编：《居延汉简甲乙编》，中华书局，1980年；谢桂华、李均明、朱国炤：《居延汉简释文合校》，文物出版社，1987年；简牍整理小组编：《居延汉简补编》，中研院历史语言研究所专刊之九十九，1998年；简牍整理小组编：《居延汉简》（壹—肆），中研院历史语言研究所出版，2014、2015、2016、2017年。

② 余嘉锡撰：《古书通例》，上海古籍出版社，1985年，26页。

③ 这十种情况分别为：①佚失无存，出土发现的简帛古书是不见于传世文献的佚籍，如张家山汉简《算数书》；②名亡实存，简帛古书虽然前所未见，但某些内容仍保留在后世的书里，如马王堆帛书《胎产书》；③为今本一部分，如马王堆帛书《战国纵横家书》；④后人增广，古书最初内容较少，传世既久，为世人爱读，学者加以增补，内容加多，如定县汉简《儒家者言》；⑤后人修改，古书多赖师传，有时仅口传，因而弟子常据所见，加以修改，如马王堆帛书和张家山汉简的《脉书》；⑥经过重编，如马王堆帛书《周易》经传；⑦合编成卷，如马王堆帛书中抄写在同一卷上的《老子》乙本、《五行》、《九主》、《明君》、《德圣》；⑧篇章单行，如定县汉简的《保傅》；⑨异本并存，如上述《脉书》；⑩改换文字，古人流传书籍为实用，有时会将原来艰深的文字改为易懂的同义字。详参李学勤：《对古书的反思》，《当代学者自选文库：李学勤卷》，安徽教育出版社，1998年，15—21页。

问题实际上是源于"著作权"不清晰，古书由于形成过程较为漫长、定型较晚、往往是集体长期创作的结果，传统辨伪的标准对于先秦古书来说"大多不能成立"，对古书的辨伪应该转变为年代学研究①。

　　随着方法的进步，研究材料也得以大大扩展。一方面，研究早期儒学可利用的材料除《论语》《孟子》《荀子》以外，《大戴礼记》《礼记》《孔子家语》《孔丛子》《韩诗外传》等，重新进入了人们的视野。虽然在具体使用中尚需进一步甄别，但已不似以前那样简单地认定其为后人伪造。出土文献中的"七十子"佚篇，本身也为早期儒学史的研究提供了更多的资料和更丰富的细节。就拿郭店楚简来说，根据李学勤的观点，其中的《性自命出》《鲁穆公问子思》等篇很可能属于佚失的《子思子》②；《性自命出》等篇则揭示出先秦儒学中"心性"一派；其中的《语丛》为摘抄的短札，其中不乏《论语》之言，为进一步探讨此书的形成提供了直观材料③。

　　另一方面，出土发现使我们直接看到了儒学文献的早期形式，为进一步勾勒其形成和流传的大致路径提供了可能。比如安大简《诗经》为战国早中期的版本，是目前发现的最早的版本，对了解《诗经》的编纂、传播、异文等相关问题都有重要意义；清华简的"书"类文献，为今人认识《尚书》的真实面貌提供了千载难遇的机会；定县汉简保存了公元前55年之前的《论语》，篇幅至少为今本的二分之一以上，而居延《论语》散简的发现则表明此书内容在汉代就远播边塞地区④。

　　综上所述，这些出土儒家文献，可确定属于先秦时期，很大程度上打消了"后人伪造"的疑虑，进而使人重新发现了"七十子"的世界，使得从现存的吉光片羽中探寻孔孟之间成为可能。

　　在这些数量庞大的出土儒学文献中，本书讨论的上博儒籍是一批非常重要的材

---

　　①　他的归纳是：①古书不题撰人；②古书多无大题，而以种类名、氏名及篇数、字数称之；③古书多以单篇流行，篇题本身就是书题；④篇数较多的古书多带有丛编的性质；⑤古书往往分合无定；⑥古书多经后人整理；⑦古书多经后人附益和增饰；⑧古人著书之义强调"意"胜于"言"，"言"胜于"笔"。李零：《出土发现与古书年代的再认识》，《李零自选集》，广西师范大学出版社，1998年，22—57页；李零《简帛古书与学术源流》，生活·读书·新知三联书店，2004年，198页。

　　②　李学勤：《荆门郭店楚简中的〈子思子〉》，《文物天地》1998年2期，28—30页；李学勤《先秦儒家著作的重大发现》、庞朴：《孔孟之间——郭店楚简中的儒家心性说》，《郭店楚简研究》[《中国哲学》（第二十辑）]，辽宁教育出版社，1999年。

　　③　如李零认为《论语》可能就是从这样的东西里编写出来的，参李零：《丧家狗——我读〈论语〉》，36页。

　　④　根据我们的研究，其中有些可能属于已经佚失的《齐论语》（详参后文《出土〈齐论语〉与汉代〈论语〉版本的合并》）。

料。从内容上说，上博儒籍非常丰富。除少数见于传世文献外（如《民之父母》见于《礼记·孔子闲居》，《武王践阼》见于《大戴礼记》等），大多数简文都是佚籍，前所未见。文本形式也十分多样，既有记录孔门言行故事的简文，又有理论性较强的《性情论》《孔子诗论》《天子建州》等篇。如果说郭店楚简让我们看到了儒家早期关于"性"与"天道"的一面，那么上博楚简则让我们看到了儒家思想中关于礼制与为政思想的一面；而大量孔门师弟传承的言行记录，涉及了很多人物（如孔子、子贡、子夏、曾子等），情节生动、细节丰富，又为研究孔门学案提供了很多新的材料，对于探讨孔子的生平、思想，孔门弟子的关系、分派等问题都有着重要的意义。

从年代上来说，上博儒籍年代为战国中晚期，比同样记录孔门言行事迹的马王堆帛书、阜阳汉简、北大汉简、定县八角廊汉简年代都要早。我国上下五千年的悠久历史主要依靠传世文献的记载，而传世文献中最"原始"的就是由以孔子为代表的早期儒家整理和传播的"六艺"经典和传记。战国时期正是这些原典流传、定型的关键时期。可以说，上博儒籍的发现让人们看到了儒学文献滥觞期的一个"局部"。通过写本学、文献学及文字学等方面的考察，应可窥探原始儒学文献的流传、改编和汇集的大致过程，进而在更普遍的意义上获得对早期文献形成、流传与改编，甚至古人书写与阅读的认识①。

上博楚简最早的一册出版于2001年，立刻吸引了学术界的广泛关注。第二年，上海大学古代文明研究中心和清华大学思想文化研究所编的论文集《上博馆藏战国楚竹书研究》问世②，正式拉开了对上博楚简的研究序幕。此后十几年中，有"新出楚简与儒学思想国际学术研讨会"（清华大学、辅仁大学联合举办，2002年）、"新出楚简国际学术研讨会"（哈佛大学、武汉大学联合主办，2006年）等多次学术会议围绕上博楚简召开，多部专著问世，而发表在相关学术期刊和"简帛研究网""简帛网"等专业网站上的论文更是不可胜数。正如王国维所言，"新发现"真正引领了"新学问"的蓬勃发展。"简帛学"也日益成为一门综合了写本学、语言学、文字学、文献学、历史学等多学科的"显学"③。

---

①　前人已有详尽的论述。参李学勤：《重写学术史》，河北教育出版社，2002年；裘锡圭：《中国古典学重建中应该注意的问题》，《中国出土文献十讲》，复旦大学出版社，2004年，1—16页；李零：《简帛古书与学术源流》，生活·读书·新知三联书店，2008年。

②　上海大学古代文明研究中心、清华大学思想文化研究所编：《上博馆藏战国楚竹书研究》，上海书店出版社，2002年。

③　关于简帛新资料的发现与简帛学的发展，骈宇骞《简帛文献纲要》、沈颂金《二十世纪简帛学研究》等做过梳理，最近的为李均明、刘国忠、刘光胜、邬文玲合著《当代中国简帛学研究（1949—2019）》，由中国社会科学出版社于2020年出版。

　　然而一方面，由于近年来"新发现"层出不穷，清华简①、北大汉简②、岳麓秦简③等新材料先后公布，学术界的关注点不断被牵引和转移。如今距离上博楚简中最新一册（即第九册）的出版也已逾十年，上博楚简带来的研究热潮也已经渐渐冷却，但它给我们带来的更深层的认识却还没有得到充分揭示。

　　另一方面，简帛学这一新兴学科尚处于发展阶段，知识更新非常迅速，近十年来的新材料给我们带来了很多新的认识，简牍的"同篇异制"、一篇多（书）手、收卷方式、阅读痕迹等都是以前研究中较少注意到的现象，简帛学的研究方法和专业知识都有了很大的扩充，因而，在更新的知识背景下再来反观上博儒籍的研究，还有很大的讨论空间。

　　这正是本书写作的动机。

---

　　①　清华大学出土文献研究与保护中心编，李学勤主编：《清华大学藏战国竹简》（壹—捌），中西书局，2010、2011、2012、2013、2015、2016、2017、2018年。

　　②　北京大学出土文献研究所编：《北京大学藏西汉竹书》（壹—伍），上海古籍出版社，2015、2012、2015、2015、2014年。

　　③　朱汉民、陈松长主编：《岳麓书院藏秦简》（壹—叁），上海辞书出版社，2010、2011、2013年；陈松长主编：《岳麓书院藏秦简》（肆、伍），上海辞书出版社，2015、2017年。

目　录

上编　文本研究

下编　综合研究

绪论　上博儒籍的研究

　　"上博儒籍"是上海博物馆1994年收藏的一批战国楚简中与儒家学派有关的简文，有的明确提到了孔子或孔门弟子（如颜渊、子贡等），有的内容与《大戴礼记》《礼记》等儒学文献相关，共有二十篇①。

　　与后来的北大汉简和清华简比起来，上博儒籍的保存状态没那么好，残简、断简相对来说更多，很多简文难以通读。在出版时，由于对简文同卷的情况考虑不足，还存在把合抄在同一卷的数篇简文分属不同册出版的情况。因而面对这些简文，首要的工作就是对文本的释读和复原。有关的研究可以分为三个方面：一是从个别字词的释读出发，通读简文；二是根据大意，对竹简进行重新编连；三是依据竹简的字迹、形制及内容等，对竹简的分篇、合卷等情况进行判断。

　　自简文公布以来，学者在文本整理方面做出了许多探讨。其中，侯乃峰《上博楚简儒学文献校理》对已发表的九册上博楚简儒学文献进行了校理，在简文释读和竹简编连方面汇集了学术界的有益成果，在文本整理方面做出了贡献②。李松儒的《战国简帛字迹研究：以上博简为中心》在陈梦家、大庭脩、邢义田、彭浩、胡雅丽、冯胜君、黄儒宣、胡平生、李天虹、李守奎、周凤五、廖名春、顾史考、李孟涛、龙永芳、西山尚志、福田哲之、林素清、沈培、郭永秉等多位学者相关研究的基础上，对已公布的全部上博楚简（《上海博物馆藏战国楚竹书》第一至九册）的字迹进行了全面的总结和研究，以字迹的辨认为基础，把对单个竹简分篇的研究提升到对书手的辨认和抄写行为的分析上，得出了许多有启发性的结论③。俞绍宏、张青松《上海博物馆藏战国楚简集释》对已发表的上博简的释读意见进行了全面地收集④。由于相关篇目众多，比较零散，这些具体的文本研究意见，本书在每篇简文的校读中再详细介绍。这里主要介绍一下对简文分篇及合卷的研究。

---

　　① 详参表一：上博儒籍形制。需要说明的是，上博简中的《周易》是目前发现的最早的《周易》抄本，但有经无传，未能直接反映孔子的易学思想，故未收入。

　　② 侯乃峰：《上博楚简儒学文献校理》，上海古籍出版社，2018年。

　　③ 李松儒：《战国简帛字迹研究：以上博简为中心》，上海古籍出版社，2015年；前人研究见此书上编第一章"古文字字迹研究的历史及现状"，3—42页。

　　④ 俞绍宏、张青松编著：《上海博物馆藏战国楚简集释》，社会科学文献出版社，2019年。

一、篇卷分合

判断简文分篇和合卷的标准首先为其物理属性，包括竹（木）简的长度、简首形状、编连方式，以及书写笔迹、简文的内容等。若两篇简文所用竹木简形制相同，笔迹一致，内容相关，甚至有些残简可以缀合，就可以判断为属于一篇；若简文内容相互独立，但竹简形制相同，书写笔迹一致，那么这两篇简文很有可能抄写于一卷竹简上，即为合卷。

对简文分篇与合卷情况的判断是文本研究的基础，也是整理的重要工作之一，对认识简文的编辑状态，以及传世古籍在先秦时期的形体和流传方式意义重大。上博简的整理者在这个方面已经做出了很大的贡献。然而由于竹简的散乱、字形的难认，很难毕其功于一役。某些简文的分篇与合卷情况，学界后来的认识与整理者并不一致。具体包括以下几篇。

第一，《从政》，发表于第二册。整理者原分为甲、乙两篇，甲篇有19支简，乙篇有6支简。陈剑指出："本篇没有篇题、篇号，仅甲篇第19简这一支简的简末文句抄完后留有空白，表明其为一篇之末简；甲乙两篇在简长、字体、编绳数目与位置等方面也看不出什么明显差别。整理者据以分篇的根据'两组竹简长度各异，编绳部位亦不相同'，其实相当薄弱，因为所谓乙篇中只有一支整简，即第1简。而此简长42.6厘米，跟甲篇的几支整简5、8、11、18长度完全相同。甲篇余下的三支整简第1、15简长42.5厘米，第19简长42.8厘米，也没有多少出入。所谓编绳位置的问题，细看图版，也很难看出两篇有什么不同。"分属甲、乙篇的竹简也有可以拼合连读之处，因而二者应是一篇①。

第二，《武王践阼》，发表于第七册。原包括15支竹简，复旦大学出土文献与古文字研究中心研究生读书会认为简文应分为两部分："第1简到第10简为一部分，讲师尚父以丹书之言告武王，武王因而作铭；这部分下有脱简，并非全篇，其原貌当与今本《大戴礼记·武王践阼》全篇近似。第11简到第15简为另一部分，讲太公望以丹书之言告武王，与《大戴礼记·武王践阼》前半段亦相近似，唯主名不同（引者按：'主名不同'指简文对太公的称呼不同，甲本称'师尚父'，乙本则称'太公望'。），也没有武王作铭的记载。简文这两部分的抄写风格不同，应为不同书手所

---

① 陈剑：《上博简〈子羔〉、〈从政〉篇的拼合与编连问题小议》，简帛研究网，2003年1月8日。

抄，因此也可以视为甲乙本。"①所言甚确。则此篇应分为甲、乙两本，简1—10为甲本，简11—15为乙本。两个版本差异比较大，应是源自两个不同的流传系统。

第三，《孔子见季桓子》与《史蒥问于夫子》，分别发表于第六册和第九册。二篇竹简形制不同，不属于一卷。但学者发现二者字迹相同，应为一人所书，苏建洲首先指出两篇书手为同一人②。李松儒同意，并谓《孔子见季桓子》篇字迹有很多连笔，书写速度非常快，《史蒥问于夫子》的写法变化不多，连笔较少。虽为同一人所书，但字迹风格有差别③。在此基础上，学者进一步发现原来的分篇值得商榷。在《史蒥问于夫子》公布之前，陈剑就据形制认为《孔子见季桓子》简23、25不属于此篇④。李松儒又指出简9、21形制也不属于此篇⑤。《上博九》公布后，张峰指出《史蒥问于夫子》简4可与《孔子见季桓子》简9拼合⑥，高佑仁指出《孔子见季桓子》简25可与《史蒥问于夫子》简5拼合⑦。李松儒认为《孔子见季桓子》简21可与《史蒥问于夫子》简2拼合⑧。综上，原属《孔子见季桓子》的简9、21、23、25，由于形制不合，都应归属《史蒥问于夫子》篇。

第四，《君子为礼》和《弟子问》，发表于第五册。学者发现两篇字迹相似，并对竹简的分篇提出了新的意见，值得肯定的有：《弟子问》简3字迹与形制（顶端与第一契口的距离为10.4厘米）与《君子为礼》一致，应归入此篇⑨。李松儒进一步指出，［弟子问3+君7+君8］即为完简，其上连读简6。《上博一》第129页和135页介绍的两枚竹简形制、字迹都与《君子为礼》一致，可归入此篇，释文分别为："者。《小雅》，亦德之少（小）者也。由事俎□，见又（有）道而悁（怨）剌者也。周□然句（后）作，孔观（？）《大雅》之□□"（129页）和"□不曰生民未之有"（135

---

①　复旦大学出土文献与古文字研究中心研究生读书会：《〈上博七·武王践阼〉校读》，复旦大学出土文献与古文字研究中心网站，2008年12月30日。

②　简帛网"简帛论坛"《〈史蒥问于夫子〉初读》14楼海天游踪发言，2013年1月5日。

③　李松儒：《战国简帛字迹研究：以上博简为中心》，365—374页。

④　陈剑：《〈上博（六）·孔子见季桓子〉重编新释》，《出土文献与古文字研究》（第二辑），复旦大学出版社，2008年，160—168页。

⑤　李松儒：《战国简帛字迹研究：以上博简为中心》，365—374页。

⑥　张峰：《〈上博九·史蒥问于夫子〉初读》，简帛网，2013年1月6日。此外，还拼合了《史蒥问于夫子》简6+7。

⑦　简帛网"简帛论坛"《〈史蒥问于夫子〉初读》53楼youren发言，2013年1月10日。

⑧　李松儒：《战国简帛字迹研究：以上博简为中心》，376页。

⑨　黄武智：《上博楚简"礼记类"文献研究》，台湾"中山大学"博士学位论文，2009年；苏建洲：《〈上博五·弟子问〉研究》，中研院《历史语言研究所集刊》（第八十三本第二分），2012年。

页）。《君子为礼》与《弟子问》字迹相似，很可能是一个抄手在不同时期抄写的，《弟子问》写得比《君子为礼》早①。此说值得参考，故本书将其编号为"孔129"和"孔135"，排在此篇中。

第五，《内礼》《昔者君老》《季康子问于孔子》。前两篇的字体、竹简形制都很一致，《昔者君老》简3可与《内礼》简9连读②，林素清进而认为二者应属于一篇③。所论甚确，此篇题目就是写在《内礼》简1背面的"内礼"。此外，福田哲之指出，《季康子问于孔子》与二者字体相似，有相混之处，《内礼》附简应归属于《季康子问于孔子》，而《季康子问于孔子》简16应属于《昔者君老》，可与简2缀合④。

合写于同一卷竹简的有以下几篇：

第一，《子羔》《孔子诗论》《鲁邦大旱》。《孔子诗论》发表于第一册，其余两篇发表于第二册。李零首先指出三篇是合抄在一卷上的，因为"字体相同，形制也相同"⑤。我们同意这一观点，将之视为一卷。后来濮茅左主编的"先秦书法艺术丛刊"中，三篇已经被视作"同卷异篇"，收入同册⑥。三篇简文在墨识符号的使用上也很相似。《鲁邦大旱》简6及《子羔》简14各有一个墨节符号"▬"，其下留白，表示篇章结束。据此不难推断，残存的《孔子诗论》简文也应该有一个标志篇章结束的符号。三篇简文并非接连抄写，而是各自留白提行，与《民之父母》和《武王践阼》一样。此篇竹简的长度仅次于《性情论》，约55.5厘米，三道编绳都位于竹简中部，分开排列，简端为弧形。根据李零的介绍，《子羔》在最前，《孔子诗论》在中间，《鲁邦大旱》在最后⑦。三篇虽然抄写在同一卷上，但内容似乎没有密切的关系，而是各自

---

① 李松儒：《战国简帛字迹研究：以上博简为中心》，341—350页。李松儒还指出《弟子问》简24字迹与此篇不同，应不属于此篇，与港7可能属于同一篇。但是对照图版，发现此简仅存4字，字迹基本上已经看不到了，实在看不出与其他简文在字迹上存在什么区别。末字后仍可辨有一墨块，其下留白，这一符号又见同篇他简，因而本书仍将简24归于此篇。

② 林素清：《释"匜"——兼及〈内礼〉新释与重编》，"中国古文字：理论与实践"国际学术研讨会论文，美国芝加哥大学东亚系主办，2005年5月28—30日；井上亘：《〈内礼〉篇与〈昔者君老〉篇的编连问题》，简帛研究网，2005年10月16日。

③ 林素清：《上博四〈内礼〉篇重探》，《简帛》（第一辑），上海古籍出版社，2006年，153—160页。

④ 福田哲之：《上博四〈内礼〉附简、上博五〈季康子问于孔子〉第十六简的归属问题》，简帛网，2006年3月7日。

⑤ 李零：《上博楚简三篇校读记》，中国人民大学出版社，2007年，9页。

⑥ 濮茅左主编：《上海博物馆藏楚竹书：〈孔子诗论、子羔、鲁邦大旱〉》，中西书局，2014年。

⑦ 李零：《上博楚简三篇校读记》，中国人民大学出版社，2007年，6页。

独立成篇。《子羔》简5的背面写有"子羔"二字，应为篇题。李松儒指出，其与正文笔迹相同，应为同一人所书①。

第二，《内礼》与《昔者君老》。前者包括10支竹简和一枚附简②，后者包括4支竹简。学者发现二者无论在字体还是竹简形制上都存在着很大的一致性，并且《昔者君老》简3还可以与《内礼》简9连读③，林素清进而认为二者应属于一篇，全篇包括"内容接近今本《大戴礼记·曾子立孝》与《大戴礼记·曾子事父母》的大段文字，以及五段由'君子曰'为首的关于君子事亲、对待晚辈和朋友的文字，另有至少一段以上的以'君子曰'为首文字，内容为太子应有仪礼"④。本书观点与之相同，这两部分竹简只有一个表示篇章结束的符号，见于《昔者君老》简4。"昔者君老"的故事（《昔者君老》简1、2、4）很可能是作为"君子事父母"的一个特例而出现在文章末尾的。二者很有可能属于一篇，篇名就是题写在《内礼》1号简背上的"内礼"。福田哲之还指出，《内礼》附简的字体更像《季康子问于孔子》，应属于该篇。而《季康子问于孔子》简16的字体则同于《内礼》及《昔者君老》，并可与《昔者君老》简2缀合，应即属于该篇，缀合后该简尚有6.8厘米长的缺失⑤。

第三，《颜渊问于孔子》《民之父母》《武王践阼》《子路初见》。《民之父母》最先公布，李零指出此篇与另外三种简文合抄，"一种与今本《大戴礼记·武王践阼》有关，另外两种与颜渊、子路有关"⑥。前两种就是后来公布的《武王践阼》和《颜渊问于孔子》，而最后一种《子路初见》只公布了释文。在书写方面，李松儒指出，《武王践阼》并非一人所写，《民之父母》《武王践阼》的一部分（抄手A）与《颜渊问于孔子》的抄写者是同一个人，但此人所书三篇的某些文字在写法上存在不同，可能因为抄写的时间不同。其中，《民之父母》与《武王践阼》抄写时间较近，而《颜渊问于孔子》的"不""孔""先"等字与另两篇差异较大，书写时间有一定距离。三篇是先写后编，不一定同卷⑦。可见，在简文是否同卷这个问题上，两人意见

①　李松儒：《战国简帛字迹研究：以上博简为中心》，207页。

②　整理者谓此简字体与其他简相同，但内容不洽，编线不整，故而作为"附简"缀于篇末。

③　林素清：《释"匿"——兼及〈内礼〉新释与重编》，"中国古文字：理论与实践"国际学术研讨会论文，美国芝加哥大学东亚系主办，2005年5月28—30日；井上亘：《〈内礼〉篇与〈昔者君老〉篇的编连问题》，简帛研究网，2005年10月16日。

④　林素清：《上博四〈内礼〉篇重探》，《简帛》（第一辑），153—160页。

⑤　福田哲之：《上博四〈内礼〉附简、上博五〈季康子问于孔子〉第十六简的归属问题》，简帛网，2006年3月7日。

⑥　李零：《丧家狗——我读〈论语〉》，46页。

⑦　李松儒：《战国简帛字迹研究：以上博简为中心》，235—240页。

并不一致。由于李零是上博楚简的最初整理者，见过这批楚简最初的样子，我们更倾向于他的意见。此外，三篇已发表简文在竹简形制上的一致性，也可以证明这一点①。

二、内涵研究

对简文内涵的研究可分为儒学文献的形成与流传、儒学史、儒学思想三个方面。首先是上博儒籍为重新审视《论语》《礼记》等传世儒学文献的形成和流传提供了直观的材料，推动了相关的研究。

上博儒籍与传世文献的对照有两种情况。一种是全篇有今本存世的，如《缁衣》《民之父母》《武王践阼》。

《缁衣》有传世本保存在今本《礼记》中，此外还有郭店楚简本。在三个版本的对照中学者发现了古书流传过程的复杂性。李二民认为，郭店简本《缁衣》与今本存在非常明显的区别，二者关系尚不能肯定，简本的思想比较近似于《荀子》②。上博本公布后，学者发现两个简本非常相似，但今本的章序则有很大的不同，于是研究的重点转向与今本的对比，以及章序不同的成因上来。林素英认为简本并非每章都优于今本。郭店和上博这两个简本较为接近，应为同一系统，传世本属于另一个系统，时代先后尚不能定③。夏含夷指出，两个简本的高度一致证明此篇在公元前3世纪之前即使还没有成为定本，也已经有了明确的流通形式，在当时是一篇重要的文献。这也说明《缁衣》作者为子思的传统说法比较可靠。今本与简本次序的不同是错简导致，在连贯性上不如简本。先秦文献既有稳定性又有流动性。由于先秦时期书写习惯缺乏标准化，汉代整理者面对的古文献很可能非常混乱，经由他们整理的传世文献很可能不是原样。今本《缁衣》就是一个例子④。李零认为以往对《缁衣》作者是子思或公孙尼子的说法可能表明，当时尚存的《子思子》和《公孙尼子》两书中均有《缁衣》一篇，"子曰"的形式则说明其中的思想只可能来自孔子，子思和公孙尼子都可能是传述者⑤。

《民之父母》可与今本《礼记·孔子闲居》以及《孔子家语·论礼》对读，为认

---

① 详参上编《颜渊问于孔子》卷的论证。

② 李二民：《〈缁衣〉研究》，北京大学硕士学位论文，2001年。

③ 林素英：《从施政原则论孔子德刑思想之转化——综合简本与今本〈缁衣〉之讨论》，《简帛》（第二辑），上海古籍出版社，2007年，193—208页。

④ 〔美〕夏含夷著，周博群等译：《重写中国古代文献》，上海古籍出版社，2012年，58—105页。

⑤ 李零：《郭店楚简校读记》，89—93页。

识古书的流传情况"提供了一个有价值的实例"①。从语言学和文献学的角度对简文和传世本进行对比后，大多数学者都认为简本更为原始，《礼记》本和《孔子家语》本则大都经过了一些删改，《孔子家语》本存在更多讹舛错漏。今本《礼记·孔子闲居》产生年代上限为春秋战国之际，下限为西汉早期②。

《民之父母》与《武王践阼》等三种简文合抄一卷，与《大戴礼记》《礼记》有关。刘洪涛认为合编本的存在至少说明战国时期存在过跟《礼记》一样把有关礼的记载合编为一书的文献③。刘娇则认为此卷的另外两种简文不一定与《大戴礼记》《礼记》有关，目前所见的简帛古书的合抄情况，很少有围绕某个主题编纂的，《民之父母》等四种书的合抄也是一样，具有随机性，未必存在内容和思想上的密切联系④。

另一种是局部章节、字句见于今本，包括《君子为礼》《季康子问于孔子》《仲弓》等多篇，都有可与《论语》等传世文献对读的内容。《君子为礼》开头颜渊与孔子的对话见于《论语·颜渊》"颜渊问仁"章；《季康子问于孔子》与《论语·颜渊》中的季康子与孔子的三段对话相关；《仲弓》与《论语·子路》"仲弓为季氏宰"章有关。《论语》中的记载都比较简略，语焉不详，简文则是一个较为完整的故事，对话内容更加完整、详细。对此，郭齐勇的看法是，简本可视为《论语》中相应部分的传文⑤。浅野裕一认为，简文的故事是由《论语》中的这种简短的资料故事化而

① 马承源主编：《上海博物馆藏战国楚竹书》（二），153页。

② 详参宁镇疆：《由〈民之父母〉与定州、阜阳相关简牍再说〈家语〉的性质及成书》，《上博馆藏战国楚竹书研究续编》，上海书店出版社，2004年，277—310页；陈丽桂：《由表述形式与义理结构论〈民之父母〉等篇优劣》，《上博馆藏战国楚竹书研究续编》，236—250页；林素英：《〈仲尼燕居〉、〈孔子闲居〉与〈论礼〉纂辑之比较——以〈民之父母〉为讨论中介》，《新出楚简国际学术研讨会会议论文集》（上博简卷），武汉大学与哈佛大学燕京学社主办，2006年6月26—28日，233—249页；刘洪涛：《上博竹书〈民之父母〉研究》，北京大学硕士学位论文，2008年；邬可晶：《〈孔子家语〉成书考》，中西书局，2015年。

③ 刘洪涛：《〈民之父母〉、〈武王践阼〉合编一卷说》，复旦大学出土文献与古文字研究中心网站，2009年1月5日。

④ 刘娇：《言公与剿说》，线装书局，2012年，168页。在此书中，刘娇对于西汉以前古籍相同或类似内容重复出现的现象进行了研究，将之分为四类：第一，两种以上的古书存在重复之篇的情况；第二，某种单独成篇的古书被整篇吸收或割裂；第三，两种以上的古书存在文字相同或类似的段落、语句（不包括通行言辞）；第四，通行言辞被引用或汇录。

⑤ 郭齐勇：《上博楚简所见孔子思想及其与〈论语〉之比较——以仁学与德政为中心》，《新出楚简国际学术研讨会会议论文集》（上博简卷），1—6页。

成的，简文包含了研究《论语》成书的重要线索①。对这一问题，李零有不同看法。他认为《论语》很有可能是从这些故事中摘抄出来的②。汤浅邦弘在对比了《颜渊问于孔子》与《论语》《大戴礼记》《孝经》等传世文献后指出，儒家文献形成的过程中，曾存在过各种横跨诸文献的不同传承，相互之间不断地互相影响①。

　　上博儒籍中有些古书还存在复本的情况，如《天子建州》和《武王践阼》。通过对竹简两个本子的对比，探讨其间的关系和在流传中的地位也是研究的一个重要方面。以《天子建州》为例，先后有刘洪涛、李孟涛、何有祖、李松儒等学者进行了研究。他们对甲、乙本关系的看法也有所不同④。浅野裕一认为，《天子建州》应该不是基于著作意图创作的论文，而是搜集与"礼"相关的断句凑成的杂编，其中第六章与第七章可能来源于周王室的瞽史记录。编辑状况相当杂乱，没有一贯的整合性，章与章之间也缺乏联系⑤。《武王践阼》的两个本子差异比较大，明显属于两个系统⑥。

　　此外，在文本结构方面，浅野裕一通过对《相邦之道》的考察指出，此篇的结构为孔子先与哀公问答，退出朝廷后再与子贡相问答，与《鲁邦大旱》极为相似，很可能是同一作者所写系列著作的两篇⑦。

　　其次是利用上博儒籍进行儒学史的研究。上博儒籍有很多孔门言行故事，涉及颜渊、子贡、子路、仲弓、子夏、子羔、子游、宰我、子张、曾子等孔门重要弟子，有的可与《论语》《礼记》《大戴礼记》等传世文献对读，大多数都为佚籍。这些故事的发现，为认识以孔子为代表的早期儒家提供了更多丰富的细节资料。

　　浅野裕一指出，颜渊在《君子为礼》中的形象比较愚直，与《论语·先进》孔子

---

① 浅野裕一：《上海楚简〈君子为礼〉与孔子素王说》，"中国简帛学国际论坛2006"论文；后收入《简帛》（第二辑），上海古籍出版社，2007年，285—302页，以及浅野裕一著，佐藤将之监译：《上博楚简与先秦思想》，万卷楼图书股份有限公司，2008年，55—82页。

② 李零：《丧家狗——我读〈论语〉》，29页。

① 汤浅邦弘：《中国出土文献研究——上博楚简与银雀山汉简》，《古典文献研究辑刊十五编》（第22册），花木兰文化出版社，2012年。

④ 参刘洪涛：《读上博竹书〈天子建州〉札记》，简帛网，2007年7月12日；李孟涛：《试探书写者的识字能力及其对流传文本的影响》，"中国简帛学国际论坛2008"论文，芝加哥大学，2008年；何有祖：《上博简〈天子建州〉初步研究》，武汉大学博士学位论文，2009年；李松儒：《战国简帛字迹研究》。

⑤ 浅野裕一著，佐藤将之监译：《上博楚简与先秦思想》，万卷楼图书股份有限公司，2008年，1—14、191—210页。

⑥ 复旦大学出土文献与古文字研究中心研究生读书会：《〈上博七·武王践阼〉校读》，复旦大学出土文献与古文字研究中心网站，2008年12月30日。

⑦ 浅野裕一著，佐藤将之监译：《上博楚简与先秦思想》，1—14、191—210页。

所说"回也非助我者也，于吾言无所不说"的形象较为接近①。曹建国推测，《弟子问》有几条关于子路的材料，可能与子路仕卫有关②。子贡在上博简中出现得最多，有关他的简文包括《鲁邦大旱》《相邦之道》《弟子问》《君子为礼》四篇。《鲁邦大旱》中子贡关于如何治理旱灾的观点，与《晏子春秋·内篇谏上》《说苑·辨物》相似。从传世文献的记载来看，子贡是孔门晚期最重要的人物，孔子死后，其地位犹如掌门人③。伊若泊认为，竹书与传世文献一致反映了子贡的重要地位，子贡虽然没有自立学派，但孔子死后，儒家内部的各个学派都是以子贡为尊的④。

孔门弟子中，子路、仲弓、冉求曾先后担任季氏宰，但传世文献对其任职的具体时间语焉不详。上博简《仲弓》篇记载有"季桓子使仲弓为宰"，明确地告诉我们仲弓作季氏宰是在季桓子手下，林志鹏据《仲弓》考证，子路最先任季氏宰，时间大概是定公十三年堕三都前后，仲弓接任季氏宰是在孔子离鲁前，直到哀公三年冉求回国做季氏宰，共有四五年的时间⑤。

《韩非子·显学》所说的"颜氏之儒"人们多以为是颜渊的学派，但《孔子家语》载颜渊"三十一早死"，故也有人认为他未能来得及招收学生，"颜氏之儒"应是别的"颜"。李零、胡兰江根据上博简中"颜（渊）"与"言（偃）"的写法相同，推断"颜氏之儒"可能为子游的学派⑥。关于子夏的传学，上博简中也有新的材料。张昊指出，宋人胡宏所辑《皇王大纪》一书中李克之语，有可与《君子为礼》中讨论"独知""独贵""独富"对读的文句，明显承袭了简文中孔子的观点。李克是子夏的弟子，这条连接孔子与李克的渠道，应该就是子夏⑦。

关于孔子圣化的过程，上博简中有一段材料为传世文献所无，即《君子为礼》最后子贡与子羽谈论孔子与子产、禹、舜孰贤的部分，浅野裕一认为简文是后来孔子

---

①　浅野裕一：《上海楚简〈君子为礼〉与孔子素王说》，《简帛》（第二辑），上海古籍出版社，2007年，285—302页。

②　曹建国：《上博竹书〈弟子问〉关于子路的几条简文疏释》，"新出楚简国际学术研讨会"论文，武汉，2006年6月26—28日。

③　参李零：《丧家狗——我读〈论语〉》，20页；李零：《去圣乃得真孔子：〈论语〉纵横读》，生活·读书·新知三联书店，2008年，71页。

④　伊若泊：《〈上博·五〉所见仲尼弟子子贡的言语与早期儒学史》，"中国简帛学国际论坛2007"论文，台湾大学，2007年11月10—12日。

⑤　林志鹏：《仲弓任季氏宰小考》，简帛研究网，2004年6月6日。

⑥　李零：《郭店楚简校读记·前言》，中国人民大学出版社，2007年，4页，脚注2；胡兰江：《七十子考》，北京大学博士论文，2002年，23—25页。

⑦　张昊：《上博简（五）〈君子为礼〉与〈弟子问〉研究》，武汉大学硕士学位论文，2007年，61、62页。

"素王"说的萌芽。"素王"一词最早出现于《庄子·天道》，浅野文对圣化孔子的文献进行了考察，这类文献依次为《论语》《墨子·公孟》《中庸》《孟子》《荀子》，推动"素王"说的人则依次为子贡、公孟子、子思、孟子、荀子等，到了汉代《春秋》公羊学，"素王"说最终形成[①]。徐少华指出类似简文这样圣化孔子的文献，可能是战国中晚期各家流派针锋相对，论辩言辞多显极端的政治、学术背景下的产物[②]。

随着研究的进展，学者对于有些简文是否能反映真正的孔子思想产生了怀疑，认为有的篇目可能属于余嘉锡在《古书通例》所讲的"造作故事"[③]。如陈侃理认为，《鲁邦大旱》出于战国儒家某一学派的构拟，意在反驳不重祭祀的儒家学派[④]。也就是说，与孔子有关的故事，可能是孔门后学思想的一种反映。从这个意义上说，相关简文对于研究战国时期儒学思想的演变同样具有重要价值。

此外，学界利用上博儒籍，在早期儒学思想的研究中也取得了很多新的认识。随着《子羔》及其他有关上古禅让简文的公布，如《容成氏》及郭店楚简《唐虞之道》等，学者渐渐发现在战国时期曾经流行过一股"禅让"的思潮[⑤]。裘锡圭指出，此篇和郭店楚简《唐虞之道》都是早期儒家宣扬尚贤和禅让制的作品[⑥]。李学勤指出，禅让之说本于《尚书·尧典》，起源应该很早，但在儒家学说中形成高潮，可能即始于子游或其弟子撰作的《礼运》，到燕国的事件发生之后，孟子率先起而反对，鼓吹禅让的风气便刹住了。竹简中与之相关的几篇，大概均是在这一思潮影响下的产物[⑦]。彭裕商考察了与禅让学说有关的传世文献和《子羔》《容成氏》《唐虞之道》三篇楚简之后指出，儒家内部对禅让问题的认识存在分歧，出现过三派并存的局面，分别为传述、鼓吹和反对三派，由于禅让不符合统治阶层的实际需要，因而其中鼓吹这一思想的儒家派别渐趋衰亡，相关文献并未保留在传世文献之中，而是借由出土文献才重新回到人们面前[⑧]。

---

①　浅野裕一：《上海楚简〈君子为礼〉与孔子素王说》，《简帛》（第二辑），285—302页。

②　徐少华：《论〈上博五·君子为礼〉的编连与文本结构》，"新出楚简国际学术研讨会"会议论文（上博简卷），70—73页。

③　侯乃峰：《上博楚简儒学文献校理》，169页。

④　陈侃理：《上博楚简〈鲁邦大旱〉的思想史坐标》，《中国历史文物》2010年6期，75—78页。

⑤　梁涛：《郭店竹简与思孟学派》，中国人民大学出版社，2008年，166—177页。

⑥　裘锡圭：《谈谈上博简〈子羔〉篇的简序》，《上博馆藏战国楚竹书研究续编》，1—11页。

⑦　李学勤：《孔孟之间与老庄之间》，《中国思想史研究通讯》（第6辑），中国社会科学院历史所思想史研究室，2005年。

⑧　彭裕商：《禅让说源流及学派兴衰——以竹书〈唐虞之道〉、〈子羔〉、〈容成氏〉为中心》，《历史研究》2009年3期，4—16页。

　　《民之父母》的发现，对思想史造成了很大的冲击。此篇的"五至三无"之说，又见今本《礼记·孔子闲居》与《孔子家语·论礼》。过去对于传世文献中的这段内容学者多认为不可信，认为"五至三无"之说，特别是"三无"——"无声之乐，无体之礼，无服之丧"，明显属于道家思想，绝非儒家学说。庞朴指出，该篇竹书的问世打破了这个成见，他进一步推测，该篇的"气志"之说是《孟子》浩然之气的先声，与孟子思想有关①。徐少华亦认为此篇的思想内涵有别于《论语》而近乎《孟子》②。林启屏则认为，"三无"之说虽有"气志"的内在化讨论，却未必是以思孟"道德主体"的内在化方向立说。荀子的学说中，其实也不乏对"气志"的讨论。对于"三无"的思想，采取孟、荀对立的方式研究，并不是一个很好的办法③。

　　汤浅邦弘通过考察《弟子问》《君子为礼》《季康子问于孔子》与传世儒家文献中"君子"的含义指出，儒家文献中的"君子"有时具有政治含义，与儒家集团自身的意识和活动有关，不仅仅是把人格高尚者作为一个理念提出来，而且显示了儒家追求的"从政者"形象，其具体形象，很有可能与孔子的形象有关④。

　　综上，到目前为止，对上博儒籍的研究已经取得了很大的进展，学界在简文篇卷方面的成果很多已经是公认的结论。上博儒籍实际上可以分为十六卷⑤，按照竹简由长到短排序依次为：卷一《性情论》；卷二《子羔》（包括《子羔》《孔子诗论》《鲁邦大旱》三篇）；卷三《弟子问》；卷四《君子为礼》；卷五《孔子见季桓子》；卷六《史蒥问于夫子》；卷七《缁衣》；卷八《相邦之道》；卷九《仲弓》；卷十《颜渊问于孔子》（包括《颜渊问于孔子》《民之父母》《武王践阼》《子路初见》四篇）；卷十一《天子建州》（甲本）；卷十二《天子建州》（乙本）；卷十三《内礼》（含《昔者君老》）；卷十四《子道饿》；卷十五《从政》；卷十六《季康子问于孔子》。

---

①　庞朴：《喜读"五至三无"——初读〈上博简〉》（二），《上博馆藏战国楚竹书研究续编》，220—223页；《话说"五至三无"》，《文史哲》2004年1期，71—76页。

②　徐少华：《楚竹书〈民之父母〉思想源流探论》，《中国哲学史》2005年4期，76页。

③　林启屏：《论〈民之父母〉中的"三无"》，《新出楚简国际学术研讨会会议论文集》（上博简卷），225—232页。

④　汤浅邦弘：《中国出土文献研究——上博楚简与银雀山汉简》，《古典文献研究辑刊十五编》（第22册）。

⑤　形制及发表信息详参"表一：上博儒籍形制"。

表一　上博儒籍形制

卷	篇名	自题	长度/厘米	编连①	简端	发表
一	《性情论》	否	57.2	三道B②	平齐	《上博一》
二	《鲁邦大旱》	否	55.5	三道B	圆形	《上博二》
	《孔子诗论》	否				《上博一》
	《子羔》	是				《上博二》
三	《弟子问》	否	55	三道B	平齐	《上博五》
四	《君子为礼》	否	54.1—54.5	三道B	平齐	《上博五》
五	《孔子见季桓子》	否	54.6	三道A	平齐	《上博六》
六	《史蒥问于夫子》	否	约54	三道B	平齐	《上博九》
七	《缁衣》	否	54.3	三道B	梯形	《上博一》
八	《相邦之道》	否	>51.6			《上博四》
九	《仲弓》	是	47	三道A		《上博三》
十	《颜渊问于孔子》	否	46.2	三道A	平齐	《上博八》
	《民之父母》	否				《上博二》
	《武王践阼》	否				《上博七》
	《子路初见》	否				未发表③
十一	《天子建州》（甲本）	否	46	三道A	平齐	《上博六》
十二	《天子建州》（乙本）	否	43.5	三道A	平齐	《上博六》
十三	《内礼》（含《昔者君老》）	是	44.2	三道A	平齐	《上博四》《上博二》
十四	《子道饿》	否	44	三道A	平齐	《上博八》
十五	《从政》	否	42.6	三道A	平齐	《上博二》
十六	《季康子问于孔子》	否	39	三道A	平齐	《上博五》

　　由于上博简的保存不太好，残简、断简比较多，很多简文难以通读，文本复原方面仍然有很多悬而未决之处。能够基本确定竹简编连顺序、全文概貌的只有《缁衣》《性情论》《子羔》《民之父母》《武王践阼》《天子建州》六篇，其他简文由

---

　　① 竹简的编连无论是两道还是三道，按照上下端编绳的位置大体可以分为两种类型：一种是上下端的编绳分别在简端附近，我们称为A类；另一种是上下编绳在距离简端稍远的地方，本书称为B类。《从政》《天子建州》《弟子问》三篇的编连方式整理者没有详细说明，然根据原书图版所见竹简契口可以做出判断。竹简长度基本上都是整理者公布的信息，个别篇章与整理者信息有别者，在校读部分的"概况"中加以说明。

　　② 《性情论》编连方式整理者未做详细介绍，据李零《上博楚简三篇校读记》中的介绍此篇竹简是三道编连，编绳在竹简中部。

　　③ 释文公布于邬可晶：《〈孔子家语〉成书考》，中西书局，2015年。

于残缺不全，竹简编连顺序多有不明之处。在内涵的探讨方面，现有的研究多为针对单篇简文进行，将全部上博儒籍结合起来进行系统研究的还不多。这正是本书努力的方向。

本书分为上、下两编。上编是对上博儒籍的校读，以卷为单位将二十篇简文分为十六卷，并按照竹简长度排序。在前人研究的基础上，校读简文，疏通大意，需要进一步讨论的内容在"校读"后的"附论"中展开。

下编为综合研究，结合传世文献的相关记载，对简文涉及的问题进行探讨，包括"上博儒籍与孔子""上博儒籍与'七十子'""上博儒籍与儒学文献"三个主题。

上编　文　本　研　究

上编为对十六卷上博儒籍的校读。按照竹简由长到短依次为：

卷一《性情论》；

卷二《子羔》，包括《子羔》《孔子诗论》《鲁邦大旱》三篇；

卷三《弟子问》；

卷四《君子为礼》；

卷五《孔子见季桓子》；

卷六《史蒥问于夫子》；

卷七《缁衣》；

卷八《相邦之道》；

卷九《仲弓》；

卷十《颜渊问于孔子》，包括《颜渊问于孔子》《民之父母》《武王践祚》《子路初见》四篇；

卷十一、卷十二《天子建州》甲、乙本；

卷十三《内礼》；

卷十四《子道饿》；

卷十五《从政》；

卷十六《季康子问于孔子》。

卷一　《性情论》

一、概　　况

《性情论》是一篇论述人之性情的"论文"，传世文献未见。作者有子游、子思、世硕、公孙尼子、子夏、漆雕开、宓子贱等多个说法。据李天虹考辨，可能性最大的依次是子思、公孙尼子、世硕[①]。

据整理者濮茅左介绍，"本篇竹书长约五十七厘米，这是上海博物馆从香港收购回来的最长竹书"[②]。除统一编号的四十枚竹简以外，还有五枚依次编号的"残简"。早先发现的郭店楚简《性自命出》与《性情论》是同一篇文献的不同版本，两相对照，可以补充残文，简序的编连也没有争议。据李零介绍，该篇保存较差，除编号的四十枚以外，加上他拟补和缀合的残简，应该共有四十三简[③]。从后来公布的竹简照片可以看到，有些字符的墨迹几乎都看不见了。在这种情况下，残损严重的释文只能依据最初整理者的意见。故本书基本采用李零《上博楚简三篇校读记》的释文，以此为基础，吸收学者的考释意见。

此篇自公布以来，李学勤、廖名春、周凤五、林素清、李零、刘钊、季旭昇、李天虹、刘昕岚、冯胜君、李松儒等学者都进行了深入研究[④]，文字释读取得了较大的进展。由于内容抽象，使用的概念隐晦难懂，在文义理解方面还有很多不能确定、"见仁见智"之处，这也是此类文献解读中常见的现象。

---

① 李天虹：《郭店竹简〈性自命出〉研究》第六章"〈性自命出〉作者考辨"，湖北教育出版社，2003年，107—125页。

② 马承源主编：《上海博物馆藏战国楚竹书》（一），218页。

③ 李零：《上博楚简三篇校读记》，50页。

④ 李天虹：《郭店竹简〈性自命出〉研究》；刘昕岚：《郭店楚简〈性自命出〉篇笺释》，《郭店楚简国际学术研讨会论文集》，湖北人民出版社，2000年，330—354页；季旭昇主编，陈霖庆、郑玉姗、邹濬智合撰：《〈上海博物馆藏战国楚竹书（一）〉读本》，万卷书楼股份有限公司，2004年；刘钊：《郭店楚简校释》，福建人民出版社，2005年；李零：《上博楚简三篇校读记》；李零：《郭店楚简校读记》；冯胜君：《郭店简与上博简对比研究》，线装书局，2007年；周凤五、林素清：《郭店竹简编序复原研究》，《古文字与古文献》（试刊号），（台湾）楚文化研究会，1999年。

在竹简形制方面，冯胜君发现简35末端为半圆形，与本篇其他竹简平齐的末端不同，可能误用了为其他简文准备的竹简①。

在简文书写方面，濮茅左指出简1及简40、41的字体、字间距与其他简不同，字数明显比其他简多，可能是由于抄写者抄完核对时发现有误而由另一个人重新抄写所致②。然而本篇竹简编号只到40，并没有简41，简40也只有四个字，濮文恐有笔误。我们对照图版核对了每简的字符数——重文、合文、大部分残存而无法辨认的墨痕，都算一个字符，只残留一点边缘的字符不计在内，与整理者的统计略有不同，用每支简的长度除以字符数即可得出每支竹简的"字符均长"（保留一位小数，长度单位为厘米），见表二。

表二　《性情论》简长与容字

简号	1③	2	3	4	5	6	7	8	9	10
简长/厘米	55.4	49	52.3	51.3	54.7	57.2	37.2	54.5	57.2	57.2
字数/字	41	33	34	30	29	33	22	32	31	31
字符均长/厘米	1.4	1.5	1.5	1.7	1.9	1.7	1.7	1.7	1.8	1.8
简号	11	12	13	14	15	16	17	18	19	20
简长/厘米	53.7	54.6	49.5	49.8	41.7	44.8	42.7	54.3	54.3	56
字数/字	28	30	27	29	22	28	24	31	33	33
字符均长/厘米	1.9	1.8	1.8	1.7	1.9	1.6	1.8	1.8	1.6	1.7
简号	21	22	23	24	25	26	27	28	29	30
简长/厘米	50.5	52.2	52.2	57.2	50.4	56.8	54.2	57.1	55	55
字数/字	28	22	33	34	30	39	31	34	32	34
字符均长/厘米	1.8	2.4	1.6	1.7	1.7	1.5	1.7	1.7	1.7	1.6
简号	31	32	33	34	35	36	37	38	39	40
简长/厘米	54.1	34.1	42.6	51.1	45	54.5	55.4	54	54	56.5
字数/字	34	21	29	30	26	33	38	47	47	4
字符均长/厘米	1.6	1.6	1.5	1.7	1.7	1.7	1.5	1.1	1.1	1.7④

① 冯胜君：《郭店简与上博简对比研究》，18页。

② 《上海博物馆藏战国楚竹书》（一），219页。

③ 表中标粗的简1、6、9、10、20、24、28为完简。冯胜君对此篇的完简情况做过补正，参其书《郭店简与上博简对比研究》，18页。

④ 简40是全篇的最后一支竹简，内容为全文的最后四个字，墨钩下留白，并未满简书写，所以这里没有按照原来的方法计算"字符均长"。从图版来看，简40的字间距为二三个字的距离，与简35差不多，故我们推测其"字符均长"也是1.7。

　　这里的"字符均长"包括字符大小和字间距，由于每简字符大小相差不大，所以"字符均长"主要反映的是每支简的平均字间距。由表二可见本篇大多数竹简的"字符均长"在1.7厘米左右，简1的"字符均长"为1.4厘米，虽然小于一般值，字间距较小，却不是最小的，简2、3、26、37都为1.5厘米，与简1相似。本篇书写密度最大的应该是简38、39，它们的"字符均长"都为1.1厘米，现存字数都是47，两者简首略有残缺，原简字数可能都要到50。整理者所说的"40、41号简"，可能指是这两枚①。

　　那么简1、38、39是否为校对后由他人重新书写的呢？从字迹来看，李松儒指出本篇确实为不同人所书，简1—3为一个抄手所写，剩下的部分是另一个抄手所写，后者的字迹和墨识符号都更加纤细（前三简的方墨块其他简都写成细短的墨点），一些字的写法与前者不同②。所论甚确。这样看来，简1、38、39并非一人所书，三者书写紧密的原因不在于不同书手的书写习惯不一致。事实上，简1虽然书写较密，但与本篇一般的书写密度差距并不是特别大。而简38、39所写的字数虽多，也不足以断定为二次书写所致。书写密度的变化更可能与本篇竹简较长，字间距的操作空间较大有关。

　　本篇完简长约57厘米，是上博简中使用竹简最长的一篇，简文书写比较稀疏，字与字之间的距离常常可以容下两三个字符。这种情况使得抄写时在每简容纳的字数方面有比较大的操作空间。刚开始抄写时可以写得比较稀疏，抄写到最后一部分内容（即简38、39）时，可能由于急于写完，缩小了字间距，导致每简所容字数明显多于其他竹简。而在写最后的简40时，由于是最后一支竹简，要写的只有4个字，就有意识地扩大了字符之间的距离，使简40的"字符均长"与本篇一般情况类似。本篇的书写虽然在字迹、字间距等方面存在不同，但看不出存在校对的情况。简文的确非一人所写，但书写过程很可能是同时或者接续进行的，并未分开。

　　整理者已经指出本篇使用了四种功能不同的墨识符号：一是表示句读的墨点（短横），书于简文的右下角；二是重文和合文符号，写在相应之字的右下角，用两条短横（即"="）表示；三是表示分章的墨节，用一条横贯竹简的墨节"▬"表示；四是常见的用来表示篇章结束的墨钩，位于文章末尾（简40）。四种都是简牍中常见的符号，值得注意的是第三种符号——"▬"，全篇共有五个，简21、31、35各有一处，简39有两处，将简文分为六章③。全篇以二十一个以"凡"字起首的段落组成，墨节所分的六章长短不一。第一章最长，包括十二"凡"，内容和顺序与郭店楚简中《性

①　冯胜君《郭店简与上博简对比研究》亦已指出，见19页。

②　李松儒：《战国简帛字迹研究——以上博简为中心》，上海古籍出版社，2015年，229—234页。

③　整理者谓此类符号有六个，然而查阅图版，只有五个。

自命出》的上篇一致；第二章包括第十三到十八"凡"；第三、四两章分别由第十九和二十"凡"组成；第五、六章最为特殊，分别由第二十一"凡"的上、下两部分构成。

这种分章使得每章篇幅很不平均，也不符合以"凡"起首的段落结构，非常随意。学者在研究时多根据自己的理解对简文进行新的分章。我们认为，竹书看似随意的分章正是其原始书写或阅读状态的反映，故仍然按照竹书本来的墨节分章。为便于叙述，我们在每一个"凡"字前用上标的方式写明序号。

二、校　　读

（一）第　一　章

¹凡人虽有生，心亡定①志，待物而后作，待悦而后行，待习而后定。喜怒哀悲之气，性也。及其见于外，则物取之₁。〔性〕自命出，命自天降。道始于情，情生于性。始者近情，终者近义。知情者能出之，知义者能入₂〔之。好恶者，性也；所〕好恶②，物也。善不善，性也；所善所不善，势也。²凡性为主，物取之也。金石之有声也，弗扣不鸣₃。〔人之虽有性心，弗取不出。³凡心有志也，亡举不可。人之不可独行，犹口之不可独言也。牛生而长，雁生而伸，其性使然，人而学或使之也。⁴凡物亡不异也者，刚之树也，刚取之也；柔之约也，柔取之也。四海之〕内，其性一也，其用心各异，教使然也。⁵凡性，或动之，或逆之，或节之，或厉之，或绌₄〔之，或养之〕，或长之。⁶凡动性者，物也；逆性者，悦也；节性者，故也；厉性者，宜（义）也；绌性者，势也₅；养性者，习也；长性者，道也。⁷凡见者之谓物，快于己者之谓悦，物之设者之谓势，有为也₆〔者〕之谓故。宜（义）也者，群善之蕰也。习也者，有以习其性也。道也₇者，群物之道也。⁸凡道，心残简3为主。道四术也，唯人道为可道也。其三术者，道之而已。诗书礼乐，其始出也，皆生于₈人。诗，有为为之也。书，有为言之也。礼乐，有为举之也。圣人比其类而论会之，观其先后而₉逆顺之，体其宜（义）而节

---

① 本篇读为"定"的字，这里用的是"正"，其他地方用的是"奠"。

② 冯胜君指出"恶"这个词，楚文字一般用"亚"表示，齐系文字用"恶"。冯胜君：《从出土文献看抄手在先秦文献传布过程中所产生的影响》，《简帛》（第四辑），上海古籍出版社，2009年，411—424页。上博和郭店本的"恶"都写作"亚"。如果作者是齐鲁之人的话，则说明这篇简文较早传入楚地，在抄写时某些文字的写法已经被"驯化"为楚文字。

文之，理其情而出入之，然后复以教。教所以生德于中者也。礼$_{10}$〔作于〕情，或兴之也。当事因方而制之，其先后之序则宜道也。又序为之节，则文也$_{11}$。〔致〕容貌所以文，节也。君子美其情，贵其宜（义），善其节，好其容，乐其道，悦其教，是以敬焉。拜$_{12}$，〔所以□□〕□其数①，文也。币帛，所以为信与征也，其辞宜道也。笑，喜之浅泽也。乐，喜之$_{13}$〔深泽也。九凡〕声，其出于情也信，然后其入拨人之心也够。闻笑声，则鲜如也斯喜。闻歌谣$_{14}$，〔则陶如也斯〕奋。听琴瑟之声，则悸如也斯叹。观《赉》《武》，则懠如也斯作。观$_{15}$〔《韶》《夏》，则勉如也斯敛〕。永思而动心，喟如也。其居次也久，其反善复始也慎，其出入也顺，始其德$_{16}$〔也。郑卫之乐，非其〕声而从之也。十凡古乐垄心，益乐垄〔指，皆教其〕人者也，《赉》《武》乐取，《韶》《夏》乐情。十一凡$_{17}$〔至乐〕必悲，哭亦悲，皆至其情也。哀、乐，其性相近也，是故其心不远。哭之动心也，浸焊，其$_{18}$〔烈〕恋恋如也，感然以终。乐之动心也，濬深欝陶，其烈流如也以悲，悠然以思。十二凡忧思而后悲$_{19}$，〔凡〕乐思而后忻，凡思之用心为甚。叹，思之方也。其声变，则心从之矣。其心变，则其声亦然$_{20}$。〔凡吟，游哀也〕；噪，游乐也；啾，游声也；呕，游心也。

　　第一章是最长的一个大段落，从人的生命出发，论及人的心性在外界影响下的一系列变化。包括十二"凡"，顺序与郭店本一致，只是最后少了"喜斯陶，陶斯奋"一段。第一"凡"概述"性"与"志""物""悦""习""情""义""道""势"之间的关系。第二、三"凡"从人自身的角度概述外界环境对心志的影响。在此基础上，第四"凡"把关注点转移到"物"这个概念上来。第五到八"凡"讲教化的几种方法。第九到十二"凡"是从声音与情绪的角度讲教化的作用。环环相扣，逻辑性非常强。

　　第一"凡"的首句"凡人虽有生"大多数学者都读为"凡人虽有性"。然而简文读为"性"的字多写作"眚"，故简文这里的"生"字恐怕不应读为"性"。我们认同冯胜君的看法，此处的"生"可能应读为本字，含义与《朱子语类》中的"盖人之有生，五常之性，浑然一心之中。未感物之时，寂然不动而已，而不能不感于物，于是喜怒哀乐七情出焉"一致②。

---

　　①　此字尚有争议，释为"数"字是周凤五的意见，周凤五：《上博〈性情论〉小笺》，《齐鲁学刊》2002年4期；又见侯乃峰：《上博楚简儒学文献校理》，87页所引。

　　②　冯胜君：《〈性情论〉首句"凡人虽有生"新解》《简帛》（第二辑），227—229页。

　　简文所说的"性"是指人内在的性情，是生来就有的，源自生命本身，来自上天。"物"是指外物，与代表人自身的"我"相对。"悦"泛指让人愉悦的事物，与"喜怒哀悲""好恶"都属于人类的情绪，即"情"。"习"是后天的教化。简文中的"义"字有"義"和"宜"两个写法。根据李松儒的研究，这是前后两个书手书写习惯不同造成的，前一个书手写作"義"，而后一个书手则写作"宜"①。

　　"道"指客观规律。"道始于情，情生于性。始者近情，终者近义。"简文认为，"道"在"情""义"之间，是一个范畴，只有认知、了解"情"和"义"，做事才能不违背"道"的原则。"性"来自天，遇到"物"后，会产生喜怒哀悲等不同的情绪，因此要靠"习"来教化和稳定。人对外物有"好""恶"之别，而人本身的性情则有"善"和"不善"的区别，这是"势"所造成的②。"情生于性"一句，又见郭店楚简之《语丛二》③。

　　第二"凡"论述"性"与"物"的关系。"性"虽为主，但要依靠"物"才能得以体现，就像金石与声音的关系一样。

　　第三"凡"是据郭店本补足的。内容是进一步论述人内心之志与行为之间的关系，内心的意志要靠行为来体现。

　　第四"凡"的大部分也是依郭店本而补。人与人不同，就像万物有别。产生这些区别的原因就在于教化的不同，即"用心各异"。其后数"凡"都是说如何根据人本身性情的特点来具体施行教化。

　　第五"凡"简述了教化"性"的七种方法：动、逆、节、厉、绌、养、长，可统称为"教性七术"。"节"字从"室"从"心"，裘锡圭据马王堆帛书指出"室"与"节"上古音可通，根据文意，简文此字当读为"节"④。

　　第六"凡"进一步讲"教性七术"所需要凭借的分别是物、悦、故、义、势、习、道。

　　第七"凡"具体解释"物""悦""势""故""义""习""道"的内涵。"故"是行为的目的。值得注意的是，"势"被提到了"故"的前面，与前两"凡"的论述顺序不一致，郭店本也是如此。鉴于此处用了"……者之谓……"和"……也者，……也"两种句式分别阐述"物""悦""势""故"和"义""习""道"的

---

　　①　李松儒：《战国简帛字迹研究：以上博简为中心》，229—234页。

　　②　李零认为，"势"是由外物构成的环境和环境具有的态势，可以屈挠其本性。见李零：《郭店楚简校读记》，152页。

　　③　刘娇：《言公与剿说》，线装书局，2012年，287页。

　　④　裘锡圭：《由郭店简〈性自命出〉的"室性者故也"说到〈孟子〉的"天下之言性也"章》，《中国出土古文献十讲》，复旦大学出版社，2004年。

内涵，可能作者认为"物""悦""势""故"和"义""习""道"是两种不同层面的概念，李零在《郭店楚简校读记》中就是这样划分的①。然而对于《性情论》这样一篇系统性较强的论文来说，论述的顺序前后（第五、六"凡"与第七"凡"）不一致还是比较让人意外的。如果不是传抄所致的话，就有可能是作者写作时的失察了。

第八"凡"讲"教性七术"中的"道"之"四术"。其中的"三术"为"诗""书""礼乐"。先分述三者："诗，有为为之也。书，有为言之也。礼乐，有为举之也。"再合言之："圣人比其类而论会之，观其先后而逆顺之，体其宜（义）而节文之，理其情而出入之，然后复以教。教所以生德于中者也。""三术"都是"圣人"教化百姓的手段，"教"的目的就是"生德于中"。"礼作于情"之后着重讲"礼"对"情"的作用，并在结尾由"喜"这一人情，引出"笑"之声，进一步引申出下一段要讲的"乐"（"笑，喜之浅泽也。乐，喜之……"）。刘娇指出，其中的"礼生于情"一句，又见于郭店楚简之《语丛二》②。

除了"诗""书""礼乐"外，"道"之"四术"还包括哪一"术"？由于这段话的论述不太清晰，学者的意见并不一致。李零认为是指心术，因为第一句说"凡道，心为主"，而且郭店本写作"凡道，心术为主"③。陈霖庆、季旭昇则认为是指"人"④。我们更倾向于后一个说法。"凡道，心为主"说的可能不是道的某一术，而是指以道来教化人性时必须要注意的一个重要方面，即教化的对象——人心。从下一句"道四术也，唯人道为可道也"来看，道四术中的第一术指的应该是"人"，后文的"其三术者"正是与"人道"相对而言的。"诗""书""礼乐"即是"三道"，文中"其始出也，皆生于人"，也是与"人"相对而言的。可见，"道四术"（教化人性的四个方面）指的就是"人""诗""书""礼乐"。"唯人道为可道也"是说教化对象"人"是可以被引导、指导的。"其三术者，道之而已"则是说"诗""书""礼乐"是教化的方式和方法。简文本身就已经对四个不同层面的概念进行了划分和解说。

第九"凡"在前文引出的"乐"的基础上，讲"声"对人情绪的影响。发自内心的真挚之声，才能打动人。声音不同，对人的影响也不同。这里分别讲了"笑声""歌谣""琴瑟之声"，和《赉》《武》《韶》《夏》四种乐曲对人的不同影响。

---

① 李零：《郭店楚简校读记》，152页。

② 刘娇：《言公与剿说》，287页。

③ 可参李零：《上博楚简三篇校读记》，57页。

④ 季旭昇主编，陈霖庆、郑玉姗、邹濬智合撰：《〈上海博物馆藏战国楚竹书（一）〉读本》，166—168页。

第十"凡"以《赉》《武》《韶》《夏》为例,讲不同的音乐对人的教化作用。裴锡圭在《郭店楚墓竹简》的按语中指出,《赉》《武》都是见于《诗经·周颂》的诗篇,属于歌颂武王灭商的《大武》歌词,与乐舞配合,故可以"观"。《大武》是歌颂武王取天下的,故言"乐取",而《韶》《夏》则曰"乐情"①。廖名春指出,《韶》《夏》是舜、禹之乐,故称"古乐",而《赉》《武》是武王之乐,则属于后起、增益的"益乐"②。

第十一"凡"讲"哀""乐"这两种最基本的情绪。简文中的"乐"有两重含义:一种指快乐的行为,如笑等,"至乐必悲"是说快乐到极致会引起悲伤;另一种与"哀"相对,指快乐的心情。快乐和悲伤是两种强烈的情绪,虽然相反,但在作者看来,"其性相近也",都是人的真实性情的表现。"其心不远"是说"哀""乐"都对人的心志有着很大的影响。与现代心理学的认识是一致的。

第十二"凡"讲"思"与"忧""乐""声""心"的关系。先有忧愁的思绪,然后才会悲伤;先有快乐的思绪,然后才会欢乐。这是因为"思"是要"用心"的,所以对人的心情有很大的影响。"叹"是人们基于某种情绪而发出的声音,心情不同,发出的声音就不同。"吟""噪"之声分别基于哀、乐两种情绪而发。"啾"表达的是声音中的情感,"呕"表达的是内心的感触③。

(二) 第 二 章

¹³凡人情为可悦也。苟以其情,虽过不恶。不以₂₁〔其〕情,虽难不贵。未言而信,有美情者也。未教而民恒,性善者也。未赏₂₂〔而民劝,贪福者也〕。〔未刑〕而民畏,有心畏者也。贱而民贵之,有德者也。贫而民聚焉,有道者也。独居而乐,有内动₂₃者也。恶之而不可非者,达于宜(义)者也。非之而不可恶者,笃于仁者也。行之而不过,知道者₂₄〔也〕。不知己者不怨人,苟有其情,虽未之戋₂为,斯人信之矣,未言戋₁〔而信也。闻道反上,上交者也。闻道反下,下交〕者也。闻道反己,修身者也。上交近事君,下交得众近从政,修身近至仁。同方而₂₅交,以道者也。不同方而交,以故者也。〔同悦〕而交,以德者也。不同悦而交,以猷者也。门内之治,欲其逸也₂₆。〔门〕外之治,欲其制也。¹⁴凡身欲静而毋美,用心欲

---

① 荆门博物馆编:《郭店楚墓竹简》,文物出版社,1998年,183页。

② 廖名春:《新出楚简试论》,台湾古籍出版有限公司,2001年,149页。

③ "啾,游声也;呕,游心也"两句的解释参考陈霖庆译文,参季旭昇主编,陈霖庆、郑玉姗、邹濬智合撰:《〈上海博物馆藏战国楚竹书(一)〉读本》,184页。

德而毋伪，虑欲渊而毋暴[①]，退欲肃而毋轻₂₇，〔进〕欲随而有礼，言欲直而毋流，居处欲逸易而毋缦。君子执志必有夫亢亢[②]之心，出言必有夫柬柬₂₈〔之信〕，宾客之礼必有夫齐齐之容，祭祀之礼必有夫脐脐之敬，居丧必有夫恋恋之哀。^{十五}凡悦人勿吝₂₉〔也〕，身必从之，言及则明举之而毋伪。^{十六}凡交毋烈，必使有末。^{十七}凡于道路毋畏，毋独言，独居则习₃₀。〔父〕兄之所乐，苟毋害少枉，入之可也。已则勿复言也。^{十八}凡忧患之事欲任，乐事欲后。

第二章包括第十三到十八"凡"。第十三凡最长，讲君子在教化和治理百姓时，要遵守"情"这一重要原则。其余五"凡"讲君子的各项行为和心理活动的标准。李零《上博楚简三篇校读记》（下文简称为"《校读记》"）在简24、25之间补入两支残简，第一支命名为"补C"，由残简2（左半）和残简3（右半）拼合而成，下接残简1[③]。冯胜君指出，《校读记》对残简2的补释正确，但"补C"的右半并非残简3[④]。细审图版，确实如此。我们曾怀疑右半是残简4，然而在将残简2与残简4拼合时却发现并不吻合，两简书写的密度不一致。这或许是竹简脱水收缩不一致所致，此处存疑。《校读记》还指出，"斯人信之矣"下有表示分章的墨节符号，之后还有"未言"二字。今查图版，发现竹简上的符号是墨点而非墨节，之后也看不到"未言"二字。或许是竹书保存状况比较差所致，不排除拍照前留有更多的信息。故补文仍从李零的意见，但在分章方面，我们比较保守。原因有三：①这处墨点前后的内容（即第十三"凡"）属于同一个主题，即君子如何教化、管理民众；②郭店本的这部分内容属于一个段落（第十六"凡"），没有划分为两段；③这个符号本身的写法是墨点，在此篇中无划分章节的作用。

第十三"凡"的"人"是与"民"相对的概念，指的是在上位的君子[⑤]。"情"，

①　释"暴"为周凤五文说，见周凤五：《郭店〈性自命出〉"怒欲盈而毋暴"说》，《新出土文献与古代文明研究》，上海大学出版社，2004年。

②　陈剑：《试说战国文字中写法特殊的"亢"和从"亢"诸字》，复旦大学出土文献与古文字研究中心网，2010年10月7日；又《出土文献与古文字研究》（第三辑），复旦大学出版社，2010年，151—182页。

③　李零：《上博楚简三篇校读记》，62页。

④　冯胜君：《郭店简与上博简对比研究》，198页。

⑤　杨伯峻已经指出，《论语》中的"人"和"民"如果相对而言，就有区别。"人"是士以上的人物。参其书《论语译注》，中华书局，2009年，18页。

刘昕岚指出应理解为"情实"①。之后的"未言而信""未教而民恒""未赏〔而民劝〕""〔未刑〕而民畏""贱而民贵之""贫而民聚焉""独居而乐""恶之而不可非者""非之而不可恶者""行之而不过",说的都是君子。季旭昇说这种"XXXX，XX者也"的句式，都应解释为"XXXX，君子XX者也"，"其意义在叙述君子修身立德，对人民的影响，这种影响往往是不言而教的"②。所论甚确。《校读记》所补的两支残简"不知己者不怨人，苟有其情，虽未之为，斯人信之矣，未言〔而信也〕"，与郭店本的位置和语句有别，值得注意，我们在下编第三章关于两个简本的对比中再详细讨论。

第十四"凡"具体讲述君子的言行规范，既包括外在行为，"身欲静而毋羡"，也包括内在道德，"用心欲德而毋伪，虑欲渊而毋暴"。"伪"字简文字形是上"为"下"心"，一般读作虚伪之"伪"。本篇的"伪"都从"心"。庞朴认为上"为"下"心"之字在战国时期的哲学语言中有特殊的含义，指人心之"为"③。

第十五、第十六"凡"讲与人交往中的原则，包括坦诚、淡薄、善始善终。

第十七"凡"句读从裘锡圭改，"独居则习"，指独处时复习或练习学过的东西④。刘洪涛指出，《内礼》有"君子事父母，无私乐，无私忧。父母所乐乐之，父母所忧忧之。善则从之，不善则止之。止之而不可，隐而任之，如从己起"，可作为简文的补充⑤。所论甚确，"独居则习"应与上一句的"于道路毋畏，毋独言"相对。

第十八"凡"讲君子应把享乐放在后面，勇于承担艰巨的任务。

（三）第 三 章

^{十九}凡教者求其$_{31}$心有为也，弗得之矣。人之不能以伪也，可知也。不过十$_{32}$〔举〕，其心必在焉。察其见者，情焉失哉〕？〔恕〕，宜（义）之方也。宜（义），敬之方也。敬，物之节也。笃，仁之方也。仁，性之方也，性或生之$_{33}$。〔忠、信者，情之方也〕，情出于性，爱类七，唯性爱为近仁。智类

① 刘昕岚：《郭店楚简〈性自命出〉篇笺释》，《郭店楚简国际学术研讨会论文集》，湖北人民出版社，2000年，330—354页。

② 季旭昇主编，陈霖庆、郑玉姗、邹濬智合撰：《〈上海博物馆藏战国楚竹书（一）〉读本》，193页。

③ 庞朴：《郢燕书说——郭店楚简、中山三器心旁文字试说》，《郭店楚简国际学术研讨会论文集》，湖北人民出版社，2000年，37—42页。

④ 裘锡圭：《北京大学中国古文献研究中心郭店楚墓竹简研究项目介绍》，《裘锡圭学术文集·简牍帛书卷》，复旦大学出版社，2012年，451、452页。

⑤ 刘洪涛：《郭店竹简〈性自命出〉句读辨正一则》，简帛网，2009年10月24日。

五，唯宜（义）道为近忠。恶类三，唯恶不仁为₃₄〔近义。为道者四，唯人〕
道为可道也。

此章包括第十九"凡"，对应郭店本的第十三"凡"。与郭店本比起来，上博本
在开头的"凡教者"三字之后少了"求其心为难，从其所为，近得之矣，不如以乐之速
也。虽能其事，不能其心，不贵"几句。李天虹认为，上博本所缺的这30字不是缺简造
成的，而更可能是这一段有两处"求其心"，抄写者不小心讹脱而成①。所论甚确。

"心有为"的"为"学者多读作"伪"。但简文不从"心"，与本篇其他读为
"伪"的从"心"之字显然不同。考虑到此处的脱文，亦不排除存在讹误的可能。
"人之不能以伪也"的"伪"可理解为故意、人为等含义②。"恕"字简文残损不可
识，此暂据白于蓝对郭店本的考释所补③。

教民者若目标太明确、太刻意，往往得不到想要的结果。要因势利导，采用
"义""敬""仁"等教化的方法，用他们更容易接受的方式进行。

（四）第　四　章

廿凡用心之忏者，思为甚。用智之疾者，患为甚。用情之至₃₅〔者，哀〕
乐为甚。用身之忏者，悦为甚。用力之尽者，利为甚。目之好色，耳之乐
声，郁陶之气也，不₃₆〔难〕为之死。有其为人之惛惛如也，不有夫柬柬之心
则采。有其为人之柬柬如也，不有夫恒忻之志则缦。人之₃₇〔巧〕言利辞者，
不有夫诎诎之心则流。人之陶④然可与和安者，不有夫奋作之情则侮。有其为
人之慧如也，弗牧不可。有其为人之₃₈〔蒾〕如也，弗辅不足。

第四章包括第二十"凡"，对应郭店本的第十四"凡"。思虑（"思"）、
忧患（"患"）、情绪（"哀乐"）、享受（"悦"）、逐利（"利"），会让人
在"心""智""情""身""力"上消耗过多。这是人的本性，就像眼睛喜欢看
五颜六色，耳朵喜欢听各种声音一样，最终会"不难为之死"。人应该具备"柬柬

①　李天虹：《郭店竹简〈性自命出〉研究》，湖北教育出版社，2003年，220页。
②　季旭昇主编，陈霖庆、郑玉姗、邹濬智合撰：《〈上海博物馆藏战国楚竹书（一）〉读
本》，204页；刘钊：《郭店楚简校释》，福建人民出版社，2005年，100页。
③　白于蓝：《郭店楚墓竹简考释（四篇）》，《简帛研究：二〇〇一》，广西师范大学出版
社，2001年，198页。
④　此字尚有争议，暂从刘信芳意见读为"陶"，其文见《关于上博藏楚简的几点讨论意见》，
简帛研究网，2003年5月28日，转引自侯乃峰：《上博楚简儒学文献校理》，107页。

之心""恒忻之志""诎诎之心""奋作之情",否则就会有浮华（"采"）、怠惰（"缦"）、虚浮（"流"）、被侮辱（"侮"）等问题和困扰产生。为人"慧如""蒙如",也仍要自我约束（"牧"）和寻求辅助、自我成长（"辅"）才足够。

"慧",郭店本作"快",学者一般认为"慧"为正字①。"蒙",据郭店本补,陈伟认为可释为"原"或"渊"②。释读待考。

（五）第 五 章

廿一凡人伪为可恶也,伪斯吝矣,吝斯虑矣,虑斯莫与之结。

"伪为"合文。此章由第廿一"凡"（郭店本的第十五"凡"）的前半部分组成,讲虚伪造成的恶果。人的虚伪非常可恶。因为虚伪就会贪吝,贪吝就会算计,算计就没人愿意与他交往③。

（六）第 六 章

慎,仁之方也,然而其过不恶。速,谋之方也,有过则咎。人不慎$_{39}$,〔斯〕有过,信矣$_{40}$。

第六章为第廿一"凡"的后半部分。"仁"字,本释为"虑",白于蓝指出此字下部是"心",上部是"窮",并引李家浩说"躬"有"身"音,简文即楚文字写作上"身"下"心"之"仁"字的另一种写法④。所论甚确。谨慎是仁的准则,即使太谨慎也不会有太大问题。快速是谋略的准则,如果一味求快就容易犯错。人如果不谨慎,就会犯错误。

---

① 参侯乃峰:《上博楚简儒学文献校理》,107页所引。

② 陈伟:《郭店简书〈性自命出〉校释》,《新出土文献与古代文明研究》,上海大学出版社,2004年。

③ 释义参刘钊:《郭店楚简校释》,103页。

④ 白于蓝:《〈上海博物馆藏战国楚竹书（一）〉释注商榷》,《华南师范大学学报（社会科学版）》2002年5期,100—104页。

卷二 《子羔》

本卷包括《子羔》《孔子诗论》《鲁邦大旱》三篇简文。竹简的长度仅次于《性情论》，约55.5厘米，三道编绳都位于竹简中部，简端为弧形。

三篇简文末尾用墨节符号"▄"表示篇章结束，其后留白，另提行书写下一篇。一般认为三篇内容相互独立，并无密切联系①。《子羔》简5的背面写有篇题"子羔"二字，与简文为同一人所书②。

按照古书命名的一般规律，以"子羔"作为整卷之名说明《子羔》应为此卷的第一篇简文。李零曾谈到三篇的位置，谓《子羔》在最前，《孔子诗论》在中间，《鲁邦大旱》在最后③。而根据学者对简序的研究，《子羔》篇简5已靠近末尾。我们推测，本卷可能是从排在末尾的《鲁邦大旱》开始收卷。《鲁邦大旱》在最里层，中间是《孔子诗论》，最外面是《子羔》。由于本卷是由三篇构成，收卷后直径较大，简5位于最外层一圈，卷名可见。

第一节 《子羔》

一、概　　况

本篇为子羔与孔子关于上古帝王出身的谈话。残损较多，除了整理者马承源编号的14支竹简外，陈剑指出，《香港中文大学文物馆藏简牍》中的简3（下文称为"港3"）亦当属本篇，可与简12拼合、连读④。

据整理者介绍，现存可辨认的字形共395个，加陈剑拼合的港3，则存字共405个，其中重文1，为"生生"重文，合文7，都是"孔子"合文。使用了两种墨识符号，一

① 林志鹏则认为三篇都是诗传，存在相关性。林志鹏：《战国楚竹书〈子羔〉篇复原刍议》，《上博馆藏战国楚竹书研究续编》，53—84页。

② 李松儒：《战国简帛字迹研究：以上博简为中心》，207页。

③ 李零：《上博楚简三篇校读记》，6页。

④ 陈剑：《上博简〈子羔〉、〈从政〉篇的拼合与编连问题小议》，简帛研究网，2003年1月8日。

为表示篇章结束的墨节，位于简14；二为表示合文和重文的符号，用两根短线"="表示，写于字符右下角。

经过学者的研究，此篇简序已基本确定：9，［11上+10+11下］、［港3+12］，13，1、［6+2］，［3+4］，5，8，［7+14］[①]。首尾完整，中间稍残。孔子向子羔讲述了夏、商、周三代始祖禹、契、后稷三位"天子"的诞生神话，又谈到了尧、舜禅让的故事，舜是"人子"，却能成为帝王，让"三天子事之"，这既是由于"舜之德则诚善"，也是因为"尧之德则甚明"，更是因为当时实行"禅让"之制，"弗世也，善与善相受也，故能治天下，平万邦，使无有小大肥毳，使皆得其社稷百姓而奉守之"。

二、校　　读

子羔问于孔子曰："三王者之作也，皆人子也，而其父贱而不足称也欤？抑亦诚天子也欤？"孔子曰："善，尔问之也。久矣，其莫$_9$〔知〕……〔禹之母有莘氏之女〕也，观于伊而得之，娠三$_{11上}$年而划于背而生，生而能言，是禹也。契之母，有娀氏之女$_{10}$也，游于央台之上，有燕衔卵而措诸其前，取而吞之，娠$_{11下}$三年而划于膺，生乃呼曰：$_{港3}$'铯（金）！'是契也。后稷之母，有邰氏之女也，游于玄咎之内，冬见芺，攼（寒）而荐之，乃见人武，履以祈祷曰：'帝之武，尚使$_{12}$……'……是后稷之母也。三王者之作也如是。"子羔曰："然则三王者孰为$_{13}$……"〔孔子曰："〕……□有虞氏之乐正瞽叟之子也。"子羔曰："何故以得为帝？"孔子曰："昔者而弗世也，善与善相受也，故能治天下，平万邦，使无有小大肥毳，使皆$_1$得其社稷百姓而奉守之。尧见舜之德贤，故让之。"子羔曰："尧之得舜也，舜之德则诚善$_6$欤？抑尧之德则甚明欤？"孔子曰："均也。舜稽于童土之田，则$_2$……"〔子羔曰："〕……之童土之黎民也。"孔子曰$_3$："吾闻夫舜其幼也，敏以好诗，其言$_4$……或以文而远。尧之取舜也，从诸草茅之中，与之

---

① 参考裘锡圭：《谈谈上博简〈子羔〉篇的简序》，《上博馆藏战国楚竹书续编》，1—11页。其中第一部分及简1、6、2的编连，参考了陈剑的意见，《上博简〈子羔〉、〈从政〉篇的拼合与编连问题小议》，简帛研究网，2003年1月8日。"港3"指的是《香港中文大学文物馆藏简牍》中的简3。简7接在简8之后参考了陈伟的意见，《〈上海博物馆藏战国楚竹书〉（二）零释》，简帛研究网，2003年3月17日。简3与4的缀合参廖名春说，《上博简〈子羔〉篇释补》，《中州学刊》2003年6期，85—90页。

言礼，敚□₅……□①而和，故夫舜之德其诚贤矣，由诸畎亩之中，而使君天下而称。"子羔曰："如舜在今之世则何若？"孔子曰₈："……亦纪先王之游道。不逢明王，则亦不大使。"孔子曰："舜其可谓受命之民矣。舜，人子也₇，〔而〕三天子事之₁₄"。

简文最开始讲的是"三王者之作"的故事。"三王"指的是夏、商、周三代的始祖禹、契、后稷。子羔向孔子请教三王的出身，问及他们的父亲是低贱不足以称道的普通人，还是天帝。这里的"天子"与后世对帝王的称呼不同，指的是上天之子。很多关于上古帝王的感生神话，类似古希腊的人神杂交神话。这些由超自然的神与人类杂交而生的始祖是真正的天之子。

简9下段残缺，仅存"久矣，其莫……"，可推测此处孔子之言的大意是三王生存的时代距现在已经比较久远了，故而很多人都不知道他们的诞生经过。接着对禹、契、后稷的诞生经过做了一一介绍。这一细节似乎也提示我们古代的历史与传说是如何流传后世的。写本固然盛行，口耳相授恐怕也是信息传递的一个重要途径。

禹的诞生神话，见《大戴礼记》之《五帝德》、《帝系》，以及《竹书纪年》、《史记》张守节正义引《帝王纪》、《吴越春秋·越王无余外传》等。文献记禹母为有莘氏女，见流星贯昴、吞神珠薏苡以受孕。简文对这个故事的记载有残缺，大意是说禹的母亲在观伊水时受感怀孕，妊娠三年之后，把背部划开生出了禹，他一生下来就会说话。简11上半段首字残，原未释读。对照简12的"女"字，知其当是"女"字残文。"伊"，林志鹏认为即《尚书·禹贡》之伊水，《水经注》记伊水一带有鲧化黄熊及有莘氏化空桑之传说，可知此地与有莘氏关系密切②。"娠"字从陈剑释③。黄德宽、李学勤、季旭昇读"怀"④。此处暂从陈说。

廖名春指出，简文所记禹诞生的情节与传世文献有别，而与《吕氏春秋·孝行览·本味》所记伊尹诞生相似。伊尹母为"有侁氏"，"居伊水之上，孕，梦有神告之曰：'臼出水而东走，毋顾。'明日视臼出水……身因化为空桑，故命之曰伊尹"。又见《楚辞·天问》："水滨之木，得彼小子。夫何恶之，媵有莘之妇。"他推测简文可能是将大禹出生的神话与伊尹搞混了⑤。

①　此字不识。

②　林志鹏：《战国楚竹书〈子羔〉篇复原刍议》，《上博馆藏战国楚竹书研究续编》，53—84页。

③　陈剑：《上博简〈子羔〉、〈从政〉篇的拼合与编连问题小议》，简帛研究网，2003年1月8日。

④　详参侯乃峰：《上博楚简儒学文献校理》，127页。

⑤　廖名春：《〈子羔〉篇感生简文考释》，《上博馆藏战国楚竹书研究续编》，18—33页。

接下来是关于契的诞生。契的母亲是有娀氏之女。一天到央台游玩，有一只燕子衔来一枚卵放在她前面，她捡起来吃掉就怀孕了，也是经过三年，剖开胸部生下契，契一生下来就叫道："金！"整个过程与传世文献相似。帝喾高辛氏之妃有娀氏女简狄吞燕卵生下契的神话多有记载，见《史记·殷本纪》《诗经·商颂》《吕氏春秋·音初》等文献。

"央台"，整理者读为"瑶台"，即九层之台，学者多从此说。文献记契的感生神话，亦有"瑶台"之说。白于蓝指出，简狄受孕之地或称"玄丘"（见《列女传·契母简狄》《宋书·符瑞志上》等汉代以后文献），或称"瑶台"（见《吕氏春秋·音初》《楚辞》等战国文献），或称"桑野"（见晋代王嘉《拾遗记》）。"瑶台"之说最早，其次是"玄丘"，"桑野"之说最晚。简文所记为"央台"（瑶台），正与传世文献的时代序列相符①。此外，还有一说值得重视。何琳仪认为，"央台"当读为"阳台"，即高唐神女所居之处（见宋玉《高唐赋》），据闻一多的研究，高唐神女与有娀氏简狄的传说似有相同的来源②。

"膺"字从陈剑释读③。"铇（金）"字从裘锡圭释，谓右旁所从与郭店楚简之《五行》篇的"色"字相似，简文此字可隶定为"铇"，是金色之"金"的专字，契生而呼"金"，代表了商得金德之说④。

第三位是后稷。其母姜嫄到玄咎游玩，看见一个人的脚印，踩在上面祈祷一番，后来生下了后稷。祈祷的内容残缺，应是求子之语。传世文献所记经过与之类似。后稷母有邰氏之女姜嫄是帝喾高辛氏元妃，履人迹生后稷，事见《诗经·大雅·生民》《竹书纪年》《史记·周本纪》等。

故事发生的地点是"玄咎"，据上文所引白于蓝文，文献所记的感生故事中，与简文"玄咎"相似的地名为"玄丘"，但故事的主角是简狄而不是姜嫄。"玄丘"之说，可能是把契与后稷的感生神话混淆所致。传世文献中对地点的记载不是很明确，一般都说"助祭郊禖""出游于野"，《春秋元命苞》记其"游閟宫，其地扶桑"，又与契感生于"桑野"重合。

"冬见芺，玫（搴）而荐之"，从张富海释读。"芺"是一种草，可以食用，大概夏历四月才长成。"冬见芺"，是言其神异。"玫"字可以视为"搴"字异体，意

---

① 白于蓝：《释"玄咎"》，简帛研究网，2003年1月19日。

② 何琳仪：《第二批沪简选释》，《上博馆藏战国楚竹书研究续编》，444—455页。闻一多之说，可参氏著《神话与诗》，古籍出版社，1957年，105页。

③ 陈剑：《上博简〈子羔〉、〈从政〉篇的拼合与编连问题小议》，简帛研究网，2003年1月8日。

④ 裘锡圭：《释〈子羔〉篇"铇"字并论商得金德之说》，《简帛》（第二辑），上海古籍出版社，2007年。

为拔、采，"搴"和"攽"的声符"干"上古音都是见母元部。整句意为"于冬日见可食之芙，于是拔取之，而进献于上帝"①。

综上可见，这种感生神话的情节多有雷同、相混之处。闻一多认为，这种情况反映出这些民族的先妣其实是从某一个先妣分化出来的，几个民族出于共同的远祖，"涂山、简狄、高唐，都是那位远祖的化身"②。

孔子讲完三王诞生神话之后，子羔又问了一个有关三王的问题（"然则三王者孰为……"）。可惜简文残断，未知其详。

接着子羔继续向孔子请教舜的出身以及如何成为帝王。孔子告诉子羔，舜是有虞氏乐正瞽叟的儿子。"瞽"字简文从"古"，"叟"从"卉"。由于文献中并无瞽叟为乐正的记载，有的学者把这两个字的释读与尧的乐正之名——"夔"字联系在一起。其实文献中虽然没有瞽叟为乐正的明确记载，但还是保存了一些相关资料。《吕氏春秋·仲夏纪第五·古乐》载帝尧立，命质为乐，"瞽叟乃拌五弦之瑟，作以为十五弦之瑟。命之曰《大章》，以祭上帝"。《史记·五帝本纪》记瞽叟目盲，古代的乐官多为盲者。简文记他在有虞国成为乐官之长，或许渊源有自③。

子羔又问舜是如何成为帝王的。孔子答曰，古时不世袭，谁有才能谁就可以当王，所以天下才能大治。尧觉得舜有才能，就把王位让给他。"无有小大肥毳，使皆得其社稷百姓而奉守之"是针对"邦"来说的。"毳"《说文》："兽细毛也。"也有用作"脆"的通假字，《荀子·议兵》有"事小敌毳"。这里用来比喻跟"肥"相对的状态。大意是不管那个国家的情况如何，舜都能治理好。

子羔又接着问，尧能把王位让给舜，是因为舜的确非常贤德，还是尧特别英明呢？孔子说，两方面的因素都有。"童土"指不生草木的荒芜之地。《庄子·徐无鬼》："尧闻舜之贤，举之童土之地，曰：冀得其来之泽。"简文稍残，大意说的是舜德行出众，即使在不生草木的土地劳动，亦能安顿黎民百姓。

孔子又说，我听说舜小的时候就很勤奋地学习《诗》，尧与舜谈礼，舜讲得头头是道，很得尧的欢心，可见舜的确很有贤德，出身于草莽，却能贵为帝王。"好"字残，从郭永秉释，与《礼记·乐记》《史记·乐书》等文献所记舜好《南风》之诗相

① 张富海：《上博简〈子羔〉篇"后稷之母"节考释》，《上博馆藏战国楚竹书研究续编》，46—52页。

② 闻一多：《高唐神女传说之分析》，《清华大学学报（自然科学版）》1935年4期，837—865页。

③ 陈伟亦有此说，见其文《〈上海博物馆藏战国楚竹书（二）〉零释》，简帛研究网，2003年3月17日。

合，据陈泳超研究，相关传说为战国后期的孔门后学所创①。"敓"后一字残。上博简《容成氏》有"子尧南面，舜北面，舜于是乎始语尧天地人民之道。与之言政，悦简以行；与之言乐，悦和以长；与之言礼，悦敓而不逆"。这里残缺的部分可能与之类似。

子羔又问，如果舜生活在今天这个世界会怎么样？孔子的回答残缺了不少，从现存的内容来看，孔子认为如果舜没有遇到明主的话，恐怕是不会有如此一番作为的。"不逢明王，则亦不大使"从陈伟释读，不遇明王，也就不能得到重用。《礼记·檀弓上》记孔子说："夫明王不兴，而天下其孰能宗予。"②这句话还可以理解为《论语·述而》中孔子所说的"用行舍藏"。孔子称赞蘧伯玉"邦有道则仕，邦无道则可卷而怀之"（《论语·卫灵公》），这也是他自己的处世法则。

最后孔子做了一个总结。舜是"受命之民"，虽身为人子，却使三位天帝之子为他效命。"三天子"即指上文所说的禹、契与弃，俱为舜臣，见《史记·五帝本纪》。禹为司空，平水土；契为司徒，敷五教；弃为后稷，播百谷。与"三天子"比起来，舜的出身虽然不如他们高贵，却是他们的君主，原因就在于"舜之德其诚贤矣"。尚贤的主旨得到了充分的展现。

附论　禅让思潮与相关文献

怀旧是一种情结。自有生民以来，一种对于过去美好时光的怀念和追寻，就伴随着人类社会的发展。在每一个对现实不满的时刻，这种情结都会从人的内心深处翻涌上来。史前时代，作为旧中之旧，更是古往今来人们怀念的对象。

传世文献关于上古史的记载，见于《尚书》《国语》《论语》等古代典籍，大多是远古帝王的传说。文献的记载中有两个"五帝"系统，一个以《史记·五帝本纪》为代表，还有一个是以《史记·封禅书》为代表的五色帝系统。后者结合了阴阳五行说，前一个五帝系统所根据的材料，是孔子为宰我讲述的《五帝德》与《帝系》，现保存于《大戴礼记》中。这类文献讲述了自黄帝、颛顼、帝喾、尧、舜以来的历史，较成体系。

此外，《庄子·胠箧》篇中还记载了年代更为久远的古帝传说，所谓"至德之

---

① 郭永秉：《说〈子羔〉简4的"敏以好诗"》，《出土文献与古文字研究》（第一辑），复旦大学出版社，2006年，又收入氏著：《古文字与古文献论集》，上海古籍出版社，2011年，181—186页。陈泳超说见氏著：《尧舜传说研究》，南京师范大学出版社，2000年。

② 陈伟：《〈上海博物馆藏战国楚竹书（二）〉零释》，简帛研究网，2003年3月17日。

世"，保存了更多的、不见于五帝系统的远古帝王：

> 昔者容成氏、大庭氏、伯皇氏、中央氏、栗陆氏、骊畜氏、轩辕氏、赫胥氏、尊卢氏、祝融氏、伏牺氏、神农氏，当是时也，民结绳而用之，甘其食，美其服，乐其俗，安其居，邻国相望，鸡狗之音相闻，民至老死而不相往来。若此之时，则至治已。

在这些上古帝王的传说故事中，除了对于过去纯朴民风的想象和向往之外，人们怀念的一个重要内容就是古代的尚贤与禅让。

纵观文献，通过"禅让"获得君位的主人公其实只有舜和禹两位。《庄子·胠箧》篇描述的"至德之世"并无禅让的记载。五帝系统中，黄帝为首领少典之子，颛顼为黄帝之孙昌意之子，其后的帝喾为黄帝曾孙，尧又是帝喾之子。四帝都是通过世袭为君。故马骕说："匹夫而有天下，自舜始也。"[1]自舜开始，才有了禅让的故事。其后经由禅让得到帝位的，也仅有因平治水土立有大功的禹。故文献在讲述上古禅让故事时，基本都是在尧、舜，特别是舜的身上大做文章。

对于古书记载的禅让制是否真实存在，前人曾有不少争论。唐代刘知几的《史通·疑古》、近人顾颉刚都提出过怀疑[2]。但近年来，随着郭店楚简《唐虞之道》与上博楚简《容成氏》《子羔》的发现，学者逐渐意识到"禅让"作为一股思潮，曾广泛地盛行于战国时期，成为各个学派讨论的主题。彭裕商指出儒家内部对禅让问题的认识存在分歧，出现过三派并存的局面，分别为传述、鼓吹和反对三派，由于禅让不符合统治阶层的实际需要，因而其中鼓吹这一思想的儒家派别渐趋衰亡，借由出土文献才重新回到人们面前[3]。如今再反回头来去看传世文献，亦能在字里行间发现更多的关于"禅让"思潮兴衰的蛛丝马迹。

从传世文献记载来看，这一思潮大致可分为三个阶段。第一阶段是孔子生活的年代及以前，这是禅让思潮的萌芽期。有关禅让的文献多是一些上古帝王的传说故事，如《尚书》中的相关记载。《论语》中关于尧、舜的评论并不是很多，见《雍也》《泰伯》《尧曰》等若干篇章。让位的贤人，除尧、舜之外，还有吴泰伯、伯夷、叔齐等。《五帝德》篇幅较大，但主要是关于帝系的叙述，对于尧、舜的禅让之举，并

---

① 马骕撰，王利器整理：《绎史》，中华书局，2002年，122页。

② 顾颉刚：《禅让传说起于墨家考》，《古史辨》（第七册），上海古籍出版社，1982年。

③ 彭裕商：《禅让说源流及学派兴衰——以竹书〈唐虞之道〉、〈子羔〉、〈容成氏〉为中心》，《历史研究》2009年3期，4—16页。

无大力推崇之意。

第二阶段是孔子之后直到战国中晚期，这是禅让思潮的兴盛期。诸子的著述中，出现了大量推崇禅让制的议论。儒家有《礼运》，墨家有《墨子·尚贤》，都是长篇大论。

第三阶段是战国中晚期以后，这是禅让思潮的衰落期。由孟子开始，各个学派纷纷开始否定禅让的合理性，甚至否认尧舜禅让故事的真实性。《孟子·万章上》记孟子说"天与贤，则与贤；天与子，则与子"，并引孔子语"唐虞禅，夏后殷周继，其义一也"来证明。《荀子·正论》更明确地说："有擅国，无擅天下，古今一也。夫曰尧舜擅让，是虚言也，是浅者之传，陋者之说也，不知逆顺之理，小大、至不至之变者也。"之前那种对于禅让的憧憬与怀念，至此已经荡然无存了。

李学勤指出，对禅让思潮的发展具有转折点意义的，是发生于战国中晚期的燕王哙让位给子之的事件。到燕国的事件发生之后，孟子率先起而反对，鼓吹禅让的风气便煞住了①。从文献对于这件事的记述中，亦能很清晰地认识到当时禅让思潮的兴盛：

> 鹿毛寿谓燕王："不如以国让相子之。人之谓尧贤者，以其让天下于许由，许由不受，有让天下之名而实不失天下。今王以国让于子之，子之必不敢受，是王与尧同行也。"燕王因属国于子之，子之大重。（《史记·燕昭公世家》）

正是因为当时关于禅让的呼声太盛行了，燕王才在鹿毛寿的建议下让位给子之，没想到子之居然接受了，后来酿成一场大祸，身死邦乱。这件事在战国史上非常有名，后人把它当作教训铸造在中山王器上。经此一役，人们对禅让的狂热才渐渐冷却下来。罗新慧指出，战国后期禅让学说逐渐退出人们的视野，但尧、舜、禹的故事却具有永恒的魅力，为社会各个阶层所津津乐道②。

出土文献中与禅让相关的材料主要有三篇：郭店楚简《唐虞之道》、上博简《容成氏》及本节所讨论的《子羔》。《唐虞之道》是对禅让问题进行理论总结的专篇。罗新慧指出，此篇代表了战国时期比较成熟的禅让理论③。

---

① 李学勤：《孔孟之间与老庄之间》，《中国思想史研究通讯》（第6辑）。

② 罗新慧：《〈容成氏〉、〈唐虞之道〉与战国时期禅让学说》，《齐鲁学刊》2003年6期，107页。

③ 罗新慧：《〈容成氏〉、〈唐虞之道〉与战国时期禅让学说》，《齐鲁学刊》2003年6期，104—107页。

　　《容成氏》是一篇通过对上古朝代更替的描述来宣扬禅让的文献[①]。它所讲述的是一个与传世文献记载不一样的上古世界，"赫胥氏、乔结氏、仓颉氏、轩辕氏、神农氏"等古代帝王"之有天下也，皆不授其子而授贤"。禅让是上古时代的普遍法则，自有生民以来，王位都是一代一代禅让给德才兼备的人的。文章历数尧、舜、禹的禅让故事，以及三代以后暴力夺权的历史，作为鼓吹禅让制的论据。虽然我们并不能完全否认文中说各位上古帝王"皆不授其子而授贤"的真实性，但这种说法，很有可能是在禅让思潮的影响下，将文献中保留的尧、舜、禹之间的禅让故事扩大到了全部的上古帝王。

　　《子羔》篇首先从"三王者之作"开头，讲到尧、舜的禅让故事。最后一句话是全篇的中心，即"舜，人子也，而三天子事之"。三代王母都是"圣人"之妻，禹母为鲧之妻，契母、后稷母都为帝喾之妃。鲧为颛顼之子，帝喾为黄帝曾孙。即使没有这种感生于天的神话，三王也俱为圣人之后，其父绝不是"贱而不足称"的无名小卒。这种感生神话的创造大概寄托了后人对先祖的追思与想象，而作为"天之骄子"更可以对他们及其后人所拥有的政权合理性做出很好的解释。从全文来看，简文前半段对"三天子"身份的讲述完全是为后文舜以人子而居天子之位，并让三天子供事于他做铺垫的。形式与内容上，都与《容成氏》相似，是借古史来宣扬禅让思想。

　　禅让思潮的兴起，与当时的整个社会环境、先秦诸子出仕的政治理想有着密切的关系。西周施行世卿世禄制，在人才的选拔上，"血统论"占据着绝对的主导地位。到了春秋时期，随着社会的变革，贵族的没落，以及以孔子为代表的"士"人阶层的兴起，一方面，在人才的选拔上，政策渐渐有所放松，一些出身低贱的平民，亦有可能因才华出众而从此走上仕途，当上卿大夫的家臣，如孔门弟子为季氏宰。另一方面，这些新兴起的知识分子，面对当时的乱世，亦有施展政治抱负的理想，自然希望各国的统治者能够"选贤举能"，给他们施政的机会。到了战国时期，随着社会的进一步发展，诸子百家的形成，这种要求变得愈加迫切，于是在这种情况下，上古尧舜的禅让故事就自然而然地成为新兴士人阶层要求统治者破除"血统论"、大兴举贤之道的论据，出现在他们的著述之中。

---

　　① 姜广辉：《上博藏简〈容成氏〉的思想史意义——上海博物馆藏战国楚竹书（二）〈容成氏〉初读印象札记》，简帛研究网，2003年1月9日；赵平安：《楚竹书〈容成氏〉的篇名及其性质》，《华学》（第六辑），紫禁城出版社，2003年，75—78页。

第二节　《孔子诗论》

一、概　　况

　　本篇是孔子对《诗经》部分诗篇的论述，现存竹简编号29，约1006字，由马承源撰写释文和注释。简文涉及的《诗经》篇目共有六十篇，约占今本篇数的五分之一[①]。本篇墨识符号有三种：第一，常见的重文和合文符号；第二，表示停顿的句读符号，写法有短横和墨钩两种，功能一致；第三，墨节符号"▬"，出现了三次（简18、5、1），与同卷的《子羔》和《鲁邦大旱》仅用在结尾不同，很可能是划分章节的符号。

　　本篇大多数竹简满简抄写，而简2—7却在竹简第一道编绳以上和第三道编绳以下有"留白"。李零认为这种情况属于前人所说"长短相间"的版式安排[②]。周凤五则认为这些"留白"并不是竹简的原貌，可能是先写后削而成，更不是先秦楚国简牍形制的常态。因为从图版来看，"竹简留白处似乎比有字的部分要薄些"，对于本来就比较薄的竹简，如果再刻意削薄，是"完全不合实用的"，很容易折断。而按照留白长度，补出所缺字数后，这些留白简的内容基本上可以衔接，文义比较完整，所讨论的诗篇名、篇次与今本《诗经》也基本可以对应[③]。李松儒指出，《采风曲目》简5、6下也有留白，似刮削所致，与《孔子诗论》相似[④]。我们倾向于周文的意见。

　　本篇是最早公布的一篇上博楚简，由于内容前所未见，颇为重要，学界的讨论非常热烈，专书就有好几部[⑤]。然而由于与叙事类简文比起来，孔子对诗的评论多为短章，行文脉络更难把握，再加上缺损较多、文意晦涩，还有很多未明之处，在简序方面也存在一些争议。

　　我们的释文以李学勤编连和复原后的为基础[⑥]，兼采他说，在通观全文脉络的基础上调整了简27的排列。我们认为，简［19+18］论述《木瓜》与《杕杜》的顺序与前一段落一致，但简27所论的《蟋蟀》等篇前文并没有涉及，其叙述模式也与之后的简文

　　① 李零：《上博楚简三篇校读记》，37页。

　　② 李零：《简帛古书与学术源流》，生活·读书·新知三联书店，2008年，128页。

　　③ 周凤五：《论上博〈孔子诗论〉竹简留白问题》，《上博馆藏战国楚竹书研究》，187—191页。

　　④ 李松儒：《战国简帛字迹研究：以上博简为中心》，287、288页。

　　⑤ 刘信芳：《孔子诗论述学》，安徽大学出版社，2003年；黄怀信：《上海博物馆藏战国楚竹书〈诗论〉解义》，社会科学文献出版社，2004年；曹建国：《楚简与先秦〈诗〉学研究》，武汉大学出版社，2010年。

　　⑥ 李学勤：《〈诗论〉简的编联与复原》，《中国哲学史》2002年1期，5—8页。

更加类似，故将简27编在简［19+18］之后、简8之前①。

现存的三个墨节（分别见于简18、5、1）把简文分为四章。

第一章：10，［14+12］，［13+15］，11，16、24、20，［19+18］。

第二章：27，8，9，17，25、26、23，［28+29］，21、22、6、7、2、3、4，以及简5墨节符号之前的部分。

第三章：简5下半部分，简1墨节符号前的部分。

第四章：简1下半部分。

学者指出，传世文献中虽然没有简文这样独立的孔子论《诗》的长篇记录，但并不缺乏与简文相似的段落。如《说苑·贵德》引孔子曰："吾于《甘棠》，见宗庙之敬也。甚贵其人，必敬其位。"《孔丛子·记义》记孔子说："吾于《周南》、《召南》，见周道之所以盛；于《柏舟》，见匹妇执志之不可易也；于《淇奥》，见学之可以为君子也；于《考槃》，见遁世之士而不闷也；于《木瓜》，见苞苴之礼行也……"②《盐铁论·执务》有："孔子曰：'吾于《河广》，知德之至也。'"③《孔丛子·记义》有："孔子读《诗》，及《小雅》，喟然而叹。"④等等。虽然有些段落谈及的诗篇与简文不同，但论述模式一致。刘娇认为，《说苑》《家语》《孔丛子》编订成书虽晚，但据此来看，其中的一些材料确实有很早的、可靠的来源⑤。

由于残缺，简文的内在逻辑并没有完全呈现在人们面前。它到底是一篇系统性的论文，还是对孔子论《诗经》的杂抄？恐怕只有在了解本篇的全貌之后，才能做出令人信服的判断。

二、校　　读

（一）第　一　章

《关雎》之改，《樛木》之时，《汉广》之智，《鹊巢》之归，《甘

---

① 本书对简27的排序与廖名春一致，参其文：《上博〈诗论〉简的形制和编连》，《孔子研究》2002年2期，10—16页。

② 黄怀信：《上海博物馆藏战国楚竹书〈诗论〉解义》，6、7页；刘信芳：《孔子诗论述学》，安徽大学出版社，2001年；上海大学古代文明研究中心、清华大学思想文化研究所编：《上博馆藏战国楚竹书研究》。

③ 单育辰：《楚地战国简帛与传世文献对读之研究》，中华书局，2014年，162—165页。

④ 李存山：《〈孔丛子〉中的"孔子诗论"》，《孔子研究》2003年3期。

⑤ 刘娇：《言公与剿说》，253页。

棠》之保（报），《绿衣》之思，《燕燕》之情，曷？曰：动而皆贤于其初者也。《关雎》以色喻于礼10……两矣，其四章则喻矣。以琴瑟之悦拟好色之愿，以钟鼓之乐14□□□□好，反内（纳）于礼，不亦能改乎？《樛木》福斯在君子，不12……可得，不攻不可能，不亦知恒乎？《鹊巢》出以百两，不亦有送乎？《甘〔棠〕》13……及其人，敬爱其树，其保（报）厚矣。《甘棠》之爱，以召公15……情爱也。《关雎》之改，则其思益矣。《樛木》之时，则以其禄也。《汉广》之智，则知不可得也。《鹊巢》之归，则送者11……〔召〕公也。《绿衣》之忧，思古人也。《燕燕》之情，以其独也。

本章可分为两个段落。第一段讨论的是《关雎》《樛木》《汉广》《鹊巢》《甘棠》《绿衣》《燕燕》七首诗。简10上端完整，仅下端残缺一段长度约可容9个字的竹简。全文以设问开头，与常见把说话人放在起始位置不同。由于竹简残缺，此种排序已是现阶段所能做到的最合理的一种了。李学勤先生指出，这里所论的七首诗俱见今本，《关雎》《樛木》《汉广》见《诗经·周南》，《关雎》亦为今本《诗经》的首篇。《鹊巢》《甘棠》见《诗经·召南》，《绿衣》《燕燕》见《诗经·邶风》，排列次序也与今本一致①。若这里的简序并未因简文残缺而误，那么就意味着当时人们看到的《诗经》跟今本的排序存在很大的一致性。孔子对七首诗的论述分三轮进行。首先各用一个字概括七首诗的主旨；其次详细阐述如此评价的原因；最后再依次做个简略的总结。

《关雎》之"改"，李学勤训为"更易"，表面上写爱情，实际是写"礼"，简文"以色喻于礼"说的就是这个意思。"其思益矣"之"益"意为大。廖名春指出，"改"即移风易俗之意，《毛诗序》："《关雎》，后妃之德也，风之始也，所以风天下而正夫妇也。"②

《樛木》之"时"，李学勤理解为"时会"，"福斯在君子"与诗文"福履绥之""福履将之""福履成之"有关，毛传训"履"为"禄"，正与简文"以其禄"相合。

简12和13之间有残缺，所缺应是《樛木》第二轮论述的后半段和《汉广》的前半段。李学勤认为，《汉广》"汉之游女，不可求思"正是简文所评之意，不去强求不可得的对象，与《毛诗序》的论述也是一致的。

---

① 李学勤：《〈诗论〉说〈关雎〉等七篇释义》，《齐鲁学刊》2002年2期，90—93页。本节引述此文不再出注。

② 廖名春：《上博简〈关雎〉七篇诗论研究》，《中州学刊》2002年1期。

《鹊巢》之"归"，李学勤指出为"女嫁也"，"出以百两"指诗文"之子于归，百两御之"。"送"字从裘锡圭释，字形从"㒚"从"辵"，是"送"字异构，也可读为"媵"①。

《甘棠》之"保"，李学勤读为"报"，本诗与召公有关，因思念感激召公而敬爱他种植的甘棠，是对召公厚德的回报。也与《毛诗序》一致。

《绿衣》《燕燕》，李学勤指出毛传以为此二诗是卫庄姜所作，简文的评述与诗意吻合。

需要指出的是，根据现在的编连，对《甘棠》的第三次评述接续在第二次的末尾。第三轮评述首篇《关雎》之前的残文"……情爱也"应是第二轮评述最后一篇《燕燕》的末尾，之前的残文很可能还包括对《绿衣》的评述。三轮评述顺序基本一致，但也存在变化。

孔子曰：吾以《葛覃》得氏初之诗。民性固然，见其美必欲反其〔本〕，夫葛之见歌也，则16以絺绤之故也；后稷之见贵也，则以文武之德也。吾以《甘棠》得宗庙之敬。民性固然，甚贵其人，必敬其位；悦其人，必好其所为，恶其人者亦然。〔吾以〕24〔……《木瓜》得〕币帛之不可去也。民性固然，其隐志必有以喻也。其言有所载而后内，或前之而后交，人不可触也。吾以《杕杜》得爵□20……溺志，既曰"天也"，犹有怨言。《木瓜》有藏愿而未得达也。因19木瓜之报，以喻其怨者也。《折（杕）杜》则情，喜其至也18。

第二段始于"孔子曰"，分两轮讨论《葛覃》《甘棠》《木瓜》《杕杜》等诗篇，都属于《诗经·国风》。第一轮到简20，句式统一，都以"吾以某诗得……民性固然，……"这样的模式进行，表示从某诗中得到的原则是符合民性的。

《葛覃》即《诗经·周南·葛覃》。"絺绤"简文残，此从陈剑补释，根据《葛覃》诗文，"葛"被人们歌颂就是因为能够织成葛布"为絺为绤"②。

《木瓜》即《诗经·卫风·木瓜》。整理者指出，"币帛"是由诗中的"琼琚""琼瑶"等玉器引申出来的礼品总称。彭裕商指出，毛传记孔子曰："吾于《木

①　裘锡圭：《释古文字中的有些"㒚"字和从"㒚"、从"兜"之字》，《出土文献与古文字研究》（第二辑），复旦大学出版社，2008年，1—12页。

②　陈剑：《〈孔子诗论〉补释一则》，《上博馆藏战国楚竹书研究》，374—376页。

瓜》见苞苴之礼行。"与简文的理解一致[①]。

《折（杕）杜》第一字写作"折"，何琳仪指出"折""杕"古音可通[②]。

自简19开始是第二轮评论，顺序应与之前一致。残缺较多，仅剩《木瓜》《杕杜》和之前一首诗的末尾部分。所缺的诗，李学勤认为是《君子偕老》[③]，杨泽生认为是《诗经·邶风·柏舟》[④]。"溺"字从李零释。简文《杕杜》整理者以为即《诗经·小雅·杕杜》。李零据"则情，喜其至也"指出应是《诗经·唐风·有杕之杜》[⑤]。

（二）第 二 章

……如此可，斯爵之矣。离其所爱，必曰吾奚舍之，宾赠是也。

孔子曰：《蟋蟀》知难。《仲氏》君子。《北风》不绝人之怨，子立不$_{27}$……《十月》善諀言。《雨无正》《节南山》皆言上之衰也，王公耻之。《小旻》多疑矣，言不中志者也。《小宛》其言不恶，少有仁焉。《小弁》《巧言》，则言谗人之害也。《伐木》$_8$……实咎于其也。《天保》其得禄蔑疆矣。选寡德故也，《祈父》之责，亦有以也。《黄鸟》则困天〈而〉欲反其故也，多耻者其病之乎？《菁菁者莪》则以人益也。《裳裳者华》则$_9$……《东方未明》有利词。《将仲》之言，不可不畏也。《扬之水》其爱妇烈。《采葛》之爱妇$_{17}$……《〔君子〕阳阳》小人。《有兔》不逢时；《大田》之卒章，知言而有礼。《小明》不$_{25}$……忠。《邶柏舟》闷。《谷风》悲。《蓼莪》有孝志。《隰有苌楚》得而悔之也$_{26}$……《鹿鸣》以乐始，而会以道交，见善而效，终乎不厌人。《兔罝》其用人，则吾取$_{23}$……恶而不闵。《墙有茨》慎密而不知言。《青蝇》知$_{28}$患而不知人。《涉溱》其绝，榭而士。《角枕》妇。《河水》知$_{29}$……贵也。《将大车》之嚚也，则以为不可如何也。《湛露》之賵也，其犹酡欤？

第二段是孔子对诸多诗篇的一句话短评，包括《蟋蟀》《仲氏》《北风》《十

① 彭裕商：《〈孔子诗论〉随记二则》，《古文字研究》（第二十七辑），中华书局，2008年。

② 何琳仪：《沪简诗论选释》，《上博馆藏战国楚竹书研究》，243—259页。

③ 李学勤：《〈诗论〉简的编联与复原》，《中国哲学史》2002年1期，5—8页。

④ 杨泽生：《说"既曰'天也'，犹有怨言"评的是〈邶风·柏舟〉》，《新出土文献与古代文明研究》，上海大学出版社，2004年。

⑤ 李零：《上博楚简三篇校读记》，12—14页。本节凡引自此书之处简称为"《校读记》"，不再出注。

月》《雨无正》《节南山》《小旻》《小宛》《小弁》《巧言》《伐木》《天保》《祈父》《黄鸟》《菁菁者莪》《裳裳者华》《东方未明》《将仲》《扬之水》《采葛》《〔君子〕阳阳》《有兔》《大田》《小明》《邶柏舟》《谷风》《蓼莪》《隰有苌楚》《鹿鸣》《兔罝》《墙有茨》《青蝇》《涉溱》《角枕》《河水》《将大车》《湛露》。

　　按照现在的编连，本篇的"孔子曰"大多是孔子对几篇诗的反复多次讨论，一般先概括主旨，再进一步解释。而这一大段"孔子曰"则与之不同，是就多篇诗歌主旨进行的简短总结，每篇诗只出现了一次。李学勤指出，这部分"文句不像第一组三章（引者按：指上文对《关雎》等七首诗的三轮评述）那么规则，编联关系就不够确定紧密"，残缺的部分应在上一章的末尾。简8、9讨论的是《诗经·小雅》，简17—21"孔子曰"之前，讨论的篇目既有《诗经·国风》也有《诗经·小雅》①。

　　简文所说的《蟋蟀》与今本《诗经·唐风·蟋蟀》主旨不同，李学勤指出此处的《蟋蟀》与清华简《耆夜》记周公作之《蟋蟀》相应②。

　　《仲氏》篇名不见于今本。李零《校读记》读为"螽斯"，即今本《诗经·周南·螽斯》。郑玉姗指出，《毛诗序》"言若螽斯不妒忌，则子孙众多"。后妃不妒忌，根源在于君子修身齐家得当③。解释稍显迂曲，存疑。

　　《北风》见今本《诗经·邶风》。简27下端残，末尾的"子立"李零《校读记》认为是篇名。冯胜君指出可能是今本《诗经·郑风·子衿》④。他们的判断是从文例出发，诗名后都是短评。然而从图版来看，这部分内容的句读符号使用比较有规律，论述完一首诗之后就加停顿号与下一首诗的内容加以区分。从简27的图版来看，"子立"之前并没有停顿号，这里有可能还是在说之前的《北风》。

　　《十月》《雨无正》《节南山》《小旻》《小宛》《小弁》《巧言》俱见今本《诗经·小雅·节南山之什》。"小宛"之"宛"原从"肉"从三"兔"，李零《校读记》指出相似写法又见《容成氏》，此诗可以肯定就是《小宛》。"諀言"是訾议之言，据《毛诗序》，这几篇都是刺王之诗，简文的评述与诗意相合。黄德宽、徐在国读为"譬言"，意为譬喻之言⑤。似亦可通，存此。

　　《伐木》《天保》见今本《诗经·小雅·鹿鸣之什》。"实"字从李零《校读

①　李学勤：《〈诗论〉简的编联与复原》，《中国哲学史》2002年1期，5—8页。

②　李学勤：《清华简〈耆夜〉》，《光明日报》2009年8月3日。

③　季旭昇主编，陈霖庆、郑玉姗、邹濬智合撰：《上海博物馆藏战国楚竹书（一）读本》，53页。

④　冯胜君：《读上博简〈孔子诗论〉札记》，《古籍整理研究学刊》2002年2期，11—13页。

⑤　黄德宽、徐在国：《〈上海博物馆藏战国楚竹书（一）·孔子诗论〉释文补正》，《安徽大学学报（哲学社会科学版）》2002年2期，1—6页。

记》释。

"选寡德故也,《祈父》之责,亦有以也。""选"简文写作"巽",整理者原读为"馔"。李零《校读记》认为此句可能应与下句连读,说的是《祈父》而非《天保》。《祈父》见《诗经·小雅·鸿雁之什》。据《毛诗序》是刺宣王之司马不得其人,与孔子之论吻合。

《黄鸟》之"鸟"简文作"鸣",李零《校读记》指出应是"鸟"之误。一般认为指的是《诗经·秦风·黄鸟》。侯乃峰指出,《诗经·小雅·鸿雁之什》的《黄鸟》有"此邦之人,不我肯谷""不可与明""不可与处"是为"困","言旋言归,复我邦族"是为"欲返其故"①。其说可信。

《菁菁者莪》见今本《诗经·小雅·南有嘉鱼之什》。"人",李零《校读记》指出即诗中所说的"君子"。《裳裳者华》见今本《诗经·小雅·甫田之什》。"华"简文作"芋",胡平生指出为"华"之假借字②。

《东方未明》即今本《诗经·齐风·东方未明》,诗中大意为从早到晚地忙碌与辛劳。毛传:"刺无节也。"整理者指出,"利词"指朝政无序。刘信芳指出,"利"本义为锋利,"利词"是对本诗语言风格的概括③。

《将仲》即今本《诗经·郑风·将仲子》。诗句大意为热恋中的女子由于畏惧人言,要求恋人不要偷偷幽会。毛传谓:"刺庄公也。"以为是讽刺郑庄公之诗。简文"不可不畏"紧扣诗意。整理者指出,简文并未将诗的内容极端政治化。

《扬之水》,今本《诗经》之《王风》《郑风》《唐风》各有一篇。整理者谓简文必属其一,可能是《王风》。李零《校读记》指出可能是《诗经·郑风》。此诗评论过短,"烈"字释读也未成定论。

《采葛》见今本《诗经·王风》"一日不见,如三月兮"之《采葛》。"爱妇"之评与诗意吻合。

《君子阳阳》,简文缺"君子"二字,李零《校读记》补,疑即为《诗经·王风·君子阳阳》,写得意之态,简文以为"小人"。所论甚确。

《有兔》,整理者指出可能指今本《诗经·王风·兔爰》。首句为"有兔爰爰",按照以起首二字命名的原则,原名可能就是"有兔"。诗句"我生之后,逢此百罹"等皆为不逢时之叹。

①　侯乃峰:《上博楚简儒学文献校理》,25页。

②　胡平生:《读上博藏楚竹书〈诗论〉札记》,《上海博物馆藏战国楚竹书研究》,上海书店出版社,2002年。

③　刘信芳:《孔子诗论述学》,安徽大学出版社,2003年,199页。

　　《大田》，整理者指出见今本《诗经·小雅·甫田之什》。李零《校读记》指出，简文"知言而有礼"说的是诗的最后一章"以享以祀，以介景福"。

　　《小明》见今本《诗经·小雅·谷风之什》。

　　《邶柏舟》即今本《诗经·邶风·柏舟》。整理者指出《诗经·鄘风》也有《柏舟》，但《诗经·邶风·柏舟》诗意与"闷"更加吻合，简文写出"邶"是为了与之区别。

　　《谷风》，整理者指出今本《诗经·邶风》《诗经·小雅》都有。"悲"简文从"心"从"否"①，此从李学勤读为"悲"，两首《谷风》都充满悲哀的色彩，增加了判断的难度，综合来看，《诗经·小雅·谷风》与之前说到的《诗经·邶风·柏舟》更加类似，简文可能指的是这首诗②。

　　《蓼莪》见今本《诗经·小雅·谷风之什》，写的是"子欲养而亲不待"的痛苦，与简文评论吻合。

　　《隰有苌楚》见今本《诗经·桧风》，诗人自叹境遇还不如草木，具体因何而作历来不明。李零《校读记》指出，"得而悔之"是指诗人觉得自己"有知""有家""有室"，反倒不如苌楚没有。

　　《鹿鸣》见今本《诗经·小雅·鹿鸣之什》，是宴飨宾客的诗篇。"以乐始，而会以道交，见善而效，终乎不厌人"，从李零《校读记》释读，指的就是诗中的"人之好我，示我周行"以及"视民不恌，君子是则是效"。

　　《兔置》，李零《校读记》认为即今本《诗经·周南·兔置》，写的是狩猎的场景和勇猛的武士。

　　"恶而不闵"之"闵"写法楚简常见，多读为"文"，此从李零《校读记》读。侯乃峰认为应读"文"，文采之义③。可备一说。由于简文残缺，此处所评之诗不明。

　　《墙有茨》学者多指出即今本《诗经·鄘风·墙有茨》，诗文说内宫之言不能外扬，毛传："卫人刺其上也，公子顽通乎君母，国人疾之而不可道也。"故简文言"慎密而不知言"。

　　《青蝇》见今本《诗经·小雅·甫田之什》。李学勤将简28与29连读，但未解释简文的评论。诗人指责构陷他的小人，要君子不要相信他们。《毛诗序》："大夫刺幽王也。"简文"不知人"与诗意相合。

---

　　①　黄德宽、徐在国：《〈上海博物馆藏战国楚竹书（一）·孔子诗论〉释文补正》，《安徽大学学报（哲学社会科学版）》2002年2期。

　　②　李学勤：《〈诗论〉与〈诗〉》，《经学今诠三编》[《中国哲学》（第二十四辑）]，辽宁教育出版社，2002年。

　　③　侯乃峰：《上博楚简儒学文献校理》，19页。

简29《涉溱》之后的断句有争议。李学勤认为《涉溱》后的几个字都是对它的解释，不认为"角枕"是一首诗①。李零《校读记》则指出《角枕》为今《诗经》所无，或是逸篇，与"《茉苢》士"相对。从图版来看，这部分内容的句读符号使用比较有规律，论述完一首诗之后就在下面加了停顿号。《涉溱》之后的停顿号在"士"字之下，故应到此结束。而"角枕妇"的"妇"字下也有一个停顿符号，说明这里应该是对另一首诗的论述，诗名就是"角枕"。

《涉溱》即今本《诗经·郑风·褰裳》，整理者指出诗名是截取诗句"子惠思我，褰裳涉溱"后两字而成。诗文之意似为女子对久未相见的恋人的痛斥，"子不我思，岂无他人"表达了与之决裂之心。"柎"，李零《校读记》释。"柎而士"陈斯鹏读为"怣而士"，"而"训"此"，女子表面说与恋人决裂，实际是出于思念，才如此急切地盼望与之相见②。《毛诗序》"思见正也"是政治化的解读，简文的评论与诗意关系更直接。

《角枕》，第二字不识，廖名春读为"枕"，认为"角枕"是今本《诗经·唐风·葛生》的别名，描写的是妇人怀夫，故谓"妇"③。

《将大车》，整理者指出即《诗经·小雅·谷风之什·无将大车》。诗文有"无将大车，祇自尘兮。无思百忧，祇自疧兮"之句，大意为忧思无益，徒劳无用。故简文曰"以为不可如何也"。

《湛露》即今本《诗经·小雅·湛露》。诗文写贵族晚宴，《毛诗序》："天子燕诸侯也。"简文的评论不好理解。季旭昇认为"軕"可按《玉篇》理解为"车疾也"，简文是说天子能以礼待诸侯，天下就能化之以德，就像车在路上疾驰④。

　　　　孔子曰：《宛丘》吾善之，《猗嗟》吾喜之，《鸤鸠》吾信之，《文王》吾美之，《清〔庙〕吾敬之，《烈文》吾悦〕21〔之，《昊天有成命》吾□〕之。《宛丘》曰："询有情，而无望"，吾善之。《猗嗟》曰："四矢反，以御乱"，吾喜之。《鸤鸠》曰："其仪一兮，心如结也"，吾信之。"文王在上，於昭于天"，吾美之22。〔《清庙》曰："肃雍显相，济济〕多士，秉文之德"，吾敬之。《烈文》曰："乍〈亡〉竞维人"，"丕显维德"，"於呼！前王不忘"，吾悦之。《昊天有成命》："二后受之"，贵

①　李学勤：《〈诗论〉简的编联与复原》，《中国哲学史》2002年1期，5—8页。
②　陈斯鹏：《简帛文献与文学考论》，中山大学出版社，2007年，43页。
③　廖名春：《上海博物馆藏诗论简校释札记》，《上博馆藏战国楚竹书研究》，260—276页。
④　季旭昇主编，陈霖庆、郑玉姗、邹濬智合撰：《〈上海博物馆藏战国楚竹书（一）读本〉》。

且显矣，颂₆……

自简21"孔子曰"开始到简6是一个大段落，讨论了《宛丘》《猗嗟》《鳲鸠》《文王》《清庙》《烈文》《昊天有成命》七篇，兼及风、雅、颂。孔子先用"某诗吾某之"的形式分别说出对七首诗的看法，再逐一引述诗中语句，说明自己为何有这样的看法，句式为"某诗曰：'……（诗中的一句）'，吾某之"。

《宛丘》即今本《诗经·陈风·宛丘》，诗文大意为诗人对一位舞姿优美之女子的爱慕，《毛诗序》："刺幽公也。淫荒昏乱。游荡无度焉。"简文"询有情，而无望"之"询"，今本作"洵"。简文中孔子的评价是"吾善之"，显然与《毛诗序》的理解有别。

《猗嗟》即今本《诗经·齐风·猗嗟》，诗文是对一位射艺精湛的少年的歌颂。《毛诗序》则谓："刺鲁庄公也。齐人伤鲁庄公有威仪技艺，然而不能以礼防闲其母，失子之道，人以为齐侯之子焉。"廖名春引方东树《原始》（按：应为方玉润《诗经原始》）"《猗嗟》美鲁庄公才艺之美也"，谓简文证明方说是[1]。刘信芳则引戴震《毛诗补传》认为此诗有"美"有"刺"[2]。无论如何，简文孔子所"喜"应为诗文对这位美少年描述之文辞，与史事无涉。

《鳲鸠》即今本《诗经·曹风·鳲鸠》。关于此诗之旨历来聚讼不决。《毛诗序》曰："刺不一也。在位无君子，用心之不一也。"朱熹《诗集传》则说："诗人美君子之用心，均平专一。"以为是美诗。两说聚讼，或牵涉曹国史事，悬而未决。"鳲鸠"即布谷鸟。《诗经》中与之有关的还有"鸠占鹊巢"一典所出的《鹊巢》，毛传谓："鸠，鳲鸠，秸鞠也。鳲鸠不自为巢，居鹊之成巢。""维鹊有巢，维鸠居之"描述的就是如今已成为自然常识的"巢寄生"现象。只是鳲鸠并不是自己住进鹊巢，而是把卵产到鹊巢之中，由"鹊"孵化养育[3]。《鳲鸠》中说"鳲鸠在桑，其子七兮""鳲鸠在桑，其子在梅"，又有"在棘""在榛"，也是对这种现象的描述。之后的"其带伊丝，其弁伊骐"说的就是鳲鸠身上的白色横条花纹。全诗由"鳲鸠"起始，既是起兴，也兼具比喻之意。这样看来，《毛诗序》的"刺"说更附合诗意。"正是国人，胡不万年"正是对"其仪一兮"之"淑人君子"的讽刺。只是此段的诗

---

① 廖名春：《上海博物馆藏诗论简校释》，《中国哲学史》2002年1期，9—19页。

② 刘信芳：《孔子诗论述学》，223页。

③ 据介绍，布谷鸟所选择巢寄生的鸟有100多种，包括东方大苇莺和灰喜鹊等，一般比自己个头小。寄生的鸟卵会第一个孵化出来，并把巢中鹊卵挤出去，成为吃独食的"独子"。雏鸟即使体型已经超过"养父母"，往往仍在巢中等待喂养。古人显然注意到了鳲鸠产卵于鹊巢的现象，然而从《鹊巢》来看，未必观察到了这种"巢寄生"的残酷之处。

论几乎都是"善""喜""美""敬"等褒义之辞，此诗若解为"刺"义，似乎与之不合。但这里的"吾信之"本无褒贬，似乎也不影响。

《文王》即今本《诗经·大雅》首篇《文王》，内容为对文王的歌颂，《毛诗序》："文王受命作周也。"故诗论曰："吾美之。"

《清庙》即今本《诗经·周颂》第一篇。《毛诗序》："祀文王也。周公既成洛邑，朝诸侯，率以祀文王焉。"故诗论曰："吾敬之。"简6前段引《清庙》缺，李学勤据今诗补。

《烈文》见今本《诗经·周颂》，《毛诗序》："成王即政，诸侯助祭也。"简6"乍竞"今本作"无竞"，李学勤认为"乍"是"亡"之误。可信。

《昊天有成命》见今本《诗经·周颂》，写周初三王的功绩，"二后"指文王和武王。《毛诗序》："郊祀天地也。"

从《清庙》开始，所论诗都见于今本《诗经·周颂》，故简6末尾的"颂"字可能是指风、雅、颂之"颂"。但依据文例，对《昊天有成命》的评论仍应以"吾某之"结束。由于简文残缺，此处存疑。

简6和以下几支基本都属于"留白简"，简文残缺，文意不连贯。

> ……"〔帝谓文王，予〕怀尔明德"，曷？诚谓之也；"有命自天，命此文王"，诚命之也。信矣！孔子曰：此命也夫！文王虽欲也，得乎？此命也7……时也，文王受命矣。

"怀尔明德"引自《诗经·大雅·文王之什·皇矣》，"有命自天，命此文王"引自《诗经·大雅·文王之什·大明》。之后的"孔子曰"讨论的仍然是文王受命这个主题，这两首诗似乎是连贯的。简文大意是引诗表示文王能够建立功勋最根本的原因在于上天的降命。

> 《颂》，圣德也，多言后，其乐安而迟，其歌绅而逖，其思深而远，至矣！《大雅》，盛德也，多言2……〔《小雅》，□德〕也，多言难而怨退（悡）者也。衰矣！小矣！《邦风》其内物也，博观人俗焉，大敛材焉。其言文，其声善。孔子曰：惟能夫3……
> ……曰：诗其犹圣门，举贱民而豫之，其用心也将何如？曰：《邦风》是也。民之有戚患也，上下之不和者，其用心也将何如4？……〔□雅〕是

也。有成功者何如？曰：《颂》是也①。

　　两段所论诗都兼及风、雅、颂，顺序不同。

　　第一段先评价《颂》。"圣德"之"圣"原释为"坪"。其实简文字形不从"平"而从"雩"。学者讨论很多。裘锡圭从文义考虑认为是"圣"的误字②。很可能是对的。《颂》为宗庙祭祀乐歌，按照当时的道德标准，被祭祀的先公先君就是"圣人"了。"后"从陈斯鹏读，指上古帝王，与简5"成功者"相对③。"其乐安而迟，其歌绅而逖"是说《颂》的音乐舒缓悠远。"逖"简文作"葛"，从李零《校读记》释读。

　　之后依次论及《大雅》《小雅》《邦风》（即《国风》），论述模式为：先用两个字点名主旨（如"《颂》，圣德也"）；再以"多言……"概括内容；最后用短句总结风格（"至矣！"）。

　　《大雅》的评论只剩"盛德也"，其余不存。

　　《小雅》"多言难而怨退者"，整理者认为是指《小雅》中反映社会衰败、为政者少德的作品。董莲池指出，《史记·屈原贾生列传》有"《小雅》怨诽而不乱"，与简文意近④。

　　《邦风》即今本《诗经·国风》。其后断句从李零《校读记》，简文是说《邦风》可以博览风物，汇聚人才。

　　第二段论述的顺序正好反了过来，依次是风、雅和颂。由于简文残缺，《大雅》和《小雅》的顺序不能定。以一问一答的形式进行。简4从"曰"字起始，学者多在前补"孔子"二字。但依下文的体例，"曰"字前并没有写出说话人，故本书不补。

　　"圣门"释读参照"圣德"。"门"字下有句读符号。"豫"从何琳仪释⑤。此句是关于《邦风》的，含义难解，异说很多，尚无定论。

　　"慽"从李零《校读记》释，"患"从白于蓝释读，"慽患"为联绵词，指忧

　　①　下有墨节。

　　②　裘锡圭：《谈谈上博简和郭店简中的错别字》，《中国出土古文献十讲》，复旦大学出版社，2004年。

　　③　陈斯鹏：《简帛文献与文学考论》，中山大学出版社，2007年，37页。

　　④　董莲池：《〈上海博物馆藏战国楚竹书（一）·孔子诗论〉解诂（一）》，《古籍整理研究学刊》2002年2期。

　　⑤　何琳仪：《沪简〈诗论〉选释》，《上博馆藏战国楚竹书研究》。

患①。黄德宽、徐在国以为此句所论为《小雅》②。

"有成功者"是对《颂》的评价。

（三）第　三　章

《清庙》，王德也，至矣！敬宗庙之礼，以为其本；"秉文之德"，以
为其业。"肃雍〔显相〕₅……行此者，其有不王乎？"

《清庙》即今本《诗经·周颂·清庙》，"秉文之德""肃雍显相"俱出该诗。
"王德"是对该诗主旨的概括。简1的前半段"行此者，其有不王乎"，所论与王道有
关，可能属于此段。

（四）第　四　章

孔子曰："诗无隐志，乐无隐情，文无隐意₁……"

此章是孔子对《诗经》的总体评论。"隐"字从"害"，李学勤和裘锡圭读
"隐"③。与"乐"和"文"相较而言，"诗"的作用在于对"志"的表达，中国古代
文学"诗言志"的传统当始于此。

第三节　《鲁邦大旱》

一、概　　况

本篇为孔子与鲁哀公关于"大旱"的对话，原释文、注释由马承源撰写。现存竹
简6支，208字，其中合文4，都为"孔子"合文。除简3、4保存完整外，其他竹简俱在
距简首约33厘米处断折，下段缺失。所幸首尾完整，简序方面也没有争议，全文面貌
基本可知。

简文中使用了三种墨识符号：一是表示停顿的符号，共有四处，有"-"（简

①　白于蓝：《上海博物馆藏战国楚竹书（一）释注商榷》，《华南师范大学学报（社会科学
版）》2002年5期。

②　黄德宽、徐在国：《〈上海博物馆藏战国楚竹书（一）·孔子诗论〉释文补正》，《安徽大
学学报（哲学社会科学版）》2007年2期。

③　裘锡圭：《关于〈孔子诗论〉》，《中国出土古文献十讲》，复旦大学出版社，2004年，
304—307页。

3"是哉"下）和"└"（简1的"乎"字下、简4"毋乃不可"下、"焦"下）两种写法，对字距没有影响，添加比较随意，或许是阅读时随手所加；二是合文符号"＝"；三是位于简6的一个墨节，其后留白，表示篇章结束。

　　简文内容可以分为两个部分。第一部分是哀公与孔子的对话，鲁哀公向孔子请教应采取什么措施来应对"邦大旱"，孔子提出了两个建议，一是举行祭祀，二是"正刑与德"。

　　第二部分是孔子与子贡的讨论，孔子问子贡对自己的建议有何看法，子贡认为"正刑与德"是应该做的，但祭祀没有必要。子贡质疑祭祀山川时所说的话①，可与今本《晏子春秋·景公欲祠灵山河伯以祷雨晏子谏》以及《说苑·辨物》对读，唯说话人不是子贡，而是晏子。

二、校　读

　　鲁邦大旱，哀公谓孔子："子不为我图之？"孔子答曰："邦大旱，毋乃失诸刑与德乎？唯₁……"〔哀公〕……"……之何哉？"孔子曰："庶民知说之事鬼也，不知刑与德，如毋爱珪璧币帛于山川，正刑与〔德〕₂〔以事上天〕……"……出遇子赣（贡）曰："赐，尔闻巷路之言，毋乃谓丘之答非欤？"子赣（贡）曰："否。抑吾子如重命其欤？如夫正刑与德以事上天，此是哉。如夫毋爱珪璧₃币帛于山川，毋乃不可？夫山，石以为肤，木以为民，如天不雨，石将焦，木将死，其欲雨或甚于我，何必待吾名乎？夫川，水以为肤，鱼以₄为民，如天不雨，水将涸，鱼将死，其欲雨或甚于我，何必待吾名乎？"孔子曰："呜呼……₅公岂不饱粱食肉哉，抑无如庶民何₆"！

　　简文开头完整，点明简文所记事件发生的背景是鲁邦的一场大旱。"哀公"即鲁哀公，"春秋十二公"中的最后一位。孔子晚年归鲁，在位的就是鲁哀公。

　　对话中哀公请孔子出谋划策。孔子认为旱灾的原因在于"刑"和"德"之失，因而提出"正刑与德"的建议。"刑"指刑政，国家治理中必须采用的刑罚手段；"德"为德教，亦即道德的教化。古人认为上天降自然灾害，必定是因为人们的行为有所失误，主要是国君及执政大臣在治国方面出现了一些错误，所以若想结束旱灾，

---

　　①　"夫山，石以为肤，木以为民，如天不雨，石将焦，木将死，其欲雨或甚于我，或逼寺乎名乎？夫川，水以为肤，鱼以为民，如天不雨，水将涸，鱼将死，其欲雨或甚于我，或必寺乎名乎？"

要先从改善"刑德"入手，只要刑政与德教得到改善，上天的惩罚自然也就会结束。

除此以外，还有一个针对庶民的建议——"庶民知说之事鬼也，不知刑与德，如毋爱珪璧币帛于山川，正刑与〔德〕……"。"说"即《诗经·周礼·春官·大祝》所记"六祈"之一的"说"祭。范丽梅认为，"说"祭是有灾变时，呼号告神以请事求福的方式之一，具体做法是陈述其事于上帝鬼神①。当然，还要奉祀币帛等祭品。虽然这里的简文有所残缺，使得孔子与哀公之后对话的内容损失不少，但不难推断其大意。孔子认为庶民不明白"刑与德"对国家的影响，而只知靠祭祀敬享鬼神、攘除灾难，所以提出仍然要举行祭祀，以安抚民心。"如毋爱珪璧币帛于山川"就是说要拿出财物来祭祀山川。

孔子出宫之后遇到子贡。"子贡"简文作"子赣"，孔门"言语"二贤之一。"尔闻巷路之言，毋乃谓丘之答非欤？"林志鹏认为此句是一种试探的语气，意思是"（街谈巷议）难道没有说我对国君的回答不对吗"，除了问民间是否有所议论外，也间接试探子贡的意向②。而根据顾史考的理解，孔子这里问的是熟悉民间意见的子贡对自己的建议有什么意见，"因为孔子深知子贡之习以理性来办事之性格，知其心中对己之对策肯定有所不以为然，因而又加了一句"③。关于这句话的含义，分歧主要在于孔子到底问谁对自己的建议有不同看法，是社会舆论街谈巷议，还是子贡？我们认为后一种意见似更为合理。

子贡先是客气地说没有意见，接着又说"抑吾子如重命其欤"。"重"字整理者读作"重视"的"重"，我们认为当为"重复"的"重"。意思是说孔子针对旱情提了两个建议有点重复。他认为"正刑与德"是很必要的（"如夫正刑与德以事上天，此是哉"），而对于"毋爱珪璧币帛于山川"就不是非常认可了（"毋乃不可"）。所以之前的"重命其欤"应该是说第二个建议有点多余。

子贡的理由是，旱灾也会给山川造成很大的伤害，对群山来说，如果久不下雨，山石将焦裂，树木将枯死；对河川来说，如果久不下雨，水将干涸，鱼也会死掉。如果山川有灵的话早就降雨了，又何必等着人去求它们呢？两处"何必待吾名乎"的"何"简文作"或"，此从整理者读作"何"。

在这个故事中，子贡的形象很突出，最有道理的"夫山，石以为肤"一段就出自他口。学者已经发现相似记载还见于《晏子春秋》和《说苑》中的晏子故事。两个故

① 范丽梅：《上博楚简〈鲁邦大旱〉注译》，《上博馆藏战国楚竹书研究续编》，167页。
② 林志鹏：《〈鲁邦大旱〉诠解》，《上博馆藏战国楚竹书研究续编》，147—162页。
③ 顾史考：《上博竹书〈鲁邦大旱〉探源》，"文明的和谐与共同繁荣"北京论坛2016，2016年11月4—6日。

事孰早孰晚、故事的原型到底是谁其实并不重要。曹峰指出这类关于大旱对策的套话可能曾经流行一时，是一个时代或一个学派在阐述天灾与人事关系时的固定说法[①]。

孔子的回答已经残缺，只能根据现有内容推测。陈侃理认为最后一句大概是说，如果旱灾持续下去，国君依然可以饱食粱肉，过平常的日子，可是老百姓的生活怎么办呢。之前残缺的内容是把百姓比作鱼虾，国君比作山川，天不下雨，草木鱼虾没有生路，山川却依然会存在[②]。

---

① 曹峰：《〈鲁邦大旱〉初探》，《上博馆藏战国楚竹书研究续编》，121页。
② 陈侃理：《上博楚简〈鲁邦大旱〉的思想史坐标》，《中国历史文物》2010年6期，75—78页。

卷三 《弟子问》

一、概　况

本篇为孔子与弟子们简短语录的汇编，原释文、注释由张光裕撰写。内容包括孔子对延陵季子的评论、孔子感叹"莫我知也夫"、宰我问君子、孔子过曹至老丘等。涉及的人物有孔子、颜渊、子贡、子游、宰我、子路、延陵季子、蘧伯玉等。

放大图版可见竹简契口，可知此篇竹简应是三道编连，编连模式属于我们划分的B类，上下编绳在距离简端稍远的位置，没有天头地脚。

竹简多残，没有一支是完整的。陈剑拼合出五支竹简：简［2+1］、简［7+8］、简［11+24］、简［12+25］、简［17+20］①。基本可信。现存最完整的是简4，长45.2厘米。陈剑缀合的简［2+1］，除了尾端略残之外，亦基本完整。可以大致推测完简长约55厘米，编距依次约为9.2②、18.4、18.4、9.2厘米。整理者在原书第九页图版中对这15支竹简的位置排列，是考虑到本身形制的③。

本篇与卷四《君子为礼》字迹相似。李松儒指出两篇很可能是一个抄手在不同时期抄写的，《弟子问》写得比《君子为礼》早④。竹简编为24号，此外还有一支附简，因为内容重要并与孔子有关，附于此⑤。由于字迹相似，两篇竹简有相混的情况。黄武

---

① 陈剑：《谈谈〈上博（五）〉的竹简分篇、拼合与编联问题》，简帛网，2006年2月19日。

② 冯胜君发现《弟子问》完简即简2顶端与第一契口距离为9.2厘米，参氏著：《郭店简与上博简对比研究》。

③ 其中个别竹简位置判断有误。李锐指出简13契口在"亡""所"二字之间，而不是如整理者的位置图那样在"人"字之下，见李锐：《读上博五札记》（二）。

④ 李松儒：《战国简帛字迹研究》，341—350页。李松儒还指出《弟子问》简24字迹与此篇不同，应不属于此篇，与港7可能属于同一篇。但是对照图版，发现此简仅存4字，字迹基本上已经看不到了，实在看不出与其他简文在字迹上存在什么区别。末字后仍可辨有一墨块，其下留白，这一符号又见同篇他简，因而本书仍将简24归于此篇。

⑤ 释文为"……曰：'巧言令色，未可谓仁也。□者其言，□而不可……'"

智、苏建洲指出，《弟子问》简3形制与本篇其他简不同，应属《君子为礼》①。所论甚确。

简文有三种墨识符号。第一种是重文/合文符号，写作两个短横；第二种是停顿号，写为一个短横，见于简13、22、23②；第三种是章节符，用墨块表示，共有五处，分别见于简2、11、12、17、24，用墨块分隔的部分类似今本《论语》中的一章。原文应在六章以上。

由于简文残缺，本身又是语录的汇编，现在的竹简顺序仍然有很多未决之处，内容也多未明，很多地方仅能根据残存文字推测大意。本书现在的排列首先是根据竹简形制与内容，能拼合的尽量拼合，能编连的尽量编连，较为完整的放在前面，比较零碎的放在后面。简序为：［2+1］，［7+8］，10，［17+20］、4，13，［12+15］，6、9、14、18，［11+24］，5，16，19，21，22，23③。大致可以分为八个部分。简24章节符下留白，应为全篇的最末一支简。

二、校　　读

（一）

子曰："延陵季子，其天民也乎？生而不因其俗，吴人生七〔年〕₂而□□□乎其膺，延陵季子侨（矫）而弗受。延陵季子，其天民也乎？"④
子贡₁……

简［2+1］是第一部分。延陵季子即吴公子季札，受封于延陵（今江苏武进），古书多称"延陵季子"。"延"字，简文写作"前"。季札是当时的贤人，孔子评价

---

① 黄武智：《上博楚简"礼记类"文献研究》，台湾中山大学博士学位论文，2009年；苏建洲：《〈上博五·弟子问〉研究》，中研院《历史语言研究所集刊》（第八十三本第二分），2012年。

② 简22的符号写在子贡的名字"赐"下，程鹏万引沈培说指出属于"专有名词提示性符号"。程鹏万：《简牍帛书格式研究》，上海古籍出版社，2017年，191页。参沈培：《关于"抄写者误加'句读符号'"的更正意见》，简帛网，2006年2月25日。

③ 简［2+1］，［7+8］，［17+20］与4连读，简［12+15］，［11+24］拼合参考了陈剑《谈谈〈上博（五）〉的竹简分篇、拼合与编联问题》，简帛网，2006年2月19日。简13与12连读参考陈伟：《上博五〈弟子问〉零释》，简帛网，2006年2月21日。陈文原意是将简13与12拼接，李锐指出简13位置摆放错误，二者不能拼合。但其内容是可以连读的，只是中间内容由于竹简残损而缺失。简6、9连读参考了李锐：《读上博五札记》（二），简帛研究网，2006年2月27日。

④ 下有墨块。

他"吴之习于礼者也"(《礼记·檀弓下》),季札在齐国时,长子死,葬于赢博之间,孔子专门去观礼,事见《礼记·檀弓下》《孔子家语·曲礼子贡问》等。

简2末字"年"简文残,从范常喜释读①。"而"字后三字不识。"七"原释为"十";"膺"字写作"雁",从陈剑释读,可能与吴人"断发文身"之俗有关②。

吴泰伯来自中原,故上层与吴地习俗不同。这几句可能是说,公子季札仍保存着其先祖由周带来的礼节,与吴地之俗不同。"天民"或许可以理解为代表了周代的正统文化。侯乃峰怀疑此句可读为"吴人生七年而画契用乎其膺,延陵季子矫而弗受",大意是说吴人长到七岁时要在胸部文身,延陵季子却找借口推脱了,不愿意以蛮夷自处③。

简1末尾"子贡"二字之前有章节符号,其下当属于另一章。

(二)

……□曰:"吾闻父母之丧$_7$,食肉如饭土,饮酒如淆,信乎?"子贡曰:"莫亲乎父母,死不顾生,可言乎其信也。"子$_8$……

这部分是子贡与一位孔门弟子关于"父母之丧"的对话。

首字残存下半部分,右下角有墨迹,可能为沾染所致,从残存字形来看,可能为"子"或"孝",所缺简文可能是"门弟子"或者"某某问孝"。后者格式类似简11"宰我问君子"。

"饭"是吃的意思,《韩诗外传》有"饭土而忘其非粱饭也"。"淆",是混淆浊水的意思。这句话是说,居父母之丧,就算大块吃肉大口喝酒,也味同嚼蜡。《论语·阳货》:"夫君子之居丧,食旨不甘,闻乐不乐,居处不安。"

"顾"训为"反、复、还","死不顾生"就是死不复生④。

最后一个字原未释,根据图版当是"子"字。

(三)

"……汝弗知也乎!由,夫以众犯难,以亲受禄,劳以成事,色以侄官,士治以力,则俎以$_{10}$……弗王,善矣。夫安能王人?由!"⑤

---

① 范常喜:《〈上博五·弟子问〉1、2号简残字补说》,简帛网,2006年5月21日。

② 陈剑:《谈谈〈上博(五)〉的竹简分篇、拼合与编联问题》,简帛网,2006年2月19日。

③ 侯乃峰:《上博楚简儒学文献校理》,257页。

④ 王三峡:《"死不顾生"句试解》,简帛网,2006年3月8日。

⑤ 下有墨块。

子过曹$_{17}$，〔颜〕渊驭。至老丘，有戎（农）植其橚而歌焉。子據乎轼
而$_{20}$……□风也，乱节而哀声。曹之丧，其必此乎？回！"子叹曰："呜！莫
我知也夫。"子游曰："有施之谓也乎？"子曰："偃$_4$……"

简10、〔17+20〕、4是一个大编连组，包括孔子与子路的对话和"子过曹"两
章，分章符在简17。

子路名由，简文写作"繇"[①]。"色以㥯"从陈伟释，谓"色"通"嗇"，意思是
爱惜、悭吝。"㥯"读为"属"，委托、任用之意。简文是说让众人冒险，而让亲信
收益；让别人辛劳成事，却不舍得委任官职[②]。曹建国则理解为贤德之人为了众人而以
身犯难，为了赡养父母不择禄而仕[③]。此简含义尚不明了。虚词"以"有多种用法，既
可以用为介词，又可以用为表示目的的连词。故而从现存的内容难以判断简文内容的
褒贬倾向。然而根据文献对子路的记载，或许可以做一番推测。

子路属于政事门的贤人，文献载子路在鲁国做过季氏宰、郈令，可"片言折
狱"。后来跟随孔子周游列国，又仕于卫，任孔文子家宰、蒲大夫等职。如何为政是
子路与孔子谈话的一个主要内容。简文所记的这段对话，也是有关为政的。据《史
记·仲尼弟子列传》等文献记载，子路跟随孔子以前是个好勇斗狠之人，学礼之后，
依然"热血"。孔子说他"暴虎冯河，死而无悔"（《论语·述而》），虽是严厉的
批评，更是作为老师的善意提醒。《史记·仲尼弟子列传》载孔子听闻子路任职的卫
国发生内乱，立刻猜到讲义气的子路一定不会独善其身，而最后传来的噩耗，更让孔
子伤心不已。

了解师徒二人的相处模式和人生轨迹后再来看残缺不全的简文，开头的"汝弗知
也乎"应该是对子路的批评，之前残缺的部分很可能是子路的言辞，子路说的话没有
道理，于是引来了孔子的批评。"以众犯难""以亲受禄"几句都是对子路（之前言
辞）的批评，这样的做法孔子是不认可的，最后的结果就是"安能王人"。陈说似更
合理。

孔子过曹是周游列国早期的事。文献载孔子出行，很多时候都是颜渊驾车，简文
所记这次也是。简文记孔子到了老丘（宋地），听到农人高歌。孔子听出其中的亡国
之意，并预言曹国将亡。孔子周游列国期间，遇到过很多隐逸之士。除《论语》记载

①　陈剑：《谈谈〈上博（五）〉的竹简分篇、拼合与编联问题》，简帛网，2006年2月19日；
牛新房：《读上博（五）〈弟子问〉札记一则》，简帛网，2006年3月4日。

②　陈伟：《上博五〈弟子问〉零释》，简帛网，2006年2月21日。

③　曹建国：《上博竹书〈弟子问〉关于子路的几条简文疏释》，《楚地简帛思想研究——"新
出楚简国际学术研讨会"论文集》，湖北教育出版社，2007年。

的长沮、桀溺、荷蓧丈人、楚狂接舆、子桑伯子、原壤等外，《庄子·天地》还记子贡过汉阴遇到了为圃丈人。简文的"戎（农）"也很像这类人物，表面是农民，实际上对现实有着超出常人洞察力。"戎（农）"字从陈剑释读①。"槈"是一种除草的农具。

"子叹曰"部分的"偃"字简文从"安"，此据季旭昇和陈剑释读②。晏子的"晏"，上博简《景公疟》一篇亦写作"安"。孔子对子游感叹没人了解他，自己的理想得不到实现。似乎与上文"过曹"无关，由于后文残缺，不能确证。然而此处并没有划分章节的墨块，故我们倾向于前后属于同一个章节。

孔子生于春秋末世，想要恢复西周礼制却总是求而不得。故晚年每每会发出"莫我知也夫"的感慨，《论语·宪问》就记载他对子贡如此感慨过（"子曰：'莫我知也夫！'"《论语·宪问》）。子贡追随孔子的时间较长，是孔子晚年最信任的学生之一，孔子向子贡发出这番感慨是很正常的。子游虽然也是"四科十哲"之一，然而根据李零的研究，他是孔子晚年周游列国时招收的一个小学生，少孔子四十五③。简文记孔子对他发出这番感慨，却是以往文献中没有见过的。

（四）

"……就人，不曲防以去人。"子曰："君子无所不足，无所有余，〔盖〕₁₃……〔有夫行〕也，求为之言，有夫言也，求为之行，言行相近，然后君子。"④

子₁₂曰："回，来，吾告汝。其组者乎？虽多闻而不友贤，其₁₅……"

简13、〔12+15〕是一个编连组，内容至少包括两章，一为孔子对"君子"的看法，二为孔子与颜回的对话。

《孟子·告子下》有"无曲防"，"曲"为"遍"之意。简文这里大概是说，不要处处提防、疏远别人。句末有章节号。陈伟根据文意补出简12前面的"有夫行"三字⑤，这是讲君子应该言行一致。

第二章的"组"字含义不明。"者"从陈伟释读⑥。

① 陈剑：《谈谈〈上博（五）〉的竹简分篇、拼合与编联问题》，简帛网，2006年2月19日。
② 季旭昇：《〈上博（五）〉刍议（下）》，简帛网，2006年2月18日，陈剑：《〈上博（五）〉零札两则》，简帛网，2006年2月21日。
③ 李零：《丧家狗——我读〈论语〉》，20、21页。
④ 下有墨块。
⑤ 陈伟：《上博五〈弟子问〉零释》，简帛网，2006年2月21日。
⑥ 陈伟：《上博五〈弟子问〉零释》，简帛网，2006年2月21日。

（五）

"……焉。"子曰："贫贱而不约者，吾见之矣；富贵而不骄者，吾闻而₆〔未之见也。□而弗□之〕士，吾见之矣，事而弗受者，吾闻而未之见也。"子曰："人而下临，犹上临也₉……"

李锐指出简6与简9连读，二者之间的缺字可补为"未之见也。□而弗□之"①。

《礼记·坊记》载孔子之言有"小人贫斯约，富斯骄；约斯盗，骄斯乱。礼者，因人之情而为之节文，以为民坊者也。故圣人之制富贵也，使民富不足以骄，贫不至于约，贵不慊于上，故乱益亡"；《韩诗外传》有"贫穷而不约，富贵而不骄"；中山王鼎铭亦有"毋富而骄"等语②，皆可与简文对读。

"贫而不约""富而不骄"，应是当时士人追求的道德标准。然而孔子却说，现实中是"贫贱而不约"比较容易做到，"富贵而不骄"很难。"事而弗受"指付出了辛劳却不求回报，这样的人也是很少见的。孔子一生落魄不得志，遍历艰辛，这番话是他对所见之人与所历之事的总结和感叹。

（六）

"……从吾子皆能有时乎？""君子道昭，然则夫二三子者₁₄……□者，皆可以为诸侯相矣。东西南北，不□□₁₈……"

简14与18似乎可以连读。学者一般把这两句话看作一个人所说，我们认为这更像是两个人的对话。

"时"，简文从"口"，读作"时运"之"时"。《从政》简甲15"命无时"的"时"也从"口"。这一概念又见于郭店楚简中的《穷达以时》，中心思想是说"穷"与"达"很大程度上与时运密切相连（该篇也可能与厄于陈蔡事件有关）。由此概念出发，再加上本篇基本都是孔子与弟子的对话，很自然就会将之与孔子厄于陈蔡的故事联系起来。根据传世文献的记载，问题应该是子路提出来的③。

---

①　李锐：《读上博五札记》（二），清华大学简帛研究网，2006年2月27日。

②　李学勤、李零：《平山三器与中山国史的若干问题》，《考古学报》1979年2期，147—170页。

③　《史记·孔子世家》记陈蔡之厄时，子路先提出问题，孔子批评他之后又分别与子贡和颜回谈话，子贡懂得能屈能伸的道理，颜回的志向与孔子最一致。当然，这种顺序的安排也充分考虑到了人物性情及其与孔子的关系和相处模式。

简文中孔子的回答有残缺。"昭"写作"朝",从杨泽生读①。"君子道昭"是说君子之道永远昭然、坦荡。《论语》记孔子面对子路的质疑,回答说:"君子固穷,小人穷斯滥矣。"由此来看,"二三子者"后残缺的内容很可能是(孔子对学生)说,如果你们遇到困难就有所怀疑,无法继续坚持下去的话,一定达不到君子的境界。

（七）

"……□也,此之谓仁。"②

宰我问君子,子曰:"予,汝能慎始与终,斯善矣,为君子乎$_{11}$,汝安能也$_{24}$。"③

简11"仁"下有章节符,将此段分为两章。第一章仅存末尾,推测内容是对"仁"的讨论。

第二章为全篇的最后一章,结尾处的墨块下留白。宰我名予,简文写作"余"。孔子说,宰我能做到慎始与慎终就不错了,离君子还差得远。

（八）残简④

"……□者,可略而告也。"子曰:"小子,来,听余言。登年不恒至,耇老不复壮,贤者伇$_5$……"

"……□焉终。"子曰:"寡闻则固,寡见则肆。多闻则惑,多见则$_{16}$……"

……长,蘧伯玉止乎,子惇惇如也。其听子路往乎,子愕愕如也,如诛$_{19}$……

……吾未见华而信者,未见善事人而贞者。今之世□$_{21}$……

……子闻之曰:"赐,不吾知也。夙兴夜寐,以求闻$_{22}$……"

"……□□之有⑤?"子曰:"列乎其下,不折其枝,食其实〔者,不毁其器〕$_{23}$……"

---

① 杨泽生:《〈上博五〉零释十二则》,简帛网,2006年3月20日。

② 下有墨块。

③ 下有墨块,其后留白。

④ 共六支,前后顺序不定。

⑤ 下有短横。

简5"略"，禤健聪指出简文从"寽"。陈斯鹏进一步指出应读为"略"，有要约的意思①。"登年"从田炜释，《国语·晋语九》有"不哀年之不登"②。"耈老"就是高寿的老年人。这是孔子告诫弟子不要蹉跎岁月。

简16第一字残，简文残，可能是"子"。这里说的是孤陋寡闻的坏处，"固"指鄙陋，见识少。"肆"指放肆。多闻会导致困惑，多见也不见得好。

简19"蘧伯玉"简文写作"巨白玉"。蘧伯玉名瑗，春秋末期卫国大夫。先后事卫献公、襄公、灵公，因贤德而闻名诸侯。《史记》说蘧伯玉是孔子的老师，"所严事者"之一。孔子对他的评价是"君子哉蘧伯玉！邦有道，则仕，邦无道，则可卷而怀之"（《论语·卫灵公》）；"外宽而内直，自设于隐栝之中，直己而不直于人，以善存，亡汲汲，盖蘧伯玉之行也"（《大戴礼记·卫将军文子》。又见《孔子家语·弟子行》，文略同）。"惇"有推崇、尊重的意思，《尚书·武成》有"惇信明义"，《汉书·成帝纪》"惇任仁人"。孔子在卫国曾住蘧伯玉家。简文大概说的是孔子在卫的经历。孔子数次离卫，这句话可能说的是蘧伯玉劝止孔子离去，"惇惇如也"可能是说孔子认真听蘧伯玉说话的样子。

"愕"指惊愕。简文此处或许与子路赴孔悝之难有关③。孔子周游列国期间，子路曾在卫为官，为孔悝家宰。哀公十五年，蒯聩与卫出公争位。子路为救孔悝，死于这场内乱。《史记》载孔子听说卫难后，叹曰"嗟乎，由死矣"（《仲尼弟子列传》）。"其听子路往乎，子愕愕如也"可以理解为，孔子在听到子路离开（去卫国）后，惊愕、失落的样子。

简21"吾未见华而信者，未见善事人而贞者"，相似的文句见于郭店楚简《语丛二》"未有善事人而不返者，未有华而忠者"。"贞"字从苏建洲释读，对应《语丛二》"不返"，后者可读为"不反"或"不叛"。简文大意是我没有看到言辞浮华却可相信的人，没有看到"善于奉承人，却是贞洁的人"④。

简22"赐"下有墨识符号，表示对专有名词的提示作用⑤。《论语·子罕》记太

①　禤健聪：《上博楚简（五）零札》（一），简帛网，2006年2月24日；陈斯鹏：《读〈上博竹书（五）〉小记》，简帛网，2006年4月1日。

②　田炜：《上博五〈弟子问〉"登年"小考》，简帛网，2006年3月22日；田炜：《读〈上海博物馆藏战国楚竹书〉零札》，《江汉考古》2008年2期，115—117页。

③　曹建国：《上博竹书〈弟子问〉关于子路的几条简文疏释》，《楚地简帛思想研究——"新出楚简国际学术研讨会"论文集》。

④　苏建洲：《〈弟子问〉简21"未见善事人而贞者"解》，复旦大学出土文献与古文字研究中心网站，2010年8月20日。

⑤　沈培：《关于"抄写者误加'句读符号'"的更正意见》，简帛网，2006年2月25日。

宰问子贡孔子为何多能，子贡说 "固天纵之将圣，又多能也"。孔子对这个回答不满意，说："太宰知我乎。吾少也贱，故多能鄙事。君子多乎哉？不多也。"在孔子看来，不只太宰不了解自己，其实子贡也不了解自己。此简陈剑曾认为应接于《君子为礼》最后一段子贡与子羽讨论孔子与子产、禹、舜孰贤的段落之后①。从文意上看确实比较吻合，但李松儒指出形制不合，不可能归入《君子为礼》②，故暂且还是归于本篇。

简23缺文从刘洪涛补，他指出相似文句见于《韩诗外传》卷二记田饶曰："臣闻食其食者，不毁其器。阴其树者，不折其枝。有臣不用，何书其言？"又见《新序》卷五田饶曰："臣闻食其食者，不毁其器。荫其树者，不折其枝。有士不用，何书其言？"《淮南子·说林训》："食其食者不毁其器，食其实者不折其枝，塞其源者竭，背其本者枯。"郭店楚简《语丛四》第16、17简："利木阴者，不折其枝；利其渚（潴）者，不赛（塞）其溪。"③应该是当时的熟语。

---

①　陈剑：《谈谈〈上博（五）〉的竹简分篇、拼合与编联问题》，简帛网，2006年2月19日。

②　李松儒：《战国简帛字迹研究：以上博简为中心》，343页。

③　刘洪涛：《〈上博五·弟子问〉小考两则》，简帛网，2006年5月31日。

卷四 《君子为礼》

一、概　况

本篇原释文、注释由张光裕撰写。与《弟子问》一样，也是孔子与弟子的语录汇编，包括颜渊与孔子谈论君子如何为礼，以及"独智""独贵"，"子羽"①与子贡关于孔子、子产、禹、舜中谁更贤德的讨论等。涉及的人物有孔子、颜渊、子贡、行人子羽、子产、禹、舜。值得注意的是，其中有一段残损的内容，讲述容貌、身体姿态等礼仪要求，与全篇其他对话体的短章不同。

本篇与《弟子问》很可能是一个抄手在不同时期抄写的②。《君子为礼》使用的竹简稍短，也是三道编连，编距依次为10.5、13.2、19.5、10.3厘米。李零介绍说，此篇与另外三篇同抄一卷③。其他三种尚未发表。

本篇原有16支竹简。根据学者的研究，《弟子问》简3（简"弟3"）可与简7、8拼合④，《上博一》第135页介绍的一枚竹简（简"孔135"），原释文为"不曰生民未之也"，整理者谓"此为论《大夏·生民》断文，然而无可归属，今暂附于此"⑤。李松儒指出，此简字迹与《君子为礼》一致，形制亦相合，因而很可能应归入此篇，释文应为"□不曰生民未之又（有）"，拼合位置还不能定⑥。所论甚确，最后一字的改释也符合字形。这枚残简并不是在谈《诗经·大雅·生民》，我们认为从内容来看，它应属于《君子为礼》的最后一段行人子羽与子贡关于孔子与子产、禹、舜"孰贤"的讨论。

---

① 整理者原认为此"子羽"为澹台灭明，但现在学界普遍认为他应为"行人子羽"公孙挥。
② 李松儒：《战国简帛字迹研究：以上博简为中心》，341—350页。
③ 李零：《丧家狗——我读〈论语〉》，46页。其中一篇与《君子为礼》写在正面，另外两篇（《日书》和《齐师子家见曾子》）写在背面。
④ 黄武智：《上博楚简"礼记类"文献研究》，台湾"中山大学"博士学位论文，2009年；苏建洲：《〈上博五·弟子问〉研究》，中研院《历史语言研究所集刊》（第八十三本第二分），2012年。
⑤ 马承源主编：《上海博物馆藏战国楚竹书》（一），135页。
⑥ 李松儒：《战国简帛字迹研究：以上博简为中心》，352、353页。

简文使用了三种墨识符号。第一是重文/合文符号，写作"="；第二种是停顿号，写成一条短横，仅有一处（简2"也"字下）；第三是章节号，仅有一处（简3"也"字下），也是一个短横，比停顿号粗。

由于本篇为短章的汇编，且竹简残断较多，在简序编排上有很多悬而未决之处。简文公布后，学者对竹简的拼合与编连进行了很多讨论。我们在前人基础上，将简序排列为：1、2、3、〔9上+4〕、9下、5、6、〔弟3+7+8〕，11、〔15+13+16+14〕、12，孔135，10。其中简3、〔9上+4〕、9下的拼合与编连参考了陈伟的意见，简〔7+8〕以及简11、〔15+13+16+14〕、12的拼合与编连参考了陈剑的意见①。〔弟3+7+8〕的拼接见上引李松儒的意见。根据内容和连读的情况，可以分为四个部分。

二、校　　读

（一）

颜渊侍于夫子。夫子曰："回，君子为礼，以依于仁。"颜渊作而答曰："回不敏，弗能少居也。"夫子曰："坐，吾语汝。言之而不义$_1$，口勿言也；视之而不义，目勿视也；听之而不义，耳勿听也；动而不义，身毋动焉。"颜渊退，数日不出，〔门人问〕$_2$之曰："吾子何其瘠也？"曰："然。吾新闻言于夫子，欲行之不能，欲去之而不可，吾是以瘠也。"②

颜渊侍于夫子。夫子曰$_3$："回，独智，人所恶也；独贵，人所恶也；独富，人所恶〔也$_{9上}$。颜〕渊起，去席曰："敢问何谓也？"夫子："智而□信，斯人欲其$_4$□□也。贵而能让，〈则〉斯人欲其长贵也。富而$_{9下}$……

简3"吾是以瘠也"后的章节符将第一部分分为两章。第一章可与《论语·颜渊》"颜渊问仁"章对读。

"颜渊"写作"𦥑囷"，"颜"字与《子道饿》中"言游"之"言"的写法相同。简2末尾缺字从陈剑补为"门人"或"弟子"。"瘠"字亦从陈剑释读③。楚简"新"字多读为"亲"，简文此处似不必改读。颜回数日不出门，是因为新近从夫子所闻之道"欲行之不能，欲去之而不可"以致忧虑而消瘦。《荀子·不苟》有"新浴

---

①　陈伟：《〈君子为礼〉9号简的缀合问题》，简帛网，2006年3月6日；陈剑：《谈谈〈上博（五）〉的竹简分篇、拼合与编联问题》，简帛网，2006年2月19日。

②　下有墨识符号。

③　陈剑：《谈谈〈上博（五）〉的竹简分篇、拼合与编联问题》，简帛网，2006年2月19日。

者振其衣，新沐者弹其冠"，"新"就是"刚刚"的意思。

"君子为礼"应指言行举止合乎礼的规范。如果所言、所视、所听的事情"不义"，则应"勿言""勿视""勿听"，这就是"为礼"的具体要求。古人的"为礼"，不仅包括重大的原则问题，还包括日常生活的方方面面、一言一行，后者也非常重要。《礼记·曲礼》"行修言道，礼之质也"就是这个意思。

简文对颜渊与孔子对谈时礼仪的记录生动反映了古时讲学的礼仪。《礼记正义·曲礼》："请业则起，请益则起。"简文中的颜渊就是这么做的。传世文献中，《论语》更注重记言，往往省略了人物的动作等内容。简文的风格显然与之有别，更近似《礼记》。

第二章是孔子与颜渊关于独智、独贵和独富的讨论。陈伟指出简9上半段与简4拼合，拼合后二者中间可补"也颜"二字①。周波指出，"去席"即离席，相当于古书中表示离席多用的"越席""避席"②。第二个"夫子"后可能脱漏一"曰"字③。

"贵而能让"与"斯人欲其长贵也"中间有一小段残简，简文残不可识。浅野裕一补释为"则"④。

儒家对"独贵""独富"的反对，传世文献中有不少相关的记载。比如《大戴礼记·卫将军文子》记载子贡向卫将军文子讲述孔门弟子之行，讲到澹台灭明时，就引用孔子的话说："独贵独富，君子耻之，夫也中之矣。"又见《孔子家语·弟子行》《荀子·非十二子》也讲到这一思想："古之所谓仕士者，厚敦者也，合群者也，乐富贵者也，乐分施者也，远罪过者也，务事理者也，羞独富者也。"这与简文的记载是比较相似的。而简文中对于"独知"的反对，是传世文献中较为少见的。需要注意的是，儒家反对独占、提倡分享，并不是目的，而是手段，即通过对"知""贵""富"的分享，来达到提高自身道德水平，获得民众支持的目的，使民众欲其"长知""长贵""长富"。

"智而□信，斯人欲其□□也。贵而能让，〈则〉斯人欲其长贵也。富而……"，廖名春指出，简文可与郭店楚简《成之闻之》对读，后者作"君子不贵庶物，而贵与民有同也。智而比节，则民欲其智之遂也；富而分贱，则民欲其富之大也，贵而能让，则民欲其贵之上也"。简文大概是"智而能信……贵而能让……富而

① 陈伟：《〈君子为礼〉9号简的缀合问题》，简帛网，2006年3月6日。

② 周波：《上博五札记（三则）》，简帛网，2006年2月26日。

③ 周波：《上博五补释二则》，简帛网，2006年4月5日。

④ 浅野裕一：《上海楚简〈君子为礼〉与孔子素王说》，"中国简帛学国际论坛2006"论文，武汉，2006年11月8—10日。

能分"①。刘娇亦指出《韩诗外传》《说苑·杂言》《说苑·善说》也有类似段落，本篇和《成之闻之》属于战国时期广泛流传的传记类著作，《韩诗外传》所记战国初年李克引称此言很可能源自春秋末年孔子授礼时的言辞。而《说苑》称"孔子曰"则是出于沿袭和追溯②。

（二）

> ……好。凡色毋忧、毋佻、毋怍、毋愮、毋₅娩（俛）视、毋侧睇。凡目毋游，正视是求。毋嚜、毋咈。声之疾徐，称其众寡₆。毋有柔教，毋有首獣，植第₃颈而秀，肩毋废、毋倾，身毋偃、毋倩，行毋蹶、毋摇。足毋偏、毋高。其在₇庭则欲齐齐，其在堂则₈……

第二部分讲的是身体姿态的礼仪规定，可参考《礼记》之《冠义》《玉藻》《曲礼》等文献记载。

"色"是指面部表情仪态。"佻"，指轻薄放纵不庄重。"怍"从整理者释读，意思是变脸色，《礼记·曲礼上》有"将即席，容毋怍"，即为此意。但到底怎么变，却不太清楚，可能是说表情不要太夸张。"愮"，整理者原释作"谣"，我们怀疑此字当读为"愮"，忧惧之意。《尔雅·释训》："愮愮，忧无告也。"郭璞注："贤者忧惧，无所诉也。"与简文对容色的要求相关。之后的两个"毋"是对眼神的要求。"睇"从何有祖释读。《玉篇》"睇，目小视也。""侧睇"与"正视"意义相对③。

简6首字残，整理者原释为"正"，从陈斯鹏释为"娩"，读为"俛"。《玉篇·人部》："俛，低头也。""俛视"即低头而视。前当补出"毋"字，"毋俛视"与"毋侧睇"并举④。

"凡目毋游，正视是求"是对上面各种要求的一个总结，与人对话要正视别人，不然是很不礼貌的。《礼记·曲礼下》："侍于君子，不顾望而对，非礼也。"

"毋嚜、毋咈"的读法是陈剑的意见，不要闭口不言，也不要总是张开嘴巴⑤。"声之疾徐，称其众寡"是讲对说话声音的要求，讲话声音的快慢，要和听众人数的

①　廖名春：《〈上博五·君子为礼〉篇校释札记》，简帛研究网，2006年3月6日。

②　刘娇：《言公与剿说》，271页。

③　何有祖：《楚简札记二则》，《简帛》（第二辑），349—351页。

④　陈斯鹏：《读〈上博竹书（五）〉小记》，简帛网，2006年4月1日。

⑤　陈说转引自侯乃峰：《上博楚简儒学文献校理》，252页。

多少相称①。

以下是对身体姿态及动作的礼仪要求。"肩毋废"谓"肩膀不要向下垮"②，即《新书·容经》有"平肩正背"之义③。"倾"苏建洲认为从"同"声，陈剑读为"倾"，指肩膀一高一低④。"偃"有仰、仆、卧等含义，指身体不正。"倩"亦当指身体的动作，《文选》司马相如《子虚赋》有"倩浰"一词，张揖注为"疾貌"，吕延济注为"奔逐之貌"。"毋倩"可能是说不要急速奔逐。"蹶"从范丽梅读，意思是跌倒⑤。"摇"是说行容应端庄，不宜顾盼摇晃。"偏"从禤健聪释读⑥。

"其在庭则欲齐齐，其在堂则……"是对整体仪容状态的要求。"齐齐"，整肃貌。庭与堂是古代建筑的两个不同地方。堂在上，庭在下。二者功能各有不同，地位亦有高下，堂的地位要高于庭。

（三）

　　行〈子〉人子羽问于子贡曰："仲尼与吾子产孰贤？"子贡曰："夫子治十室之邑亦乐，治万室之邦亦乐，然则₁₁〔贤于子产〕矣。""与禹孰贤？"子贡曰："禹治天下之川₁₅□以为己名，夫₁₃子治诗书₁₆亦以己名，然则贤于禹也。""与舜₁₄孰贤？"子贡曰："舜君天下₁₂……□不曰生民未之又（有）_{孔135}……"

第三部分的竹简拼合编连参考陈剑的意见⑦，补字参考浅野裕一的意见⑧。所记内容与孔子变成圣人的过程有关，属于孔子圣化第一阶段的第二类文献（见附论）。

"行〈子〉人子羽"，已有学者指出"子"为衍文，有可能是涉下文"子羽"之"子"而误衍。"行人子羽"即春秋晚期郑国的公孙挥，与郑子产共事。简文子羽称子产为"吾子产"，也与子羽的身份相合。《论语·宪问》："子曰：'为命，裨谌草创之，世叔讨论之，行人子羽修饰之，东里子产润色之。'"

---

①　季旭昇：《上博五刍议》（下），简帛网，2006年2月18日。

②　季旭昇：《上博五刍议》（下），简帛网，2006年2月18日。

③　秦桦林：《楚简〈君子为礼〉札记一则》，简帛网，2006年2月22日。

④　苏建洲：《〈上博五〉柬释》（二），简帛网，2006年2月28日；《〈上博楚简（五）〉考释二则》，简帛网，2006年12月1日。陈说见第二篇苏文所引通信。

⑤　范丽梅：《楚简文字零释》，复旦大学出土文献与古文字研究中心网，2010年7月21日。

⑥　禤健聪：《上博楚简（五）零札》（二），简帛网，2006年2月26日。

⑦　陈剑：《谈谈〈上博（五）〉的竹简分篇、拼合与编联问题》，简帛网，2006年2月19日。

⑧　浅野裕一：《上海楚简〈君子为礼〉与孔子素王说》，"中国简帛学国际论坛2006"论文，武汉，2006年，11月8—10日，294—303页，后收入《简帛》（第二辑）。

　　学者多认为子羽和子产的年代皆早于孔子和子贡不少，简文中的对话事实上不可能发生，简文作者或许是因为公孙挥任"行人"之职，主管外交，有机会接触四方宾客，所以才安排他与子贡问答[①]。但实际上，据《左传》记载，他的活动时间最早为襄公二十四年[②]，最晚为昭公十六年[③]，而非学者所考证的襄公三十一年[④]。《左传·哀公十二年》记"吴征会于卫"，亦有"行人子羽"出现[⑤]。但此人一般认为是卫大夫，与郑国的公孙挥不是一个人。《左传》中的人很多都没有生卒年的详细记载，只能依据已有的年代记录来推测人物可能的生活时段。根据记载，公孙挥于鲁襄公二十四年即为郑国行人，当时他起码有二十多岁，孔子三岁。那么公孙挥与孔子的年龄差距大概在二十岁左右。古人的平均寿命虽然远远低于现在的水平，但也有一些人能活到八九十岁高龄。西晋李密《陈情表》中就提到他的祖母九十六岁。简文二人对话最有可能发生在孔子周游列国在郑国期间[⑥]。据《史记》等文献记载，孔子经过郑国时大约是公元前495年，时年其57岁，若公孙挥在世的话可能不到八十岁。因而从年代上来看，公孙挥与子贡的对话并不是完全没有可能发生的。子贡说孔子治"十室之邑"和"万世之邦"可能指的是孔子任中都宰和做司寇时的事。当然，还有一种可能，就是简文所记的故事并未真正发生，而是作者出于"圣化"孔子的目的杜撰出来，借子贡与行人子羽之口表达孔子贤于其他人的观点。这种可能也不能完全排除。

　　这段对话中二人分别将孔子与子产、禹、舜比较，子贡的结论是孔子要贤于子产和禹、舜，是"生民未之有"的贤人。类似的观点《孟子·公孙丑上》中也有，出自宰我、子贡和有若之口。简文中子贡的依据是"夫子治诗书亦以己名"，是以孔子在文化传承方面的贡献作根据。

（四）

　　昔者仲尼箴徒三人，悌徒五人，玩嬉之徒$_{10}$……

---

　　①　陈剑：《谈谈〈上博（五）〉的竹简分篇、拼合与编联问题》，简帛网，2006年2月19日。浅野裕一：《上海楚简〈君子为礼〉与孔子素王说》。

　　②　"郑行人公孙挥如晋聘。"

　　③　"宣子有环，其一在郑商。宣子谒诸郑伯，子产弗与，曰：'非官府之守器也，寡君不知。'子大叔、子羽谓子产曰：'韩子亦无几求，晋国亦未可以贰……'"

　　④　浅野裕一：《上博楚简〈君子为礼〉与孔子素王说》，"中国简帛学国际论坛2006"论文，武汉，2006年11月8—10日。

　　⑤　"初，卫人杀吴行人且姚而惧，谋于行人子羽。"

　　⑥　"丧家狗"的故事就发生在这里，而找到独自站立于东郭门下的孔子的人，恰巧就是子贡。

简10残，文意比较模糊。关键的三个词"箴""悌""玩嬉"释读都不确定，此处暂从何有祖的意见①。伊若泊认为，这是说孔子有三个最亲近的学生（"箴徒"），五个还值得称道的学生，还有一些交束脩拜师的学生②。

附论　"生民未有"——孔子的圣化

简文中行人子羽先后将子产、禹、舜与孔子比较，问子贡的看法。子贡对前两问的回答基本保存了下来——孔子"贤于"他们。我们现在补入的残简"□不曰生民未之又（有）"，是他对第三问的回答——孔子是"生民未有"的贤人。如今挂在孔庙大成殿外的"生民未有"匾（图一）据说为雍正亲笔，语出《孟子·公孙丑上》"自有生民以来，未有孔子也"，是孟子答弟子公孙丑问之言③。从简文来看，这个说法是

图一　"生民未有"匾

笔者自摄，2018年

---

① 何有祖：《上博五零释二则》，简帛网，2006年3月3日。

② 伊若泊：《〈上博·五〉所见仲尼弟子子贡的言语与早期儒学史》，"中国简帛学国际论坛2007"论文，台湾大学，2007年11月10—12日。

③ （孟子）曰："宰我、子贡、有若，智足以知圣人；污，不至阿其所好。宰我曰：'以予观于夫子，贤于尧、舜远矣。'子贡曰：'见其礼而知其政，闻其乐而知其德，由百世之后，等百世之王，莫之能违也。自生民以来，未有夫子也。'有若曰：'岂惟民哉！麒麟之于走兽，凤凰之于飞鸟，泰山之于丘垤，河海之于行潦，类也。圣人之于民，亦类也。出于其类，拔乎其萃，自生民以来，未有盛于孔子也。'"

源于"七十子"之一的子贡。

《孟子·公孙丑上》记孟子借宰我、子贡、有若之口将孔子与尧、舜对比，最后得出"自生民以来，未有盛于孔子也"的结论，与简文如出一辙。徐少华曾详细对比过相关段落与简文的叙述，指出二者在内容和形式上的内在联系①。

类似的文献还有很多，最常见的模式是通过与贤臣、明君的对比，论证孔子之功最著，是最贤明的圣人。简文中这两类人都出现了，贤臣是子产，明君有禹、舜。子产名侨，是春秋末期郑国的贤大夫，孔子对子产评价很高，说他"有君子之道四焉。其行己也恭，其事上也敬，其养民也惠，其使民也义"（《论语·公冶长》）；"惠人也"（《论语·宪问》）。将孔子与子产相比，并非竹简首创，传世文献中就有很多例子。例如，《说苑·贵德》和《孔丛子·杂训》记孔子死后，季康子跟子游谈话，说子产死时，郑国的百姓都很难过，"三月不闻竽琴之声"，孔子死了，鲁国人却没这么难过，这是为什么呢？子游说，孔子跟子产就像"天雨"跟"浸水"，孔子的能量大到民众都看不到了，所以孔子一死，老百姓都不知道自己损失了什么②。情节与简文也很像，区别在于与孔子对比的贤人只有"子产"一位，而对话的人物则换成了"季康子"与"子游"。

综合来看，在孔子晚年及之后，以子贡为代表的孔门弟子发起过一场圣化孔子的"运动"③。产生的"圣化文献"大概可以分为以下两大类，代表孔子圣化的两个阶段。

第一阶段是孔门直系弟子圣化孔子。《论语·子罕》记太宰问子贡孔子何其多能④、《孟子·公孙丑上》孟子转述子贡、宰我、有子三人推崇孔子的对话等，都属于此类。根据内容又可以分两类。一类发生在孔门内部，包括子贡等弟子对老师的推崇⑤；另一类是孔门弟子在诸侯政要前对孔子的推崇，如《韩诗外传》卷八记子贡与齐

---

① 徐少华：《论竹书〈君子为礼〉的思想内涵与特征》，《中国哲学史》2007年2期，22—31页。

② 子游曰："譬子产之与夫子，其犹浸水之与天雨乎？浸水所及则生，不及则死，斯民之生也必以时雨，既以生，莫爱其赐，故曰：譬子产之与夫子也，犹浸水之与天雨乎？"（《说苑·贵德》）

③ 李零在《去圣乃得真孔子》中有相关论述，参其书114—126页。

④ 太宰问于子贡曰："夫子圣者与？何其多能也。"子贡曰："固天纵之将圣，又多能也。"子闻之，曰："太宰知我乎。吾少也贱，故多能鄙事。君子多乎哉？不多也。"牢曰："子云：吾不试，故艺。"

⑤ 《孟子·公孙丑上》："昔者子贡问于孔子曰：'夫子圣矣乎？'孔子曰：'圣则吾不能，我学不厌而教不倦也。'子贡曰：'学不厌，智也；教不倦，仁也。仁且智，夫子既圣矣。'"

景公的对话①、《孔丛子·杂训》记子游向季康子称颂孔子等②。

第二阶段是孔门后学对孔子的圣化。见《中庸》《孟子》《荀子·解蔽》等文献，推崇孔子的是子思、孟子、荀子等人。进入汉代，又形成了孔子"素王"之说③，上升到理论层面。主要根据是孔子的文化贡献，如"祖述尧舜，宪章文武"（《中庸》），"孔子仁知且不蔽，故学乱术，足以为先王者也"（《荀子·解蔽》），尤其是作《春秋》，"春秋，天子之事也"（《孟子·滕文公下》）。

亦有孔门之外的人推崇孔子的记载。惠盎曾对宋康王说："孔丘、墨翟，无地为君，无官为长。天下丈夫女子莫不延颈举踵，而愿安利之"（《吕氏春秋·顺说》）。反映出在战国时人的观念中，孔墨的地位已经非常高了。

而造圣的同时，也有不同的声音。墨子批评公孟子"'孔子博于诗书，察于礼乐，详于万物'，而曰可以为天子，是数人之齿，而以为富"（《墨子·公孟》）《庄子·天地》中为圃者批评子贡，说孔子是"博学以拟圣，於于以盖众，独弦哀歌以卖名声于天下者"；晏子也说孔子根本不能跟舜相比④等。这类"反圣"文献，如镜像一般存在于同时段的记述中。其中，子贡作为一个主要的对象被批评和攻击，正从反面证明了他在圣化孔子中的领袖作用。

---

① 齐景公谓子贡曰："先生何师？"对曰："鲁仲尼。"曰："仲尼贤乎？"对曰："圣人也，岂直贤哉！"景公嘻然而笑曰："其圣何如？"子贡曰："不知也。"景公悖然作色。曰："始言圣人，今言不知，何也？"子贡曰："臣终身戴天，不知天之高也。终身践地，不知地之厚也。若臣之事仲尼，譬犹渴操壶杓，就江海而饮之，腹满而去，又安知江海之深乎？"景公曰："先生之誉，得无太甚乎？"子贡曰："臣赐何敢甚言，尚虑不及耳。臣誉仲尼，譬犹两手捧土而附泰山，其无益亦明矣。使臣不誉仲尼，譬犹两手杷泰山，无损亦明矣。"

② 昔季孙问于子游亦若子之言也。子游答曰："以子产之仁爱，譬夫子其犹浸水之与膏雨乎。"康子曰："子产死，郑人丈夫舍玦佩，妇女舍珠瑱，巷哭三月，竽瑟不作。夫子之死也，吾未闻鲁人之若是也。奚故哉？"子游曰："夫浸水之所及也则生，其所不及则死，故民皆知焉。膏雨之所生也广莫大焉，民之受赐也普矣，莫识其由来者。"

③ 浅野裕一：《上海楚简〈君子为礼〉与孔子素王说》，"中国简帛学国际论坛2006"论文，武汉，2006年11月8—10日，294—303页。"素王"一词最早出现于《庄子·天道》："夫虚静、恬淡、寂漠、无为者，万物之本也。明此以南乡，尧之为君也；明此以北面，舜之为臣也。以此处上，帝王天子之德也；以此处下，玄圣素王之道也。"孔子为素王之说，则成于汉代春秋公羊学，见《史记·太史公自序》《汉书·董仲舒传》等文献。《淮南子·主术训》："孔子之通，智过于苌宏，勇服于孟贲，足蹑效菟，力招城关，能亦多矣。然而勇力不闻，伎巧不知，专行教道，以成素王，事亦鲜矣。"

④ 晏子对曰："是乃孔子之所以不逮舜。孔子行一节者也，处民之中，其过之识，况乎处君之中乎！舜者处民之中，则自齐乎士；处君子之中，则齐乎君子；上与圣人，则固圣人之材也。此乃孔子之所以不逮舜也。"（《晏子春秋·外篇第八》）

　　关于儒门的造圣与诸子的反圣文献虽有记载，却不翔实。今天我们所能确知的，是故事的结局。随着秦汉大一统局面的形成，汉武帝独尊儒术的推行，儒学与文官制度的结合，孔子终于成为"大成至圣文宣王"，历代皆被尊奉于孔庙之上。

卷五　《孔子见季桓子》

一、概　　况

本篇内容为孔子与季桓子关于"二道"的问答，原释文、注释由濮茅左撰写。字迹与《史蒥问于夫子》相同，应为一人所书①。但形制不同，各自成篇。

原来的分篇有相混之处。本篇竹简整理者原编号27，陈剑据形制认为简23、25不属于此篇②，李松儒又指出简9、21的形制也不符合此篇③。《史蒥问于夫子》公布后，张峰指出简4可与本篇简9拼合④，高佑仁指出简5可与本篇简25拼合⑤，李松儒指出简2可与本篇简21拼合⑥。综上，原属《孔子见季桓子》的简9、21、23、25，都应归属《史蒥问于夫子》篇。

简文使用了两种墨识符号：一种为重文/合文符号，写于在文字右下角，形状为两条倾斜的短横⑦；另一种是句读符号，写成墨钩，现存两处，一个位于简10中间"与"字之下，字间距比他处稍远，另一个位于简27。《史蒥问于夫子》篇也用墨钩表示句读，李松儒指出两篇的墨钩写法一致，为同一人所书⑧。再考虑到句读符号之处的字间距比较均匀，我们认为这些墨钩应该是书手在书写简文的同时写上去的。

在字体国别方面，苏建洲指出，此篇中抄手写了一些以前未见的讹变字形，字

---

① 苏建洲首先指出两篇书手为同一人，见简帛网"简帛论坛"《〈史蒥问于夫子〉初读》14楼海天游踪发言，2013年1月5日。李松儒同意，并谓字迹风格有差别，《孔子见季桓子》书写速度非常快，参其书：《战国简帛字迹研究：以上博简为中心》，365—374页。

② 陈剑：《〈上博（六）·孔子见季桓子〉重编新释》，《出土文献与古文字研究》（第二辑），复旦大学出版社，2008年，160—168页。

③ 李松儒：《战国简帛字迹研究：以上博简为中心》，365—374页。

④ 张峰：《〈上博九·史蒥问于夫子〉初读》，简帛网，2013年1月6日。此外，他还拼合了《史蒥问于夫子》简6+7。

⑤ 简帛网"简帛论坛"《〈史蒥问于夫子〉初读》，53楼youren发言，2013年1月10日。

⑥ 李松儒：《战国简帛字迹研究：以上博简为中心》，376页。

⑦ 《孔子见季桓子》有重文1，为简4的"仁"；合文3，分别为"中心"（简3）、"君子"（简5、13）。

⑧ 李松儒：《战国简帛字迹研究：以上博简为中心》，375页。

迹也很潦草，可能对底本字体不熟悉，并据冯胜君从子丑声的"好"字是齐鲁一系的看法，认为由本篇同样写法的"好"字来看，简文所依据的底本可能是齐鲁一系的文字[1]。林圣峰亦据冯胜君的研究指出从此篇中的"皇""至"等字写法可以看出底本应源自齐鲁一系[2]。李松儒看法相同，并由简文内容——孔子见鲁大夫季桓子的记录，推论原作者可能是齐鲁之人[3]。

现存较完整及拼合后较完整的有简5、15、[1+4]、[20+3]、[2+7]、[26+14]、[11+22]、[19+17]、[16+6]；现存上半段的有简10、18、24、27；现存下半段的有简12、13；简8属于原简的哪个部位，还不能确定。

由于本篇字形带有明显的齐鲁系风格，书手对底本文字并不熟悉，简文中不乏误字、衍字，再加上竹简基本都在距上端约21厘米处断折，内容残损较多，给简文释读增加了不小的难度，全篇的大意还有很多未明之处，竹简的编连亦多不能确定。自发表以来，学者对竹简的编连进行了很多探讨[4]。简[1+4]，[20+3]、24以及简[16+6]、12、[2+7]，[26+14]、[11+22]、[19+17]的拼合与编连已能确定。本书在此基础上，对简序进行了再次的整理，最终的结果是：[1+4]、[20+3]、24，5，[16+6]、10，8，12、[2+7]，[26+14]、[11+22]、[19+17]，[18+13]，15，27。简27"而民道之"下有墨钩，其后留白，当为本篇末尾。根据大意，全文可以分为四个部分。

二、校　　读

（一）

孔子见季桓子。"斯闻之，盖〔贤〕者是能〔亲〕$_1$仁，仁者是能行圣人之道。如子亲仁，行圣人之道，则斯$_4$不足，岂敢望之。如夫见人不厌，问礼不倦，则$_{20}$斯中心乐之。"夫子曰："上不亲仁而敷〈尃〉闻其辞于逸人乎？

---

① 苏建洲：《〈上博楚竹书〉文字及相关问题研究》。
② 林圣峰：《〈上博六·孔子见季桓子〉底本国别问题补说》，简帛网，2008年6月7日。
③ 李松儒：《战国简帛字迹研究：以上博简为中心》，365—374页。
④ 可参考李锐：《〈孔子见季桓子〉新编（稿）》，简帛网，2007年7月11日，拼合简[2+7]、[26+14]；《〈孔子见季桓子〉重编》，简帛网，2007年8月22日；福田哲之：《〈孔子见季桓子〉1号简的释读与缀合》，简帛网，2007年8月6日，拼合简[1+4]；梁静：《〈孔子见季桓子〉校读》，简帛网，2008年3月4日，拼合简[11+22]；陈剑：《〈上博（六）·孔子见季桓子〉重编新释》，复旦大学出土文献与古文字研究中心网，2008年3月22日，拼合简[20+3]、[19+17]、[18+13]，遥缀[16+6]。本节引此文，统一简称为"《重编新释》"，不再出注。

夫士，品物$_3$不穷，君子流其观焉。品物备矣，而无成德$_{24}$……"

第一部分包括简［1+4］、［20+3］、24，是孔子与季桓子谈话的开始。孔子去见季桓子，季桓子对孔子说，我听说有贤才者能够亲近仁德，有仁德者能够行圣人之道。但像夫子您那样亲近仁德、推行圣人之道，我恐怕做不到，如果仅仅是不厌见（贤德之人）人、勤于学礼，我还是很愿意的。

季桓子是季孙意如（平子）之子，鲁国三桓之首。季桓子的名字"斯"写法特殊，见于简2、4、22，陈剑《重编新释》隶定为上"尾"下"车"，上"尾"是"徙"（上"尾"下"少"）之省，可读为"斯"。所论甚确。

"盖〔贤〕者是能〔亲〕仁，仁者是能行圣人之道。""贤"字从福田哲之释[①]。"是"起强调语气的作用，如《尚书·金縢》："是有丕子之责于天。""岂敢望之"，"岂""望"写法独特，都从陈剑《重编新释》释读。

下面是孔子的回答。"上不亲仁而敷〈専〉闻其辞于逸人乎。"颇令人费解。陈剑《重编新释》认为"敷〈専〉"两字中有一个是衍文，"敷闻"是敷陈使人听闻的意思。"辞"从凡国栋、何有祖读，言辞也[②]。"逸人"从陈伟读，是孔子自谓[③]。综上，这句话是孔子反问季桓子，君上不亲仁还非要把这番话说给我这个逸人听吗？

"夫士，品物不穷，君子流其观焉。品物备矣，而无成德……"复旦大学出土文献与古文字研究中心学生读书会（以下简称复旦大学读书会）指出，"品物"一词古书屡见，是指各种类型的生物，并举《国语·楚语下》"天子遍祀群神品物"韦昭注"品物，谓若八蜡所祭猫虎昆虫之类"和《周礼·天官·庖人》"掌共六畜六兽六禽，辨其名物"郑玄注"备品物曰荐"为例。"流观"一语见于古书，如《庄子·外物》有"且以狶韦氏之流观今之世"[④]，《楚辞·离骚》"及余饰之方壮兮，周流观乎上下"，"流其观"犹言"遍其观"。简文的意思是士如同品物一样无穷无尽，君子对他们要周览遍观[⑤]。对"流其观"的理解可信。然而简文后言"品物备矣，而无成德……"应该是说，如果"品物"已经齐备，但君子却无大德，没有完成了不起的事业，就会怎么样（或者是因为什么造成的）。这里的"品物"所指除了各类生物外，应该还包括所需要的一切无生命物品。

①　福田哲之：《〈孔子见季桓子〉1号简的释读与缀合》，简帛网，2007年8月6日。

②　凡国栋、何有祖：《〈孔子见季桓子〉札记一则》，简帛网，2007年7月15日。

③　陈伟：《读〈上博六〉条记之二》，简帛网，2007年7月10日。

④　按：这条例子似乎不太合适，这里的"流观"与简文的含义、结构，恐怕并不相同。

⑤　复旦大学出土文献与古文字研究中心学生读书会：《攻研杂志（三）——读〈上博（六）·孔子见季桓子〉札记（四则）》，复旦大学出土文献与古文字研究中心网站，2008年5月23日。

（二）

"……为信以事其上，仁其如此也。上虽道智，无不乱矣。是故鱼〈备
（服）〉道之君子，行冠，弗视也；吾（语）佥（险），弗视也；鱼〈备
（服）〉鲜，弗视也₅……者也。如此者，安与之处而察闻其所教。先₁₆……
由仁欤？盖君子听之。"桓子曰："如夫仁人之未察其行₆处，可名而知
欤①？"夫子曰："吾闻之，唯仁人□□₁₀……也，敿（窃）有此貌也，而无
以㝬诸此矣。唯非仁人也，乃₈……"

第二部分包括简5，［16+6］、10，8。二人谈话的主题是"仁"。开头的几句话
也可能是孔子说的，上接第一部分结尾处孔子的话。然后季桓子进一步询问"仁人"
之"行处"。孔子从正反两方面解答，既讲了"仁人"，又讲了"非仁人"。

"为信以事其上"及其前残缺的内容可能是讲为"仁"的具体做法，最后总结
"仁其如此也"。

"上虽道智，无不乱矣"的"道"简文原作"逃"，同篇的"逃"字还有两处，
一是简12的"审二逃者"，一是简21"慎其礼乐，逃其……"，根据文意都当读为
"道"②。"上虽道智，无不乱矣"是说不用仁而用智来治国恐怕是行不通的。《论
语·卫灵公》记孔子说："知（智）及之，仁不能守之，虽得之，必失之。知（智）
及之，仁能守之，不庄以莅之，则民不敬。知（智）及之，仁能守之，庄以莅之，动
之不以礼，未善也。"可以作为这段话的注解。

"是故鱼道之君子"一段，由三个排比句构成，用字少见，颇为费解。"冠"字
从何有祖释③。郭永秉认为，两个"鱼"字是"备"之讹，用作"服"④。可从。

之后两个排比句中的"吾（语）佥（险）"和"鱼〈备（服）〉鲜"都从裘锡
圭读，大意是对于冠都没戴好就匆忙行路的（"行冠"），言说险恶之事的（"语
险"），以及衣着鲜美的人（"服鲜"），服道之君子是不看的⑤。

"……者也。如此者，安与之处而察闻其所教。先……"大概是说教民之前先要

---

①　字下有墨钩。考诸文意，墨钩后的内容是孔子对季桓子提问的回答，关系密切。此处墨钩可
能为句读符号，而非章节符。

②　李锐：《〈孔子见季桓子〉新编（稿）》，简帛网，2007年7月11日。

③　何有祖：《读〈上博六〉札记》，简帛网，2007年7月9日。

④　郭永秉：《上博竹书〈孔子见季桓子〉考释二题》，《文史》2011年第4辑，215—218页。

⑤　裘说见郭永秉：《〈孔子见季桓子〉5号简释读补正》，《中国文字》新37期，艺文印书
馆，2012年，67—70页。

对民众原本所受的教化程度进行一番考察。《礼记·经解》的前半段，论述了"察闻其所教"的重要性，兹摘录于下：

> 孔子曰："入其国，其教可知也。其为人也温柔敦厚，《诗》教也。疏通知远，《书》教也。广博易良，《乐》教也。絜静精微，《易》教也。恭俭庄敬，《礼》教也。属辞比事，《春秋》教也。故《诗》之失愚，《书》之失诬，《乐》之失奢，《易》之失贼，《礼》之失烦，《春秋》之失乱。其为人也温柔敦厚而不愚，则深于《诗》者也。疏通知远而不诬，则深于《书》者也。广博易良而不奢，则深于《乐》者也。絜静精微而不贼，则深于《易》者也。恭俭庄敬而不烦，则深于《礼》者也。属辞比事而不乱，则深于《春秋》者也。"

接着季桓子又向孔子请教仁人的一些具体行为方式。孔子从正反两方面回答。先说"仁人"怎么样，又说"非仁人"怎么样。

"敩"字，陈伟指出写法与《语丛四》的"窃"相似，也应释为"窃"，谦辞[①]。

"此"和"邪伪"从陈剑《重编新释》释读，谓"此"字同样写法又见简13，都应根据文意释为"此"字。本篇中多次出现的"邪伪之民"与"邪民"的"邪"字简文都写作"與"，根据文意当读为"邪"（"与"从"牙"得声），"伪"字写法特殊，从"虫""为"。

"貌"原未释，从写法来看与简7"容貌"之"貌"应为同一字，此处也应读为"貌"。整句话含义还有待于进一步研究。

（三）

"……〔以〕其物，邪伪之民，亦以其物。审二道者以观于民，虽有□弗远$_{12}$矣。"桓子曰："二道者，可得闻欤？"夫子曰："言即至矣，〔虽〕$_2$吾子勿问，固将以告。仁人之道，衣服必中，容貌不求异于人，不□$_7$……也，好罩佳聚，仰天而叹曰：□不奉□，不味酒肉$_{26}$，不食五谷，择处危岸，岂不难乎？抑邪民之行也，好假美以为□$_{14}$，此与仁人二者也。夫邪伪之民，其术多方。如$_{11}$悉言之，则恐久吾子。"桓子曰："斯不佞，吾子悉言之犹恐弗知，况其如$_{22}$微言之乎？"夫子曰："邪伪之民，衣服好□，〔容貌〕$_{19}$□皆求异于人，□□□，兴道学，淫言不当其所，皆同其□，此邪民也$_{17}$；……

---

① 陈伟：《读〈上博六〉条记》，简帛网，2007年7月9日。

行年，民久闻教，不察不□，其行□□□₁₈……□，此邪民也；色不朴，出言不忌，见于君子，大为毋愧，此邪民₁₃……"

第三部分包括简12、〔2+7〕，〔26+14〕、〔11+22〕、〔19+17〕，〔18+13〕，是关于"二道"的讨论。谈话的主题是"观民"，孔子告诉季桓子要依照"二道"，即"仁人之道"与"邪民之行"这两个标准来观察民众，这样才能正确合理地制定施政方案。

"……〔以〕其物，邪伪之民，亦以其物。"两个"物"字从陈剑《重编新释》改释，前面话题的主语应是"仁人"。

"审二道者以观于民，虽有□弗远矣。""有"下一字残。这句话大概是说，要根据"二道"来对百姓进行考察。

关于"二道"，学者有不同的看法。整理者认为当指"仁与不仁"，并举《孟子·离娄上》孔子说"道二：仁与不仁而已矣"为据①。陈伟指出"二道"就是简文中出现的"圣人之道"与"仁人之道"②。李锐则认为"二道"是"仁人之道"与"不仁人之道"③。陈剑《重编新释》根据其新编释文，简文在"仁人之道"后接着叙述"邪民之行"如何，并用表示转折的连词"抑"来衔接，认为"二道"指的是"仁人之道"与"邪民之行"。从简文来看，"二道"是在上者用以考察民众，从而确定治民方法的重要根据，当指一正一反两种"道"，陈伟之说当可否定。"仁人之道"与"邪民之行"中间虽然有些缺文，但我们认为简文在阐述"二道"时，确实是把"仁人之道"与"邪民之行"当作两个对立的标准来进行的，因而陈剑之说比较可信。

"仁人之道，衣服必中，容貌不求异于人，不□……"这里说的是"仁人之道"。"不"下一字不识，左从"土"，从字形来看，应与简17"皆求异于人"后之字相同，释读待考。简7此字下所缺文也可补为简17此字后的二字。这句话讲的大概是，"仁人之道"衣服、容貌都合乎礼制。

"……也，好罥佳聚，仰天而叹曰：□不奉□，不味酒肉，不食五谷，择处危岸，岂不难乎？"这段话有诸多难字释读不确定，语意不明。"味"从陈剑《重编新释》释，进食之意。"择"字从何有祖释④。"岸"简文写作"杆"，从陈伟读为"岸"⑤。

① 冯承源主编：《上海博物馆藏战国楚竹书（六）》，196页。
② 陈伟：《读〈上博六〉条记》，简帛网，2007年7月9日。
③ 李锐：《〈孔子见季桓子〉新编（稿）》，简帛网，2007年7月11日。
④ 何有祖：《〈上博六〉札记（三）》，简帛网，2007年7月13日。
⑤ 陈伟：《读〈上博六〉条记之二》，简帛网，2007年7月10日。

　　"抑邪民之行也，好假美以为□，此与仁人二者也。"这里说的是"邪民之行"。"假"简文从"石"从"刀"，又见清华简《保训》，当释为"假"①。"为"下一字残。"二"从陈剑《重编新释》释，"此与仁人二"意思是"邪民"的行为与仁人不同。

　　"夫邪伪之民，其术多方。如悉言之，则恐久吾子。"孔子进一步向季桓子讲述"邪民之行"，但由于邪民之术很多，所以孔子说如果仔细说来，怕要很久。"悉""久"俱从陈剑《重编新释》释读。"悉"简文写作"迷"，陈剑指出在目前所见秦汉文字资料中，"悉"字大多是写作上从"米"，"悉言之"即详细言之。"久"简文作"旧"。复旦大学读书会补充了一个例子见于《左传·昭公二十四年》："寡君以为盟主之故，是以久子。"②

　　"斯不佞，吾子悉言之犹恐弗知，况其如微言之乎？"季桓子坚持要求孔子详细地讲述"邪民"之术。"佞"从陈剑《重编新释》释读，他认为此字右上部像楚简"年"字下所从的"千"，简文此字可以看作是从"年"之省，读为"佞"，"不佞"本指没有口才，又用于谦称，泛指没有才能、没有才智。

　　"邪伪之民，衣服好□，〔容貌〕□皆求异于人，□□□，兴道学，淫言不当其所，皆同其□，此邪民也。""好"下四字残，原均未释读。其中第三字与简7"容貌"的"貌"字形体接近，简7在讲"仁人之道"时提到"衣服必中，容貌不求异于人"，此处讲"邪民"与"仁人"是相对而言的，可知第二、三两个字当是"容貌"。

　　"皆求异于人"之后的三字不识。第二字从"车"从"林"，整理者疑为"车"字或体。第三字从"戈"从"爻"，整理者疑为"保卫"之"卫"。

　　"淫"字，从陈剑《重编新释》释读。但我们认为当属下读，《逸周书·酆保》有"淫言流说以服之"。"淫"有僭越、放纵等含义，"淫言"大概就是指放肆地说一些不适当的话。"此"上一字简文残。

　　简18与13的拼接和排列依据陈剑《重编新释》意见。"……行年，民久闻教，不察不□，其行□□□□……"大意是说民众长期接受教化会怎么样。"色不朴，出言不忌，见于君子，大为毋慑，此邪民……"，"慑"从李锐读③。陈剑《重编新释》指出《论语·季氏》有"君子有三畏：畏天命，畏大人，畏圣人之言。小人不知天命而

　　①　参徐在国：《说楚简"叚"兼及相关字》，简帛网，2009年7月15日。

　　②　复旦大学出土文献与古文字研究中心学生读书会：《攻研杂志（三）——读〈上博（六）·孔子见季桓子〉札记（四则）》，复旦大学出土文献与古文字研究中心网站，2008年5月23日。

　　③　李锐：《〈孔子见季桓子〉重编》，简帛网，2007年8月22日。

不畏也，狎大人，侮圣人之言"，小人"狎大人"与君子"畏大人"相对，即"不畏大人"，读为"慢"可与此引"畏"相印证。

（四）

　　"……君子恒以众福，句□四方之位以重。君子昵之以其所昵，规之以其所欲。智不行矣，不□拜绝以为己拜，此民□15……是察，求之于中，此以不惑，而民道之27。"①

　　第四部分包括简15和27，是故事的结尾。说话人应该是孔子。从现存简文来看，这部分是说君子在教化百姓过程中，自身的行为和思想是百姓的榜样，对他们有直接的影响。一定要"求之于中"，只有这样才能"不惑"，才能道民。

　　简15"昵"字见《玉篇》，意思是"视也"。这一义项显然于简文不合，况且《玉篇》为南北朝字书，恐与先秦语言有别。郭永秉认为是"畏"字之讹，"畏之以其所畏"是说在位者要以百姓害怕的东西让他们畏惧。下一句则可读为"规之以其所欲"，"规"的意思是"规正""规劝"②。可备一说。

---

①　下有墨钩，应为表示篇章结束的符号。
②　郭永秉：《上博竹书〈孔子见季桓子〉考释二题》，《文史》2011年第4辑，215—218页。

卷六　《史蒥问于夫子》

一、概　　况

本篇为史蒥和"夫子"的对话，原释文、注释由濮茅左撰写。原有竹简12枚，折损较多。据学者拼合出较为完整的竹简推断，原简应为三道编连，简端平齐，完简约54厘米，编绳之间的距离依次约为10、17、17、10厘米，满简书写①。加上学者补入的《孔子见季桓子》简9、21、23、25这4枚，本篇共16枚简。

简文有两种墨识符号：一为重文/合文符号，写成两条短横，位于简2（"子子"重文）、简3（"禹汤、禹汤"重文）、简8（"颜色"合文）；二为句读符号，写成墨钩，分别位于简6、8、11、12。

与同一人书写的《孔子见季桓子》一样，本篇文字带有他国特征。如简7"美"字写法受到三晋文字的影响②。书手可能对所据底本并不熟悉，误字、漏字的情况也不能排除。自公布到现在，学者在释读方面做过很多努力③，但仍难以通读，文中人物身份还存在争议，竹简的编连情况很多也不能确定。

在残简拼合方面，张峰、王凯博、高佑仁、季旭昇、李松儒、王凯博都取得了一

① 简帛网"简帛论坛"《〈史蒥问于夫子〉初读》，42楼鹍鸠发言，2013年1月8日；转自李松儒《战国简帛字迹研究：以上博简为中心》，376页。

② 苏建洲：《初读〈上博九〉札记（一）》，简帛网，2013年1月6日；并见海天游踪2013年1月5日于简帛论坛《〈史蒥问于夫子〉初读》发言。

③ 除了原整理者濮茅左的释文注释外，相关研究还有苏建洲：《初读〈上博九〉札记》（一），简帛网，2013年1月6日；张峰：《〈上博九·史蒥问于夫子〉初读》，简帛网，2013年1月6日；王凯博：《〈史蒥问于夫子〉缀合三例》，简帛网，2013年1月10日；杨先云：《上博（九）之〈陈公治兵〉、〈邦人不称〉、〈史蒥问于夫子〉、〈卜书〉集释》，武汉大学硕士学位论文，2015年；季旭昇：《〈上博九·史蒥问于夫子〉释读及相关问题》，《吉林大学社会科学学报》2015年4期，242—247页；赖怡璇：《上博九〈史蒥问于夫子〉考释四则》，《简帛》（第十三辑），上海古籍出版社，2016年，43—52页；王志平：《上博九〈史蒥问于夫子〉之"史蒥"考》，《陕西师范大学学报（哲学社会科学版）》2017年5期，57—61页。

些成果，包括：［4+季桓9］和［6+7］①，［3+10］和［9+8］②，［季桓25+5］③、［1+12］④。基本可信。

简2的拼接尚存在争议。李松儒认为应与《孔子见季桓子》简21拼合，拼合后中间缺4或5字，简2末尾可补"夫"字⑤。季旭昇则认为应与简11拼合⑥。我们认为李松儒的拼接在文意上更加连贯。季旭昇曾提到简2比《孔子见季桓子》简21书写更密集，故两简无法拼接。然而我们发现《孔子见季桓子》简21的字间距并不平均，首字"者"与其下"君子"合文之间距离特别大，其他部分的字间距则小一些，与简2相差并不大。细审图版可以发现"君子"合文的右上角有一个小小的编痕，此处字间距过大是为了避开编绳。两支竹简在形制上并没有不同，可以拼合。

《孔子见季桓子》简23从形制来看应属于本篇，但顾史考认为此简字体与其他简皆不相像，不属于这两篇中的任何一篇⑦。我们认为，此简保存的情况不是太好，字迹磨损、漫漶较为严重，所以看起来才与其他简不同，其实还是同一人所书。这一点从"止"字的写法就可以看出来。《孔子见季桓子》简23、22的"止"以及《史蒥问于夫子》简4的"止"，笔势、结体几乎一模一样。《孔子见季桓子》简23应属于《史蒥问于夫子》无疑。

在竹简的排列上，我们基本采用了顾史考的意见⑧，略有调整，顺序为：［2+季桓21］，季桓23，［季桓25+5］，［9+8］，［6+7］，11，［3+10］，［4+季桓9］，［1+12］，大致可以分为四个部分。

按照我们的理解，简文是史蒥和"夫子"（很可能是孔子）关于如何为太子师的讨论。史蒥觉得这一责任重大，因而向夫子请教，夫子讲到了设立师保的重要性——在上者以自身的德行教化百姓，方能使其敬服。史蒥又向夫子请教了"敬""八"等概念，夫子一一解答。史蒥听了之后，仍担心无法胜任现在的工作。夫子鼓励他说，为了避免失败而采取慎重的态度、周密的计划，正是正确的做法呀。

① 张峰：《〈上博九·史蒥问于夫子〉初读》，简帛网，2013年1月6日。此外还拼合了《史蒥问于夫子》简6+7。

② 王凯博：《〈史蒥问于夫子〉缀合三例》，简帛网，2013年1月10日。

③ 简帛网"简帛论坛"《〈史蒥问于夫子〉初读》，53楼youren发言，2013年1月10日。

④ 简帛网"简帛论坛"《〈史蒥问于夫子〉初读》，45楼鹍鸠发言，2013年1月10日。

⑤ 李松儒：《战国简帛字迹研究：以上博简为中心》，376—377页。

⑥ 季旭昇：《〈上博九·史蒥问于夫子〉释读及相关问题》，《吉林大学社会科学报》2015年4期，242—247页。

⑦ 顾史考：《上博九〈史蒥问于夫子〉》。

⑧ 顾史考排列的简序是：2、4+桓子9、桓子25+5、9+8、6+7、11、1+12、3+10。参其文《上博九〈史蒥问于夫子〉》，"出土文献与传世典籍的诠释国际学术研讨会"论文，复旦大学出土文献与古文字研究中心主办，上海，2017年10月14、15日。

二、校　　读

（一）

"……既之，以其子。子，其身之贰也。今使子师之，君之择之慎矣。"〔夫₂子曰〕："□□者，君子德己而立师保，慎其礼乐，道其_{季桓21}……〔君〕子有道，生民之蜗_{季桓23}……民氓不可侮，众之所直，莫之能废也。众之〔废〕_{季桓25}，莫之能竖也。子以是见之，不其难与言也。且夫□₅……曷鹿（从）而不敬？子亦是之恻（测）。"

第一部分包括简〔2+季桓21〕，季桓23，〔季桓25+5〕和简〔9+8〕的前半段，内容为史蔺与夫子关于设立"师保"重要性的讨论。从下文可知与夫子对话的人物为"史蔺"，自称为"故齐邦敝吏之子"。王志平指出，此人很可能就是文献所载的史鰌[1]。

简2残缺，学者虽然多有讨论，但含义仍然未明。"既"，《广雅·释诂》训为"尽也"。"子，其身之贰也"，"贰"字从高佑仁释读，断句从"无语"，《左传》有类似的话[2]。

"今使子师之"，学者的理解不同。季旭昇译为"今日派遣他去学习"[3]；罗运环理解为"国君令您为他的老师"[4]；顾史考的句读为"今使子师之、君之、泽之"，意思是夫子劝史蔺待齐君如己父，如己师，事之如君而被其泽，但亦谓"毕竟何谓亦难以确知"[5]。我们更倾向于罗运环的意见，但认为这句话中的"子"不是第二人称，从"子，其身之贰也"来看，应指"君"之子。"师之"的"之"则谓史蔺自己。这句话是说国君让儿子（很可能是太子）跟着史蔺学习。史蔺认为国君的选择非常慎重，所以才与夫子讨论。下文谈到了君子立师保的问题，应该就是针对这个情况而言的。史蔺觉得自己的责任重大，才向"夫子"请教。"夫"之后可以补出"子曰"二字，

---

[1]　王志平：《上博九〈史蔺问于夫子〉之"史蔺"考》，《陕西师范大学学报（哲学社会科学版）》2017年5期，57—61页。

[2]　见简帛论坛《〈史蔺问于夫子〉初读》发言。

[3]　季旭昇：《〈上博九·史蔺问于夫子〉释读及相关问题》，《吉林大学社会科学学报》2015年4期。

[4]　罗运环：《楚简〈史蔺问于夫子〉的主旨及其他》，《中原文化研究》2017年2期。

[5]　顾史考：《上博九〈史蔺问于夫子〉》，"出土文献与传世典籍的诠释国际学术研讨会"论文，复旦大学出土文献与古文字研究中心主办，上海，2017年10月14、15日。

之后就是夫子说的话了。

"君子德己而立师保",指在上位的君子为了确保自己(包括继承者)有德而设立师保。复旦读书会指出,《左传·襄公十三年》有一则材料:"楚子疾,告大夫曰:'不谷不德……未及习师保之教训,而应受多福。是以不德,而亡师于鄢,以辱社稷,为大夫忧,其弘多矣。……'"楚王感叹自己没有遵守师保的教训而导致失德亡军,这从反面说明了古人立师保是为了使自己有德①。史蒥为太子之师,正是要使太子有德。

"慎其礼乐""道其……"等措施是有德之君子教化百姓的手段。

"……〔君〕子有道,生民之蝎……""君"字简文残,从李锐补②,是继续讲君子对民众的教化。

"……民氓不可侮,众之所直,莫之能废也。众之〔废〕,莫之能竖也。""氓"从陈伟释读③。"侮""废"俱从陈剑释读。"侮"简文从"毋"从"心";"废"简文写作"灋",与郭店楚简《六德》"灋"字形似④。季旭昇指出,两简拼接后第一契口至第二契口间长度为17.5厘米,已经略超过标准值17厘米了,因而不可能再补字。《孔子见季桓子》简25最后的残字与同简的"废"字形一致,也应为"废",与简5连读后内容为"众之废,莫之能竖也",很明显,"废"字前漏抄了"所"字⑤。所论甚确。此简大意是说,民众不可轻侮,众人所树立、所支持的,没有人能使之废败⑥。众人要废掉的,就没有人能竖立。

"子以是见之,不其难与言也"是说民众不可以随便欺侮,向他们下达命令时要注意他们的想法,不能简单随便地说。其后所缺简文大概是说国君应首先修身正己,并教化民众,才能使他们顺从和敬服。

"鹿"从赖怡璇读为"从"⑦。"子亦是之"意思是说,您(史蒥)也应该这样教导太子。"恻"从顾史考读为"测",意思是推想。

---

① 复旦大学出土文献与古文字研究中心学生读书会:《攻研杂志(三)——读〈上博(六)·孔子见季桓子〉札记(四则)》,复旦大学出土文献与古文字研究中心网站,2008年5月23日。

② 李锐:《〈孔子见季桓子〉新编(稿)》,简帛网,2007年7月11日。

③ 陈伟:《读〈上博六〉条记之二》,简帛网,2007年7月10日。

④ 陈剑:《〈上博(六)·孔子见季桓子〉重编新释》,复旦大学出土文献与古文字研究中心网站,2008年3月22日。

⑤ 季旭昇:《〈上博九·史蒥问于夫子〉释读及相关问题》,《吉林大学社会科学学报》2015年4期。

⑥ 陈剑:《〈上博(六)·孔子见季桓子〉重编新释》,复旦大学出土文献与古文字研究中心网站,2008年3月22日。

⑦ 赖怡璇:《上博九〈史蒥问于夫子〉考释四则》,《简帛》(第十三辑)。

（二）

　　史蒥曰："何谓信？何谓$_9$敬^①？"夫子曰："敬也者，詹（瞻）人之颜色而为之，为见其所欲而$_8$……也。"

　　第二部分是史蒥向夫子请教"信"和"敬"的含义，包括简［9+8］的后半部分和简［6+7］的第一个字。

　　"信"简文作"畺"，骆珍伊以为是"申"字之讹。季旭昇表示赞同，并认为此"申"应读为"信"，《孟子·告子上》："今有无名之指，屈而不能信。""信"正通"伸"^{②}。

　　"詹（瞻）"字，"无语"释读^③。季旭昇认为此处夫子是从反面抨击"瞻人之颜色"不是敬。"为视其所欲而"之下的缺文，应该是夫子关于"则非敬"之类的话，这样文意才合理^④。

（三）

　　史蒥曰："何谓八^⑤？"夫子曰："纳邪货，幼色与酒，大钟鼎$_6$，美宫室，驱骋，畋猎，举狱讼，此所以失$_7$……不可以弗戒^⑥。子之事行，百姓得其利，邦家以厚；子之事不行，百姓$_{11}$……必危其邦家，则能贵于禹汤，禹汤则学。自〔始〕$_3$有民以来，未或能才立于地之上，抑或不免有过，不$_{10}$〔免有〕……极启同故教于始乎哉！始得可人而举之$_4$，仁援仁而进之，不仁人弗得进矣。始得不可人而〔举之〕$_{季桓9}$……其□之。"

　　第三部分包括简［6+7］，11，［3+10］，［4+季桓9］，以及简［1+12］的开头，是史蒥与夫子关于"八"（即八种对邦家不利的、应引以为戒之弊政）、史蒥的职责等问题的讨论。

----

　　① 下有墨钩。
　　② 季旭昇：《〈上博九·史蒥问于夫子〉释读及相关问题》，《吉林大学社会科学学报》2015年4期。
　　③ 见简帛网"简帛论坛"《〈史蒥问于夫子〉初读》。
　　④ 季旭昇：《〈上博九·史蒥问于夫子〉释读及相关问题》，《吉林大学社会科学学报》2015年4期。
　　⑤ 下有墨钩。
　　⑥ 下有墨钩。

张舒指出"八"字下可能有脱文①。

"纳邪货"为侯乃峰综合王凯博、高佑仁对"邪""货"二字读法后的解读，谓"邪货"与下文的"幼色""酒"并列，意为"邪物"②。

"幼色"从单育辰读③。侯乃峰引郭永秉意见谓"幼色"语见《大戴礼记·用兵》"疏远国老，幼色是与"④。

"驱骋畋猎"为高佑仁、单育辰的意见⑤。"举狱讼"之"举"从何有祖读，意为兴起狱讼⑥。

综上，根据学者研究，"纳邪货""幼色""酒""大钟鼎""美宫室""驱骋""畋猎""举狱讼"，其数正好为八。其后夫子说"此所以失……"，是在总结上文，大意是说这八种弊政会失去民心，失去社稷，故"不可以弗戒"。据此，史蒥所谓之"八"的内涵即可确定为上述八者。

"子之事行"是夫子对史蒥说的话。意思是如果史蒥要做的事可以顺利进行，那么百姓、邦家都会受益；而如果"不行"，其后的简文虽然残缺，但不难推断大意是百姓、邦家都会遭受危难。

简3"学"字从高佑仁释读⑦。拼合处的残文"始"从"鸤鸠"释读⑧。"过"从顾史考读。虽然学者在句读、释读方面做过多种尝试，但此简内容还是难以理解。后半段似乎是夫子的总结之语，从古到今都没有不犯错的人。末字为"不"，其后可补"免有"，句式与"不免有过"一致。

"极启同故教于始乎哉"含义不明。

"始得可人而举之，仁援仁而进之，不仁人弗得进矣。""援"字作"爱"，此从陈剑读为援引之"援"，是举荐、提拔的意思⑨。夫子是说一开始就要推选合适的、

---

① 张舒：《〈上海博物馆藏战国楚竹书（九）〉集释及相关问题研究》，复旦大学硕士学位论文，2015年，转引自侯乃峰：《上博楚简儒学文献校理》，366页。

② 侯乃峰：《上博楚简儒学文献校理》，366页。

③ 单育辰：《〈上海博物馆藏战国楚竹书（九）〉杂识》，《简帛》（第十一辑），上海古籍出版社，2015年，49—52页。

④ 侯乃峰：《上博楚简儒学文献校理》，366页。

⑤ "youren"在"简帛网"简帛论坛《〈史蒥问于夫子〉初读》的意见。单育辰：《〈上海博物馆藏战国楚竹书（九）〉杂识》，《简帛》（第十一辑），49—52页。

⑥ 何有祖：《读〈上海博物馆藏战国楚竹书（九）〉札记》，简帛网，2013年1月6日。

⑦ 高佑仁：《〈上博九〉初读》，简帛网，2013年1月8日。

⑧ 见"鸤鸠"2013年1月8日于简帛论坛《〈史蒥问于夫子〉初读》38楼发言。

⑨ 陈剑：《〈上博（六）·孔子见季桓子〉重编新释》，复旦大学出土文献与古文字研究中心网站，2008年3月22日。

有仁德的人来任职，他所提携的人肯定也是仁德之人，这样的话，没有仁德的人就很难进仕了。而如果"始得不可人而〔举之〕"，结果就一定与之相反。"举之"为顾史考所补。

（四）

　　史蒥曰："蒥也，故齐邦敝吏之子也，无如图也₁。闻子之言大惧，不志（知）所为①。"夫子曰："善哉！临事而惧，希不₁₂〔济〕……"

　　第四段包括简［1+12］的大部分，是对话的结尾。史蒥对自己的职责感到惶恐，夫子则用话语来鼓励他。

　　"图"字从苏建洲释读②。杨先云引陈斯鹏、白于蓝研究指出此字应为"图谋"之"图"的专字③。"无如图"意思是不知道该怎么图谋、计划。

　　史蒥大概是因为听到了夫子的话感觉到自己责任太过重大，故说到自己的出身只是齐国"敝吏之子"，不知该怎么做。夫子安慰他的话应是当时的熟语，传世文献多见。例如，《论语·述而》记孔子曰："临事而惧，好谋而成。"《尸子》引孔子曰："临事而惧，希不济。"含义完全一致，都是说在做大事时，内心要有所敬畏，这样才能慎重处理，好好谋划，也就很少会失误了。据《尸子》简文"希不"之后可以补"济"字。

---

　　①　下有墨钩。
　　②　苏建洲：《初读〈上博九〉札记（一）》，简帛网，2013年1月6日。
　　③　杨先云：《上博（九）之〈陈公治兵〉、〈邦人不称〉、〈史蒥问于夫子〉、〈卜书〉集释》，武汉大学硕士学位论文，2015年。

卷七 《緇衣》

一、概　况

本篇原释文和注释由陈佩芬撰写。据整理者介绍，现存24支竹简，978字。三道编连，简端为梯形。其中仅有八支较为完整，长约54.3厘米，其余都有不同程度的缺损，缺文可据郭店本《缁衣》补充。简文单面书写于竹黄面。完简约容57字。

在简本的抄写方面，李守奎、冯胜君、复旦大学读书会、李松儒等先后对上博本《缁衣》的字迹进行了讨论，他们发现上博本《缁衣》篇的抄写者与上博简中的《彭祖》《景公虐》《吴命》三篇是同一个人[1]。李松儒更指出这个书手与《子羔》等三篇的书手所写的字迹有一些相似性，但并不是同一人，属于同一书体，书写水平都很高，彼此相互影响，很可能是师徒或同习一种书体的同学或同行，先秦时期古书的抄写可能是有专职抄手存在的[2]。

本篇使用了四种墨识符号。第一是分章符，在每一章末尾用短横[3]书于右下，其下不留白，接连抄写后面的章节；第二是重文/合文符号，比分章符稍短，写成一条或两条短横；第三种是表示全篇结束的符号，用一条较粗的横贯竹简的墨横表示，写在全篇最末；第四种是校勘符号，位于简11"如其弗"的"其"字写在正常大小的"如"和"弗"二字中间，写得很小，并且在旁边加上了"="符号，应是抄完后校对时发现漏抄而补写的[4]，"="是表示校勘的符号。但也有的补字没有加校勘符，如简13的"慈以爱"中的"以"字，也写得很小，挤在前后两字之间。

除郭店本可对读外，《缁衣》还见于今本《礼记》。对于《缁衣》的作者以及"子"的身份，学者的看法不同。《缁衣》的作者自古就有两说。陆德明《经典释文》引南齐刘瓛云"公孙尼子所作也"。而《隋书·音乐志》引沈约奏答说"《中

---

① 详见李松儒：《战国简帛字迹研究：以上博简为中心》，210、211页的讨论。

② 李松儒：《战国简帛字迹研究：以上博简为中心》，225—228页。

③ 整理者称"墨钉"，这个词更常用来指方形墨块。

④ 孙伟龙、李守奎：《上博简标识符号五题》，《简帛》（第三辑），上海古籍出版社，2008年，185页。

庸》《表记》《坊记》《缁衣》皆取《子思子》"。两说各有支持者，而古书所引《子思子》与《公孙尼子》佚文，也有与《缁衣》相合之句。李二民发现《缁衣》中有两章与《论语》重见，而《贾谊集·等齐》里也有两句话与《缁衣》相合，皆作"孔子曰"，可证《缁衣》篇中"子曰"应为孔子之言，核心是孔子之学，《子思子》与《公孙尼子》都可能收录。《缁衣》君者"民之表也"、先教后罚等思想如钱穆所说与《荀子》比较接近，郭店儒简有助于理解荀子之学在先秦儒学传承中的作用①。李零进一步指出，旧说的来源可能在于当时尚存的《子思子》和《公孙尼子》中都有《缁衣》，而由全篇各章都以"子曰"引出来看，《缁衣》的思想来源还是孔子，子思和公孙尼子都是传述者。与之类似的《坊记》《中庸》也是这样②。

在内容上三者相比，两个竹简本在章序、章数上几乎完全一样，都有二十三章。内容可分为两部分，前半部分（1—15章）主要讲"为君之道"，后半部分（16—23章）主要讲"为君子之道"③。区别仅在于用字方面。李零、刘钊、张富海、冯胜君、虞万里等学者做了详细的考证④，详情可参考刘传宾的介绍⑤。今本章序、章数都与简本不同⑥。李零在《郭店楚简校读记》中详细地介绍过，主要在于两个方面：①今本的第一、十六、十八章，两个简本都没有；②某些章节的位置不一样，章序的差别具有"板块移动"的特征。

本篇有郭店本和今本对读，所缺内容整理者已据郭店本补。我们的校读尽可能参考已有的研究。为便于叙述，每一章前用上标的方式标明序号。

---

① 李二民：《〈缁衣〉之学派归属及思想特质发微》，《中国文化》2016年1期，245—257页。

② 李零：《郭店楚简校读记》，89—93页。

③ 据李二民介绍，简本《缁衣》分两部分的观点最早由当时北京大学考古系的研究生韩巍在历史系丁一川老师组织的读书会上提出。李二民：《〈缁衣〉之学派归属及思想特质发微》。

④ 刘钊：《郭店楚简校释》，福建人民出版社，2005年；李零：《郭店楚简校读记》；李零《上博楚简三篇校读记》；张富海：《郭店楚简缁衣篇研究》，北京大学硕士学位论文，2002年；冯胜君：《郭店简与上博简对比研究》，线装书局，2007年；虞万里：《上博楚竹书〈缁衣〉综合研究》，武汉大学出版社，2010年。

⑤ 刘传宾：《郭店竹简文本研究综论》（下）第五章第二节"郭店竹简与相关文献差异研究"，上海古籍出版社，2017年，602—614页。

⑥ 今本的章数也存在异说。《礼记》有二十五个"子曰"，若以"子曰"为每章起首，应有二十五章。然郑玄注和孔颖达疏都谓此篇"二十四章"，而钦定四库全书《礼记注疏》提行排版的只有二十二章，其中第4和第5，第14和15，第18和19"子曰"分别合为一章，孔颖达是合疏的，与"二十四章"之数又有不同。李零《郭店楚简校读记》（84页）指出今本章数除"二十四"以外，还有"二十三章"（黄道周）和"二十五章"之说（王夫之、孙希旦）。本书采用"二十五章"之说。

二、校　　读

〔一〕子曰：好美如好《纣（缁）衣》，恶恶如恶《巷伯》，则民咸扐（力）而型不顿。《诗》云："仪型文王，万邦作孚。"

〔二〕子曰：有国者章好章恶，以示民$_1$厚，则民情不弋（忒）。《诗》云："靖恭尔位，好是正植（直）。"

〔三〕子曰：为上可亢（望）而智（知）也，为下可述而志也。则君不疑其臣，臣不惑於君。《诗》云$_2$："淑人君子，其仪不弋（忒）。"《尹诰》云："惟尹允及康（汤），咸有一德。"

〔四〕子曰：上人疑则百姓惑，下难智（知）则君长〔劳。故君民者，章好以示民〕$_3$谷（欲），谨恶以御民淫，则民不惑。臣事君，言其所不能，不词（辞）其所能，则君不劳。《大雅》云："上帝板板，〔下民卒瘅。"《小雅》云〕：$_4$"惟王之功（邛）。"

〔五〕子曰：民以君为心，君以民为体。〔心好则体安之〕，君好则民谷（欲）之，故心以体废，君以亡。《诗》云："谁秉国$_5$〔成，不自为〕正，卒劳百姓。"《君牙》云："日暑雨，小民唯日怨。资冬耆寒，小民亦唯日怨。"

〔六〕子曰：上好仁，则下之为仁也静（争）先。故长民者，章志$_6$以昭百姓，则民至（致）行己以兑（悦）上。《诗》云："有觉德行，四或（国）川（顺）之。"

〔七〕子曰："禹立三年，百姓以仁道，岂$_7$〔必尽仁。《诗》云："成王之孚〕，下土之式。"《吕刑》云："一人有庆，万民赖之。"

〔八〕子曰：下之事上也，不从其所以命，而从其所行，上好$_8$〔此物也，下必有甚焉者矣。故〕上之好恶，不可不慎也，民之標（表）也。《诗》云："虩虩师尹，民具而瞻。"

〔九〕子曰：长民者衣服不改，从容有常，则$_9$民德一。《诗》云："其容不改，出言$_{港1}$〔有慎，黎民〕所信。

〔十〕子曰：大人不亲其所贤，而信其所贱，教此以失，民此以絲（烦）。《诗》云："彼求我则，如不我得。执我仇仇，亦不我力。"《君陈》云："未见$_{10}$圣，如其弗克见。我既见，我弗胄（由）圣。"

〔十一〕子曰：大臣之不亲也，则忠敬不足，而富贵已过。邦家之不宁也$_{11}$，〔则大臣不治，而亵臣托也。此以大臣〕不可不敬也，民之蕝也。故君不与小惎（谋）大，则大臣不令。《祭公之顾命》云："毋以小惎（谋）败大惎（图），毋以辟（嬖）御蛊妆（庄）后，毋以辟士蛊大夫向（卿）使（士）。"

^{十二}子曰₁₂：长民者教之以德，齐之以礼，则民有劝心。教之以政，齐之以刑，则民有免心。故慈以爱之，则民有亲。信以结之，则民不倍。恭以立（莅）之，则民有逊心。《诗》云₁₃："吾大夫恭且俭，靡人不敛。"《吕刑》云："苊（苗）民非用霝（命），折（制）以型（刑），惟作五疟之型（刑）曰法。"

^{十三}子曰：政之不行，教之不成也。〔则刑罚不足耻，而爵不足劝〕₁₄也。故上不可以裒刑而轻爵。《康诰》云："敬明乃罚。"《吕刑》云："播刑之由（迪）。"

^{十四}子曰：王言如丝，其出如缗。王言如索，其₁₅〔出如绋。故大人不倡流。《诗》云："慎尔出话〕，敬尔威仪。"

^{十五}子曰：可言不可行，君子弗言；可行不可言，君子弗行。则民言不危行，行不危言。《诗》云："淑慎尔止，不衍₁₆〔于义。"

^{十六}子曰：君子道人以言，而恒以行〕。故言则虑其所终，行则旨（稽）其所敝。则民慎于言而谨于行。《诗》云："穆穆文王，於缉熙义之。"

^{十七}子曰：言从行之，则行不可匿。故君子顾言而行，以成其信，则民不₁₇能大其美而小其恶。《大雅》云："白珪之玷尚可磨，此言之玷不可为。"《小雅》云："允也君子，展也大成。"《君奭》云₁₈：〔"昔在上帝，割申观文王德，其〕集大命于是身。"

^{十八}子曰：君子言有物，行有格，此以生不可夺志，死不可夺名，故君子多闻，齐而守之；多志，齐而亲之；精知，略而行之₁₉。〔《诗》云："淑〕人君子，其仪一也。"《君陈》云："出入自尔币（师）雩（虞），庶言同。"

^{十九}子曰：句（苟）有车，必见其辙。句（苟）有衣，必见其₂₀〔敝。人苟有言，必闻其声。苟有行〕，必见其成。《诗》云："备（服）之亡怿。"

^{二十}子曰：私惠不怀德，君子不自留焉。《诗》云："人之好我，示我周行。"

^{二十一}子曰：唯君子能好其庀（四），小人岂能好其庀（四）₂₁。故君子之友也有向，其恶也有方。此以迩者不惑而远者不疑。《诗》云："君子好逑。"

^{二十二}子曰：轻盠（绝）贫贱而重盠（绝）富贵，则好仁不₂₂臤（坚），而恶恶不著也。人虽曰不利，吾弗信之矣。《诗》云："朋友囟〈卣（攸）〉囡（摄），囡（摄）以威义（仪）。"

^{二十三}子曰：宋人有言曰：人而亡恒₂₃，〔不可为卜筮也，其古之遗言与？

龟筮犹弗知，而况于人乎？《诗》〕云："我昆（龟）既厌，不我告猷₂₄。"

第一章对应今本第二章：

> 子曰：好贤如《缁衣》，恶恶如《巷伯》，则爵不渎而民作愿，刑不试
> 而民咸服。大雅曰：仪刑文王，万国作孚。

《纼衣》即《缁衣》，与《巷伯》都是《诗经》篇目，前者见于《郑风》，缁衣是士大夫的朝服，诗文赞美身着朝服的士大夫，《毛诗序》谓："美武公也。"后者见《诗经·小雅》，"取彼谮人，投畀豺虎"，表达对谮人的痛恨和厌恶。所引之诗为《诗经·大雅·文王》。

"缁"简文写作"纼"，整理者已指出为"缁"的异体。"好"字简文都写作从"丑"从"子"，整理者指出是"好"的古文，又见于《汗简》。冯胜君指出，这种写法还见于《古文四声韵》与郭店楚简《语丛一》《语丛二》，具有齐系文字特征[①]。"扐（力）""型""顿"皆从李零《郭店楚简校读记》释读，谓"力"意为尽力、竭力，"型"同"仪型文王"之"型"。唯"顿"无说，考虑到"型"为效法，"顿"当理解为停止。

第二章对应今本第十一章：

> 子曰：有国者章义瘅恶，以示民厚，则民情不贰。《诗》云：靖共尔
> 位，好是正直。

引诗见《诗经·小雅·小明》。《毛诗序》："大夫悔仕于乱世也。"

今本"章义"之"义"，异文作"善"，简文"好"似与"善"更近。今本"民情不贰"的"贰"，异文作"忒"。故简文的"弋"学者多读为"忒"。虞万里引王引之《经义述闻·毛诗下》说认为"贰"为"貣（忒）"之误[②]。

第三章对应今本第十章：

> 子曰：为上可望而知也，为下可述而志也，则君不疑于其臣，而臣不惑
> 于其君矣。《尹吉》曰：惟尹躬及汤，咸有壹德。《诗》云：淑人君子，其

---

① 冯胜君：《郭店简与上博简对比研究》。

② 虞万里：《上博馆藏楚竹书〈缁衣〉综合研究》，武汉大学出版社，2009年，38页。

仪不忒。

今本"尹吉"郑玄注指出为"尹告（诰）"之误。引诗见《诗经·曹风·鸤鸠》。"宍（望）"字形不多见，上部从"亡"，下部不明，讨论比较多。施谢捷认为下部为"州"，该字为从"川"之"宍"的异构①。"述"字简文从"页"从"术"，李零读为"述"，顺遂之意。郭店本此处作"类"，是模仿之意。二者其一是因形近而误②。简文"尹允"与今本"尹躬"，讨论较多。简文"允"从"身"，郭店简写法相同，整理者将之与上一个"尹"字合读为"伊尹"。裘锡圭则释为"允"，并谓伪古文《尚书》的"躬"可能是讹字③。冯胜君认为今本的"躬"可能是一种异读现象，也应读为"允"④。清华简正好有《尹诰》，侯乃峰指出，相应的部分为"隹（惟）尹既及汤，咸有一德"。简本《缁衣》之字释为"允"，就与简本《尹诰》的"既"同为无实义的语词。但读为"伊尹"之说也不能完全否定⑤。

第四章对应今本第十二章：

　　子曰：上人疑则百姓惑，下难知则君长劳。故君民者，章好以示民俗，慎恶以御民之淫，则民不惑矣。臣仪行，不重辞，不援其所不及，不烦其所不知，则君不劳矣。《诗》云：上帝板板，下民卒瘅。《小雅》曰：匪其止共，惟王之邛。

引诗见《诗经·大雅·板》和《诗经·小雅·巧言》。简4首字为"谷"，郭店本从"心"即"欲"，今本作"俗"。"御"字简文字形上为"虎"头，下为"鱼"字，侯乃峰指出此字是双声符字，并引裘锡圭说指出甲骨文"禦"有加注"鱼"声的⑥。

第五章对应今本第十七章：

　　子曰：民以君为心，君以民为体。心庄则体舒，心肃则容敬。心好之，

①　施谢捷：《说上博简〈缁衣〉中用为"望"、"汤"的字》，《华学》（第十一辑），中山大学出版社，2014年，6—9页。

②　李零：《上博楚简三篇校读记》，40页。

③　荆州市博物馆：《郭店楚墓竹简》，132页"裘按"。

④　冯胜君：《郭店简与上博简对比研究》。

⑤　侯乃峰：《上博楚简儒学文献校理》，48页。

⑥　侯乃峰：《上博楚简儒学文献校理》，49页。

身必安之；君好之，民必欲之。心以体全，亦以体伤；君以民存，亦以民
亡。《诗》云：昔吾有先正，其言明且清，国家以宁，都邑以成，庶民以
生。谁能秉国成？不自为正，卒劳百姓。《君雅》曰：夏日暑雨，小民惟曰
怨。资冬祁寒，小民亦惟曰怨。

　　引诗见《诗经·小雅·节南山》，"君牙"今本作"君雅"，郑玄注谓《书序》
作"君牙"。今本字数明显多于简本，主要有两个原因：①君民关系与心体关系，简
文只是从单方面来论述，今本都是从两方面论述，如简本说"心以体废"，今本则说
"心以体全，亦以体伤"；②今本引诗也比简本多五句。

　　"废"简文作"鹰"，郭店本作"灋"读为"废"。李零指出前者楚文字多用
为"存"，后者多用为"废"，从文意考虑，此处的"鹰"应是"灋"字之误，读为
"废"①。虞万里意见相同，并指出今本"全"为"灋"字古文"金"之误②。整理者
指出根据郭店本和今本"君以亡"漏书"民"字，本应做"君以民亡"。"小民唯曰
怨"的"曰"，今本作"曰"。刘钊指出今本为"曰"之误，"曰怨"即天天怨恨③。
"耆寒"之"耆"，今本作"祁"，郭店本作"旨"。裘锡圭认为郭店本"旨"当读
为"耆"，通"祁"④。侯乃峰引蔡伟意见，指出据《小尔雅·广诂》"祁，大也"，
"祁寒"即大寒⑤。

　　第六章对应今本第六章：

　　　子曰：上好仁，则下之为仁争先人。故长民者章志、贞教、尊仁，以子
爱百姓；民致行己以说其上矣。《诗》云：有梏德行，四国顺之。

　　引诗见《诗经·大雅·抑》。
　　"有觉德行"之"觉"字形与郭店本同，今本作"梏"。李零认为字形像两手
捧肉，疑为"夅"字，读为"觉"⑥。刘钊认为像两手戴梏，就是"梏"字的古文，
读为"觉"，有"正直"的意思⑦。张富海怀疑此字为"匊"的表意字，通"觉"。

①　李零：《上博楚简三篇校读记》，41页。
②　虞万里：《上博馆藏楚竹书〈缁衣〉综合研究》，武汉大学出版社，2009年。
③　刘钊：《读〈上海博物馆藏战国楚竹书（一）〉札记》，《上博馆藏战国楚竹书研究》。
④　荆州市博物馆：《郭店楚墓竹简》，181页"裘按"。
⑤　侯乃峰：《上博楚简儒学文献校理》，53页。
⑥　李零：《郭店楚简校读记》。
⑦　刘钊：《郭店楚简校释》，福建人民出版社，2005年，56页。

"觉""桷"都表示一个形容德行正直的词，读音同"觉"①。

第七章对应今本第五章：

> 子曰：禹立三年，百姓以仁遂焉，岂必尽仁？《诗》云：赫赫师尹，
> 民具尔瞻。《甫刑》曰：一人有庆，兆民赖之。《大雅》曰：成王之孚，
> 下土之式。

今本两处引诗，一见《诗经·小雅·节南山》，一见《诗经·大雅·下武》。《吕刑》，整理者指出即今本《甫刑》，"吕刑"之名见《书序》。简本引诗只有一处，为《诗经·大雅·下武》。今本引《诗经·小雅·节南山》的部分，简本则放在第八章。

"百姓以仁道"，末字写法怪异，郭店本作"道"，今本作"遂"。裘锡圭认为可能为"道"字的误摹②。

第八章对应今本第四章：

> 子曰：下之事上也，不从其所令，从其所行。上好是物，下必有甚者
> 矣。故上之所好恶，不可不慎也，是民之表也。

今本仅有"子曰"部分，没有引诗。简本引《诗经·小雅·节南山》的部分，今本在第五章。孔颖达疏将第四章与第五章合并为一个段落，或许就是因为没有引诗、书，显得不完整。显然，简本更加合理，今本的编排很可能是错简导致的。

"標（表）"，从李零释读③。"虩"，整理者据秦公钟铭文指出有盛显之意，今本"赫赫"意同。

第九章对应今本第九章：

> 子曰：长民者，衣服不贰，从容有常，以齐其民，则民德壹。《诗》
> 云：彼都人士，狐裘黄黄，其容不改，出言有章，行归于周，万民所望。

引诗为《诗经·小雅·都人士》，简本与之稍有不同。

---

① 张富海：《郭店楚简〈缁衣〉篇研究》，北京大学硕士学位论文，2002年，12、13页。
② 裘锡圭：《谈谈上博简和郭店简中的错别字》。
③ 李零：《上博楚简三篇校读记》，42页。

简9下端残，整理者指出残简今藏于香港中文大学（以下简称港中大）中国文化研究所，并补出图版和释文。俞绍宏、张青松指出此枚残简就是港中大所藏的1号简①。"从容"之"从"字，字形少见，学者有很多讨论，如陈剑认为此字形以玉琼形符号为声符，是"琼"的表意初文，故可读为"从"②。今本引《诗经·都人士》"出言有章"，郭店本最后一字写作一竖笔，"黎民所"后之字左旁从"言"，右旁即为此形。裴锡圭认为此字为"针"的初文，这里可以读为"慎"或"逊"。引诗可读为"出言有慎，黎民所信"或"出言有逊，黎民所慎"③。此处还存在一个问题。今本所引为《诗经·都人士》第一章，韵脚为"黄""章""望"。简本韵脚为"慎""信"，未引的前两句（或一句）应也入韵，那么与今本"彼都人士，狐裘黄黄"应该也有所不同。

第十章对应今本第十五章：

子曰：大人不亲其所贤，而信其所贱。民是以亲失，而教是以烦。
《诗》云：彼求我则，如不我得。执我仇仇，亦不我力。《君陈》曰：未见圣，若己弗克见。既见圣，亦不克由圣。

引诗见《诗经·小雅·正月》。今本《君陈》属"伪古文"。

"緐"字整理者指出简文从"糸"，"弁"声。陈伟指出即《说文》所记"緐（繁）"字或体，可据今本读为"烦"④。所论甚确。"仇"字简文从"各"从"戈"，李零指出从"各"为从"咎"之省，可读为"仇"。郭店本从"来"则为与"求"形近相混所致⑤。"如其弗"之"其"写得很小，写在前后两字之间，下加"="号，应为校对时补写的漏字。

第十一章对应今本第十四章：

子曰：大臣不亲，百姓不宁，则忠敬不足，而富贵已过也；大臣不治，

①　俞绍宏、张青松编著：《上海博物挂藏战国楚简集释》（第一册），科学文献出版社，2019年，228页。

②　陈剑：《释"琼"及相关诸字》，"中国简帛学国际论坛2006"论文，60—97页；又见氏著《甲骨金文考释论集》，线装书局，2007年，273—316页。

③　裴锡圭：《释郭店〈缁衣〉"出言有丨，黎民所訰"——兼说"丨"为"针"之初文》，《中国出土古文献十讲》，复旦大学出版社，2004年。

④　陈伟：《上博、郭店二本〈缁衣〉对读》，《上博馆藏战国楚竹书研究》，420页。

⑤　李零：《上博楚简三篇校读记》，43页；李零：《郭店楚简校读记》，82页。

而迩臣比矣。故大臣不可不敬也，是民之表也；迩臣不可不慎也，是民之道也。君毋以小谋大，毋以远言近，毋以内图外，则大臣不怨，迩臣不疾，而远臣不蔽矣。叶公之《顾命》曰：毋以小谋败大作，毋以嬖御人疾庄后，毋以嬖御士疾庄士、大夫、卿、士。

此章无引诗，所引书见今《逸周书·祭公》。今本的"叶公"，邹濬智详考旧说，指出清江永已知其误，所引应为祭公谋父临终之言。清朱彬《礼记训纂》引杨用修和王念孙之说，认为"叶"是"祭"字之讹；章太炎则认为"祭公"之"祭"为"蔡"之省，"蔡"有"叶"地，故也称"叶公"[1]。"蓙"简文从"艹"从"鹽"，整理者引《说文》"朝会束茅表位曰蓙"。邹濬智认为今本"表"与之属于同义互用[2]。"煮"从陈斯鹏读为"图"，即"图谋"之"图"[3]。"盡"字李零释，伤痛之意，与今本作"疾"含义相近[4]。侯乃峰指出，清华简《祭公之顾命》此字作"息"，并引研究生读书会的意见读为"疾"[5]。"向"可读为"卿"，邹濬智指出是由于"向"常通假作"乡"，后者与"卿"为一字之分化[6]。

第十二章对应今本第三章：

　　子曰：夫民教之以德，齐之以礼，则民有格心；教之以政，齐之以刑，则民有遁心。故君民者，子以爱之，则民亲之；信以结之，则民不倍；恭以莅之，则民有孙心。《甫刑》曰：苗民匪用命，制以刑，惟作五虐之刑曰法。是以民有恶德，而遂绝其世也。

今本无引诗，所引《甫刑》即今《尚书·周书·吕刑》，孔安国注："后为甫侯故称《甫刑》。"整理者指出简本引诗不见今本，为佚诗。

---

①　季旭昇主编，陈霖庆、郑玉姗、邹濬智合撰：《〈上海博物馆藏战国楚竹书（一）读本〉》，114—116页。

②　季旭昇主编，陈霖庆、郑玉姗、邹濬智合撰：《〈上海博物馆藏战国楚竹书（一）读本〉》，112页。

③　陈斯鹏：《初读上博楚简》，简帛研究网，2002年2月5日。

④　李零：《上博楚简三篇校读记》，44页。

⑤　侯乃峰：《上博楚简儒学文献校理》，61、62页。

⑥　季旭昇主编，陈霖庆、郑玉姗、邹濬智合撰：《〈上海博物馆藏战国楚竹书（一）读本〉》，117页。

"劝心"之"劝"简文写作上"口"下"立"，张崇礼认为像人正面站立张口大呼之状，即"喧"，可读为"劝"。"劝心"即为劝勉之心①。"逊心"为合文，简文从"关"从"心"，学者多读为"逊"，俞绍宏、张青松认为此字即"愻（逊）"字异构②。"法"字简文作"仚"，李零《上博三篇校读记》指出即"法"字古文。

第十三章对应今本第十三章：

> 子曰：政之不行也，教之不成也，爵禄不足劝也，刑罚不足耻也。故上不可以亵刑而轻爵。《康诰》曰：敬明乃罚。《甫刑》曰：播刑之不迪。

《康诰》《甫刑》（即《吕刑》）俱见今《尚书·周书》。

简15"爵"字，整理者指出从"少"从"乒"，读为"爵"。郭店本作"雀"。"播"简文字形从反"匚"从"釆"，郭店本相应的字从"肉"从"番"，季旭昇认为简文是郭店本该字之省形，当隶定为"膰"，读为今本之"播"③。可从。

第十四、十五、十六章与今本对应的情况比较复杂，三章合起来对应今本第七和第八两章：

> 子曰：王言如丝，其出如纶；王言如纶，其出如綍。故大人不倡游言。可言也不可行。君子弗言也。可行也不可言，君子弗行也。则民言不危行，而行不危言矣。《诗》云：淑慎尔止，不愆于仪。
>
> 子曰：君子道人以言，而禁人以行。故言必虑其所终，而行必稽其所敝，则民谨于言而慎于行。《诗》云：慎尔出话，敬尔威仪。大雅曰：穆穆文王，于缉熙敬止。

今本把简本三章的顺序打乱，合为两章：把简本第十四章的"子曰"放在第七章，引诗的部分放在第八章；把简本第十五章整个放在第七章，接在简本第十四章的"子曰"部分之后；把第十六章放在第八章，并在原"子曰"部分和引《诗经·大雅》之间插入了简本第十四章引诗的内容。为便于观察，我们用三种下划线标出简本的三章：第十四章用波浪线；第十五章用横线；第十六章用虚线。在今本的第七和第

---

① 张崇礼：《释古文字中的"吴"》，复旦大学出土文献与古文字研究中心网站，2012年4月22日。

② 俞绍宏、张青松：《上海博物馆藏战国楚简集释》（第一册），244、245页。

③ 季旭昇主编，陈霖庆、郑玉姗、邹濬智合撰：《〈上海博物馆藏战国楚竹书（一）读本〉》，125页。

八章中，与简本三章对应的部分也用相应的下划线标出，可以很明显地看出简本三章在今本的位置分布。

第十四章引诗见今本《诗经·大雅·抑》。"缗"郭店本字同，裘锡圭释为"缗"，即"缗"，与今本的"纶"都可当钓鱼的丝线①。上博简整理者指出《尔雅·释言》："缗，纶也。"

第十五章引诗亦见今《诗经·大雅·抑》。"危"，简文从"今"从"石"，学者多据今本读为"危"。李零认为简文的写法是"危"字之误书②。郭店本从"禾"从"皀"从"心"，裘锡圭按语认为"禾"为声符，读为"危"。

第十六章引诗见今《诗经·大雅·文王》。开头几句据郭店本补。"而恒以行"，今本作"而禁人以行"。考虑到后文所言"言则虑其所终，行则稽其所敝"，孔颖达疏曰："稽，考也。言欲行之时，必须先考校此行至终敝之时，无损坏以否。"简本"恒以行"与全章文意更加一致，今本恐有讹误。"缉熙"两字写在一起，整理者原释为"幾"，侯乃峰引李家浩意见指出为两字合文，可读为今本的"缉熙"。③

第十七章对应今本第二十四章：

> 子曰：言从而行之，则言不可饰也；行从而言之，则行不可饰也。故君子寡言而行，以成其信，则民不得大其美而小其恶。《诗》云：白圭之玷，尚可磨也；斯言之玷，不可为也。小雅曰：允也君子，展也大成。《君奭》曰：昔在上帝，周田观文王之德，其集大命于厥躬。

引诗见《诗经·大雅·抑》《诗经·小雅·车攻》，《君奭》见今《尚书·周书》。简17"言从行之"之"从"，原释为"率"，冯胜君指出，此字所从两人形作上下结构且与右边的偏旁有借笔，仍然是"从"④。"展也大成"之"展"，裘锡圭指出当释"廛"，读为今本之"展"⑤。禤健聪认为楚简中释为"廛"的字声符可能是

---

① 荆州市博物馆：《郭店楚墓竹简》，135页"裘按"。

② 李零：《上博楚简三篇校读记》，47页。

③ 侯乃峰：《上博楚简儒学文献校理》，68、69页；李家浩：《释上博战国竹简〈缁衣〉中的"兹臣"合文》，《康乐集——曾宪通教授七十寿庆论文集》，中山大学出版社，2006年，21—26页。

④ 冯胜君：《郭店简与上博简对比研究》，122、123页。

⑤ 荆州市博物馆：《郭店楚墓竹简》，135页"裘按"。

"炅"，即"热"的异体，变体可以借为"慎"，读为"展"①。

简本第十八章对应今本第十九章：

> 子曰：言有物而行有格也，是以生则不可夺志，死则不可夺名。故君子
> 多闻，质而守之；多志，质而亲之；精知，略而行之。《君陈》曰：出入自
> 尔师虞，庶言同。《诗》云：淑人君子，其仪一也。

引诗见《诗经·曹风·鸤鸠》，《君陈》见《尚书·周书》。"行有格"，末字
从"耂""阜""土"，与"略而行之"的"略"写法相同。"耂"读音与"各"相
通，故学者多从今本读。

简本第十九章对应今本第二十三章：

> 子曰：苟有车，必见其轼；苟有衣，必见其敝。人苟或言之，必闻其
> 声；苟或行之，必见其成。《葛覃》曰：服之无射。

简20的"必"简文从"才"从"匕"，读为"必"。"辙"从李零《校读记》释
读。今本引诗直称其名"葛覃"，与其他章节不同。简文仍是称"诗"而不提具体哪
篇，体例一致。

简本第二十章对应今本第二十二章：

> 子曰：私惠不归德，君子不自留焉。《诗》云：人之好我，示我周行。

引诗见《诗经·小雅·鹿鸣》。"示"字从"旨""视"，学者多据今本读为
"示"。

第二十一章对应今本第二十章：

> 子曰：唯君子能好其正，小人毒其正。故君子之朋友有乡，其恶有方。
> 是故迩者不惑，而远者不疑也。《诗》云：君子好仇。

引诗见《诗经·周南·关雎》。"庀"字，今本作"正"，郭店本作"駆"。

---

① 禤健聪：《楚简释读琐记》（五则），《古文字研究》（第二十七辑），中华书局，2008
年，373、374页。

李零《校读记》指出，今本郑玄注："正当为匹字之误也。"简文"匹"字形从"匕""宀"，即"庀"字，假借为"匹"。并谓简文"述"字从"来"，是"求"之讹。"君子有香（乡）"末字从"林"从"白"，今本为"乡"。赵平安推测简文是"香"字异体①。

第二十二章对应今本第二十一章：

> 子曰：轻绝贫贱，而重绝富贵，则好贤不坚，而恶恶不著也。人虽曰不利，吾不信也。《诗》云：朋有攸摄，摄以威仪。

引诗见《诗经·小雅·既醉》。"恶恶不著"末字从"厃""视"，学者多从今本读为"著"。"囚"字，今本作"攸"，简文冯胜君指出应释为"囚"，可能是"卣"字的误书，可读为"攸"②。"図"，今本作"摄"，整理者引《说文》此字"读若聂"，段玉裁注："谓摄取也。"邹濬智指出"図""摄"声韵俱通③。

第二十三章对应今本第二十五章：

> 子曰：南人有言曰：人而无恒，不可以为卜筮。古之遗言与？龟筮犹不能知也，而况于人乎？《诗》云：我龟既厌，不我告犹。《兑命》曰：爵无及恶德，民立而正事，纯而祭祀，是为不敬；事烦则乱，事神则难。《易》曰：不恒其德，或承之羞。恒其德，侦，妇人吉，夫子凶。

引诗见《诗经·小雅·小旻》。简本只有引诗，今本还引了《说命》和《周易·恒卦》。学者已发现内容与《论语·子路》近似。

"宋人"郭店本同，今本《礼记》和《论语》为"南人"。刘信芳认为北方学者以宋国以南为"南人"，故用"南人"来统称，《缁衣》作者可能是南方人，知道这句熟语是宋人所作，故称"宋人"④。很有启发。今本"我龟既厌"之"龟"，上博本

---

① 赵平安：《上博藏〈缁衣〉简字诂四篇》，《上博馆藏战国楚竹书研究》。

② 冯胜君：《郭店简与上博简对比研究》，179、180页。

③ 季旭昇主编，陈霖庆、郑玉姗、邹濬智合撰：《〈上海博物馆藏战国楚竹书（一）读本〉》。

④ 刘信芳：《郭店简缁衣解诂》，《郭店楚简国际学术研讨会论文集》，湖北人民出版社，2000年，180页。

写作"昆"，假借为"龟"①。郭店本作"黾"，冯胜君指出东周时期的"龟"都是用"黾"来表示的，尚未分化②。裘锡圭认为"昆"和"黾"都是由于形体接近"龟"的误字③。

今本第十六、十八两章，都不见于简本，此附录于下：

子曰：小人溺于水，君子溺于口，大人溺于民，皆在其所亵也。夫水近于人而溺人，德易狎而难亲也，易以溺人。口费而烦，易出难悔，易以溺人。夫民闭于人，而有鄙心，可敬不可慢，易以溺人。故君子不可以不慎也。《太甲》曰：毋越厥命，以自覆也。若虞机张，往省括于厥度则释。《兑命》曰：惟口起羞，惟甲胄起兵，惟衣裳在笥，惟干戈省厥躬。《太甲》曰：天作孽，可违也；自作孽，不可以逭。《尹吉》曰：惟尹躬天，见于西邑夏，自周有终，相亦惟终。

子曰：下之事上也，身不正，言不信，则义不壹，行无类也。

---

① 刘钊：《读〈上海博物馆藏战国竹书（一）〉札记》，《上博馆藏战国楚竹书研究》，289—291页。

② 冯胜君：《战国楚文字"黾"字用作"龟"字补议》，《汉字研究》（第一辑），学苑出版社，2005年。

③ 裘锡圭：《谈谈上博简和郭店简中的错别字》，《中国出土古文献十讲》，复旦大学出版社，2004年；《裘锡圭学术文集（简牍帛书卷）》，复旦大学出版社，2015年，372—377页。

卷八 《相邦之道》

一、概　　况

本篇内容为孔子与"公"的对话，原释文、注释由张光裕撰写。现存4支残简，较完整可辨认的字形101个，其中合文三，都为"孔子"合文（简2一处，简4两处）；重文四，即简1的"时""故""事""政"。据李零介绍，此篇背面还有一种简文[①]。现存的四支竹简皆不完整，其中简4最长，由两段断简（长度分别为16.6厘米和35厘米）拼合而成，那么此篇所使用的竹简长度肯定在51.6厘米以上。

本篇的墨识符号有三种：一为重文/合文符号，写作两个短横；二为句读符号，写作一个短横，位于简2"可谓相邦矣"后；三是表示文章结束的墨钩，见于简4末尾，其下留白。

简文的叙事脉络基本清晰，故在简序方面没有争议。文中出现了"公"、孔子和子贡三个人物。"公"问孔子"相邦之道"，孔子作答，回来后又跟子贡谈起了这件事。由于简文残断，文中的"公"的身份无详细说明，整理者怀疑是鲁哀公[②]。若果如此，故事当发生于孔子晚年归鲁之后，当时执政的是季康子。

二、校　　读

"……先其欲，服其强，牧其患。静以待时，时出故，故出事，事出政，政毋忘所治事$_1$……□□□□人，可谓相邦矣。"公曰："敢问民事？"孔子$_2$……"〔以〕实官仓。百工劝于事，以实府库。庶人劝于四肢之艺，以备军〔旅〕$_3$……"……者。孔子退，告子贡曰："吾见于君，不问有邦之道，而问相邦之道，不亦惩乎？"子贡曰："吾子之答也何如？"孔子曰："如讯$_4$"。

① 李零：《丧家狗——我读〈论语〉》，48页。

② 马承源主编：《上海博物馆藏战国楚竹书》（四），237页。

"先其欲，服其强，牧其患"，裘锡圭认为这三句讲的是在上者用臣民之法。"先其欲"意谓施政应先考虑到臣民之所欲。《管子·形势解》："人主之所以令则行、禁则止者，必令于民之所好而禁于民之所恶也。"①又《牧民》："政之所兴，在顺民心。政之所废，在逆民心。民恶忧劳，我佚乐之。民恶贫贱，我富贵之，民恶危坠，我存安之。民恶灭绝，我生育之。"皆可看作此句注解。《管子·侈靡》有"用其臣者……强而可使服事……"，"不欲，强能不服，智而不牧"。

"服其强"可理解为使臣民中的强者也服从于在上者。《季康子问于孔子》"君子在民之上，执民之中，施教于百姓，而民不服焉，是君子之耻也"，也强调要使"民"服于"君子"。

"牧其患"指在上者利用臣民所患以达到治民的目的。"牧"，当训为司、治，文献多见"牧民"，即为此意。

"静以待时，时出故，故出事，事出政"之"时"字从陈思鹏释②，下有重文号。"故"原作"古"，读为"故"。其下的"出"字本释为"此"，裘锡圭指出此字应该是"出"的误字，"故""出"二字位置接近，抄写者误把"故"的重文符号与"出"抄写在一起致误，简文应读作"静以待时，时出故，故出事，事出政"。《管子·宙合》"时则动，不时则静"，可作为"静以待时"的注解③。

"政毋忘所治事"的"事"字原未释，我们发现此字与同简的"事"字形相似，认为也应释为"事"字④。这句话应读作"政毋忘所治事，……"，或"政毋忘所治，事……"。如果是第一种情况，后续的简文可能是针对"时""故""事""政"的相互关系，再反向论述一遍，其后残缺的简文可能为"事毋忘所由故，故毋忘所待时"；如果是第二种情况，后续简文应是分别针对"时""故""事""政"不应遗忘的、最重要的一点进行说明，残缺的简文可能是"事毋忘所由，故毋忘所□，时毋忘所□"。

之后"公"又向孔子咨询了"民事"。简3是孔子的回答。"百工劝于事"，整理者指出就是百工勉力于事的意思。"庶"字从张新俊释⑤。其下有残笔，当是"人"

①　裘锡圭：《上博简〈相邦之道〉1号简考释》，《中国文字学报》（第一辑），商务印书馆，2006年，68—72页。

②　陈斯鹏：《初读上博竹书（四）文字小记》，简帛研究网，2005年3月6日。

③　裘锡圭：《上博简〈相邦之道〉1号简考释》，《中国文字学报》（第一辑），68—72页。

④　这一观点我们曾于2005年10月30日以"虚一而静"之名发表在武汉大学简帛网的"简帛论坛"，后又写入硕士学位论文《上博（四）〈采风曲目〉等六篇集释》（武汉大学，2006年），有幸与上引裘文意见一致。

⑤　张新俊：《上博楚简文字研究》，吉林大学博士学位论文，2005年。

字，"庶人"与"百工"相对。

"肢"，从整理者释读，"四肢之艺"，应为强身健体之技艺。"旅"字从范常喜释。"备军旅"一词见于先秦文献，如《韩非子·显学》："征赋钱粟以实仓库，且以救饥馑备军旅也"①。孔子对"民事"的建议有"分工合作"的意思。

简4是孔子退下后与子贡的对话。"不亦愆乎"的"愆"字从董珊读，此字结构相当于曾侯乙编钟的"遣"，这里训为"失"。大意是：哀公不向我询问有邦之君道，却问我相邦这种臣道，这不是失问了么②。"如讯"之"讯"从孟蓬生释，君问我以相邦之道，我即以相邦之道来回答他③。

①　范常喜：《读〈上博（四）〉札记四则》，简帛研究网，2005年3月31日。
②　董珊：《读〈上博藏战国楚竹书（四）〉杂记》，简帛研究网，2005年2月20日。
③　孟蓬生：《上博竹书（四）闲诂》，简帛研究网，2005年2月15日。

卷九 《仲弓》

一、概　况

本篇是仲弓与孔子关于为政的对话，仲弓向孔子请教如何为季氏宰，孔子告诉仲弓应该"先有司""举贤才""惑过与罪""道民兴德"等。之后两人还讨论了如何更有效地辅佐"今之君子"以达到为政的目的。整理者李朝远指出，《论语·子路》"仲弓为季氏宰"章有相似语句，可以对读。

现存竹简编号为28，此外还有一枚附简①。竹简多在约8厘米和28厘米处断折。陈剑发现由两段残简拼合而成的简20、23拼合有误，应分别拆作上、下两段②。

简文使用了两种墨识符号：一是重文/合文符号，写作"="；二是停顿符号，用墨点表示，仅有一处，位于在简5"仲弓曰"前。

简文开头完整，中间及末尾由于竹简的残断有所残缺，内容有不少难以理解之处。自竹简公布后，李学勤、陈剑、赵炳清、李锐、陈伟、黄人二、周凤五、杨芬、晁福林、林志鹏、杨泽生等学者先后对竹简编连和释义提出了很多意见，可参看陈剑《〈上博（三）·仲弓〉剩义》③一文所列。本书所排简序主要参考了这篇文章，并略有调整，检出了几支顺序不能确定的竹简（第五部分）。最终的简序为：1，4、26，2、［5+28+7］、8、［14+9］、10、［19+17］、［11+13］，22，27、［15+20下］、［6+23下］、［23上+24］、［25+12］、21，20上，18，［16+3］，附简。简文可依照仲弓向孔子请教的问题分为五个部分，每部分讨论一个问题。第五部分的竹简由于残缺较多，先后顺序多不能定，也有可能属于前四个部分。

自题篇名"仲弓"正书于末尾的简16背面，说明应从篇首开始收卷。李松儒指出篇题与正文是同一人所写，此篇字体与《子羔》三篇相似，可能是《仲弓》的抄手有

---

① 整理者李朝远谓附简字体与本篇相似，但字间距稍密，竹简颜色亦有不同。马承源主编：《上海博物馆藏战国楚竹书》（三），283页。

② 陈剑：《上博竹书〈仲弓〉篇新编释文（稿）》，简帛研究网，2004年4月19日。

③ 陈剑：《〈上博（三）·仲弓〉剩义》，《简帛》（第三辑），上海古籍出版社，2008年，73—90页。

意识地模仿后者所致①。

二、校　　读

（一）

季桓子使仲弓为宰。仲弓以告孔子曰："季氏₁……使雍从于宰夫之后。雍也憧₄愚，恐贻吾子羞，愿因吾子而辞。"孔子曰："雍，〔汝〕₂₆……与闻之，夫季氏，河东之盛家也，亦₂……以行矣，为之，余诲汝。"

第一部分包括简1，4、26，2和简5"余诲汝"及以前的部分。季桓子让仲弓做他的家宰，仲弓想拒绝，孔子却劝他接受这份工作。季桓子是春秋时鲁国大夫，"三桓"之首，名斯，季平子（意如）之子。"仲弓"即孔子弟子冉雍，《论语·先进》所记"德行"四贤之一。

文献记载，孔门弟子中有三人先后当过季氏宰，分别为子路、仲弓及冉求。三人为季氏宰的时间，文献记录不明，简文明确说仲弓为季氏宰是在季桓子手下。林志鹏据此考证，仲弓接任季氏宰当在子路之后、孔子离鲁（鲁定公十三年）之前，这样才能当面请教孔子如何为政，下限则为哀公三年冉求继任之前，共四五年的时间②。那么简文所记对话当发生在公元前498或前497年，当时仲弓二十五六岁。简文对孔子的称呼有"孔子"和"仲尼"两种。

"使雍从于宰夫之后。""雍"即仲弓名。整理者指出，这里的"宰夫"即上文的"宰"，春秋时期卿大夫的家宰，与《周礼·天官冢宰》中的"宰夫"不同。"从于……之后"，李学勤引何晏《论语集解》指出是一种表示身份的谦辞，"从于宰夫之后"就是宰夫的意思③。

"憧愚"，廖名春指出见于早期文献，如《大戴礼记·千乘》"以欺惑憧愚"，《史记·三王世家》"愚憧而不逮事"，据《集韵·钟韵》"憧愚"或"愚憧"，即"蠢愚"或"愚蠢"④。

---

① 李松儒：《战国简帛字迹研究》，上海古籍出版社，2015年，278页。

② 林志鹏：《仲弓任季氏宰小考》，简帛研究网，2004年6月6日。

③ 李学勤：《读〈周礼正义·天官〉笔记》，"清代经学国际学术研讨会"学术报告，2003年11月14日。

④ 廖名春：《楚简〈仲弓〉篇与〈论语·子路〉篇仲弓章对读札记》，孔子2000网，2005年4月4日；又见《楚简〈仲弓〉与〈论语·子路〉仲弓章读记》，《淮阴师范学院学报》2005年1期。

"恐贻吾子羞，愿因吾子而辞。"是仲弓说怕做不好季氏宰令老师蒙羞，所以想推辞。据上引林志鹏的考证，此时应是孔子离鲁前夕，仲弓这里说的"因吾子而辞"可能是指借追随孔子周游列国作为理由来推辞季桓子的聘任。

"河东之盛家"，即河东的大家，"盛"简文写作"成"。陈伟指出先秦、秦汉时人习惯将黄河河道分为西河、南河、东河三段，见于《礼记·王制》等文献。"河东"除通常所指的西河之东外，有时指东河之东。简文说的"河东"当指东河之东，包括鲁国在内的区域①。春秋中晚期，"三桓"执掌鲁国权柄，季氏尤强。《左传·昭公三十二年》记史墨对赵简子说："（季友）既而有大功于鲁，受费以为上卿。至于文子、武子，世增其业，不费旧绩。鲁文公薨，而东门遂杀适立庶，鲁君于是乎失国，政在季氏，于此君也四公矣。"参史杰鹏、陈伟等的文章②。

简2之后的内容残缺，与简5不能连读。根据现存文字"……以行矣，为之，余诲汝"推测，应该是孔子鼓励仲弓接受季桓子聘任的话。

（二）

仲弓曰："敢问为政何先$_5$"？仲尼$_{28}$〔曰〕："老老慈幼，先有司，举贤才，宥过赦罪〈罪〉$_7$，政之始也。"仲弓曰："若夫老老慈幼，既闻命矣。夫先有司，为之如何？"仲尼曰："夫民安旧而重迁$_8$，早使不行，委蛇$_{14}$有成，是故有司不可不先也。"仲弓曰："雍也不敏，虽有贤才，弗知举也。敢问举才$_9$如之何？"仲尼："夫贤才不可掩也。举尔所知，尔所不知，人其舍之者。"仲弓曰："宥过赦罪，则民何惩$_{10}$？""山有崩，川有竭，日月星辰犹差，民无不有过。贤者著$_{19}$刑政不缓，德教不倦。"

第二部分从简5的"仲弓曰"开始，下接简28、7、8、〔14+9〕、10，到简〔19+17〕的"仲弓曰"以前。上承第一部分孔子鼓励仲弓作季氏宰，仲弓问孔子为政应该先做什么，也就是为政最重要的是什么。孔子的回答包括四个方面，"老老慈幼，先有司，举贤才，宥过赦罪"。之后仲弓又针对每个方面进一步提问，孔子一一作答。这段对话可与《论语·子路》"仲弓为季氏宰"对读：

仲弓为季氏宰，问政。子曰："先有司，赦小过，举贤才。"曰："焉

---

① 陈伟：《竹书〈仲弓〉词句试解（三则）》，简帛研究网，2005年8月15日。
② 史杰鹏：《上博竹简（三）注释补正》，简帛研究网，2005年7月16日；陈伟：《上博楚竹书〈仲弓〉"季桓子章"集释》，简帛网，2005年12月10日。

知贤才而举之？"曰："举尔所知，尔所不知，人其舍诸？"

与之相比，简文显然更加详细和完整。"老老"为重文，前一字残，根据文意可补为"曰"。"宥过赦罪〈罪〉"从陈剑读，第二个"罪"字为衍文①。

下文仲弓对孔子的话又进一步请教，唯独"老老慈幼"并未深究，只是说"既闻命矣"。大概因为这一点比较容易理解，并且一直是孔子教育弟子的行为准则，故不需多言②。

仲弓接下来的问题是"先有司"应如何做，孔子的回答却是"先有司"的原因（"是故有司不可不先也"）。"夫民安旧而重迁"之"迁"从陈剑释读，是变化之意③。"委蛇有成"从史杰鹏读，"委蛇"古书中一般指委婉曲折，形容人的行为时一般指曲折地行进④。孔子大概是说，老百姓大都安分守旧，不肯轻易改变，如果强迫他们迅速变化肯定是行不通的，必须慢慢来才行，凡事必须要有司先做，起到示范带头的作用。

"夫贤才不可掩也。举尔所知，尔所不知，人其舍之者。"说的是如何举才。"舍"字简文作"豫"，整理者读为"舍"。了解一个人是很困难的，老子就说过："知人者智，自知者明。"怎么举荐贤才呢？简文里孔子的话是"举尔所知，尔所不知，人其舍之者"。李零指出这三句话是连续的，意思是只要是优秀人才，一个都不能埋没，你应举荐你熟悉的人，也应举荐你不熟悉的人，以及被别人忽略的人⑤。这里的重点是不要任人唯亲，也不要受舆论影响对人有偏见。

接下来的问题是，如果对臣民"宥过赦罪"，又该如何惩戒（"则民何惩"）。"惩"字从陈剑释读⑥。孔子用了比喻的方式来回答，山会崩裂，川会干涸，日月、星辰都有不齐⑦的时候（"山有崩，川有竭，日月星辰犹差"），普通民众更是人无完人，"无不有过"了。真正的"贤者"明白最重要的应该是"著刑政不缓，德教不倦"。"者著"重文，字右下有两个短横，我们认为读作"者著"，"著"有明确规

① 陈剑：《上博竹书〈仲弓〉篇新编释文（稿）》，简帛研究网，2004年4月19日。

② 文献中有很多关于这方面的记载，最近似的当属《孟子·梁惠王上》中所记孟子与齐宣王对话时说的"老吾老以及人之老，幼吾幼以及人之幼"。又如《论语·公冶长》孔子让颜渊、子路各言其志时自述其志为"老者安之，朋友信之，少者怀之"，与简文所论一致。《礼记·礼运》"不独亲其亲，不独子其子"也体现了这种思想，可视作儒家后学对孔子这一思想的继承。

③ 陈剑：《上博竹书〈仲弓〉篇新编释文（稿）》，简帛研究网，2004年4月19日。

④ 史杰鹏：《上博竹简（三）注释补正》，简帛研究网，2005年7月16日。

⑤ 李零：《丧家狗——我读〈论语〉》，234页。

⑥ 陈剑：《〈上博（三）·仲弓〉剩义》，《简帛》（第三辑），73—93页。

⑦ "日月星辰犹差"应该是指由于地球公转与自转时长不是整倍数关系，而导致的一些诸如"岁差"等天文现象。

定的意思，《礼记·乐记》有"故先王著其教焉"。"贤者著刑政不缓，德教不倦"是说贤者著"刑政不缓"，著"德教不倦"。"缓"整理者指出即延缓之意。孔子认为贤人治理国家，最重要的是尽快明确行政法令，并且用德行教化百姓。结合上文的"宥过赦罪"来看，简文并不主张执行严酷的刑罚，刑政之"著"更大的意义是作为德教的一种手段。《论语·尧曰》有一段子张问孔子从政的话，孔子说从政有四恶："不教而杀谓之虐，不戒视成谓之暴，慢令致期谓之贼，犹之与人也，出纳之吝，谓之有司。"与简文思想一致，可视作简文的注脚。

（三）

　　仲弓曰："若此三₁₇者，既闻命矣。敢问道民兴德如何？"孔子曰："陈之₁₁，服之，缓施而逊赦之。唯有孝德，其₁₃……上下相复以忠，则民欢承教。盖〔贤〕者不₂₂……"

　　第三部分从简17的"仲弓曰"开始，下接简〔11+13〕，22。仲弓针对上段对话最后提到的"德教"，继续向孔子请教如何"道民兴德"。"道"是引导之意。

　　"若此三者"指的是上文孔子说的"先有司，举贤才，宥过赦罪"，这是仲弓对上述"为政何先"对话的总结。

　　"陈之，服之，缓施而逊赦之。""陈"从李锐读，《孔子家语·始诛》："既陈道德以先服之。"① "施""逊赦"皆从陈剑释读，"逊"，顺也②。"赦"为告诫之意。这句话是说，对民众进行道德教化不能急于求成，要温和地潜移默化，慢慢地使他们受教。

　　"上下相复以忠，则民欢承教，盖〔贤〕者不……""上下"二字合文。陈剑指出"复"当读为"报"，"上下相复"及文献中习见的"上下相报"，见《礼记》《大戴礼记》等③。词义训释可通，但似乎不必改读，"复"用作"报"之意文献习见。"贤"字残，此据上下文所补。此处简文残，大意是说孝德很重要，如果君民上下都能忠诚相报，民众就会欣然受教。之后残缺的部分应该是孔子列举的贤者"道民兴德"的具体做法。

---

① 李锐：《〈仲弓〉续释》，简帛研究网，2004年4月24日。

② 陈剑：《上博竹书〈仲弓〉篇新编释文（稿）》，简帛研究网，2004年4月19日。

③ 陈剑：《上博竹书〈仲弓〉篇新编释文（稿）》，简帛研究网，2004年4月19日。

（四）

……〔仲〕弓曰："〔敢〕$_{27}$问民务。"孔子曰："善哉问乎！足以教矣。君$_{15}$子所竭其情，尽其慎者三，盖近礼矣$_{20下}$。雍，汝知诸？"仲弓答曰："雍也弗闻也。"孔子曰："夫祭，致敬之$_{6}$本也，所以立生也，不可不慎也。夫丧$_{23下}$，致爱之卒也，所以成死也，不可不慎也。夫行，旬年教$_{23上}$之，一日以善立，所教皆终；一日以不善立$_{24}$，所教皆崩，可不慎乎？"

第四部分包括简27、〔15+20下〕、〔6+23下〕、〔23上+24〕、简25"仲弓曰"以前，仲弓向孔子请教"民务"，也就是在治民、教民中最重要的事。"务"从陈剑释读①。

"君子所竭其情，尽其慎者三"，何有祖指出，《礼记·礼器》有"君子之于礼也，有所竭情尽慎，致其敬而诚若"②。简文的"三"指的当是下文说的"祭""丧""行"。"礼"字简文写法少见，侯乃峰引许子滨意见认为读作"体"，通"礼"③。结合上述何有祖文引《礼记》"君子之于礼也，有所竭情尽慎"来看，很有可能是对的。

"祭"是指祭祀，"丧"是丧礼，"行"则泛指人的行为。"旬年"从陈剑释读④，十岁为一旬。"旬年教之"的"教"字，学者多释为"学"，但此篇的主旨讲的是"德教""教民"，这里读为"教"可能更合适⑤。

祭祀是向神致敬的基本手段，目的是使生民各安其分（"所以立生也"），所以不能不慎重。丧礼是用来表达对父母等至亲之爱的最后一步，是生命的完成（"成死"），所以一定要慎重。民众的行为经过长年累月的教化，若果真确立善行并坚持下去，则教化就最终完成了。而如果一旦做了不好的事，先前的教化就全都前功尽弃了。三者都是从政者应当"竭其情，尽其慎"的"民务"。"祭""丧"是具体的礼，"行"也与"礼"有关。可见简文中孔子表达的为政思想仍然是以礼乐教化为重。《论语·颜渊》记颜渊问仁，孔子的回答是"克己复礼为仁。一日克己复礼，天下归仁焉"，即只要有一天能做到"克己复礼"，天下都会认同你是一个仁人。简文

① 陈剑：《上博竹书〈仲弓〉篇新编释文（稿）》，简帛研究网，2004年4月19日。

② 何有祖：《上博三〈仲弓〉小札》，简帛研究网，2004年5月12日。

③ 侯乃峰：《上博楚简儒学文献校理》，194页。

④ 陈剑：《〈上博（三）·仲弓〉剩义》，《简帛》（第三辑）。

⑤ 亦见赵炳清：《上博简三〈仲弓〉的编联及讲释》，简帛研究网，2005年4月10日。

说"一日以善立，所教皆终"，与之一致。

政治手段与道德规训，孔子选择后者。

（五）

仲弓曰："今之君子，使人不尽其□，□$_{25}$□□定不及其城，独独厌人，难为从政。"孔子$_{12}$曰："雍，古之事君者以忠与敬，唯其难也，汝唯以□$_{21}$……其咎。"仲弓曰："今之君子，愎过捍析，难以纳谏。"孔子曰："今之〔君〕$_{20上}$〔子〕……毋自情也。昔三代之明王，有四海之内，犹来$_{18}$……宜小人之至者，教而使之，君子无所厌人。今汝相夫$_{16}$子，有臣万人道汝，使老其家，夫$_3$……

……□。"孔子曰："雍，政者，正也。夫子唯有与，汝独正之，岂不有往也？"仲$_{附简}$〔弓〕……

第五部分包括简〔25+12〕"仲弓曰"以后的部分、21，20上，18，〔16+3〕，附简。竹简皆残，除简3与12属于原简的下段外，其他竹简大都为原简的中上段。我们认为简25与12可能当拼合[①]，下接简21。两简分别属于完简的中上段与下段，缀合后简长为27.3+19.2=46.5厘米，中间可能残缺一两个字。由于这部分缺失较多，竹简不能连读，顺序大多不能确定。内容大致为仲弓向孔子抱怨"今之从政者"的种种不良行为，孔子告诉仲弓应该怎么做。

"不尽其□"与"不及其城"相对，"城"可能读为"成"或"诚"。"独独"重文，简文写作从"言"从"蜀"，含义待考。陈剑谓"厌人"为不听他人意见[②]。

仲弓抱怨的"今之君子"很可能就是季桓子，"使人不尽其□"是说季桓子在用人方面有一些问题，作他的家宰恐怕没那么容易。孔子对仲弓说，自古以来，事君者都要秉着忠诚、虔敬之心，正是因为没那么容易，你才更要好好努力。

之后是二人的第二轮讨论，仲弓抱怨"今之君子"刚愎自用、顽固不化，难以听从别人的建议，孔子则出言劝解。简20上的"愎过"简文作"孚过"，从陈剑读，"愎过"见《吕氏春秋·似顺》"世主之患，耻不知而矜自用，好愎过而恶听谏，以至于危"，意为坚持过失[③]。"捍析"暂从侯乃峰读，指"今之君子"捍卫荒谬的言

---

①　亦见李锐：《〈仲弓〉新编》，简帛研究网，2004年4月22日。

②　陈剑：《上博竹书〈仲弓〉篇新编释文（稿）》，简帛研究网，2004年4月19日。

③　陈剑：《上博竹书〈仲弓〉篇新编释文（稿）》，简帛研究网，2004年4月19日。

辞，与"愎过"相对①。

　　简18、［16+3］应是孔子的话，简16与3可缀合②。"小人"原未释，程鹏万指出二字为合文，合文符号因与文字距离太近被误认为笔画③。"使老其家"，陈伟指出"老"当指"室老"，也就是仲弓拟担任的季氏"家相"。《仪礼·丧服》郑玄注："室老，家相也。"仲弓为季氏宰，也可以说是为季氏老。"老"用作动词，"老其家"是担任家相（家宰）于其家的意思④。

　　孔子的话是以三代明王作例子告诫仲弓，君子应推行教化，不应对人有所偏见，现在辅佐季桓子，手下有很多人辅佐你做家宰，要好好干才对。

　　附简残缺，无法与其他简文连读，含义不明。"雍"原释"唯"，现从陈剑改释，是仲弓之名⑤。"夫子唯有与"的"与"，整理者认为当为举才之"举"。存疑。"往"原读为"枉"，意为不正。此从黄人二、林志鹏改读⑥。从现存内容来看，附简大意是，为政就是要扶正"今之君子"的行政方略，仲弓应该去做季氏之宰。

　　①　侯乃峰：《上博楚简儒学文献校理》，196页。

　　②　亦见陈剑：《上博竹书〈仲弓〉篇新编释文（稿）》，简帛研究网，2004年4月19日。

　　③　程鹏万：《简牍帛书格式研究》，184页。

　　④　陈伟：《竹书〈仲弓〉词句试解（三则）》，简帛研究网，2005年8月15日；陈伟《上博楚竹书〈仲弓〉"季桓子章"集释》，简帛网，2005年12月10日。

　　⑤　陈剑：《〈上博（三）·仲弓〉剩义》，《简帛》（第三辑）。

　　⑥　黄人二、林志鹏：《上博藏简第三册仲弓试探》，简帛研究网，2004年4月23日，《文物》2006年第1期，82—86页。

卷十 《颜渊问于孔子》

此卷由四种简文组成，包括《颜渊问于孔子》《民之父母》《武王践阼》《子路初见》。从已公布的前三篇来看，简文不是连续抄写，而是分别在末尾标注墨钩、其后留白，内容也相互独立，与《子羔》卷的三篇一样。

《民之父母》与《颜渊问于孔子》的竹简长度一致，都是46.2厘米，编连方式也一致，都是三道编绳，有天头地脚，文字书于第一、三契口之间。《武王践阼》也是三道编连，整理者谓其长度为41.6—43.7厘米，似乎稍短。但仔细观察图版就会发现，正如整理者指出的那样，此篇竹简皆在第一契口处断折，丢失了第一契口以上的部分，残简顶端距第二契口为18.1—20.3厘米，第二契口距第三契口为20.4—21.3厘米，第三契口距尾端2.5—2.7厘米，三者相加即知"41.6—43.7厘米"是现存的残简长度，原本完简的长度还应加上每支竹简缺失的部分，也就是完简顶端到第一契口的距离（为2.5—2.7厘米），则总长为44.1—46.3厘米，与《民之父母》和《颜渊问于孔子》完全一致。前两篇的大多数竹简也存在缺失第一契口以上部分的情况，但均有一枚完整或较为完整的竹简（《民之父母》简5和《颜渊问于孔子》简7），故对于完简长度的判断更加准确。

对于成卷的竹书来说，一般情况下，最外层的竹简最易损坏。故三篇竹书的位置关系可以从其保存状况进行推测。从图版来看，《颜渊问于孔子》的损坏最严重，大多数竹简不只缺失了第一契口以上的部分，而且在距离简尾约三分之二处有断折，还有的断简已经缺失；《武王践阼》保存最好，十五支竹简除第一契口以上的部分稍有残缺外，基本保存完好；《民之父母》的受损程度则介于二者之间。

这种情况提示我们，损坏最严重的《颜渊问于孔子》应该是位于此卷竹书的最外层。这一点，整理者在介绍中已经指出，此篇"处于泥方的表层，在流传过程中有所损坏和散失"[①]；接续其后的，应该就是《民之父母》了，整理者谓此篇"十四枝竹简从出土、流传到实验室剥离前，一直被保存在原始出土的泥方中，尽管泥方上部及外周在流散过程中有损，造成简首略有残损，以及有二枝简残去半段，但这十四枝简是

---

① 马承源主编：《上海博物馆藏战国楚竹书》（八），139页。

完全可以连续编联的"①，与我们的判断也是吻合的；至于《武王践阼》，虽然整理者没有对其原始状态做出说明，但从竹书图版来看，此篇是保存最好的，应是三篇之中位于最里层的那篇。

李松儒指出，《颜渊问于孔子》与《民之父母》和《武王践阼》的一部分（抄手A）是同一个人所写，但此人所书三篇的某些文字写法上存在不同，可能抄写的时间不同。其中，《民之父母》与《武王践阼》抄写时间较近，而《颜渊问于孔子》的"不""孔""先"等字与另两篇差异较大，书写时间有一定距离②。字迹表现出来的这种情况，进一步印证了上述我们对三篇简文排列顺序的判断。此卷简文排列的顺序与抄写顺序很可能是一致的：排在最前面的《颜渊问于孔子》最先抄写；书手接下来所写的就是紧随其后的《民之父母》了；《武王践阼》是三篇中的最后一篇，由于某种原因，书手并未写完，另一位书手接续了他/她的工作。

至于最后一篇《子路初见》的位置，恐怕还要等竹简全部公布，才能根据字迹和竹简状态做出比较准确的判断。

第一节　《颜渊问于孔子》

一、概　　况

简文内容为颜渊与孔子的对话，部分语句见于《论语》和《上博三》的《仲弓》。整理者濮茅左指出，本篇在流传过程中有所损坏和散失，现存14简③。观诸图版可以发现，本篇竹简多在四分之三处断折，缺失较多，开头、结尾都不完整。

现存部分使用了两种功能不同的墨识符号，都写作"="。一种功能是表示重文/合文，包括"孔子"等合文；另一种有表示省代的作用，被学者称为"省代符号"，见于简12下"得情"之下、简10"回既闻"之下。

简文公布以后，复旦吉大古文字专业研究生读书会（以下简称复旦吉大读书会）对此篇进行了整理，修订了原释文，拼合、整理出一个大编连组：1、［12上+2下］、

---

① 马承源主编：《上海博物馆藏战国楚竹书》（二），151页。

② 李松儒：《战国简帛字迹研究：以上博简为中心》，235—240页。

③ "海天游踪"指出上博简第九册的《成王为城濮之行》简3下段"言乎君子哉问"与其他字迹不同，应归于《颜渊问于孔子》。见简帛网"简帛论坛"《读〈成王为城濮之行〉札记》1楼海天游踪发言，2013年1月5日。由于与本篇同一抄手所写的简文还包括《民之父母》《武王践阼》和一篇与子路有关的简文，所以此简是否属于此篇、应在什么位置，还不能确定。

〔2上+11+12下〕、5、6、7、9、10、8，剩余的几支竹简顺序还不确定①。

由于缺损较多，本篇的全貌还有很多未知之处。根据现存内容，可以了解二人对话的大致脉络。颜渊先后向孔子请教了三个问题，每次都是以"……既闻命矣"起始，故三个问题先后顺序可以确定，依次为：入仕之道、入教之道和至名之道，简文可分为三个部分。最后几支顺序不确定的竹简，可能属于全篇的开头或末尾，也可能分属于孔子对三个问题的回答。由于不能连读，只能暂且存疑。

二、校　　读

（一）

……□。颜渊问于孔子曰："敢问君子之入仕也有道乎？"孔子曰："有。"颜渊："敢问何如？"孔子曰："儆有过而₁〔先〕有司，老老而慈幼，舍约而收贫，禄不足则请，有余则辞₁₂上。儆有过，所以为缓也；先₂下〔有〕司，所以₂上得情〈也〉；老老而慈幼，所以处仁也；舍约而收贫，所以取₁₁亲也；禄不足则请，有余₁₂下则辞，所以扬信也。盖君子之入仕也如此矣。"

第一部分包括简1、〔12上+2下〕、〔2上+11+12下〕和简5前半段，是颜渊与孔子关于如何"入仕"的谈话。

颜渊，即颜回，孔门"四科十哲"中"德行"科的第一位贤人。简1首字残，曹方向指出，此处所缺之字可能为"也"②。

"入仕"简文写作"内事"，此从陈伟读，此篇内容与《论语·子路》"仲弓为季氏宰"章、《仲弓》所论主题相同，"入仕"与"为政"约略相当③。楚简的"入""内"二字尚未分化④。陈说可从。

"儆有过"的"过"字写法特殊，原释为"正"，此从苏建洲改释，与《武王践

---

① 复旦吉大古文字专业研究生联合读书会：《〈上博八·颜渊问于孔子〉校读》，复旦大学出土文献与古文字研究中心网站，2011年7月17日。

② 曹方向：《读上博楚简第八册琐记》，简帛网，2011年8月22日。

③ 陈伟：《〈颜渊问于孔子〉内事、内教二章校读》，简帛网，2011年7月22日。

④ 周波：《战国时代各系文字间的用字差异现象研究》，线装书局，2012年，94页；禤健聪：《战国楚系简帛用字习惯例释》，科学出版社，2017年，269页。

胙》简9"祸"字写法相似①。"儆"原释为"敬"，训为恭敬、谨慎。下文说到"所以为缓也"，"缓"为缓慢之意，孟子有言"民事不可缓"，若读为"敬"则两句含义恐难衔接，故从陈伟改读为"儆"②，训为戒。

"舍约"复旦吉大读书会隶定作"豫绞"，此从王辉读，"舍约""收贫"都是安抚贫困的意思③。

"所以为缓"的"缓"字从苏建洲释④。"所以得情"之"情"字可训为诚，《淮南子·缪称》有："凡行戴情，虽过无怨。"简文是说凡事做到先有司，就能得到有司的忠诚之心。"情"字下有"="，单育辰指出为省代符，表示承上省略了"也"字⑤。"所以扬信"之"扬"字从刘云释读，彰显之意⑥。

这一段谈论的是"入仕"的基本原则。儆戒有过，所以为政要缓；"先有司"才可以得到下属的忠诚；"老老而慈幼"是贯彻"仁"的原则；"舍约而收贫"可以亲近百姓；"禄不足"要提出请求，而"有余"则要推辞。只有做到这些才能彰显"信"的原则。

《论语·子路》篇孔子对仲弓说"先有司，赦小过，举贤才"。《仲弓》篇孔子则说"老老慈幼，先有司，举贤才，宥过赦罪，政之始也"。与之相比，本篇孔子对颜回的教导更加具体，还提到了"舍约而收贫"，"禄不足则请，有余则辞"。

（二）

颜渊曰："君子之入仕也，回既闻命矣，敢问₅君子之入教也有道乎？"孔子曰："有。"颜渊："敢问何如？"孔子曰："修身以先，则民莫不从矣；前₆以博爱，则民莫遗亲矣；导之以俭，则民知足矣；前之以让，则民不争矣。或迪而教₇之以能，贱不肖而远之，则民知禁矣。如进者劝行，退者知禁，则其于教也不远矣。"

第二段包括简5后半段、6、7，和简9"颜渊曰"前的部分，颜渊向孔子请教"入教"之道，孔子的回答是修身、博爱、勤俭、谦让等。

---

① 见苏建洲2011年7月17日于《上博八〈颜渊问于孔子〉校读》文后的发言。
② 陈伟：《〈颜渊问于孔子〉内事、内教二章校读》，简帛网，2011年7月22日。
③ 王辉：《"豫绞而收贫"小札》，复旦大学出土文献与古文字研究中心网，2012年4月16日。
④ 见苏建洲2011年7月20日于《上博八〈颜渊问于孔子〉校读》文后的发言。
⑤ 单育辰：《占毕随录之十五》，复旦大学出土文献与古文字研究中心网，2011年7月22日。
⑥ 见刘云在复旦大学出土文献与古文字研究中心网站《上博八〈颜渊问于孔子〉校读》文后的发言，2011年7月17日。

　　"入教"从陈伟读，《国语·晋语四》有"若有违质，教将不入，其何善之为"的用例[①]。

　　复旦吉大读书会指出，"修身以先"的"先"字，原释为"尤"，不确；"博爱"之"爱"简文讹作从"忘"。《孝经·三才章》有："先之以博爱，而民莫遗其亲。陈之以德义，而民兴行。先之以敬让，而民不争。导之以礼乐，而民和睦。示之以好恶，而民知禁。"与简6、7相关文句关系密切[②]。

　　"或迪而教之以能"的"以能"学者读法不一，此从陈伟释读，"能"下的符号表示"以能"合文。此句与上文"导之以俭""前之以让"相同，是一组排比句。郭店楚简《尊德义》有"教以艺""教以技""教以事"的说法，与"教之以能"类似[③]。

　　此段讨论的核心问题是君子如何教化百姓。孔子的观点是君子要以身作则、亲自示范，甚至做得更好，民众自然就会受到教化和影响。君子约束自己，民众一定会跟着模仿；君子博爱，民众就不会遗弃年老、体弱的亲人；君子倡导节俭，民众就会知足；君子先做到谦让，民众就不会争斗；君子若可任用能人、躲避不才之人，民众也就知道哪些事不能做了。这样的话，教化的目的也就很快可以达到了。

（三）

　　颜渊曰[9]："君子之入教也，回既闻〈命〉矣，敢问至名。"孔子曰："德成则名至矣。名至必卑身，身治则大禄[10]……〔君子让〕而得之，小人争而失之[8]。……"

　　第三段包括简9末尾、简10和简8，是关于"至名"的讨论。

　　"回既闻〈命〉矣"之"矣"字下有"="，黄人二、赵思木认为是省代符，参照上文颜渊说"回既闻命矣"，这里在"矣"字之前省略了"命"字[④]。"名"原释"明"，此从复旦吉大读书会改释。"至"意为到。

　　在请教了如何"入仕""入教"之后，颜渊的关注点转移到了"名"的获取。"名至必卑身，身治则大禄"从复旦吉大读书会读，意为只有通过让和不争来获得"名"。传世文献亦有类似说法，如《荀子·儒效》："贵名不可以比周争也，不可

　　① 陈伟：《〈颜渊问于孔子〉内事、内教二章校读》，简帛网，2011年7月22日。
　　② 复旦吉大古文字专业研究生联合读书会：《〈上博八·颜渊问于孔子〉校读》，复旦大学出土文献与古文字研究中心网，2011年7月17日。
　　③ 陈伟：《〈颜渊问于孔子〉内事、内教二章校读》，简帛网，2011年7月22日。
　　④ 黄人二、赵思木：《读〈上海博物馆藏战国楚竹书（八）·颜渊问于孔子〉书后》，简帛网，2011年7月26日。

以夸诞有也，不可以势重胁也，必将诚此然后就也。争之则失，让之则至；遵道则积，夸诞则虚。"①

简8"〔君子让〕而得之，小人争而失之"，含义可能与之前所论的"德成而名至"有关。"名"是争不来的，君子谦让才能获得，小人争执反而会失去。

《论语·颜渊》"颜渊问仁"章记孔子说"一日克己复礼，天下归仁焉"，与简文"德成则名至矣"含义一致。"克己复礼"也就是"德成"，"天下归仁"也就是简文中的"名至"。可惜简文残断，没有保留完整的内容。

其余竹简残缺比较严重，无法连读，只能暂列于此。

……示则斤，而毋欲得焉₁₄。……
……芇（素？）行而信，先处忠也，贫而安乐，先处₁₃……
……内矣。庸言之信，庸行之敬₄……
……必不在兹之内矣。颜渊西₃……

第二节　《民之父母》

一、概　　况

简文为孔子与子夏关于如何为"民之父母"的对话，竹简保存良好，内容基本完整。相关内容又见于今本《礼记·孔子闲居》及《孔子家语·论礼》。简序没有争议，缺文亦可据今本补足。据整理者濮茅左介绍，现存14枚竹简，397字，重文3，分别为"迟"（简8、11），"异"（简13）；合文6，分别为"孔子"（简1、3、5、8、10），"子孙"（简12）。

本篇使用了两种墨识符号。一为重文/合文符号，写为"="；二为表示篇章结束的墨钩，其后留白。

根据大意，简文可分为四个部分。子夏因"诗"中的"凯俤君子，民之父母"向孔子请教"何如而可谓民之父母"（第一部分），继而围绕孔子的回答进一步请教何为"五至"（第二部分）、"三无"（第三部分），最后还谈到了"五起"（第四部分）。

---

① 复旦吉大古文字专业研究生联合读书会：《〈上博八·颜渊问于孔子〉校读》，复旦大学出土文献与古文字研究中心网，2011年7月17日。

二、校　　读

（一）

〔子〕夏问于孔子："《诗》曰：'幾（凯）俤君子，民之父母'，敢问何如而可谓民之父母？"孔子答曰："民$_1$〔之〕父母乎，必达于礼乐之原，以至五至，以行三无，以皇于天下，四方有败，必先知之。其$_2$〔可〕谓民之父母矣。"

第一部分是整篇文章的总纲。子夏借由《诗经》之语问孔子怎么做才可以算作"民之父母"，孔子回答，想成为"民之父母"要做到两点，一是"至五至"；二是"行三无"。今本相关部分如下：

孔子闲居，子夏侍。子夏曰："敢问《诗》云'凯弟君子，民之父母'何如斯可谓民之父母矣？"孔子曰："夫民之父母乎！必达于礼乐之原，以致五至，而行三无，以横于天下，四方有败，必先知之。此之谓民之父母矣。"（《礼记·孔子闲居》）

子夏侍坐于孔子曰："敢问诗云恺悌君子，民之父母，何如斯可谓民之父母？"孔子曰："夫民之父母，必达于礼乐之源，以致五至而行三无，以横于天下，四方有败，必先知之，此之谓民之父母。"（《孔子家语·论礼》）

子夏是孔子的学生，"四科十哲"中"文学"二贤之一。"幾俤"即文献常见的"恺悌"，又有"凯弟""岂悌"等写法，引诗出自《诗经·大雅·泂酌》。《礼记·表记》解释这两句诗谓："凯以强教之，弟以说安之。乐而毋荒，有礼而亲；威庄而安，孝慈而敬。使民有父之尊，有母之亲，如此而后可以为民父母矣。"意思是君子治国既要像父亲那样对民众有威慑、规范的作用，又要像母亲那样对民众起到爱护、协同的作用。子夏此问也是针对这两句诗。

"至五至"今本俱作"致五至"，整理者据以释读。"至"似不必改读，"至五至"是说要想做到"民之父母"，必须要达到"五至"的标准。

"皇"，今本作"横"，学者多据今本读。《大戴礼记·小辩》有："治政之乐，皇于四海。"孔广森曰："皇，大也。"王念孙曰："皇，充也，谓充满于四海也。皇与横当古同声而通用。"①两说皆可通。简文"皇于天下"同《大戴礼记·小辩》之"皇于四海"，似也不必改读。

"四方有败"，魏启鹏指出周人为巩固政权，十分重视防败守成，《逸周书·酆保》有"十败"之箴，可以互证②。

孔子回答说，要想成为"民之父母"，仅仅在表面上做到符合礼乐制度的要求是不够的，必须要从礼乐的本原出发，做到"五至""三无"，这样才可以泽被天下。四方若有灾祸，也一定会很快预知。做到这些就可以算作"民之父母"了。

（二）

> 子夏曰："敢问何谓五至？"孔子曰："五至乎，物之所至者，志亦至焉；志之₃〔所〕至者，礼亦至焉；礼之所至者，乐亦至焉；乐之所至者，哀亦至焉。哀乐相生，君子₄以正。此之谓五至。"

第二部分是关于"五至"的谈话。今本为：

> 子夏曰："民之父母，既得而闻之矣，敢问何谓五至？"孔子曰："志之所至，诗亦至焉。诗之所至，礼亦至焉。礼之所至，乐亦至焉。乐之所至，哀亦至焉。哀乐相生。是故正明目而视之，不可得而见也；倾耳而听之，不可得而闻也；志气塞乎天地，此之谓五至。"（《礼记·孔子闲居》）
> 子夏曰："敢问何谓五至？"孔子曰："志之所至，诗亦至焉；诗之所至，礼亦至焉；礼之所至，乐亦至焉；乐之所至，哀亦至焉。诗礼相成，哀乐相生，是以正明目而视之，不可得而见，倾耳而听之，不可得而闻，志气塞于天地，行之充于四海，此之谓五至矣。"（《孔子家语·论礼》）

第一至为"物"，其后的"志之所至"是由"物"引出的，应指人的情志。《性情论》谓："凡人虽有生，心亡定志，待物而后作，待悦而后行，待习而后定。喜怒哀悲之气，性也。及其见于外，则物取之。"人的"性"和"志"都是由"物"引出的，与本篇观点一致。第三至为"礼"，当指礼制。第四至"乐"既指"音乐"之

---

① 黄怀信主撰，孔德立、周海生参撰：《大戴礼记汇校集注》，三秦出版社，2005年，1185页。

② 魏启鹏：《说"四方有败"及"先王之游"——读〈上博简〉（二）笔记之一》，《上博馆藏战国楚竹书研究续编》，224—239页。

"乐"，又指"欢乐"之"乐"。方旭东指出，《礼记·礼器》有"乐（音阅）也者，乐（音洛）其所自成"的说法，古人并没有将二者理解为两个完全不相干的东西。礼乐相随、哀乐相生的思想在郭店简《尊德义》中也有反映："由礼知乐，由乐知哀。"①第五至即为"哀"。

简文的"五至"颇为抽象，大意是说五种要素——物、志、礼、乐、哀，相声相随、相辅相成。由接触外物产生主观情志；主观情志一旦产生，就应由"礼"来制约；如果仅靠"礼"制等级的严格约束会造成对抗与不和谐，这时就需要由"乐"来调节；然而乐极生悲，"哀"随之而来，形成一种平衡。"五至"虽然放在一起说，但其实并不是一个层次的概念。由"物"生"志"是人的普遍属性，并不单独针对君子。对于为政的君子而言，在由"物"生"志"的过程中需要主动地用"礼"要求自己，形成不同常人的为政之"志"。在执政过程中，又要懂得"乐""哀"相生的原理。只有做到这五点，才能符合为政之道（"君子以正"）。

今本"五至"为：志、诗、礼、乐、哀，与简本在顺序、内容上都存在区别。简本的第一"至"是"物"，今本则代之以"诗"，并且排在"志"之后，为第二"至"。整理者据今本怀疑简本的"物"是"志"之误。季旭昇则认为简本的"五至"才是原貌，今本无"物"有"诗"是由于流传中第二至"志"被误为"诗"，又进一步把第一至"物"改为"志"所致。"诗""礼""乐"很容易被联系在一起。杭世骏曾引姚际恒言对今本提出过质疑："《书》曰：'诗言志。'故曰：'志之所至，诗亦至焉。'则'志'即在'诗'内，不得分为二至。且章首是言民之父母，则五至皆谓至于民也。至'志'于'诗'，何与于民？其不得以'志'为第一至，审矣！郑氏以其不可通，故曰：'凡言至者，至于民也。志谓恩意也。言君恩意至于民，则其诗亦至也。'以'志'为恩意，曲解显然，即作者之意，亦岂尝如是？"②所论很有启发。但窃以为虽然"志"与"诗"同音易混，但楚文字的"勿"与"志"写法区别较大，很难想象二者可以混同。所以我们认为这里还存在另外两种可能的解释：一是简本与今本是两个不同的系统，目前还无法判断哪一种为原貌；二是简本为原貌，但由于流传过程中缺失了第一至"物"，故以"诗"补之。《毛诗序》："在心为志，发言为诗。""诗"是"志"的外在表现，由之而起，故顺序放在"志"之后。

总之，今本"五至"是一个与儒经（"诗""礼""乐"）联系更密切的理论体系。大意可以理解为，主观情志可用诗来表达，诗是礼乐制度的重要组成部分。

---

① 方旭东：《上博简〈民之父母〉篇论析》，《上博馆藏战国楚竹书研究续编》，256—276页。

② 季旭昇：《〈上博二〉小议（二）：〈民之父母〉"五至"解》，简帛研究网，2003年3月19日；又《〈民之父母〉译释》，《〈上海博物馆藏战国竹书（二）〉读本》，1—23页。

（三）

　　子夏曰："五至既闻之矣，敢问何谓三无？"孔子曰："三无乎，无声
之乐，无体$_5$〔之〕礼，无服之丧，君子以此皇于天下。奚（倾）耳而听之，
不可得而闻也；明目而视之，不可$_6$得而见也，而得既塞于四海矣，此之谓三
无。"子夏曰："无声之乐，无体之礼，无服之丧，何诗$_7$是迩？"孔子曰：
"善哉，商也，将可教诗矣。'成王不敢康，夙夜基命宥密'，无声之乐。
'威仪迟迟$_8$，〔不可选也'，无体之礼也。'凡民有丧，匍匐救之'，无
服〕之丧也。"

　　第三部分是关于"三无"的讨论，即"无声之乐，无体之礼，无服之丧"。三者
都是上文"达于礼乐之原"的具体表现——不要在意外部的礼仪形式，最重要的还是
礼乐内在的本质。今本内容如下：

　　子夏曰："五至既得而闻之矣，敢问何谓三无？"孔子曰："无声之
乐，无体之礼，无服之丧，此之谓三无。"子夏曰："三无既得略而闻之
矣，敢问何诗近之？"孔子曰：" '夙夜其命宥密'，无声之乐也。'威
仪逮逮，不可选也'，无体之礼也。'凡民有丧，匍匐救之'，无服之丧
也。"（《礼记·孔子闲居》）
　　子贡曰："敢问何谓三无？"孔子曰："无声之乐，无体之礼，无服之
丧，此之谓三无。"子夏曰："敢问三无何诗近之？"孔子曰："夙夜基命
宥密，无声之乐也；威仪逮逮，不可选也，无体之礼也；凡民有丧，扶伏救
之，无服之丧也。"（《孔子家语·论礼》）

　　"奚（倾）耳而听之"，"倾"字简文写作"奚"，学者多从今本读为"倾"。
刘洪涛指出二字音近可通，"倾"属耕部溪母，"奚"属支部匣母，二字声母都属喉
音，韵部阴阳对转。《荀子·劝学》"不积跬步，无以至千里"，《大戴礼记·劝
学》"跬"作"蹞"；《说文》言部"謑"字异体作"謉"，"謉"的声旁"奊"从
"圭"声；这是"奚"与"倾"相通的间接例证[①]。
　　"得既塞于四海"，今本作"志气塞乎天地"（《孔子闲居》）、"志气塞于天
地"（《论礼》）。学者对此讨论甚多。整理者将"既"读为"气"，何琳仪、宁镇

---

①　刘洪涛：《上博竹书〈民之父母〉研究》，北京大学硕士学位论文，2008年，13页。

疆等学者继之将"得"读为"志"。侯乃峰亦认为当读为今本的"志气",但"得"可能是由于抄手涉上文两个"得"字而致误。可参看季旭昇《〈民之父母〉译释》、侯乃峰《上博楚简儒学文献校理》所引①。庞朴进而提出简文的"志""气"塞于四海、四方的说法,是孟子"浩然之气"的先声,二者一脉相承②。陈剑则认为"既"与简文从"既"从"火"的"气"字不同,当如字读,训为"已",简本与传本的不同是传本错简所致③。季旭昇进而认为此句是承接上文"不可得而闻""不可得而见"而来,"既"训为已,"得"则是程度副词,表示可能④。我们认为,对于出土文献与传世本的异文应从所用的具体的字出发,如字读可以读通的,不应根据今本改读。故同意陈剑和季旭昇的看法。

此后子夏又问孔子《诗经》中的哪首比较接近"三无"的境界。"迡"从整理者释,意为近。孔子对子夏的提问很满意,觉得从此可以教他学"诗"了。简文此处稍有残缺,可据今本补出。孔子认为,接近"无声之乐"的诗是《诗经·周颂·昊天有成命》"成王不敢康,夙夜基命宥密"。《礼记》郑玄注:"基,谋也。密,静也。言君夙夜谋为政教以安民,则民乐之。"接近"无体之礼"的是《诗经·邶风·柏舟》"威仪迟迟,不可选也",今本作"威仪棣棣,不可选也"。该诗因何而作历来众说纷纭,简文是借此句以比喻"无休之礼",是一种雍容闲雅的仪态,与诗的主旨无涉。接近"无服之丧"的是《诗经·邶风·谷风》"凡民有丧,匍匐救之",写的是出嫁的妇人尽心尽力、奉献家庭,最后却被丈夫抛弃的事,孔子用以比喻"无服之丧"。方旭东指出"三无"实际上是对君主提出了如下的要求:首先,要谨慎持国,以自己的实际行动使百姓安宁;其次,要坚忍不拔,使百姓倾倒于自己的沉毅风度;最后,急民所急、忧民所忧,内心充满对百姓的关切。孔子期望的"民之父母",是小心翼翼、老成持重、视民如亲的有道君子,相比于仪式化的礼乐制度,君主个人的涵养更为孔子所重视⑤。

---

① 季旭昇:《〈民之父母〉译释》,《〈上海博物馆藏战国竹书(二)〉读本》,1—23页;侯乃峰:《上博楚简儒学文献校理》,119页。

② 庞朴:《喜读"五至三无"》,简帛研究网,2003年1月12日。

③ 陈剑:《上博简〈民之父母〉"而得既塞于四海矣"句解释》,简帛研究网,2003年1月18日。

④ 参季旭昇:《〈民之父母〉译释》,《〈上海博物馆藏战国竹书(二)〉读本》,1—23页;邢文:《〈礼记〉的再认识——郭店、上博楚简中与〈礼记〉有关的文献》,《中国古代文明与学术史——李学勤教授伉俪七十寿庆纪念文集》,河北大学出版社,2006年,201—214页;刘洪涛:《上博竹书〈民之父母〉研究》,北京大学硕士学位论文,2008年,14页。

⑤ 方旭东:《上博简〈民之父母〉篇论析》,《上博馆藏战国楚竹书研究续编》,256—276页。

（四）

　　子夏曰："其在'语'也！美矣，宏矣，大矣！尽₉〔于此而已乎？"孔
子曰："何为其然！犹有五起焉。"子夏曰〕："可得而闻欤？"孔子曰：
"无声之乐，气志不违₁₀；〔无〕体之礼，威仪迟迟；无服之丧，内恕洵悲。
无声之乐，塞于四方；无体之礼，日就月将；无体之₁₁〔礼〕，纯德孔明。
无声之乐，施及子孙；无体之礼，塞于四海；无服之丧，为民父母；无声之
乐，气₁₂〔志〕既得；无体之礼，威仪翼翼；无服〈之〉丧，施及四国。无声
之乐，气志既从；无体之礼，上下和同；无服₁₃〔之〕丧，以畜万邦₁₄"。

　　第四部分是关于"五起"。这段书写有错漏之处，简11末尾本应写作"无服之
丧"处，简文误作"无体之礼"。简13的"无服之丧"则漏书了"之"字。与简本相
比，两个今本在末尾多了一段"三无私"的内容①，与简本可对读的内容如下：

　　子夏曰："言则大矣！美矣！盛矣！言尽于此而已乎？"孔子曰："何
为其然也！君子之服之也，犹有五起焉。"子夏曰："何如？"子曰："无
声之乐，气志不违；无体之礼，威仪迟迟；无服之丧，内恕孔悲。无声之
乐，气志既得；无体之礼，威仪翼翼；无服之丧，施及四国。无声之乐，
气志既从；无体之礼，上下和同；无服之丧，以畜万邦。无声之乐，日闻四
方；无体之礼，日就月将；无服之丧，纯德孔明。无声之乐，气志既起；无
体之礼，施及四海；无服之丧，施于孙子。"（《礼记·孔子闲居》）

　　子夏曰："言则美矣，大矣，言尽于此而已？"孔子曰："何谓其然？

① 　子夏曰："三王之德，参于天地，敢问：何如斯可谓参于天地矣？"孔子曰："奉三无私以
劳天下。"子夏曰："敢问何谓三无私？"孔子曰："天无私覆，地无私载，日月无私照。奉斯三者
以劳天下，此之谓三无私。其在《诗》，曰：'帝命不违，至于汤齐。汤降不迟，圣敬日齐。昭假
迟迟，上帝是祇。帝命式于九围。'是汤之德也。天有四时，春秋冬夏，风雨霜露，无非教也。地载
神气，神气风霆，风霆流形，庶物露生，无非教也。清明在躬，气志如神，嗜欲将至，有开必先。
开降时雨，山川出云。其在诗曰：'嵩高唯岳，峻极于天。惟岳降神，生甫及申。惟申及甫，惟周
之翰。四国于蕃，四方于宣'。此文武之德也。三代之王也，必先令闻，《诗》云：'明明天子，
令闻不已。'三代之德也。'弛其文德，协此四国'。大王之德也。"子夏蹶然而起，负墙而立，
曰："弟子敢不承乎！"（《礼记·孔子闲居》）
　　子夏曰："何谓三无私？"孔子曰："天无私覆，地无私载，日月无私照。其在诗曰：'帝命不
违，至于汤齐，汤降不迟，圣敬日跻，昭假迟迟，上帝是只。是汤之德也。'"子夏蹶然而起，负
墙而立曰："弟子敢不志之。"（《孔子家语·论礼》）

吾语汝，其义犹有五起焉。"子贡曰："何如？"孔子曰："无声之乐，气志不违；无体之礼，威仪迟迟；无服之丧，内恕孔悲。无声之乐，所愿必从；无体之礼，上下和同；无服之丧，施及万邦。既然而又奉之以三无私，而劳天下，此之谓五起。"（《孔子家语·论礼》）

　　简文"其在'语'也"，今本与之对照的是"言则"。"语"字简文上从"许"下从"又"，此从刘信芳释读，对应传世本的"言"，郭店简《五行》"强语"即"强御"，是"语""许"音通之证①。
　　"其在……也"句式少见，学者一般据今本理解为"这些话讲得真是美啊！宏啊！大啊！"②陈剑读为"异哉，语也！""异"可训为"殊"，同下文的"美矣，宏矣，大矣"一样都是赞美孔子的话③。可备参考。我们的看法是，"其"或许可以训为"岂"，表示反诘的语气。《左传·僖公五年》："晋不可启，寇不可翫。一之谓甚，其可再乎？""其"就是表示反问。简文的"语"应指先秦的"语"类文献，即《国语·楚语上》申叔时所说教太子的九种文献中的一种，有"使明其德，而知先王之务用明德于民也"的作用。李零认为主要指"故老传文、前代掌故，含有传说和故事的意思"④。春秋战国时期非常流行，数量非常大。简义的"语"是与上文子夏所问的"诗"相对而言。这句话是子夏听了孔子对"三无"的解释，以及含义近似"三无"的诗句之后，感慨"三无"的道理宏大壮美，是"语"类文献无法传达的，只有"诗"才能表达。
　　"内恕洵悲"，"洵"简文作"巽"，此从杨泽生读为"洵"⑤，程度副词，意思为诚然、实在。
　　"五起"中，"无声之乐"对应的是"气志不违""塞于四方""施及子孙""气〔志〕既得""气志既从"；"无体之礼"对应的是"威仪迟迟""日就月将""塞于四海""威仪翼翼""上下和同"；"无服之丧"对应的是"内恕洵悲""纯德孔明""为民父母""施及四国""以畜万邦"。方旭东指出，"五起"是实行"三无"的五种效果。有关"五起"的论述句式整齐，以韵文的形式出现，近似于《诗经》的句式。虽然号称"五起"，但表达的意思其实比较接近。"三无"之间各有侧重。"无声之乐"侧重说它对气志的兴起作用；"无体之礼"，侧重其所表

①　刘信芳：《上博藏竹书试读》，《学术界》2003年1期，94—97页。
②　季旭昇：《〈民之父母〉译释》。
③　陈说见赵彤：《以母的上古来源及相关问题》，《语言研究》2005年4期，14页，注2。
④　李零：《简帛古书与学术源流》，生活·读书·新知三联书店，2004年，204页，注1。
⑤　杨泽生：《〈上海博物馆所藏竹书（二）〉补释》，简帛研究网，2003年2月15日。

现的威仪使四海认同的作用；"无服之丧"则侧重强调其与内在德性的关联以及这种德行造福天下的作用①。

附论　与今本的异同

《民之父母》有两个今本传世，分别为《礼记·孔子闲居》和《孔子家语·论礼》。对于三个版本的差异，及其所反映的文献流传状况，学者多有研究。三个版本不同之处主要有以下几方面。

第一，简文"倾耳而听之，不可得而闻也；明目而视之，不可得而见也，而得既塞于四海矣"一句，今本位置不同，内容也存在异文。一作"是故正明目而视之，不可得而见也；倾耳而听之，不可得而闻也；志气塞乎天地"（《礼记》本）；一作"是以正明目而视之，不可得而见，倾耳而听之，不可得而闻，志气塞于天地，行之充于四海"（《孔子家语》本）。今本有"志气"之说，竹简本则写作"得既"。季旭昇、邢文指出，简本中不但没有讲到"气"，"得"在这里是一个表示可能程度的动词，"既"应训为"尽"。简本"不可得而闻也""不可得而见也""而得既塞于四海矣"三句，是承上文"君子以此横于天下"而来②。简本在"三无"之后，两个传世本则都在"五至"之后。

陈剑认为简本更合理，今本是错简所致。今本的"正明目而视之"与"倾耳而听之"失对，正是今本将"明目而视之，不可得而见也，倾耳而听之，不可得而闻也，志气塞乎天地"错简于上文"五至"之后，导致上下文意衔接不紧密，故传本整理者删去"而得既塞于四海矣"中表示承接和语气的"而"和"矣"字，并将"得既"改为读音相近的"志气"以求文意通顺③。所论很有见地。夏含夷同意陈说错简是此处异文产生的原因，但认为"得既"和"志气"可能是字形相近导致的混同；"五至"始于"志"也会让今本整理者自然认为错简上的句子以"志"为主题，并且是孔子整段话的结论；《孟子·公孙丑》有"夫志，气之帅也"，也可能对于整理者将"得既"读为"志气"起到了导向作用④。无论原因如何，从内容来看简本显然优于今本。两个

---

①　方旭东：《上博简〈民之父母〉篇论析》，《上博馆藏战国楚竹书研究续编》，256—276页。

②　参季旭昇：《〈民之父母〉译释》，《〈上海博物馆藏战国竹书（二）〉读本》，1—23页；邢文：《〈礼记〉的再认识——郭店、上博楚简中与〈礼记〉有关的文献》，《中国古代文明与学术史——李学勤教授伉俪七十寿庆纪念文集》，201—214页；刘洪涛：《上博竹书〈民之父母〉研究》，北京大学硕士学位论文，2008年，14页。

③　陈剑：《上博简〈民之父母〉"而得既塞于四海矣"句解释》，简帛研究网，2003年1月18日。

④　夏含夷著，周博群等译：《重写中国古代文献》，上海古籍出版社，2012年，45、46页。

今本在此处的错误，则显示出二者可能是属于同一个系统的传本。

第二，"五至"内容不同。简本是"物、志、礼、乐、哀"，两个传世本都是"志、诗、礼、乐、哀"。旧注对今本"五至"的理解就有不同。《礼记·孔子闲居》郑玄注谓："志，谓恩意也。言君恩意至于民，则其诗亦至也。诗，谓好恶之情也。自此以下，皆谓民之父母者，善推其所有，以与民共之。人耳不能闻，目不能见，行之在胸心也。"孙希旦的解释是："在心为志，发言为诗，既有忧民之心存于内，则必有忧民之言形于外，故诗亦至焉。既有忧民之言，则必有以践之，而有治民之礼，故礼亦至焉。既有礼以节之，则必有乐以和之，故乐亦至焉。乐者乐也。既与民同其乐，则必与民同其哀，故哀亦至焉。五者本乎一心，初非见闻之所能及，而其志气之发，充满乎天地而无所不至，故谓之五至。"① "五至"是层层递进的。孙希旦对"志"的理解更抽象，而郑玄理解为"恩意"更符合汉代儒学为政治服务的大环境。

第三，"五起"的内容不同。《礼记》本与简本顺序不同，《孔子家语》本则只有两"起"，加上下文的"三无私"才构成"五起"之数。宁镇疆认为，《孔子家语》本是牵合"三无私"来凑数的，《民之父母》章本来并不存在这部分内容②。

第四，两个今本都多出"三无私"一段。《礼记》本保存比较完整，《孔子家语》本则错漏较多。刘洪涛认为，竹简本的出土，证明《礼记》本中的"民之父母"部分本来是一篇单独成篇的文献，"三无私"部分原来也应是一篇独立成篇的文献。《礼记》本的编者可能因为二者形式相似，内容相关，而把它们合编成一篇文献③。

第五，《孔子家语》本除与简文对读的部分外，开头还有与《礼记·仲尼燕居》相似的部分。上引刘洪涛文指出，《孔子家语》的编辑特点是多把关于某人的不同记载整合到同一篇文献或同一章当中。这部分《论礼》与之相似，应该是合《孔子闲居》和《礼记·仲尼燕居》两篇文献而成。可能是这两篇文献篇题意思相同，内容都涉及礼，故而在被编入《孔子家语》时，就把它们合为一篇，又把篇题改为"论礼"。

此外，《礼记》本开头有"孔子闲居"一语，篇名即据此而定。竹简本与《孔子家语》本都无此句。这种情况也有可能是《礼记》的编纂者在整理时，根据上一篇《仲尼燕居》的体例而对此篇做出了改动，使得这两篇体例相仿。如果这个推测成

① 孙希旦：《礼记集解》，中华书局，1989年，1275页。
② 宁镇疆：《由〈民之父母〉与定州、阜阳相关简牍再说〈家语〉的性质及成书》，《上博馆藏战国楚竹书研究续编》，277—310页。
③ 刘洪涛：《上博竹书〈民之父母〉研究》，35页。

立，那么简本当早于《礼记》本。

三本开头有所不同，王锷认为，两个传世本有改动之嫌。《礼记》本篇尾的子夏"蹶然而起"形象生动，非子夏之词。这段首尾当是整理者为增加文章的可读性和完整性而补入，属于赵逵夫所说先秦文献流传中的"穿靴戴帽"现象①。

第三节　《武王践阼》

一、概　　况

本篇现存15枚竹简，原释文、注释由陈佩芬撰写。记录了武王继位之后向师尚父请教如何治理好国家的故事，师尚父以丹书告之，武王铭之于席之四端、机、鉴、盘、楹、枝、带、履屦、觞豆、户、牖、剑、弓、矛等器。内容又见今本《大戴礼记·武王践阼》，故整理者以此命名，并指出简本是目前发现的最早的《武王践祚》本，王应麟《践阼篇集解》引朱氏曰今本"多阙衍舛误"，简本可纠其误。

本篇简文使用了三种墨识符号：一为重文/合文符，写为"="；二为表示停顿的墨点，写作"-"，甲本无，乙本多见，很可能是书手为便于校对而使用的标记；三为表示篇章结束的墨钩，位于最后的简15文末，同之前的《民之父母》一样。

整理者指出，简文内容首尾完整，从简1—10，简11—15都可连读。简文公布后，复旦大学读书会指出简文可连读的两个段落其实是两个独立的故事，可分为甲、乙二本，简1—10为甲本，其原貌与今本《大戴礼记·武王践阼》全篇近似；简11—15为乙本，与《大戴礼记·武王践阼》前半段亦相似，没有武王作铭的记载。两本对太公的称呼也有不同，甲本称"师尚父"，乙本则称"太公望"，从书写风格来看，应为不同书手所抄②。所论甚确。李松儒指出本篇存在三种字迹，第一种字迹包括简1—12"君斋"之前的部分；第二种字迹大致为简12"君斋"以后到篇尾的部分（包括"君斋"）；第三种字迹只有简10末端的"知之毋"三个字，有刮削的痕迹，可能是书手B校改书手A所写部分产生的③。

两个本子在称呼等方面差异都比较大，应源自两个系统。

---

① 王锷：《〈礼记〉成书考》，中华书局，2007年，43、44页。

② 复旦大学出土文献与古文字研究中心研究生读书会：《〈上博七·武王践阼〉校读》，复旦大学出土文献与古文字研究中心网，2008年12月30日。本节引此篇意见简称为"复旦大学读书会"，不再出注。

③ 李松儒：《战国简帛字迹研究：以上博简为中心》，242—250页。

二、校　　读

（一）甲　　本

〔武〕王问於师尚父曰："不知黄帝、颛顼、尧、舜之道在乎？意几丧不可得而睹乎？"师尚父曰₁："〔在丹〕书，王如欲观之，盍斋乎？将以书视（示）。"武王斋三日，端服冕，逾堂阶，南面而立，师尚父₂〔曰〕："夫先王之书，不与北面。"武王西面而行，曲折而南，东面而立。师尚父奉书，道书之言曰："怠₃胜义（仪）则丧，义（仪）胜怠则长；义（仪）胜欲则从，欲胜义（仪）则凶。仁以得之，仁以守之，其运百〔世〕₄；不仁以得之，仁以守之，其运十世；不仁以得之，不仁以守之，及于身。"武王闻之恐惧，为₅铭於席之四端曰："安乐必戒。"右端曰："毋行可悔。"席后左端曰："民之反仄（侧），亦不可〈不〉志。"后右端曰₆："〔所〕谏不远，视而所弋（代）。"凭几曰："惶惶惟谨口，口生敬，口生后（诟），慎之口①。"鉴铭曰："见其前，必虑其后。"₇盥铭曰："与其溺於人，宁溺於渊，溺於渊犹可游，溺於人不可求（救）。"桯（楹）铭唯："毋曰何伤，祸将长₈。〔毋〕曰恶害，祸将大。毋曰何残，祸将言。"杖铭唯曰："恶危？危于忿疐。恶失道？失道于嗜欲。恶₉〔相忘？相忘〕于贵富。"牖铭唯曰："位难得而易失，士难得而易外。毋谨弗志。曰余知之。毋₁₀……"

"武王"即周武王。"师尚父"简文写作"币上父"，又称"太公望""吕望"等，亦即人们熟知的姜子牙，"师尚父"为尊称，黄怀信引刘向曰"师之尚之父之"②。"颛顼"写作"耑瑞"。

"在"简文写作"才"，《大戴礼记》本作"存"，复旦大学读书会认为应同今本读。据学者研究，战国时代多用"才"表示"在"，楚文字常用来表示"存"的字形是"鷹"字③。故简文还是应从整理者读为"在"。

"意几丧不可得而睹乎？""意"为整理者所释，复旦大学读书会指出意为"或者"，用例见《墨子·明鬼下》"岂女为之与，意鲍为之与"等。"几"原释读为"微"，此从复旦大学读书会改释。侯乃峰指出是"几乎"之意，表示一种不确定的

---

① 下有重文符，应为误书。
② 黄怀信主撰，孔德立、周海生参撰：《大戴礼记汇校集注》，三秦出版社，2005年，641页。
③ 周波：《战国时代各系文字间的用字差异现象研究》，192、203页。

语气①。"丧"从"亡"，下有两个"口"，当为"桑"之省。整理者原释无误。"得而睹"三字写得很密，"而"字夹在两字之间，应为二次补写所致。

"〔在丹〕书，王如欲观之，盍斋乎？"复旦大学读书会指出"丹书"为传说中赤雀所衔的瑞书，见《吕氏春秋·应同》等文献所记。"斋"字作，整理者指出简文从"祈"读为"斋"。张世超认为此字下部所从为"口"和"几"。楚文字中用于表示"祈求"之意的字形从"单"或"言"，写法与"祈"不同。从楚简材料看，简文中的这个字应就是"斋"的异体字。"祈"字古音家归微部，或据其谐声"斤"字主张归文部。在楚方言中，它应该是个与"斋"字同音的脂部字。简文此字实际上是增加了一个脂部的"几"字标音。从声纽上看，牙音的"几""祈"读为齿音的"斋"可能是受到楚方音的影响。古书数据中从"齐"声的"唶"字就有齿音、牙音二读②。其说很有启发。此字今本作"齐"，或许为"斋"之误。

"将以书视（示）"中末字原释为"见"，复旦大学读书会指出下所从为站立的人形，当释为"视"，读为"示"。

"端服冕"之"冕"字作，赵平安据楚文字"曼"字写法指出简文右下"乇"形应为"又"之讹变，此字当释为"曼"，读为"冕"③。

"逾堂阶"之"阶"字作，复旦大学读书会认为字形当释为"幾"，读为"阶"。可从。

"不与北面"是出于尊师，今本与之一致。王聘珍引《礼记·学记》："大学之礼，虽诏于天子，无北面，所以尊师也。"黄怀信按："不北面，不北面而授也，故王又行西折。"④简本中武王"西面而行，曲折而南，东面而立"，今本相应的是"王行西，折而南，东面而立"，行动方向和顺序两本完全一致。然简本表示方向都用"某（方位词）面"的形式，前后一致，相较而言，今本在方位的表达上表现出了更多的变化。

简文"怠胜义则丧，义胜怠则长"，整理者把"义"解释"正义"的意思，简文意为"如果懈怠战胜正义，则将灭亡；而正义战胜懈怠，则能保持久远"。复旦大学读书会指出今本作"敬胜怠者吉，怠胜敬者灭"，简14（乙本）"敬胜怠则吉，怠胜敬则威（灭）"，与今本相似。怠慢不敬与"敬"含义相反，"怠""敬"对举于义

① 侯乃峰：《上博楚简儒学文献校理》，314页。
② 张世超：《占毕脞说》，复旦大学出土文献与古文字中心网站，2011年12月7日。
③ 赵平安：《〈武王践阼〉"曼"字补说》，复旦大学出土文献与古文字中心网站，2009年1月15日。
④ 黄怀信主撰，孔德立、周海生参撰：《大戴礼记汇校集注》，644页。

为长，简文此处将"怠"与"义"对举，可能是由于下文"义胜欲""欲胜义"而误将"敬"讹为"义"。类似的文字还见于《六韬》："故义胜欲则昌，欲胜义则亡；敬胜怠则吉，怠胜敬则灭。"这是太公回答文王的话。草野友子认为简文写作"义"可能是楚文字"义""敬"字形相似所致①。显然同意复旦大学读书会这一观点，也认为今本"怠""敬"对举要优于简本。

然而统观简本与今本此处的用词，我们认为两本所论各有侧重，今本并未优于简本。以复旦大学读书会为代表的学者之所以认为"怠""敬"对举于文意更长，应该是出于两方面的考虑。一是乙本此句的概念与今本相同，都是"怠""敬"。单独来看确实这样。然而考虑到全部的论述就会发现此处对举的概念有两组，一组为"怠"与"敬"，两本相同；另一组今本为"义"与"欲"，乙本则为"志"和"欲"。并不是完全一致的。这样来看，乙本与今本第一组概念的吻合并不足以证明它们中的任何一个就是更优的版本，甲本的不同不见得是讹误所致。

第二是考虑到"怠"为怠慢不敬之义，正与"敬"含义相反。其实"怠"的核心含义有两条：一为怠慢、轻视；二为懈怠、懒惰。《说文》虽言"怠，慢也"，但战国文献中的"怠"字很多都应理解为懈怠、懒惰，如《荀子·尧问篇》："执一无失，行微无怠，忠信无倦，而天下自来。"《吕氏春秋·达郁》记管仲曰："壮而怠则失时，老而解则无名。"都是懒惰、懈怠之意。另外，据《说文》："慢，惰也。从心曼声。一曰慢，不畏也。"与"怠"都有"惰"的意思，所以很难说简文的"怠"一定是怠慢不敬之意，它也完全有可能理解为懈怠、懒惰。

照此理解，简文与之对举的"义"就不一定是"敬"之误了。战国文字中"义""仪"可通。相关例证很多，如《说文》："义，己之威仪也。"张仪之"仪"，十三年相邦义戈就写作"义"。我们怀疑这里的"义"可读为"仪"，指礼仪。西周以礼治国，"怠胜仪则丧，仪胜怠则长"是说由于君主的懈怠，他的行为远远达不到礼仪制度的要求，这样的话国家就会灭亡；如果君主能够克制自己的怠惰，严格按照礼仪制度的规定来治理国家，那么就能长治久安。

"义（仪）胜欲则从，欲胜义（仪）则凶"与今本全同。王应麟引《周易》"敬以直内，义以方外"来解释此句，显然这里的"义"指外在的礼仪制度，与内在的态度相对，与我们对上一句的理解一致。与今本相较，简本对举的两组概念中有一方——"仪"——是重合的，"仪"是此段论述的核心。这是与今本最大的不同之处。

---

① 草野友子：《关于上博楚简〈武王践阼〉误写的可能性》，复旦大学出土文献与古文字研究中心网站，2009年9月22日。

"其运百〔世〕"，"运"字写法特别，整理者指出从"竹"，"军"声，读为"运"。

"为名（铭）於席之四岂（端）曰"，复旦大学读书会据今本指出此句有缺文，完整的表述应同今本一样："为名（铭）於席之四岂（端），席前左端之铭曰"。

简文"安乐必戒"今本作"安乐必敬"。复旦大学读书会指出简本于义更长。侯乃峰指出俞樾认为"敬"为"苟"之误，"苟"与"戒"音近可通，可知俞说可信[①]。

"民之反仄（侧）"之"仄"字作█，复旦大学读书会指出今本作"侧"，此字亦应如此读。侯乃峰认为此字相当于《说文》的"仄"，下部的形体类似于"化"字，从一正"人"，和一"倾侧"之"人"，来会"不正、侧倾"之意[②]。

"亦不可〈不〉志"，复旦大学读书会指出今本有两种，一为"亦不可以忘"，一为"亦不可不志"。并引王念孙意见，认为"志"应读为"小子识之"之"识"，承上文"安乐必敬"而言，"以忘"是后人妄改的结果。简文"志"可证明王说是正确的，简文当缺一个"不"字。

"凭几"作█，写法特殊，争论很多。今本作"机"，前人亦有讨论[③]。两字暂从刘刚释读为"凭几"。其下铭文释读从复旦大学读书会。这段今本为："机之铭曰：皇皇惟敬，口生诟，口戕口。"

今本"鉴铭"内容与简本同："鉴之铭曰：见尔前，虑尔后。"简文"鉴"字从"木"。

今本"盥铭"与简本略同："盥盘之铭曰：与其溺于人也，宁溺于渊，溺于渊犹可游也，溺于人不可救也。"简文"盥"字写法特殊，未有定论，此暂据今本释读。刘娇指出，"与其溺于人，宁溺于渊"还见于中山王鼎铭，说明此语流传久远[④]。

今本楹铭作："楹之铭曰：毋曰胡残，其祸将然，毋曰胡害，其祸将大。毋曰胡伤，其祸将长。""祸"字从复旦大学读书会释。"言"，今本作"然"。复旦大学读书会主张从今本读，意为成。刘云从整段铭文考虑认为读"延"，与"大""长"表示程度加深的词相呼应[⑤]。

今本杖铭曰："恶乎危？于忿疐。恶乎失道？于嗜欲。恶乎相忘？于富贵。"

①　侯乃峰：《上博楚简儒学文献校理》，318、319页。

②　侯乃峰：《上博楚简儒学文献校理》，319页。

③　关于简文的讨论见侯乃峰《上博楚简儒学文献校理》第320、321页所列；关于今本的讨论见黄怀信主撰《大戴礼记汇校集注》651页所列。

④　刘娇：《言公与剿说》，273页。

⑤　刘云：《上博七词义五札》，简帛网，2009年3月17日。

简文"杖铭唯曰：恶危？危于忿戾。恶失道？失道于嗜欲。恶〔相忘？相忘〕于贵富。"从复旦大学读书会释读。

今本紧随杖铭之后的还有带、履屦、觞豆、户、牖、剑、弓、矛之铭。简文最后残留的是"牖铭"，从文意来看对应的是今本户铭："户之铭曰：夫名，难得而易失。无勤弗志，而曰我知之乎？无勤弗及，而曰我杖之乎？扰阻以泥之，若风将至，必先摇摇，虽有圣人，不能为谋也。"简本与之大致相同，从现存的部分来看，简本在"难得易失"句之后，还多了一句"士人难得而易外"一句。

（二）乙　　本

武王问于太公望曰："亦有不淫（盈）于十言而百世不失之道，有之乎？"太公望答曰："有。"武王曰："其道可得$_{11}$以闻乎？"太公望答曰："身则君之臣，道则圣人之道①。君斋，将道之；君不祈，则弗道。"武王斋七日，太$_{12}$〔公〕望奉丹书以朝②。太公南面，武王北面而复问。太公答曰："丹书之言有之曰：志胜欲$_{13}$〔昌〕，欲胜志③则丧④；志胜欲则从⑤，欲胜志则凶。敬胜怠则吉⑥，怠胜敬⑦则灭⑧。不敬则不定⑨，弗$_{14}$〔强〕则枉。枉者败⑩，而敬者万世⑪。吏民不逆而顺成，百姓之为经。丹书之言有之⑫$_{15}$"。

整理者将"淫"读为"盈"，"百世"理解为百代，历时长久之意。可从。

"君斋"和"武王斋七日"两句之"斋"写法相同，作[图]，"君不斋"之"斋"则是写作"祈"之形，据上引张世超文，当为"斋"字异体。据李松儒的研究，"君斋"到末尾的部分为另一个书手所写，"斋"字写法的不同应该是受到书手个人用字习惯的影响。用"祈"表示"斋"或许是书手受到底本用字影响所致。

---

① 以下为第二种字迹。
② 下有停顿符。
③ 下有停顿符。
④ 下有停顿符。
⑤ 下有停顿符。
⑥ 下有停顿符。
⑦ 下有停顿符。
⑧ 下有停顿符。
⑨ 下有停顿符。
⑩ 下有停顿符。
⑪ 下有停顿符。
⑫ 下有墨块，其后留白。

"太公南面，武王北面而复问"，甲本中武王"东面而立"，两人的方位与之不同。复旦大学读书会指出，东西相对是主客之礼（师尚父在主位，武王在宾位），乙本南北相对则为君臣之礼（太公在君位，武王在臣位），皆为烘托丹书地位崇高。所言有理。但相较而言，不难看出两本还是有所差别。乙本君臣二人的位置直接因为丹书发生了逆转；而甲本中最初武王仍是想要在丹书面前自居君位的，在师尚父拒绝之后，并非直接调换君臣之位，而是改为东西相对。显然在甲本中，对丹书的尊崇并不足以改变君臣之位的序次。

简14首字残，原补为"利"。沈培指出所补不押韵，从残形来看，应为"昌"，押阳部韵。用例又见复旦大学读书会所引《六韬》之"故义胜欲则昌"[1]。

简15首字原补为"力"，复旦大学读书会指出今本相应之字作"强"，疑缺文当为从"力"之"强"。"弗强则枉，枉者败"，《大戴礼记》作"凡事不强则枉……枉者灭废"。

"顺成"从原释读，复旦大学读书会指出，"顺成"为一词，与"逆"相对，义为"顺理而成功"。《左传·宣公十二年》："执事顺成为臧，逆为否。"简文此句是说：如果遵循丹书所言，吏民就不作乱，事情会顺利成功。

"百姓之为经"末字简文作⿰彳⿱⿱，原释为"緸"，复旦大学读书会疑释为"经"。存疑。

第四节　《子路初见》

一、概　　况

此篇尚未发表，邬可晶在《〈孔子家语〉成书考》中公布了李零最初的释文，包括两枚竹简（简尾数字为原流水编号），内容与《儒家者言》第十四章、《说苑·杂言》"子路行"、《孔子家语·子路初见》有关。简本大概还缺一枚竹简，所缺文字可据传世本补为："其信乎？长为庄而毋可犯也，其礼乎？"共十四字[2]。

《成王为城濮之行》发表后，学者指出乙本简3字迹与《民之父母》一致。刘洪涛进而指出，从简文"哉言乎！君子哉问乎！"来看，这枚残简就是《子路初见》第二支竹简的中间部分。现存的两枚竹简字数与《民之父母》卷其他三篇满简字数相近，

---

① 沈培：《上博（七）残字辨识两则》，复旦大学出土文献与古文字研究中心网站，2009年1月2日。

② 邬可晶：《〈孔子家语〉成书考》，54—60页。

说明本篇现存的两枚竹简应比较完整，第二枚竹简可能由三段残简拼缀而成，其中的第二段后来被错误地归入《成王为城濮之行》中。所缺的第三简可能只有邬可晶所补的十四个字，其后标墨钩留白①。

二、校　　读

子路游于齐中，退而复问於孔子曰："交新而取新，为之如何？言约而足甬（用）也，为之如何？长为庄$_{15-240}$而毋可犯也，为之如何？"孔子曰："善哉言乎！君子哉问乎！交新而取新，其忠乎？言约而足甬（用）$_{14-217}$，〔其信乎？长为庄而毋可犯也，其礼乎？〕

子路即孔门弟子仲由。这里的"退"可理解为返回，《离骚》有"退将复修吾初服"。子路去齐国游历后，就所见所闻向孔子请教了三个问题，问孔子对于"交新而取新""言约而足用""长为庄而毋可犯"这三种做法怎么看。传世本对应的语句如下：

子路行，辞于仲尼，曰："敢问新交取亲若何？言寡可行若何？长为善士而无犯若何？"仲尼曰："新交取亲，其忠乎？言寡可行，其信乎？长为善士而无犯，其礼乎？"（《说苑·杂言》）

子路将行，辞于孔子。子曰："赠汝以车乎？赠汝以言乎？"子路曰："请以言。"孔子曰："不强不达，不劳无功，不忠无亲，不信无复，不恭失礼。慎此五者而已。"子路曰："由请终身奉之。敢问亲交取亲若何？言寡可行若何？长为善士而无犯若何？"孔子曰："汝所问苞在五者中矣。亲交取亲，其忠也；言寡可行，其信乎；长为善士，而无犯于礼也。"（《孔子家语·子路初见》）

比较两个传世本可以发现，第二、三个问题两个传世本是一致的，简本只保留了第二个问题——"言约而足用"，对应今本的"言寡可行"，含义相似。主要的不同在第一个问题上，简本作"交新而取新"，《说苑》为"新交取亲"，《孔子家语》为"亲交取亲"。"新""亲"虽然音近可通，含义却大不相同。虽然"新"在楚简

---

① 刘洪涛：《上海博物馆藏战国竹简〈子路〉篇残简》，《出土文献》（第十五辑），中西书局，2019年，142—147页。

中常用作"亲",但也存在例外,简文中的读法应根据整段文意来推测。

纵观全文可以发现,对于子路的三个问题,无论是简本还是传世本,孔子都用了反问句来回答,对三种做法予以肯定——"言约而足用"符合"信"的原则("其信乎");"长为庄而毋可犯"符合"礼"的原则("其礼乎")。以此类推,"交新而取新"则符合"忠"的原则("其忠乎")。这样来看,句中的"新"若如今本改读为"亲",恐怕会与"忠"的原则产生抵牾,故最合理的做法是如字读,理解为"新近""刚刚",整句话的意思是:虽然与对方刚刚有所往来,但只要他是有才能的,就应该毫不犹豫地选取、任用他,这不正是忠于职守的做法吗?

卷十一、卷十二 《天子建州》

一、概 况

本篇是关于礼制的文献，与《大戴礼记·礼三本》《礼记·王制》关系密切，有助于理解《礼记》的本来面目。原释文、注释由曹锦言撰写。

现存甲、乙两本，内容相同，分别抄于一卷。甲本所用竹简稍长，保存较为完整，抄写更为工整，包括十三枚竹简，其中九枚简首略有残损，可据乙本补足，全篇四百余字。乙本现存十一枚竹简，整理者指出原亦当同甲本一样有十三枚，现存竹简缺失了结尾的部分。

李松儒指出，甲本为一个书手抄写，乙本则为两个书手抄写，抄手A所写的内容包括简1—9的1—9字，其余部分为抄手B所写[①]。

两本都使用了三种墨识符号：一为合文/重文符号，写作"="；二为墨钩，甲本有两处，一处见于"一喜一怒"之后，一处见于简文最末，其后留白，表示篇章结束；三为短横。前两种符号两本使用的情况一致，第三种略有区别。甲本用了三处，分别位于简8和简9，乙本则只出现了一处，位于简8。

整理者认为第三种墨识符号（短横）与墨钩都具有分隔章节的作用。若果真如此，则意味着两本在分章上是有区别的。甲本分为长度不等的五章，乙本则由简6的墨钩和简8的短横分为三章，两本的第一章是相同的，区别在于其后的部分。然而亦有学者认为短横只是句读符号，如李松儒。按照一般经验推断，墨钩往往用来表示比短横更高层级的停顿和分隔。故我们同意第二种意见，甲乙本都以墨钩为界分为两章。

[①] 李松儒：《战国简帛字迹研究：以上博简为中心》，405—419页。

二、校　　读

（一）第　一　章

1. 甲本

〔凡〕天子建之以州，邦君建之以都，大夫建之以里，士建之以室。凡天子七世，邦君五$_1$〔世，大夫〕三世，士二世。士象大夫之位，身不免；大夫象邦君之位，身不免；邦君象天子之$_2$〔位〕，身不免。礼者，仪之兄也。礼之于宗庙也，不精为精，不美为美。仪反之，精为不$_3$精，美为不美。故亡礼大废，亡仪大蓐。刑屯（纯）用情，邦丧；屯（纯）用物，邦丧。必中情以罗（丽）于$_4$物，几杀而邦正。文阴而武阳，信文得事，信武得田。文德治，武德伐，文生武杀。日月得其$_5$布，相之以玉斗，仇雠残亡。洛（乐）尹行，身和二：一喜一怒。

2. 乙本

凡天子建之以州，邦君建之以都，大夫建之以里，士建之以室。凡天子七世，邦君五世，大夫三世，士二世$_1$。士象大夫之位，身不免，大夫象邦君之位，身不免，邦君象天子之位，身不免。礼者，仪之兄也$_2$。礼之于宗庙也，不精为精，不美为美。仪反之，精为不精，美为不美。故无礼大废，无仪大蓐。刑$_3$屯（纯）用情，邦丧；屯（纯）用物，邦丧。必中情以罗（丽）于物，几杀而邦正。文阴而武阳，信文得事，信武得田。文德$_4$治，武德伐，文生武杀。日月得其布，相之以玉斗，仇雠残亡。洛（乐）尹行，身和二：一喜一怒。

这部分是第一章。开头分别讲述天子、邦君、大夫、士诸级适用的不同礼制，再论述礼与仪、情与物、文与武、喜与怒等相对应的概念之间的关系和相互的作用。

首字残，整理者据乙本补。并指出"建"含义为建立、设置，《易·比》："比，先王以建万国，亲诸侯。""邦君"意同简7的"诸侯"。何有祖指出，二者语意略有差别，前者侧重于一邦之君，后者侧重于天子所封[①]。"都"简文作▉，整理

---

① 何有祖：《上博简〈天子建州〉初步研究》，武汉大学博士学位论文，2009年，18页。本节引述此文仅指出作者姓名，不再出注。

者指出即"垞"字异构，读为"都"。"州""都""里"都是古代的行政区划，层级应为递减的关系。

"天子建之以州"到"士建之以室"，由四个结构相同的短句组成。看似简单，然而由于古今语殊，具体含义学者多有争论，何有祖《上博简〈天子建州〉初步研究》有详细的引述和分析，他认为，简文的句式传世文献并不少见，如《左传·隐公三年》的"行之以礼"、《吕氏春秋·孟秋纪·怀宠》的"禄之以国"等。"建"的对象分别是天子、邦君、大夫、士，而州、都、里、室则是所"建"的地域，简文是说建天子以州，建邦君以都，建大夫以里，建士以室。

"天子七世"到"士二世"亦由四个结构相同的短句组成，整理者指出相似文句见于《大戴礼记·礼三本》《荀子·礼论》《礼记·王制》，指祭礼之庙制。杨华指出《礼记·王制》记"士一庙"，简文中"二世"的士指上士，故而分封有室[①]。

"士象大夫之位"几句，"象"原释"为"。陈伟指出简文字形不从"爪"，当释为"象"，指仿效[②]。刘信芳认为"象"谓"设象"，"士象大夫之位"谓士设象大夫之位。依楚简所记礼制，士祭先祖，设二像，倘若设三像，则属"士象大夫之位"，于礼已僭越，所以下文说"身不免"也[③]。"免"，原释作"字"，从刘洪涛改释为"免"，简文是说违反礼制的僭越行为，犯了死罪，其身将不免[④]。

"礼者，仪之兄也。""仪"简文作"义"，裘锡圭指出应读为"仪"，《说文·十二下·我部》："义，己之威仪也。"是"义"本"礼仪"之"仪"的初文。"义"者"宜"也，礼应以义为根据，不得言礼为仁义之义之兄。而仪出于礼，故可言礼为之兄。礼为根本，仪为形式。礼重玄酒大羹，即简文所说的"不精为精，不美为美"。仪者斤斤计较于形式，故与礼相反[⑤]。所言甚确。侯乃峰进一步补充了文献例证，《左传·昭公五年》有"是仪也，不可谓礼"的说法，将二者对举，恰可作简文的注脚[⑥]。

"亡仪大孽"中"孽"字简文作 ，原释为"诮"。刘洪涛引李家浩说，认为右旁是从金文"薛"字演变而来，当读为"孽"，有祸、害之意[⑦]。季旭昇认为此字以

---

① 杨华：《〈天子建州〉礼疏》，"中国简帛学国际论坛2007"论文，台湾大学，2007年。

② 陈伟：《〈天子建州〉校读》，简帛网，2007年7月13日。

③ 刘信芳：《〈上博藏六〉试解之三》，简帛网，2007年8月9日。

④ 刘洪涛：《读上博竹书〈天子建州〉札记》，简帛网，2007年7月12日。

⑤ 裘锡圭：《〈天子建州〉（甲本）小札》，简帛网，2007年7月16日，后刊于《简帛》（第三辑），第105、106页。

⑥ 侯乃峰：《上博六剩义赘言》，简帛网，2007年10月30日。

⑦ 刘洪涛：《读上博竹书〈天子建州〉札记》。

"月"为声符①。何有祖进一步认为此字由金文到战国文字的省变是一种形声化，楚简中有大量从"月"声的"孽"。"亡仪大孽"指国家失去了仪，就会遭受灾祸。

"刑屯（纯）用情"之"屯"，整理者训作"皆"。何有祖引朱德熙、裘锡圭说——"屯"字同"纯"，应训为皆②，进一步指出简文"刑屯用情"或"屯用物"，体现出用情则不用物、用物则不用情的排他性或唯一性，与传世文献中的"纯"字对应，指专一、纯粹。

"必中情以罗（丽）于物"，整理者指出"中"训为正，不偏不倚，无过不及。《荀子·天论》："故道之所善，中则可从，畸则不可为。"何有祖指出"情""物"应该是可以互补并共同作用于"刑"的，传世文献中的"物"有训为"法"之例，见《经义述闻·通说上·物》所引，在简文中指具体的法律条文。此外，《性自命出》中关于情、物的论述有"道始于情，情生于性""好恶，性也，所好所恶，物也"之说，其中的"情""物"处于主客观对立的地位。简文"物"似也有可能指广义的客观存在，"情"则正好与之相对，指主观上的存在。所论很有启发。简文"罗"字刘洪涛指出即"离""罹""罗"的异体，读为"丽"，训为"附"。"必中情以丽于物"，意为"情""物"两者兼顾才能治好刑狱之事，只用情和只用物都不能成事③。

"几杀而邦正"之"几"，整理者训为"察"。何有祖认为"杀"指刑杀。《吕氏春秋·仲秋》"斩杀必当"高诱注："军刑斩，狱刑杀。"《左传》记曹刿论战有"小大之狱，虽不能察，必以情"，即使"以情"，还不能说是"察"，可见断狱要达到"察"的地步其实并不容易。此段文句大意是，刑事若全用情或物，都会导致邦丧，只有既符合情（情实或主观上的存在），又符合物（法或广义的客观存在），才能做到刑杀审慎而邦正。

"信文得事"之"事"，何有祖认为指治理、任事。《淮南子·原道训》："万物固以自然，圣人又何事焉？"高诱注："事，治也。"

"日月得其布，相之以玉斗，仇雠残亡"之"布"原释为"央"，苏建洲认为"布"字上部从"父"，字应释为"甫"，形体如于中山王方壶的"辅"的右旁④。何有祖认为"甫"疑读作"布"，甫、布皆以父为声，可以通作，如《礼记·月令》"铺筵席"，《史记·礼书》"铺"作"布"。"布"，指陈列，《尔雅·释诂》：

①　季旭昇：《上博五刍议（上）》，简帛网，2006年2月18日。

②　朱德熙、裘锡圭：《战国文字研究（六种）》，《考古学报》1972年2期，后收入《朱德熙古文字论集》，中华书局，1995年，32—35页。

③　刘洪涛：《读上博竹书〈天子建州〉札记》。

④　苏建洲：《读〈上博（六）·天子建州〉笔记》。

"布，列也。""日月得其布"指日月运行正常。下文再谈玉斗辅助日月运行之势，文意上更为顺畅。"相"原释为"根"。苏建洲指出此字上从"目"，下部是"止"形①。范常喜疑其为"相"之繁构②。"玉斗"之"斗"作 ，即北斗星。墨子涵指出此字"斗"形中间从"中"，古者将北斗与北极星视为宇宙轴心③。"仇雠"从陈伟释读，前字从求从戈，后字疑从"寿"的声符。仇雠，即仇人④。

何有祖指出简文似以天象运行来比喻政事，大意是日月布列，玉斗相助，则仇敌必然残亡。

"洛（乐）尹行，身和二：一喜一怒。"整理者指出"洛"当读为"乐"，"尹"，训为"治"，"行"指人之性情所行。何有祖指出，"乐尹"一词见于《左传》"以妻钟建，以为乐尹"，注谓乐尹为"司乐大夫"，简文似指"乐尹"调和喜怒二气。

（二）第　二　章

1. 甲本

天子坐以巨（矩），食以仪，立以悳，行以$_6$〔兴（绳），视〕侯量，顾还身；诸侯食同状，视百〈首〉正，顾还肩，与卿大夫同耻度；士视目恒，顾还$_7$〔面〕。不可以不问耻度，民之仪也⑤。凡天子钦（歆）气，邦君食蠲（浊），大夫承荐，士受余⑥。天子四辟$_8$〔筵〕席，邦君三辟，大夫二辟，士一辟⑦。事鬼则行敬，怀民则以德，剿（断）刑则以哀。朝不语内，功$_9$〔不语〕战。在道不语匡，居政不语乐，尊俎不折（制）事，聚众不语逸，男女不语鹿（丽），朋友不$_{10}$〔语分〕。临食不语恶，临兆不言乱，不言侵，不言灭，不言拔，不言崩。故龟有五忌。临城不$_{11}$〔言〕毁，观邦不言丧，故见伤（祸）而为之祈，见窆而为之入。时言而世行，因德而为之折（制），是谓$_{12}$中不韦（违）。所不学于师者三：强行、忠谋、信言，此所不学于师也$_{13}$。

---

① 苏建洲：《读〈上博（六）·天子建州〉笔记》。
② 范常喜：《读〈上博六〉札记六则》。
③ 墨子涵：《〈天子建州〉中所见反印文、未释字及几点臆断》，简帛网，2007年12月25日。
④ 陈伟：《〈天子建州〉校读》。
⑤ 下有短横。
⑥ 下有短横。
⑦ 下有短横。

2. 乙本

天子坐$_5$以巨（矩），食以仪，立以悬，行以兴（绳），视侯量，顾还身；诸侯食同状，视百〈首〉正，顾还肩，与$_6$卿大夫同耻度；士视目恒，顾还面。不可以不问耻度，民之仪也。凡天子钦（歆）气，邦君食蜀（浊），大夫$_7$承荐，士受余①。天子四辟筵席，邦君三辟，大夫二辟②，士一辟。事鬼则行敬，怀民则以德，剸（断）刑则以哀$_8$。〔朝〕不语内，功不语战。在道不语匿，居政不语乐，尊俎不折（制）事，聚众不语逸，男$_9$女不语鹿（丽），朋友不语分。临食不语恶。临兆不言乱，不言侵，不言灭$_{10}$，不言拔，不言耑。故龟有五忌。临城不言毁，观邦不言丧。故见伤（杨）而为之祈$_{11}$……

此为第二章。先论及天子、诸侯、卿大夫、士，诸级对身体仪态、祭祀用品和铺设筵席的不同规定，再泛论君子在不同场合的行为准则。

"坐以巨（矩）"，杨华指出指坐如规矩之状，上身与下身呈90°③。何有祖指出《史记·孙子吴起列传》有"妇人左右前后跪起皆中规矩绳墨"，古代坐姿与跪姿很是接近。

"食以仪"之"仪"简文作"义"，陈伟读为"仪"，谓指观测日影的表柱④。何有祖认为简文说天子"食以仪"，诸侯"食同状"，紧接着又谈到"与卿大夫同耻度"，可见这里当是就天子与诸侯等"食"的仪态而言。再者"仪"与矩、悬、绳等描述仪态的字相并列，也当指仪态。

"立以悬"，整理者指出，指天子的站立姿势如同悬线一般垂直。

"行以兴"之"行"指行走⑤。"兴"字整理者据乙本补。单育辰读作"绳"，《孔子诗论》"青蝇"之"蝇"即从"兴"得声。古书多"矩""绳"连言，《孔子家语·五仪解》"行中规绳"⑥。

"视侯量"，杨华认为指视容，"侯"读作"惟"。《汉书·礼乐志》"荡侯休德"颜师古注引服虔曰："侯，惟也。""视惟量"，指按照天子自己愿意看到的量

---

①　下有细线。

②　下有短横。

③　杨华：《〈天子建州〉礼疏》，"中国简帛学国际论坛2007"论文，台湾大学，2007年。

④　陈伟：《〈天子建州〉校读》。

⑤　陈伟：《〈天子建州〉校读》。

⑥　单育辰：《占毕随录之二》，简帛网，2007年7月28日。

度、距离来行视礼，即随其所视①。侯乃峰指出，杨文对简文的理解可从，但"侯"是训为"惟"而非读为"惟"②。

"顾还身"之"还"，何有祖指出同"旋"，即旋转。《庄子·庚桑楚》："夫寻常之沟，巨鱼无所还其体。"陆德明释文："还，音旋，回也。"

"视百〈首〉正"，第二字简文作"百"，陈剑指出当为"首"之讹，指看时头要正③。

"顾还肩"之"肩"字作 ，刘洪涛释为"肩"④。何有祖指出，此字所代表的部位在"身"与"面"之间，相当于肩。并引宋华强对新蔡简从夊肩声之"肩"的分析，认为此字也以"肩"为声符。

"耻度"，整理者理解为耻辱的标准尺度。何有祖指出《礼记·曲礼》有"入竟而问禁，入国而问俗，入门而问讳"，简文"问耻度"与"问禁""问俗""问讳"用例相近。下文的"仪"，指表率、准则。

"天子钦（歆）气"之"钦"作 ，原隶作从金从鸟，读作"禽"。裘锡圭认为应从"金"声，可读为"歆"，"金"见母侵部，"歆"晓母侵部，古音相近。"歆气"与"食浊"为对，当指摄取食物之精华部⑤。何有祖认为此字右部为楚文字中"欠""次"的一种写法，可释为"钦"。曹建敦认为，"天子歆气"指周天子歆享实物之气嗅，体现了周代"贵气嗅"的饮食观念⑥。

"邦君食躅"之末字作 ，裘锡圭读"浊"⑦。曹建敦认为"浊"指的是"俎实""脯醢之荐"等"亵味"，卑于馨香之"气"。大夫又卑于诸侯，所承之"荐"要减去俎实，地位最低的士所食尤为减杀，仅能馂尊者之"余"⑧。

"四辟〔筵〕席"，整理者指出"辟"义为叠。《文选》张协《七命》"万辟千灌"李善注："辟谓叠之。""四辟"即指四重、四叠。"筵"简文作"延"，整理者据乙本补，即竹席。沈培指出简文此处是首次看到"延"形单用⑨。

---

① 杨华：《〈天子建州〉礼疏》。

② 侯乃峰：《上博楚简儒学文献校理》，302页。

③ 此说为陈剑在"简帛研究"课程的意见，转引自侯乃峰《上博楚简儒学文献校理》，302页。

④ 刘洪涛：《读上博竹书〈天子建州〉札记》。

⑤ 裘锡圭：《〈天子建州〉（甲本）小札》。

⑥ 曹建敦：《上博简〈天子建州〉"天子歆气"章的释读及相关问题》，复旦大学出土文献与古文字研究中心网站，2011年9月30日。

⑦ 裘锡圭：《〈天子建州〉（甲本）小札》。

⑧ 曹建敦：《上博简〈天子建州〉"天子歆气"章的释读及相关问题》。

⑨ 沈培：《〈上博（六）〉字词浅释（七则）》，简帛网，2007年7月20日。

"勪（断）刑则以哀"之"勪"字为整理者释。陈伟读为"断"，"断刑"即判刑。《吕氏春秋·孟秋》："戮有罪，严断刑。"①

"朝不语内"，整理者指出，"内"指内室之事，即私事。"朝不语内"，即《礼记·曲礼下》"在朝言朝"之另一种说法。

"功不语战"之"功"从单育辰读，"功不语战"是说"谈及功劳时不说战功"②。

"在道不语匿"，"匿"何有祖认为指逃亡，《逸周书·五权》："地庶则荒，荒则聂。人庶则匮，匮乃匿。"朱右曾校释："财用竭则民逃亡。匿，亡也。"《淮南子·说林》"弗能匿也"高诱注："匿，犹逃也。"与"在道"正合。

"尊俎不折（制）事"，整理者指出"尊俎"是古代盛酒肉的器皿，《礼记·乐记》："铺筵席，陈尊俎。"古书中常以"尊俎"作为宴席的代称。"折"，陈伟读为"制"，"制事"，指处理政治、军事等重大事件。《管子·禁藏》："圣人之制事也，能节宫室、适车舆以实藏，则国必富、位必尊。"③

"聚众不语逸"之"逸"，陈剑认为从"心"，当为安逸、逸乐、逸豫之"逸"的本字。聚众常为举事，将有劳苦，故在此场合不言安逸、逸乐④。

"男女不语鹿"，"鹿"从陈伟读为"丽"，训"偶"。《周礼·夏官·校人》："丽马一圉，八丽一师。"郑玄注："丽，耦也。"⑤

"临食不语恶，临兆不言乱"，杨华指出"言""语"有别。《说文·言部》："直言曰言，论难曰语。"《礼记·杂记下》"言而不语"郑注："为人说为语。""不言"是说"临兆""临城""观邦"时不能主动说出这些忌讳的内容，"不语"则要求与人对话时应当忌讳相关内容⑥。

"不言侵""不言拔"从杨泽生读，古书"侵""乱"连言，《潜夫论·思贤》："国以侵乱，不自知为下所欺也。""拔"义为攻取⑦。

"不言峝"之"峝"，程少轩怀疑应读为"诛"，指出"诛"战国时通常从"豆"。而"峝"与"豆"声之字有关。包山简有人名"李瑞"，在后文中作"李

①　陈伟：《读〈上博六〉条记》，简帛网，2007年7月9日。

②　单育辰：《占毕随录之二》，简帛网，2007年7月28日。

③　陈伟：《〈天子建州〉校读》。

④　陈剑：《甲骨金文旧释"𧰨"之字及相关诸字新释》，复旦大学出土文献与古文字研究中心网，2007年12月29日。

⑤　陈伟：《读〈上博六〉条记》，简帛网，2007年7月9日。

⑥　杨华：《〈天子建州〉礼疏》。

⑦　杨泽生：《读〈上博六〉小札》，简帛网，2007年7月21日。

逗"。郭店简《老子》、上博简《曹沫之阵》等篇均有"端"，或从"端"之字读为"短"。类似这样的现象，一直到马王堆帛书中仍然存在①。

"故见伤而为之祈"之"伤"从整理者读作"禓"，指道上之祭。

"见窆而为之入"之"窆"杨华认为是平时收集、暂存垃圾的地方。"见窆而为之入"，是指当看到旧奠撤到窆处时，便立即把新奠端进去。本句强调要让先人鬼魂时时得到安宁②。

"中不韦（违）"从张崇礼读，"中"指内心，"不违"指不违背③。

"所不学于师者三"，"学"从陈伟释读④。

①　"一上示三王"在复旦大学出土文献与古文字研究中心网学术讨论区的发言。

②　杨华：《〈天子建州〉礼疏》。

③　张崇礼：《读〈天子建州〉札记》，简帛研究网，2007年10月9日。

④　陈伟：《〈天子建州〉校读》。

卷十三 《内礼》

一、概　　况

　　本篇现存完、残简14枚。缺损不算特别严重，大多数简文可以连读。原分为《内礼》与《昔者君老》两篇，释文注释分别由李朝远、陈佩芬撰写。后者包括4枚竹简；前者包括10枚竹简和一枚附简①，简1背面倒书有"内礼"二字，可能为篇题。李松儒指出简1背后的"内"字与正文写法不同，不是同一个书手所写②。

　　整理者认为《内礼》或许与《礼记·内则》有关。黄人二指出简文所述多论三纲之原则，而少所谓"闺门之内"的"男女居室，事父母舅姑之法"，与《礼记·内则》仅篇名文字上类同，其实并无多大之干系，简文与《仪礼·士相见礼》《大戴礼记·曾子立孝》类似，主体在于论"孝"（亦在论"忠"），较似思孟学派学者的祖述师（曾子）说③。所论甚确。简文多处可与《礼记·曲礼上》《大戴礼记·曾子立孝》《大戴礼记·曾子事父母》等传世文献对读。

　　简文使用的墨识符号有三种：第一种为重文/合文符号，写作"="；第二种为停顿符号，写作小墨钩，共有9处，位于前一语段最后一字的右下角，对字间距几乎没有影响；第三种也是墨钩，但比第二种要大，共有三处，位于上一语段最后一字的正下方，上下字间距稍大，其中一处，位于《昔者君老》简4的末尾，其后留白，表示全篇结束，另外还有两处，分别位于《内礼》简6、7。大墨钩分隔的语段，在意义和形式上明显有所不同，批次相对独立和完整。我们推测这种符号为章节符，具有划分章节的作用。

　　两篇简文发表之后，林素清、井上亘发现它们的字体和形制都非常一致，《昔者

---

① 整理者谓此简字体与其他简相同，但内容不洽，编线不整，故而作为"附简"缀于篇末。
② 李松儒：《战国简帛字迹研究：以上博简为中心》，259页。
③ 黄人二：《读上博藏简第四册内礼书后》，"新出战国楚竹书研读会"论文，台湾楚文化研究会，2005年3月12日。

君老》简3还可以与原《内礼》简9连读①。林素清进而认为二者应属于一篇，全篇包括"内容接近今本《大戴礼记·曾子立孝》与《大戴礼记·曾子事父母》的大段文字，以及五段由'君子曰'为首的关于君子事亲、对待晚辈和朋友的文字，另有至少一段以上的以'君子曰'为首文字，内容为太子应有仪礼"②。

此外，福田哲之还指出，从字体上看，《内礼》附简应属于《季康子问于孔子》，而《季康子问于孔子》简16则应属本篇，并可与《昔者君老》简2缀合，缀合后该简尚有6.8厘米长的缺失③。

我们认为上述关于篇章合并与简文缀合的意见很可能都是正确的。首先，从简文使用的墨识符号来看，表示篇章结束的符号仅有一处，或许可以看作两部分简文应属于同一篇的一个旁证；其次，从简文内容来说，原名"内礼"的简文是由"君子之立孝"出发，由对父兄的孝悌引申到君臣之义，在两大段议论之后，紧跟着五段以"君子曰"起始的、对"孝"的论述。而"昔者君老"的故事也是由"君子曰"起始的，形式上与之一致，内容上也与孝有关，很可能是作为"君子之立孝""君子事父母"的一个特例而出现在文章末尾的，简文全篇以论说为主，最后以故事举例做结。类似的体例亦见于传世文献，《礼记·礼器》就是这样，以论说为主，并且很多段落也以"君子曰"的形式起始，而在最后则讲了一个"子路为季氏宰"的小故事，用子路当季氏宰时，季氏的祭祀合乎礼制之事来印证前文对礼制的论述，与简文的篇章结构可谓异曲同工。

根据上述学者意见，本篇简序可重排为：1—4，5—8、昔3④、9，10、昔1，［昔2+季康子16］、昔4。简文保存较完整，内容与儒家"其为人也孝悌而好犯上者，鲜矣"（《论语·学而》）的社会理论是一致的。郭店楚简《六德》云："是故先王之教民也，始于孝悌。君子于此一体者亡所废。是故先王之教民也，不使此民也忧其身，失其体。孝，本也。"《孝经》："夫孝，德之本也，教之所由生也。""教以孝，所以敬天下之为人父者也。教以悌，所以敬天下之为人兄者也。"与简文观点一致，可相参看。全篇存在两个划分章节和一个表示全篇结束的大墨钩。相应的，简文以之划分为三章。

①　林素清：《释"匮"——兼及〈内礼〉新释与重编》，"中国古文字：理论与实践国际学术研讨会"，美国芝加哥大学东亚系主办，2005年5月28—30日；井上亘：《〈内礼〉篇与〈昔者君老〉篇的编连问题》，简帛研究网，2005年10月16日。

②　林素清：《上博四〈内礼〉篇重探》，《简帛》（第一辑），153—160页。

③　福田哲之：《上博四〈内礼〉附简、上博五〈季康子问于孔子〉第十六简的归属问题》，简帛网，2006年3月7日。

④　为便于区别，原《昔者君老》部分的竹简序号前加"昔"字表示。

二、校　　读

（一）第　一　章

　　君子之立孝，爱是用，礼是贵。故为人君者，言人之君之不能使其臣者，不与言人之臣之不能事₁其君者①。故为人臣者，言人之臣之不能事其君者，不与言人之君之不能使其臣者②。故为人父者，言人之₂父之不能畜子者，不与言人之子之不孝者③。故为人子者，言人之子之不孝者，不与言人之父之不能畜子者④₃。故为人兄者，言人之兄之不能慈弟者，不与言人之弟之不能承兄者⑤。故为人弟者，言人之弟之不能承兄₄〔者，不与言人之兄之不能慈弟者。故〕曰：与君言，言使臣；与臣言，言事君。与父言，言畜子⑥；与子言，言孝父⑦。与兄言，言慈弟⑧₅。与弟言，言承兄。反此乱也⑨。

　　第一章包括简1—5和简6的前半段，是关于"君子之立孝"的论述，立孝的根本在于"爱"与"礼"。简文由"孝"出发，详细论述了君臣、父子、兄弟之间的相处原则。整理者指出此段内容又见于《大戴礼记·曾子立孝》和《仪礼》：

　　曾子曰："君子立孝，其忠之用，礼之贵。故为人子而不能孝其父者，不敢言人父不畜其子者；为人弟而不能承其兄者，不敢言人兄不能顺其弟者；为人臣而不能事其君者，不敢言人君不能使其臣者也。故与父言，言畜子；与子言，言孝父；与兄言，言顺弟；与弟言，言承兄；与君言，言使臣；与臣言，言事君。君子之孝也，忠爱以敬；反是，乱也……"（《大戴礼记·曾子立孝》）

　　与君言，言使臣。与大人言，言事君。与老者言，言使弟子。与幼者

---

①　下有墨钩。
②　下有墨钩。
③　下有墨钩。
④　下有墨钩。
⑤　下有墨钩。
⑥　下有墨钩。
⑦　下有墨钩。
⑧　下有墨钩。
⑨　下有大墨钩。

言，言孝弟于父兄。与众言，言忠信慈祥。与居官者言，言忠信。（《仪礼·士相见礼》）

整理者指出简文"爱是用，礼是贵"的"是"同于"忠之用，礼之贵"的"之"字。简文"爱"从"心"从"旡"，和"忠"形似，传世文献应为误摹。廖名春认为"爱"字《大戴礼记·曾子立孝》作"忠"，应是同义换读。《吕氏春秋·慎大览·权勋》高诱注："忠，爱也。"①黄人二指出"是""之"二字，各有其用，不必通假②。

简文与《大戴礼记·曾子立孝》相比最大的区别主要有三个。第一，简文讲"君子立孝"的关键是"爱"与"礼"，传世本则变成了"忠"与"礼"。

第二，关于君臣、父子、兄弟之间的关系，竹简本中的关系是相互的，不止说到对臣、子、弟的要求，也谈到了对君、父、兄的要求，而到了今本中，则成了单方面的，只有对臣、子、弟的要求，缺少了对"为人君""为人父""为人兄"三者的要求③。梁涛认为，《大戴礼记·曾子立孝》"为人君""为人父""为人兄"三句应是在后来流传中被删除了，而被删除的原因可能与后来儒家君臣父子关系被绝对化，竹简要求君臣父子互"爱"、互"礼"的观点显得大逆不道、难以被接受有关④。关于"君臣、父子、兄弟"的相互关系，《荀子·君道》亦有类似论述⑤。可见这种双向的要求在战国中晚期文献中仍是存在的，今本对于原始材料的改变，当在秦汉大一统的社会产生之后，统一意识形态的影响下而发生的。

第三，简文与《大戴礼记·曾子立孝》中君臣、父子、兄弟关系的顺序不同，简文是君臣、父子、兄弟，今本却是父子、兄弟、君臣。廖名春指出，简文的顺序传世文献中比较多见，更能反映文献早期的原貌⑥。其实正如廖文指出，传世文献中亦有

---

① 廖名春：《读楚竹书〈内礼〉篇札记（一）》，简帛研究网，2005年2月20日。

② 黄人二：《读上博藏简第四册内礼书后》，"新出战国楚竹书研读会"论文，台湾楚文化研究会，2005年3月12日。

③ 廖名春：《楚竹书〈内礼〉、〈曾子立孝〉首章的对比研究》，《中国思想史研究通讯》（第六辑）。

④ 梁涛：《上博简〈内礼〉与〈大戴礼记·曾子〉》，简帛研究网，2005年6月26日。

⑤ 请问为人君？曰：以礼分施，均遍而不偏。请问为人臣？曰：以礼侍君，忠顺而不懈。请问为人父？曰：宽惠而有礼。请问为人子？曰：敬爱而致文。请问为人兄？曰：慈爱而见友。请问为人弟？曰：敬诎而不苟。

⑥ 廖名春：《楚竹书〈内礼〉、〈曾子立孝〉首章的对比研究》。

"父子、兄弟、君臣"的顺序,见于《礼记·王制》《大戴礼记·文王官人》①。把君臣放在父子之后的这种顺序,似乎更符合早期儒家的人伦思想,郭店楚简《六德》即有"为父绝君,不为君绝父"的言论。亲亲大于尊尊,这是早期儒家的孝道观。在这个问题上,《大戴礼记·曾子立孝》的这种顺序,反而是更加符合早期儒家思想的。

(二) 第 二 章

君子事父母,无私乐,无私忧。父母所乐,乐之。父母所忧,忧之。善则从之,不善则止之。止之而不可,怜而任$_6$不可。虽至于死,从之。孝而不谏,不成〔孝;谏而不从,亦〕不成孝②。

第二章包括简6后半段和简7的前半段,讲君子事父母。整理者指出可与《大戴礼记·曾子事父母》开头部分对读。《礼记·内则》亦有相关内容。

单居离问于曾子曰:"事父母有道乎?"曾子曰:"有。爱而敬。父母之行若中道,则从;若不中道,则谏;谏而不用,行之如由己。从而不谏,非孝也;谏而不从,亦非孝也。孝子之谏,达善而不敢争辨;争辨者,作乱之所由兴也。由己为无咎,则宁;由己为贤人,则乱。孝子无私乐,父母所忧忧之,父母所乐乐之……"(《大戴礼记·曾子事父母》)

曾子曰:"孝子之养老也,乐其心不违其志,乐其耳目,安其寝处,以其饮食忠养之,孝子之身终,终身也者,非终父母之身,终其身也。是故父母之所爱亦爱之,父母之所敬亦敬之,至于犬马尽然,而况于人乎!"(《礼记·内则》)

对比可见《大戴礼记》在"孝子无私乐"下遗失了"无私忧"三字,曹建敦认为三字是在流传中遗失的③。

"止之而不可,怜而任不可"一句讨论较多,涉及的问题包括"怜"字的释读,

---

① 《礼记·王制》:"七教:父子、兄弟、夫妇、君臣、长幼、朋友、宾客。"《大戴礼记·文王官人》:"父子之闲观其孝慈也,兄弟之闲观其和友也,君臣之闲观其忠惠也,乡党之闲观其信惮也。"

② 下有大墨钩。

③ 曹建敦:《用新出竹书校读传世古籍札记一则》,简帛研究网,2005年3月6日。

简6之后应接续简7还是简8①、如何断句等问题。我们认同整理者对简6和简7的连读及对"怜"字的释读，《尔雅·释诂下》："怜，爱也。""怜而任"与《大戴礼记·曾子事父母》"谏而不用，行之如由己"含义相近。断句则与廖名春相同②。

"虽至于死，从之"，以往未见。有学者提出简6应与简8连读，或许就是考虑到与简7连读后简文的这一观点与儒家的"中庸"之道颇有出入。然而若与简8连读再接简7的话，虽然可以避免有些极端的"虽至于死，从之"，但简8后半段有另一个"君子曰"，内容为孝子在父母有疾时应如何做，与孝子对父母之谏无关，而排在其后的简7则仍是关于孝子对父母之谏的。这样的顺序会使叙述显得非常凌乱。故本书仍从整理者的意见，将简6与简7连读。连读后语义虽有些极端，然于逻辑和语篇次序无碍。整理者指出《大戴礼记·曾子事父母》有"从而不谏，非孝也；谏而不从，亦非孝也。"《礼记·曲礼》："子之事亲也，三谏而不听，则号泣而随之。"与简文意近。

"孝而不谏，不成〔孝；谏而不从，亦〕不成孝"，缺文从整理者所补。黄人二指出此即《大戴礼记·曾子事父母》"从而不谏，非孝也；谏而不从，亦非孝也"所言之义③。

（三）第　三　章

君子〈曰〉：孝子不负，若在腹中巧变，故父母安7之，如从己起。

君子曰：孝子，父母有疾，冠不奂（缩），行不容，不卒立，不庶语。时昧，攻、禜，行祝于五祀，岂必有益？君子以成其孝8，能事其亲。

君子曰：子性曷？喜于内，不见于外；喜于外，不见于内。愠于外，不见于内。内言不以出，外言不以内（入）。举美废恶昔3，是谓君子。

君子曰：孝子事父母以食，恶美下之9……

君子曰：弟（悌），民之经也。在小不静（争），在大不乱。故为少必听长之命，为贱必听贵之命。从人劝，然则免于戾10。

君子曰：昔者君老，太子朝君，君之母弟是相。太子昃听，庶谒，谒进。太子前之母弟，母弟逊退。前之，太子再三，然后并听之。太子母弟昔1……致命于阇门，以告寺人，寺人内（入）告于君，君曰："召之。"太子

---

① 曹建敦、魏宜辉认为简6应与简8连读。曹建敦：《读上博藏楚竹书〈内礼〉篇札记》，简帛研究网，2005年3月4日。魏宜辉：《读上博楚简（四）札记》，简帛研究网，2005年3月10日。

② 廖名春：《读楚竹书〈内礼〉篇札记》（一），简帛研究网，2005年2月20日。

③ 黄人二：《读上博藏简第四册内礼书后》，"新出战国楚竹书研读会"论文，台湾楚文化研究会，2005年3月12日。

内（入）见，如祭祀之事$_{昔2}$……之必敬，如宾客之事也。君曰："荐礼$_{季康子}$
$_{16}$……尔司各恭尔事，废命不夜（赦）。"①君卒，太子乃无闻、无听、不
问、不命。唯哀悲是思，唯邦之大务是敬$_{昔4}$。②

　　第三章包括简7后半段、8、昔3、9、10、昔1，昔2，季康子16，昔4，包括六个
"君子曰"起首的段落。

　　第一个"君子"下缺一个"曰"字，此据文例补，内容是讲孝子侍奉父母应懂得
变通。"孝子不负"的"负"字作[图]，原释"食"，学者讨论甚多，悬而未定，此从
房振三改释③，从"亡"从"负"，读为"负"。指孝子不违恩忘德，即使父母"谏而
不用"，也应从之④。"若在腹中巧变，故父母安之"从林素清读，若能随时顺着父母
之乐与忧，巧妙地善作变化与调整，那么父母必能顺心满意而觉得安适了⑤。学者多指
出《大戴礼记·曾子事父母》之"孝子唯巧变，故父母安之"可与简文对读。

　　第二个"君子曰"讲父母有疾孝子的行为规范，整理者指出可与《礼记·曲
礼上》"父母有疾，冠者不栉，行不翔，言不惰"对读。"夻"字作[图]，原释
"力"，读"栉"，学者讨论甚多，有"紒"⑥、"饬"⑦等多种读法。对照同出的
《昭王毁室 昭王与龚之脽》简6的"介"字，"人"旁边的两笔不相连，简文与之
形体差异较大，故此从田炜释为"夻"，侯马盟书"夻"字与简文形似，可以读为
"绾"。"冠不绾"指成年的男子因父母有疾而不绾发⑧。

　　"行不容"之"容"简文作"颂"，各家都读为"容"。曹建敦认为指孝子行无

　　① 下有墨迹，似为墨钩。
　　② 下有大墨钩。
　　③ 林素清认为此字中间部分与"贵"近似，故释为"匮"，"孝子不匮"语出《诗经·大
雅·既醉》："孝子不匮，永锡尔类。"并常见引于先秦古籍。曾子以"不匮"为孝道之极至，《礼
记·祭义》："曾子曰：'孝有三，小孝用力，中孝用劳，大孝不匮。'"亦为一说。参林素清：
《释"匮"——兼及〈内礼〉新释与重编（初稿）》，"中国古文字：理论与实践国际研讨会"论
文，芝加哥大学东亚语言与文化学系，2005年5月28—30日。
　　④ 房振三：《上博馆藏楚竹书（四）释字二则》，简帛研究网，2005年4月3日。
　　⑤ 林素清：《释"匮"——兼及〈内礼〉新释与重编（初稿）》。
　　⑥ 曹建敦：《读上博藏楚竹书〈内礼〉篇札记》，简帛研究网，2005年3月4日。
　　⑦ 魏宜辉：《读上博楚简（四）札记》，简帛研究网，2005年3月10日。
　　⑧ 田炜：《读上博竹书（四）琐记》，简帛研究网，2005年4月3日。

礼容①。黄人二认为是说孝子不修饰容貌②。"行不容"的含义也有可能包含两者。原整理者指出《礼记·曲礼上》有"行不翔"可与简文对照，简文"颂"与"翔"音近可通。郑玄注《礼记·曲礼上》"室中不翔"曰："行而张拱曰翔。"③然查诸《礼记·曲礼上》"行不翔"下郑注谓："忧不为容也。"据此，《礼记》中的"行不翔"要表达的很可能就是"行不颂"，可能由于音近致"颂"讹为"翔"。

"不卒立"之"卒"从"爪"从"衣"，讨论甚多，整理者疑为"依"的异体。此从曹建敦改释，同样的字形见于随县衣箱、包山楚简197、201，用作"卒"。"卒"有众意，或通"萃"，也表示聚集之意。"不卒立"指不于人群而立④。

"不庶语"，整理者指出"庶"义为众、多，本句意谓不多说话。据《礼记·曲礼上》"言不惰"郑注："言不惰，忧不在私好。惰，不正之言。"孙希旦认为："言之惰慢不正，无时而可，然朋侪相处，时或戏谑，亦人情所不免，所谓一张一弛之道也。惟父母有疾，则忧存于心，而出言益须谨重。故有同此一言，在平日言之，则为谈笑之常；在有忧出之，则有惰慢之失。"⑤我们以为"不庶语"不仅指"不多言"，同时或许与"言不惰"相关，也有不戏言之意。

"时昧，攻、禜，行祝于五祀"，整理者指出"时昧"即"时在昧爽"。"攻""禜"都是祭名，《周礼·春官·大祝》郑玄注："禜，日月星辰山川之祭也。""行祝"从曹建敦连读，《仪礼·既夕》有"乃行祷于五祀"，简文与此相类。疾病祭祷的五祀是主管日常生活起居的五神祀，具体内容的说法不一，主要有：①指户、灶、中溜、门、行，见于郑玄注《曲礼》和《月令》；②指门、户、井、灶、中溜，以"井"易"行"，见《白虎通》。包山楚墓五祀木牌、湖北云梦睡虎地《日书》乙种所记五祀与郑玄之说相符。因此，东周时期的五祀当指门、户、中溜、灶、行。简文的五祀也当如此。《白虎通》中的以井易行，乃东周以后之事⑥。

第三个"君子曰"讲君子的修养，做事要注意内外有别，喜怒不形于色。

第四个"君子曰"讲的是孝子侍奉父母时在饮食方面的准则。简文残缺，推断其大意是说食物的好坏并不重要，时时刻刻保持一颗感恩、孝顺的心才是最重要的。《大戴礼记·曾子本孝》记曾子有言："君子之孝也，以正致谏；士之孝也，以德从

---

① 曹建敦：《读上博藏楚竹书〈内礼〉篇札记》，简帛研究网，2005年3月4日。

② 黄人二：《读上博藏简第四册内礼书后》，"新出战国楚竹书研读会"论文，台湾楚文化研究会，2005年3月12日。

③ 马承源主编：《上海博物馆藏战国楚竹书》（四），226页。

④ 曹建敦：《读上博藏楚竹书〈内礼〉篇札记》，简帛研究网，2005年3月4日。

⑤ 孙希旦：《礼记·集解》，中华书局，1989年。

⑥ 曹建敦：《读上博藏楚竹书〈内豊〉篇札记》，简帛研究网，2005年3月4日。

命；庶人之孝也，以力恶食。"简文与之相似。

第五个"君子曰"论及"悌"的重要性，在下位者要能够听命于在上位者，遇事要听得进别人的劝勉，这样才能免受祸害。"少"，简文作 [字形]，从整理者读为"少"。

第六个"君子曰"讲述了国君去世前，太子朝见国君的过程。太子在"君之母弟"的辅相之下，按照礼仪规定，恭恭敬敬地去见君父，君父对即将继位的太子进行了一番训导。君父亡后，太子要为亡君守丧，"唯哀悲是思"。"庶谒，谒进"之"谒"简文作 [字形]，重文。字形尚有探讨余地，暂从整理者或说，释为"谒"。"逊退"之"逊"作 [字形]，原读为"送"，此从李锐读，句意为太子想让机会给母弟，母弟谦让①。"致命"从林素清读，意为传达言辞②。陈嘉凌指出"寺人"是供使令的小臣③。

君父对太子所说的话，由于简文残断，所剩不多。类似这种临终顾命，出土文献中还有清华简中的《保训》一篇，讲的是文王临终前对武王的训诫④。这种文章，大多说的都是警戒、劝勉的话，有些还会追述前代史事，以兹为戒。简文所记的武王"遗言"，也应大致如此。

文中涉及"君""太子""君之母弟"。关于这三人的身份，林素清曾据周公在儒家心目中的地位，以及西周初年周公与成王的关系指出，"君之母弟"与"太子"似乎是周公与成王的投影⑤。所论很有启发，但仍缺乏文献上的证据。我们发现《孔子家语·曲礼子夏问》中，有这样一条记载：

> 子夏问于孔子曰："记云，周公相成王，教之以世子之礼，有诸？"孔
> 子曰："昔者成王嗣立，幼未能莅阼，周公摄政而治，抗世子之法于伯禽，
> 欲王之知父子君臣之道，所以善成王也。夫知为人子者，然后可以为人父；
> 知为人臣者，然后可以为人君；知事人者，然后可以使人。是故抗世子法于

---

① 李锐：《上博馆藏楚简（二）初札》，简帛研究网，2003年1月6日。

② 林素清：《上博楚竹书〈昔者君老〉新释》，《上博馆藏战国楚竹书研究续编》，上海书店出版社，2004年。

③ 季旭昇主编，陈美兰、苏建洲、陈嘉凌合撰：《〈上海博物馆藏战国楚竹书（二）〉读本》，95页。

④ 清华大学出土文献研究与保护中心：《清华大学藏战国竹简〈保训〉释文》，《文物》2009年6期。

⑤ 林素清：《上博楚竹书〈昔者君老〉新释》，《上海博物馆藏战国楚竹书研究续编》，196—212页。

伯禽，使成王知父子君臣长幼之义焉。凡君之于世子，亲则父也，尊则君
也，有父之亲，有君之尊，然后兼天下而有之，不可不慎也。"

　　上文所讲"周公相成王"的故事，正是与君臣父子之义联系起来的。文中对于
君臣父子之义的论述模式，与简文几乎一模一样。二者之间的吻合并非孤证。《礼
记·文王世子》篇也有相似记载。

　　　　仲尼曰："昔者周公摄政，践阼而治，抗世子法于伯禽，所以善成王
　　也。闻之曰：'为人臣者，杀其身有益于君则为之。'况于其身以善其君
　　乎？周公优为之，是故知为人子，然后可以为人父；知为人臣，然后可以为
　　人君；知事人，然后能使人。"

　　《孔子家语》中子夏所引用的"记"，可能就是来自《礼记·文王世子》篇。周
公是武王的同母弟，符合简文中"君之母弟"的身份。两相对照，我们可以推断，最
后一个"君子曰"讲的很有可能就是武王终老之前，尚是太子的成王在周公的引导之
下去见武王的事，是作为印证前文论述的事例出现在简文末尾的。

卷十四 《子道饿》

一、概　　况

本篇原释文、注释由濮茅左撰写，内容与孔子学生子游有关，简文中称为"言游"，"言"字写作"詹"。

简文没有墨识符号，发表时包括6枚竹简。发表后，复旦吉大读书会指出简6字迹与其他不同，不属于此篇；而简4可与简5拼合，拼合处的残字应是"将"，之下的字为"见"而非原释"相"；其后依次是简3、简2和简1；简文与孔子并无关系，是说言游因鲁司寇不以礼相待而去鲁，行至宋卫之间一子饿死，门人谏言的故事，故整理者原拟的篇题"子道饿"并不合适，可以改题为《言游》或《颜游》①。所论甚确。然为避免混淆，篇名仍依原拟。

由于简文残缺不少，还有一些关键之处没有弄明白。学者有诸多讨论，马志亮做过较全面地整理，可以参看②。

二、校　　读

　　鲁司寇奇言游于逡楚，曰："除乎！司寇₄〔将〕见我。"门人既除，而司寇不至。言游去。司₅〔寇〕……"将安往？"言游曰："食而弗与为礼，是商工畜₃之也。偓也修其德行，以受商工之食于子，于偓伪，于子损，于是乎何待？"遂行，至宋卫之间，其一₂子道饿而死焉。门人谏曰："吾子齿年长矣，家害甚急，生未有所定，愿吾子之图之也。"言游₁……

简文虽然不长，却有多处含义难明。首先是第一句"鲁司寇奇言游于逡楚"。

---

① 复旦吉大古文字专业研究生联合读书会：《上博八〈子道饿〉校读》，复旦大学出土文献与古文字研究中心网，2011年7月17日。本节引述此文意见简称为"复旦吉大读书会"，不再出注。

② 马志亮：《〈上海博物馆藏战国楚竹书（八）〉集释》，武汉大学硕士学位论文，2012年5月。

"言游"毫无疑问就是孔子弟子言偃,字子游。但由于文献载孔子曾为鲁司寇,故这里的"鲁司寇"到底是谁,学者产生了分歧。整理者指出,孔子作鲁司寇时是56岁,而文献载子游少孔子45岁,当时还是个孩子,本篇子游却已传道,身边有弟子,故简文中的"鲁司寇"并非孔子,而为孔子之后的继任者。大多数学者也是这样认为的。但陈伟认为简文"鲁司寇"就是指孔子,简文是以孔子过去的职衔相称,简文的故事应发生在孔子周游列国、重返鲁国之后①。从下文子游与司寇的对话来看,子游要离开,原因是"食而弗与为礼"云云,与孔子的生平经历无关,似乎前一种说法的可能性更大。

"奇言游"的"奇"字,复旦吉大读书会认为是动词,读法待考。刘洪涛读为"寄",可能是寄政、寄食之意,简文是说鲁司寇安排言游工作(舍食)②。

"逡楚",陈伟认为是一位权贵,下文"曰"的主体就是逡楚,他认为鲁司寇既然向他推荐言游,应该会登门造访,因而让门人打扫③。刘洪涛则认为"逡楚"可能是人名(鲁司冠向他推荐言游),也可能是地名(鲁司冠任命言游做逡楚这个地方的执政,类似子路为季氏宰)④。

关于此句,陈剑的看法最显独特。他认为"鲁司寇奇言游于逡楚"应分为"鲁司寇奇"与"言游于逡楚"两句来读。"奇"应是鲁司寇要举行的某一种礼仪,可能读为"燕(晏)"。"逡楚"则分别读为"述""胥"。鲁司寇要举行"奇"礼,言游以为他一定会来请自己去,焦急地在路上等待,结果鲁司寇却没有来。简3言游说的"食而弗与为礼"是指鲁司寇可以供养我,却不愿意与我一起为礼。因而才决定离开鲁国,就像《史记·孔子世家》记孔子因鲁定公"不致膰俎于大夫。孔子遂行"一样⑤。

此句之所以难读,很大程度上是因为下文"曰"的主语不明。如果简4就是故事的开头,前面没有缺损的话,文章的第一句就是"鲁司寇奇言游于逡楚,曰……"。而"曰"前省略的主语就是"鲁司寇";然而从说话内容"除乎!司寇〔将〕见我"⑥来看,说话的人却不可能是鲁司寇。这就产生了矛盾。陈剑将"鲁司寇奇言游于逡楚"断为两句,使得"言游"成为主语,而陈伟将"逡楚"理解为一位权贵,认为"曰"的主语是"逡楚",都是为了解决这个问题。

---

①　陈伟:《"鲁司寇寄言游于逡楚"试说》,简帛网,2011年7月21日。

②　见刘洪涛2011年7月17日于复旦大学出土文献与古文字中心网站《上博八〈子道饿〉校读》文后的发言。

③　陈伟:《"鲁司寇寄言游于逡楚"试说》,简帛网,2011年7月21日。

④　见刘洪涛2011年7月17日于《上博八〈子道饿〉校读》文后的发言。

⑤　陈剑:《〈上博八·子道饿〉补说》,复旦大学出土文献与古文字研究中心网站,2011年7月19日。

⑥　"除""见",从复旦吉大读书会释读。

古代文献中承前省略主语的情况其实并不少见，楚简中也有类似的例子。上博简《昭王毁室》记楚昭王新造宫室后有一人说新室建在亡父所葬之处，导致无法将父母合葬，最后昭王命人毁掉新室。此人闯入新室找人理论，简文记曰："至闺，卜令尹陈眚为视日，告：'仆之母……'"如果只看"至闺"之后的文字——"卜令尹陈眚为视日，告"——就很容易把"告"之后的话理解为陈眚所言，但只要联系上下文，就很容易看出这里的话应是闯入新室的这个人说的，与"至闺"前所省略的主语是同一个人。如果简文残缺了"至闺"之前的部分，显然会给读者的理解产生很大的困扰。

本篇简文的解读也应考虑到这种情况。上述学者关于此句的讨论，基本上都是把拼合后的简4与简5当作本篇的第一支简来读的。其实简4也可能并不是故事的开头，前面还有缺失的内容①。这种情况也不能排除。所以对说话人的判断应结合全篇内容来进行，不能只看局部。联系下文来看，我们觉得说话人更像是言游而不是"逸楚"。言游去鲁后曾说"食而弗与为礼，是商工畜之也"。他离开的原因明显与"司寇不至"有关，所以前文命门人扫除的应该就是言游，"司寇将见我"之"我"也是言游自谓。其次，简2有"述"字（读为"遂"），写法与"逸"明显不同。若把此处的"逸"读为"述"，恐怕还需要更多的论证。

简5与简3之间的缺文，复旦吉大读书会认为应当是"（司寇）遣人追及言游而问之"一类的语句。"商工"写作"兽工"，暂从陈剑读为"商工"，即商贾百工。"礼不下庶人"，"商工"更下于庶人一等，故不得与于礼。言游以为，鲁司寇为礼而己不得与，是以商工畜己；于己实非商工而受商工之食，是为伪；己为修德行之儒，不能如鲁司寇所畜之商生利、工生器，故于鲁司寇为损②。

"其一子道饿而死焉"，整理者认为是指孔子困厄陈蔡的典故。复旦吉大读书会指出当指言游之子在宋卫之间饿死的事实。"焉"指代"饿而死"的地点。所论甚确。

"家眚"之"眚"可如字读③，义为败，损坏。《易·说卦》："其于舆也。为多眚。""家眚甚急"是门人劝说子游现下情况危急，生存堪忧，应好好谋划。"家"既指子游一家，也应包括追随子游的门人在内。简文最后的内容已经残缺不全，据前文推测，应是子游对门人的建议的回应。

---

① "小狐"在陈剑《〈上博八·子道饿〉补说》下的评论（第6楼）也提到这一点。

② 陈剑：《〈上博八·子道饿〉补说》，复旦大学出土文献与古文字研究中心网站，2011年7月19日。

③ 张崇礼有类似观点，认为可训为"疾苦"，见2011年7月17日在复旦大学出土文献与古文字研究中心网站《上博八〈子道饿〉校读》文后的发言。

卷十五　《从政》

一、概　　况

　　本篇是以"闻之曰"起始的语录汇编，内容主要是关于如何为政、君子的修身要求等，与儒家思想较为接近。原释文、注释由张光裕撰写。现存完、残简25枚，原分为甲、乙两篇，甲篇有19枚竹简，乙篇有6枚竹简。发表后，陈剑指出两篇在竹简形制、字体等方面都看不出明显差别，分属甲、乙篇的竹简也有可以拼合连读之处，因而二者应是一篇。原甲篇简19墨识符号下有留白，应为末简①。所论甚确。

　　简文使用了两种墨识符号：一是常见的重文/合文符号，写作"＝"；二是停顿号，写作一条短横，用于"闻之曰"语段后，有的还出现于"闻之曰"中，甲19句末短横后留白，具有表示篇章结束的作用。

　　在竹简的编连以及简文的释读方面，学者进行了很多探讨②，对于简文的解读提供了很好的帮助。陈剑指出除整理者已经连读的原甲篇简1、2和5—7，原乙篇简1、2以外，甲17、甲18、甲12、乙5、甲11也可连读，整理者连读的甲5—甲7前与甲15连读，甲16、乙3也应连读，甲8与甲9也有连读的可能③。观诸图版可知，本篇残简多为原简的上半段，属于下半段的仅有甲7和乙5两枚。整理者已经指出甲6、甲7应当连缀为一支；而上述陈剑连读的甲12和乙5，分属原简的上段和下段，亦可缀合为一支。此外，我们认为乙4与乙6也有可能连读（详见校读部分），简文可分为五个编连组④：第一个

────────────────

　　①　陈剑：《上博简〈子羔〉、〈从政〉篇的拼合与编连问题小议》，简帛研究网，2003年1月8日，后正式发表于《文物》2003年5期，56—59、64页。

　　②　可参陈剑：《上博简〈子羔〉、〈从政〉篇的拼合与编连问题小议》；《上海博物馆藏战国楚竹书〈从政〉篇研究（三题）》，《简帛研究：二〇〇五》，30—43页；王中江：《〈从政〉重编校注》，简帛研究网2003年1月16日；杨朝明：《上博竹书〈从政〉篇分章释文》，简帛研究网，2003年5月11日；周凤五：《读上博楚竹书〈从政〉甲篇札记》，《上海博物馆藏战国楚竹书研究续编》，181—195页；陈伟：《上海博物馆藏楚竹书〈从政〉校读》，简帛研究网，2003年1月10日。

　　③　陈剑：《上博简〈子羔〉、〈从政〉篇的拼合与编连问题小议》。

　　④　其中第一组是整理者的意见，第二、三、四组竹简的编连参考了陈剑的意见，第五组参考史仪的意见。参陈剑：《上博简〈子羔〉、〈从政〉篇的拼合与编连问题小议》；史仪：《〈从政〉篇编连拾遗》，简帛研究网，2003年1月17日。

编连组是简甲1、甲2，甲3、甲4，包含两个"闻之曰"；第二个编连组是简甲17、甲18、［甲12+乙5］、甲11，包含三个"闻之曰"；第三个编连组是简甲15、甲5、［甲6+甲7］，乙1、乙2，大致包含两个"闻之曰"；第四个编连组是简甲16、乙3，包含三个"闻之曰"；第五个编连组是简乙4、乙6、甲8、甲9，包含三个"闻之曰"；其余为顺序不能确定的散简有甲10、甲13、甲14，都为上半段，全篇的最后一支竹简是甲19。

由于这种言论汇编的形式比较零散，再加上竹简的残损，全篇简文尚不能通读。考虑到简文以"闻之曰"的形式叙述，且几乎每段"闻之曰"后都有停顿符，故可以"闻之曰"来分章。为便于叙述，在每个"闻之曰"前用上标的方式标明其序号。

二、校　　读

（一）

　　¹闻之曰：昔三代之明王之有天下者，莫之舍（予）也，而□取之，民皆以为义。夫是则守之以信，教_{甲1}之以义，行之以礼也。其乱王舍（予）人邦家土地，而民或弗义_{甲2}……礼则寡而为仁，教之以刑则逐〈遴〉①。

　　²闻之曰：善人，善人也。是以得贤士一人，一人誉_{甲3}……四邻。失贤士一人，方（谤）亦反是。是故君子慎言而不慎事②_{甲4}……

第一部分包括两章。

第一章"舍"字从陈伟读为"予"，"余""予"通假古书常见③。"取之"前一字残不可识，后半段残缺。推测其大意是，三代明王依靠暴力革命夺取天下，民众都认为是很正当的，这是因为他们能推行礼义。而"乱王"失去天下，人民却认为他们不义，是因为他们不能推行礼义。"教之以刑则逐"，"逐"字白于蓝认为是"遴"之误④。

---

① 下有短横。
② 下有短横。
③ 陈伟：《上海博物馆藏楚竹书〈从政〉校读》。
④ 白于蓝：《简牍帛书通假字字典》，98页；转引自侯乃峰：《上博楚简儒学文献校理》，144页。

古书中经常提到三代的故事。简文"三代之明王之有天下",讲的是夏商周的开国故事,涉及的当是夏启、商汤、周武王。《子羔》讲"三王者之作",是讲夏商周的始祖禹、契、后稷,与本篇所讲的开国国君有别。

整理者指出,《左传·昭公六年》的记述与简文比较接近:"昔先王议事以制,不为刑辟,惧民之有争心也。犹不可禁御,是故闲之以义,纠之以政,行之以礼,守之以信,奉之以仁,制为禄位以劝其从,严断刑罚以威其淫……"这段话出现在叔向给子产的信中,是叔向对子产铸刑鼎的反对之词。这里的"闻之曰"有可能是闻之于叔向。

第二章说的是要善于发现并任用贤士。"善人"是古书中常见的概念,如《论语·子路》说"善人为邦百年"。简文指的是善于用人的人。这段话说的是,"善人"比较善于发现和应用人才,得到一个人才,会有得到这个人带来的声誉;失去一个人才,则会招致相应的毁谤。儒家主张谨慎言行的,这里说"君子慎言而不慎事……"未免让人费解,不过考虑到竹简残断,其后文字缺失,简文也不一定说的就是君子不需要行为谨慎。

(二)

三 ……〔君子先〕人则启道之,后人则奉相之。是以日君子难得而易事也,其使人,器之①。小人先人则抵敌之甲17,〔后人〕则暴毁之。是以日小人易得而难事也,其使人,必求备焉②。

四 闻之曰:行在己而名在人,名难争也甲18。敦行不倦,持善不厌,虽世不识,必或知之。是故甲12君子强行以待名之至也。君子闻善言,以改其乙5言;见善行,纳其身焉,可谓学矣③。

五 闻之曰:可言而不可行,君子不言;可行而不可言,君子不行甲11。

第二部分包括三章。

第三章内容稍残,讲的是君子与小人两种完全不同的为人处事态度。君子无论在人前还是人后,都会为别人着想,帮助别人。小人如果地位比别人高就欺负别人,地位低就陷害、诋毁别人。所以君子难得却很容易事奉,对下属会量才以用。小人易得却很难事奉,对待下属总是求全责备。

---

① 下有短横。

② 下有短横。

③ 下有短横。

　　"小人先人则抵敔之"之"抵"简文作![字形]，字形存疑，暂从侯乃峰释读①。"暴毁"之"暴"字形未见，从周凤五释读，"暴毁"即急切地毁谤②。

　　整理者指出，《论语·子路》记孔子说："君子易事而难说也。说之不以其道，不说也；及其使人也，器之。小人难事而易说也。说之虽不以道，说也；及其使人也，求备焉。"可与简文对读。此外，杨泽生还指出《荀子·不苟》中亦有与简文相似的言论，如下：

　　　　君子易知而难狎……君子能亦好，不能亦好；小人能亦丑，不能亦丑。
　　君子能则宽容易直以开道人，不能则恭敬缛绌以畏事人；小人能则倨傲僻违
　　以骄溢人，不能则妒嫉怨诽以倾覆人……③

　　第四章保存基本完整，讲的是不要太在乎名誉，不管外界对自己的评价如何，君子都应该持之以恒地践行自己的理想，并且积极地从外界环境中吸取善言善行，融为己用。这种"君子强行以待名之至"的精神，符合孔子的形象与人生经历。孔子力图恢复西周社会的理想，正是知其不可而为之。我们发现，与简文"行在己而名在人"相似的表达又见于《逸周书·谥法解》"是以大行受大名，细行受小名，行出于己，名生于人"，二者可以对读。

　　第五章讲君子言行要一致。整理者指出，此章内容又见于《缁衣》。今本《礼记·缁衣》："可言也，不可行，君子弗言也；可行也，不可言，君子弗行也。"上博及郭店简《缁衣》："子曰：可言不可行，君子弗言；可行不可言，君子弗行。"这里的"闻之曰"是闻之于孔子。

（三）

　　六……毋暴、毋虐、毋贼、毋贪。不修不武，谓之必成，则暴④；不教而杀，则虐⑤；命无时，事必有期，则贼⑥；为利枉甲15事，则贪⑦。

---

① 侯乃峰：《上博楚简儒学文献校理》，146页。
② 周凤五：《读上博楚竹书〈从政〉甲篇札记》。
③ 杨泽生：《〈上海博物馆所藏竹书（二）〉补释》，简帛研究网，2003年2月15日。
④ 下有短横。
⑤ 下有短横。
⑥ 下有短横。
⑦ 下有短横。

七闻之曰：从政敦五德^①、固三折（制）^②、除十怨^③。五德：一曰缓^④，二曰恭^⑤，三曰惠^⑥，四曰仁^⑦，五曰敬^⑧。君子不缓则无_{甲5}以容百姓^⑨，不恭则无以除辱^⑩，不惠则无以聚民^⑪，不仁_{甲6}则无以行政^⑫，不敬则事无成^⑬。三折：持行视上衣食_{甲7}……〔九〕曰犯人之务^⑭，十曰口惠而不继^⑮。兴邦家，治政教，从命则正不劳，弇戒先匿则自欺始，显嘉劝信则伪_{乙1}不彰^⑯，毋占民敛则同，不数法盈恶则民不怨^⑰。

八闻之曰_{乙2}……

第三部分包括三章，讲的主要是从政需要注意的几个方面。

第六章讲从政的"四毋"，即"暴""虐""贼""贪"。"虐"字简文模糊，整理者隶定为从"示""虎""口"，陈剑读为"虐"，相似用法又见郭店本《缁衣》^⑱。

第七章讲从政所应具有的"五德"，坚持的"三折（制）"与废除的"十怨"。"五德"分别为缓、恭、惠、仁、敬。"三折（制）"与"十怨"残缺，现存只有"持行视上衣食"一制，以及"犯人之务""口惠而不继^⑲"两怨。整理者指出，《礼记·表记》记孔子言有"口惠而实不至，怨菑及其身"，郭店简《忠信之道》有"口

---

① 下有短横。
② 下有短横。
③ 下有短横。
④ 下有短横。
⑤ 下有短横。
⑥ 下有短横。
⑦ 下有短横。
⑧ 下有短横。
⑨ 下有短横。
⑩ 下有短横。
⑪ 下有短横。
⑫ 下有短横。
⑬ 下有短横。
⑭ 下有短横。
⑮ 下有短横。
⑯ 下有短横。
⑰ 下有短横。
⑱ 陈剑：《上博简〈子羔〉、〈从政〉篇的拼合与编连问题小议》。
⑲ "继"简文作"係"，此从陈剑改读，参其文：《上海博物馆藏战国楚竹书〈从政〉研究（三题）》。

惠而实弗从，君子弗言尔"，与简文的"口惠而不继"含义相近。根据现存简文可以推测，这一章讲的可能是维持社会安定的从政之道。

学者指出，第六、七章的内容与《论语》中《尧曰》《阳货》的关系非常密切，此处的"闻之曰"可能是孔子之言。[①]此引如下：

　　子张问于孔子曰："何如，斯可以从政矣？"子曰："尊五美，屏四恶，斯可以从政矣。"子张曰："何谓五美？"曰："君子惠而不费，劳而不怨，欲而不贪，泰而不骄，威而不猛。"子张曰："何谓惠而不费？"子曰："因民之所利而利之，斯不亦惠而不费乎？择可劳而劳之，又谁怨？欲仁而得仁，又焉贪？君子无众寡、无小大、无敢慢，斯不亦泰而不骄乎？君子正其衣冠，尊其瞻视，俨然人望而畏之，斯不亦威而不猛乎？"子张曰："何谓四恶？"子曰："不教而杀谓之虐，不戒视成谓之暴，慢令致期谓之贼，犹之与人也，出纳之吝，谓之有司。"（《论语·尧曰》）

　　子张问仁于孔子，孔子曰："能行五者于天下为仁矣。"请问之，曰："恭、宽、信、敏、惠。恭则不侮，宽则得众，信则人任焉，敏则有功，惠则足以使人。"（《论语·阳货》）

简文"四毋"对应《论语》中的"四恶"，"五德"对应《论语》中的"五美"。陈剑指出，"四毋"还见于《荀子·宥坐》，《韩诗外传》卷三第二十二章、卷三第二十四章，以及《孔子家语·始诛》等文献。

　　孔子为鲁司寇，有父子讼者，孔子拘之，三月不别，其父请止，孔子舍之。季孙闻之，不说……孔子慨然叹曰："……嫚令谨诛，贼也；今生也有时，敛也无时，暴也；不教而责成功，虐也。已此三者，然后刑可即也。"（《荀子·宥坐》）

　　孔子曰："不戒责成，害也。慢令致期，暴也。不教而诛，贼也。君子为政，避此三者。"（《韩诗外传》卷三第二十二章）

　　子贡曰："……赐闻之，托法而治谓之暴，不戒致期谓之虐，不教而诛谓之贼，以身胜人谓之责。责者失身，贼者失臣，虐者失政，暴者失民。"（《韩诗外传》卷三第二十四章）

----

① 陈剑：《上博简〈子羔〉、〈从政〉篇的拼合与编连问题小议》，简帛研究网，2003年1月8日；周凤五：《读上博楚竹书〈从政〉甲篇札记》，《上海博物馆藏战国楚竹书研究续编》，181—195页等。

冉有以告孔子，子喟然叹曰：“呜呼！上失其道，而杀其下，非理也。不教以孝，而听其狱，是杀不辜。三军大败，不可斩也。狱犴不治，不可刑也。何者？上教之不行，罪不在民故也。夫慢令谨诛，贼也。征敛无时，暴也。不试责成，虐也。政无此三者，然后刑可即也……”（《孔子家语·始诛》）

简文与今本对应的是“暴”“虐”“贼”三恶。《论语》中的第四恶是“犹之与人也，出纳之吝，谓之有司”，李零指出这句话其实是对前三项的总结，是以“吝”喻“苛”①。《韩诗外传》中的“责”其实也相当于“苛”。所谓“四恶”，传世文献中记载的多是“三恶”。简文“四毋”第一次把孔子口中的第四恶明确展示出来，那就是“贪”。以往对于第四恶的理解都很模糊，结合简文来看，最接近的当数刘光第《论语札记》中的解释：“虐暴贼正与骄猛字相应，欲其无怨，不可得已。欲出则吝其利，欲纳则又吝其名，无大德，而屑屑计较于小惠之间，是有司之事也。吝字、有司字正与贪字相应，欲其无费，不可得已。”②

第七章的“五德”除《论语·尧曰》所说的“五美”，即“惠而不费，劳而不怨，欲而不贪，泰而不骄，威而不猛”之外，上引周凤五文指出《论语·阳货》“子张问仁”章记载孔子对子张说的“恭、宽、信、敏、惠”③也是类似表述。

（四）

九……以犯赓犯见不训行以出之④。

十闻之曰：君子乐则治正⑤，忧则甲16〔□，怒则□，惧则□，耻则〕复⑥。小人乐则疑⑦，忧则昏⑧，怒则胜⑨，惧则倍⑩，耻则犯⑪。

---

① 李零：《丧家狗——我读〈论语〉》，336页。
② 程树德：《论语集释》，1375页。
③ 子张问仁于孔子，孔子曰：“能行五者于天下，为仁矣。”请问之。曰：“恭宽信敏惠。恭则不侮，宽则得众，信则人任焉，敏则有功，惠则足以使人。”
④ 下有短横。
⑤ 下有短横。
⑥ 下有短横。
⑦ 下有短横。
⑧ 下有短横。
⑨ 下有短横。
⑩ 下有短横。
⑪ 下有短横。

^{十一}闻之曰：从政不治则乱^①，治已至，则_{乙3}……

第九章仅存末尾，含义不明。

第十章说的是君子与小人在不同的情绪下所做出的不同反应，涉及乐、忧、怒、惧、耻、复、疑、昏、胜、倍、犯等心理和行为。"君子"部分残缺，陈剑根据下文讲"小人"的部分，补充竹简缺文为"□，怒则□，惧则□，耻则"，"耻则复"，是说君子若有耻辱之事，就会反省自己，跟下面讲的小人耻则犯他人不同^②。《礼记·乐记》有"君子曰：礼乐不可斯须去身。致乐以治心，则易直子谅之心油然生矣"，简文说"君子乐则治正"的意思大概是君子以礼乐来端正自己的内心。"小人"在不同情绪下的反应与"君子"很不一样，乐则疑，忧则昏，怒则好胜，惧则会背叛，耻则侵犯他人。

郭店楚简《语丛二》是一篇讨论人的性情、心理、行为的文献，兹摘录相关简文如下：

情生于性，礼生于情，严生于礼，敬生于严，望生于敬，耻生于望，恝生于耻，廉生于恝。

喜生于性，乐生于喜，悲生于乐。

恶生于性，怒生于恶，胜生于怒，惎生于胜，贼生于惎。

愠生于性，忧生于愠，哀生于忧。

惧生于性，慊生于惧，望生于慊。

弱生于性，疑生于弱，北生于疑。

愠生于忧^③。

《语丛二》讲的是一种情绪演变为另一种情绪和行为的心理过程，这是从普遍的意义上来讲人性中的弱点，具有警醒世人的作用。修身养性要了解人天生的情绪变化规律，要学会控制它们而不是被它们控制。属于儒家关于修身养性的相关理论，与现代心理学的认识有相似之处。而本篇简文讲君子与小人在不同情绪下的不同反应，一正一反。

两篇简文最大的不同在于是否将情绪变化的主体进行不同的区分。《语丛二》论

----

① 下有短横。

② 陈剑：《上博简〈子羔〉、〈从政〉篇的拼合与编连问题小议》。

③ 释文引自李零：《郭店楚简校读记》，220、221页。

述的种种情绪变化对于每个人都是适用的。《从政》则完全不同，它认为君子和小人这两种人群在同一种情绪下会有完全不同的反应。由之我们也可以进一步推测，两篇所属学派或有不同。

第十一章残，大意是从政一定要好好治理国家，不然就会大乱。陈剑指出《大戴礼记·子张问入官》有"孔子曰：'有善勿专，……故君子南面临官，不治则乱至，乱至则争，争之至又反于乱；是故宽裕以容其民……'"，可与简文对读①。

（五）

　……也。

　十二 闻之曰：惩悔而恭逊，教之劝也。温良而忠敬，仁之宗也乙₄……〔仁而〕不武，则志不匿②，仁而不智，则乙₆……〔仁〕而不智，则逢灾害③。

　十三 闻之曰：从政有七机，狱则兴，威则民不道④，漓（严）则失众⑤，猛则无新（亲）⑥，罚则民逃⑦，好刑甲₈〈则不祥，好〉〔杀〕则民作乱⑧。凡此七者，政之所殆也。

　十四 闻之曰：志气不旨，其事不甲₉……

第十二章残。乙₆主要围绕"仁""武""智"等概念来谈。"不武"前所缺的部分，范常喜试补"勇而"二字，全句理解为勇敢但不讲究使用武力所应遵守的道义准则，"匿"理解为恻隐之心⑨。侯乃峰引述其说，但谓"匿"可读为"若"，训为"顺"，"志不匿（若）"指意志不得顺遂⑩。所论很有启发。

然而"勇而不武"文献并不多见，比较常见的句式为"仁而不……"，《左传·宣公四年》更记有："君子曰：'仁而不武，无能达也。'"与上述范补、侯读之后的简文含义非常近似。故我们怀疑，"不武"前所缺的二字应是"仁而"，"仁

①　陈剑：《上海博物馆藏战国楚竹书〈从政〉研究（三题）》。

②　下有短横。

③　下有短横。

④　下有短横。

⑤　下有短横。

⑥　下有短横。

⑦　下有短横。

⑧　下有短横。

⑨　范常喜：《〈上博二·从政乙〉札记二则》，《简帛语言文字研究》（第五辑），巴蜀书社，2010年，107—119页。

⑩　侯乃峰：《上博楚简儒学文献校理》，155页。

而不武"与之后的"仁而不智"是并列的排比句，不难发现此章所论的核心概念是"仁"。我们怀疑其上可与同样论及"仁"的乙4连读。

乙4的"愆悔"从陈伟释读，第一字右上作"欠"，右下作"曰"，亦见于郭店简《性自命出》62号简，此处可读为"愆"，"愆悔"是悔过的意思①。简文的大意是，懂得自我反省并且保持恭敬谦逊，才能接受教化，性格温和忠敬，是为仁的关键。

可见，两简都围绕"仁"来论述，内容上存在较为紧密的联系。乙4与乙6都为原简的上半段，乙4更长一些，其下大约还缺十五字。两简连读后语意非常顺畅，论述轨迹是从教化的目标——"愆悔而恭逊""温良而忠敬"谈起，再言及坚守"仁"道的同时所应具有的品质。

第十三章较完整，讲的是从政要注意的七个很重要的方面。学者已经指出从内容上看，简甲8与甲9可以补字连读，甲9简首部分残缺一字，连接处简文为"好刑□则民作乱"，但陈剑亦指出这样连读的后果是简文所讲的从政"七机"就只有"六机"②。

其实这段话又见于同批所出的《季康子问于孔子》篇简10，是孔子听闻的臧文仲之言：

　　丘闻之臧文仲有言曰："君子强则遗，威则民不道，严则失众，猛则无亲，好刑则不祥，好杀则作乱。"

二者对比可以看出，本篇的"好刑□则民作乱"，可能本来应该是"好刑则不祥，好杀则民作乱"③。甲9简首残缺的一个字可能是"杀"，书手抄写时误脱去了中间的"则不祥好"四个字，从而导致简文变成了"好刑杀则民作乱"，从政的"七机"也就变成了"六机"。

"盬（严）则失众"，"盬"陈剑指出是"盐"的异体字，可读为"严"。"严则失众"，与《论语》"宽则得众"相似，分别见于《阳货》《尧曰》两篇④。

①　陈伟：《上海博物馆藏楚竹书〈从政〉校读》。
②　陈剑：《上博简〈子羔〉、〈从政〉篇的拼合与编连问题小议》，简帛研究网，2003年1月8日，后正式发表于《文物》2003年5期，56—59页；周凤五：《读上博楚竹书〈从政〉甲篇札记》，《上海博物馆藏战国楚竹书研究续编》，181—195页。
③　禤健聪也有此说，见其文：《上博楚简（五）零札》（一），简帛网，2006年2月24日。
④　陈剑：《上海博物馆藏战国楚竹书〈从政〉研究》（三题）。

（六）散　　简

……〔闻之〕曰：从政所务三①，敬、诽、信。信则得众②，诽则远戾，远戾所以_{甲10}……

……然后能立道③。闻之曰：君子之相就也，不必在近昵乐_{甲13}……

……有所有余而不敢尽之④，有所不足而不敢弗_{甲14}……

……之人可也。闻之曰：行险致命，饥寒而毋忨，从事而毋讻，君子不以流言伤人⑤_{甲19}。

除甲19基本完整，并且可以确定为本篇最后的一枚竹简外，其余三枚都是原简的上半段，先后顺序也不确定。

甲10讲从政要做到的三个方面，即"敬""诽""信"。"诽"，原整理者引《说文》段注曰："后人多用挑字。"并根据简文"诽则远戾"，推测此字有"择言""择善"的意思。

甲13大意是君子之交不要太过亲昵。

甲14陈伟指出《礼记·中庸》记孔子言有"有所不足，不敢不勉，有余不敢尽，言顾行，行顾言"，与简文相合⑥。此外，《弟子问》简13记孔子之言，有"君子无所不足，无所有余"，与简文此章含义相关，但二者形制、字体均不同，不能连读。本章大意是说，自己的才能若有不足，不敢不勉力行之，自己的才能如果有余，不敢尽其才能以过于人。

最后一章的"行险致命"，陈剑指出与《论语·子张》首章"子张曰：'士见危致命……'"相合⑦。"饥"简文作　，"忨"作　，从周凤五释读，有恨、忧、惧等意⑧。"讻"有众口纷喧、争论是非的意思。简文讲的是君子所应具有的特质，包括不惧危险、不怕饥寒、少说话多做事，不要介入无谓的是非争斗，不散播流言伤害别人。

---

①　下有短横。

②　下有短横。

③　下有短横。

④　下有短横。

⑤　下有短横。

⑥　陈伟：《上海博物馆藏楚竹书〈从政〉校读》，简帛研究网，2003年1月10日。

⑦　陈剑：《上海博物馆藏战国楚竹书〈从政〉研究》（三题）。

⑧　周凤五：《读上博楚竹书〈从政〉甲篇札记》，《上海博物馆藏战国楚竹书研究续编》，181—195页。

附论　"闻之曰"的来源

　　《从政》所记"闻之曰"的内容有很多与传世文献相似的部分，我们在"校读"部分已经列于相关简文之后。如学者已经指出，第六、七章关于"四毋"与"五德"的内容与《论语》之《尧曰》的关系非常密切①。第七章的"五德"除《论语·尧曰》所说的"五美"（即"惠而不费，劳而不怨，欲而不贪，泰而不骄，威而不猛"）之外，周凤五还指出《论语·阳货》"子张问仁"章记载孔子对子张说的"恭、宽、信、敏、惠"②也是类似的表述，两者相比，《论语》是简文的蓝本，简文是对《论语》中相关章节的展开③。

　　简文可与传世文献对照的部分，除一处为叔向的话之外，大多数是孔子之言，见于《论语》《礼记》《韩诗外传》等儒家典籍，还有些出于子贡、子张等孔子直系弟子之口，以及荀子这样的儒门后学。故而学者多认为简文与孔子及其弟子有着密切的关系。陈伟认为简文或许是今传《论语》的祖本系统，或者是与之并行的另外一系④。周凤五、陈剑根据简文中与传世文献可对照的部分多与子张有关，推断出简文与子张的关系密切，很有可能是子张之儒所传。陈剑进一步指出从《论语》等文献看，子张的兴趣或倾向正偏重于政事、修身两个方面，尤其是政事方面⑤。这与简文表现的主题是一致的⑥。杨朝明则认为简文以"闻之曰"的形式记录孔子之言，这种体例非常类似《礼记》中原属于《子思子》的《缁衣》《表记》《坊记》与《中庸》，并据此推测

---

　　①　陈剑：《上博简〈子羔〉、〈从政〉篇的拼合与编连问题小议》，简帛研究网，2003年1月8日；周凤五：《读上博楚竹书〈从政〉甲篇札记》，《上海博物馆藏战国楚竹书研究续编》，181—195页等。

　　②　引者按：子张问仁于孔子，孔子曰："能行五者于天下，为仁矣。"请问之。曰："恭宽信敏惠。恭则不侮，宽则得众，信则人任焉，敏则有功，惠则足以使人。"

　　③　周凤五：《读上博楚竹书〈从政〉甲篇札记》，《上海博物馆藏战国楚竹书研究续编》，181—195页等。

　　④　陈伟：《上海博物馆藏楚竹书〈从政〉校读》，简帛研究网，2003年1月10日。

　　⑤　有关子张的传世文献有《论语》中的"子张学干禄"（《为政》）、"子张问政"（《颜渊》）、《尧曰》问"何如斯可以从政矣"、"子张问行"（《卫灵公》）、"子张问善人之道"（《先进》）、"子张问明"（《颜渊》）、"子张问崇德辨惑"（《颜渊》）、"子张问仁于孔子"（《阳货》）、《大戴礼记·子张问入官》等。

　　⑥　周凤五：《读上博楚竹书〈从政〉甲篇札记》，《上海博物馆藏战国楚竹书研究续编》，181—195页；陈剑：《上海博物馆藏战国楚竹书〈从政〉篇研究》（三题），《简帛研究：二〇〇五》，30—43页。

简文与之同为子思的作品①。

其实古人常以"闻之曰"起始引用贤达之言。有的写明主语，如《礼记》有"子贡闻之曰""曾子闻之曰"，《左传》有"臧文仲闻之曰"等。还有一些"闻之曰"前并没有主语，是以"闻之曰"起始的一种体裁，《荀子·尧问》《庄子·德充符》《礼记·文王世子》等传世文献中有很多这样的段落。我们认为，这种"闻之曰"的体裁，是前印刷时代信息口头传播方式在文字记录中的遗留。简文"闻之曰"对应的传世文献无论出于哪位儒门后学的之口，很有可能都来自孔子的传授。那么孔子又是从哪里"闻之"的呢？

李零考查过孔子的知识来源。《论语·子张》记孔子无"常师"，《史记》中的记载是：

> 孔子之所严事：於周则老子；於卫，蘧伯玉；於齐，晏平仲；於楚，老莱子；於郑，子产；於鲁，孟公绰。数称臧文仲、柳下惠、铜鞮伯华、介山子然，孔子皆后之，不并世。

老子、蘧伯玉等是孔子师法的对象。孔子读过的书主要是当时的"六艺"之书②。

除此之外，《史记》还记载了孔子曾向师襄子学鼓琴，《礼记·乐记》记孔子曾向苌弘问乐。《左传·昭公十七年》记郯子来朝，孔子向郯子学少昊官制。《庄子·则阳》记孔子问大史大弢、伯长骞、狶韦，卫灵公谥号由来。《荀子·宥坐》记孔子向守庙者请教欹器。

至于孔子引用过的书，据《左传》记载有一种叫"志"，还有一种是"夏书"。

> 仲尼曰："志有之：'言以足志，文以足言。'"（襄公二十五年）
> 仲尼曰："古也有志：'克己复礼，仁也。'"（昭公十二年）
> 孔子曰："……《夏书》曰：'惟彼陶唐，帅彼天常，有此冀方。今失其行，乱其纪纲，乃灭而亡。'"（哀公六年）

这些都表明孔子知识来源的复杂。古时很多话都是被人层层转述的，大部分都不知来源。孔子说的话，其实有些也是听别人说的，如简文讲从政"七机"来自臧文仲。说简文与孔子及其后学关系密切这一点是毫无疑问的，但若一定将其归结为某人所作，目前来看还难以确证。

卷十六　《季康子问于孔子》

一、概　　况

本篇原释文、注释由濮茅左撰写，内容是季康子与孔子关于"君子之大务"的讨论，可与《论语》等文献对读。

竹简两端平齐，完简长约39厘米，是上博儒籍中所用竹简最短的一篇。整理者介绍，本篇三道编连，编距依次为：1.3、18、18.2、1.3厘米。简文使用了两种墨识符号，一为重文/合文符号，写作"="，合文除全篇多见的"孔子""君子"外，还有"书者"（简6）、"小人"（简7）、"之志"（简7）、"之所"（简21、15、9）、"后之"（简22）、"先人"（简14、12、15），重文有五处，分别为"民民"（简4）、"不强不强"（简8）、"威威"（简21）、"安安"（简12）；二为墨钩，分别见于简11、13、14，有的位于语句结束之处，有的却位于语句中间。此外，简23末字"也"下稍远处，似乎也有一个墨钩 ，其下留白。

竹简原编为23枚，其中完整的有8枚（简1、3、4、7、14、19、20、23），两段残简缀合成较为完整的竹简有5枚（简10、11、15、18、22）。后经过学者研究①，发现拼成简15、18、22的上下两段其实并不属于同一枚，需要分开，或与他简缀合，如简［15上+9］和［22上+13］，缀合后较为完整。剩下的竹简中，残缺上段的有10枚（简2、6、8、12、15下、17、18下、21、22下、内附），残缺下段的有1枚（简18上），上下俱残的也有1枚（简5）。

此外，福田哲之还指出，《内礼》附简从字迹上看应属于此篇；而本篇简16字迹不同，则应属于《内礼》②。李松儒指出，香港中文大学藏战国简中的简5、6、8

① 陈剑：《谈谈〈上博（五）〉的竹简分篇、拼合和编联问题》，简帛网，2006年2月19日；李锐：《读〈季康子问于孔子〉札记》，清华大学简帛研究网，2006年2月26日；陈伟：《〈季康子问孔子〉零识（续）》，简帛网，2006年3月2日；牛新房：《读上博（五）〈季康子问于孔子〉琐议》，简帛网，2006年3月9日。福田哲之：《上博五〈季康子问于孔子〉的编连与结构》，"新出楚简国际学术研讨会"论文，武汉大学与哈佛大学燕京学社主办，武汉，2006年6月26—28日，58—69页。

② 福田哲之：《上博四〈内礼〉附简、上博五〈季康子问于孔子〉第十六简的归属问题》，简帛网，2006年3月7日；又见本书《内礼》篇校读的"概况"部分。

与本篇字迹一致，应归入本篇。释文为："面（？）之仁，孔子辞以礼逊焉，康〔子曰〕"（港5），"恃之以为己执（势），子又焉问"（港8），"斁言则讟訿，民虽怿，不欲"（港6），港6应接在本篇简4之后①。由于简5与简8缺损，含义未明，不知如何排列，故本书仅将其记录于此，未与其他简文连读。

经过学者的努力，故事的轮廓已大致清晰。简1—4、6—8、〔22上+13〕、14、〔15上+9〕、10、19、20、23等的位置比较明确，但一些残简位置还不确定。我们在前人的基础上，重新排列了简序，试图把位置不能确定的简文安排进故事中，最终的顺序是：1—4，港6，6，7，8，5，21、〔22上+13〕、14、〔15上+9〕、10、22下，18下，11、18上，12、15下，《内礼》附简，17，19、20、23。简文可以分为四个部分。

需要说明的是，由于简文缺损，某些竹简的位置并不能确定，我们的排列仅仅是一种尝试。

二、校　　读

（一）

季康子问于孔子曰："肥从有司之后，一不知民务之安在。唯子之贻羞，请问：君子之从事者于民之₁〔上，君子之大务何？"〕

〔孔子曰："仁之以〕德，此君子之大务也。"

康子曰："请问何谓仁之以德？"

孔子曰："君子在民₂之上，执民之中，施教于百姓，而民不服焉，是君子之耻也。是故君子玉其言而展其行，敬成其₃德以临民，民望其道而服焉，此之谓仁之以德。且管仲有言曰：'君子恭则遂，骄则侮'，备言多难₄，斁言则讟訿，民虽怿，不欲₍港6₎……"

简1—4、港6连读，这是简文的开头。季康子向孔子请教什么是"君子之大务"，孔子告诉他是"仁之以德"，并进行了具体的说明。

季康子，简文写作"季庚子"，名肥，季桓子之子，谥"康子"，又叫"季孙肥"，春秋时鲁国大夫，鲁三桓之首。鲁哀公三年（前492年）季桓子卒，康子立。

"从有司之后"是一种对自己身份的含蓄表述，谦辞，如从于大夫之后就是说我

---

① 李松儒：《战国简帛字迹研究：以上博简为中心》，330—332页。其中，港6"斁言"之"斁"隶定作从"旱"从"攴"。我们认为此字就是"斁"。

身为大夫①。

"贻羞"，简文作 ，从陈伟、林素清释，与《仲弓》简26的"贻羞"写法相近，简文二字分别少了"心"旁。"唯子之贻羞"同《仲弓》"恐贻吾子羞"，是客气的请教语，这也是当时士大夫间常用的文雅词语②。

简1、2连读，整理者补出"上君子之大务何孔子曰仁之以"13字。完简一般可书36字，简2现存24字，加上整理者补出的13字（"君子""孔子"有可能都是合文，则为11字），与完简字数基本相符。

孔子认为"君子之大务"是"仁之以德"，具体即为下文说的"君子在民之上，执民之中，施教于百姓，而民不服焉，是君子之耻也。是故君子玉其言而展其行，敬成其德以临民，民望其道而服焉"。

"展"字简文作 ，从禤健聪释，据《尔雅·释诂》可训为"诚"，与前后文之"玉""敬"义近③。刘国胜认为"展"当为申展之意，"君子玉其言而展其行"与"君子欲讷于言而敏于行"（《论语·里仁》）相当④。

"临民"即治民。治民的关键是要让民服从，"民望其道而服焉"。《相邦之道》讲治民有"先其欲，服其强，牧其患"，也是要使民服从。

管仲是春秋时期有名的贤臣，虽然有"器小""不知礼"（《论语·八佾》）等小过，但孔子对他的总体评价是很高的，说"管仲九合诸侯"，"一匡天下，民到于今受其赐。微管仲，吾其披发左衽矣"（《论语·宪问》）。孔子引用管仲的话"君子恭则遂，骄则侮"，大意是说为人处世恭恭敬敬就会比较容易成功，倨傲无礼就会自取其辱。

"备"，整理者认为是防备之意。李天虹认为"备言"相当于"尽言"⑤。"备言多难"位于竹简末端。李松儒认为其下与港6连读，两简的"言"是相关的。"躯言"之"躯"，简文作 ，就是楚简中常见的"躯"。此句读法待考。

---

① 李学勤：《读〈周礼正义·天官〉笔记》，简帛研究网，2004年4月29日；林素清：《读上博楚竹书（五）札记两则》，"新出楚简国际学术研讨会"论文，武汉大学与哈佛大学燕京学社主办，2006年6月26—28日，134—138页。

② 陈伟：《上博五〈季康子问于孔子〉零识》，简帛网，2006年2月20日；林素清：《读上博楚竹书（五）札记两则》，"新出楚简国际学术研讨会"论文，武汉大学与哈佛大学燕京学社主办，2006年6月26—28日。

③ 禤健聪：《上博楚简（五）零札》（一），简帛网，2006年2月24日。

④ 刘国胜：《上博（五）零札》（六则），简帛网，2006年3月31日。

⑤ 李天虹：《读〈季康子问于孔子〉札记》，简帛网，2006年2月24日。

（二）

"……宁施肥也。"

孔子曰："丘闻之孟者（之）昃（侧）曰：'夫书者，以著君子之德₆；夫诗也者，以志君子之志。夫仪者，以斤（谨）君子之行也。君子涉之，小人观之，君子敬成其德，小人母（毋）寐₇……'"

简6、7连读，是简文的第二部分。季康子进一步问孔子如何养成君子之德，孔子告诉他要通过诗、书的学习和礼仪的实践来完善自己的品格，养成君子之德。

"……宁施肥也"，"施"原隶定为从"禾"从"也"。简文作🖼，可见从"力"从"它"。季旭昇疑读"施"，谓包山简数见，用作人名①。可从。"施"有异体作"𢼸"。这句话是季康子对孔子说的，大意是请教如何养成君子之德。

"孟之侧"原作"孟者昃"。"昃"简文作🖼，李锐指出此字与包山简181读为"昃"的字比较接近，此人即当为传世文献中的"孟之侧"②。可从。孟之侧又叫孟子反、孟之反，鲁大夫，属于三桓中的孟氏，与孔子大致同时。是个很有君子之德的人，文献记他在与齐作战中，主动殿后而不伐善，《论语·雍也》："子曰：孟之反不伐，奔而殿。将入门，策其马，曰：'非敢后也，马不进也。'"此事亦见《左传·哀公十一年》记载，是当时的一个美谈。简文中孔子引用他的话来说如何养成君子之德，还是比较可信的。

"夫书者，以著君子之德；夫诗也者，以志君子之志。夫仪者，以谨君子之行也。"这是孔子告诉季康子如何培养君子之德。"书"是三代文献档案。"诗"，即《诗经》。"仪"，原作"义"，从李天虹读为"仪"，指礼仪，或记载礼仪的文献。"斤（谨）"从李天虹读为"谨"，约束之义③。范常喜指出，"书、诗、仪"即孔子常谈及的"诗、书、礼"，"仪"可能即当时"礼"之异名④。

"君子涉之，小人观之。"李锐指出《诗经·小雅·大东》有："周道如砥，其直如矢；君子所履，小人所视。"⑤这里的"君子"和"小人"恐非现在道德意义上相对的概念，而是指上位的贵族和下位的民众。对于"书""诗""仪"，"君子"要

---

①　季旭昇：《上博五刍议》（上），简帛网，2006年2月18日。

②　李锐：《读〈季康子问于孔子〉札记》，简帛研究网，2006年2月26日。

③　李天虹：《读〈季康子问于孔子〉札记》，简帛网，2006年2月24日。

④　范常喜：《〈弟子问〉〈季庚子问于孔子〉札记三则》，简帛网，2006年8月2日。

⑤　李锐：《读〈季康子问于孔子〉札记》，清华大学简帛研究网，2006年2月26日。

身体力行，而"小人"对之有所了解，也就差不多了。

"寐"简文作▨，"寐"之异文。"母寐"，李天虹、陈伟读为"晦昧"，愚昧之义①，单育辰读为"如寐"②。我们认为，或可读为"毋寐"，意思是不睡觉。

（三）

"……也。葛烈含语肥也，以处邦家之术，曰：'君子不可以不强，不强则不立₈……面，事皆得其劝而强之。则邦有奸动，百姓送之以₅……〔君子不可以不〕威，〔不〕威则民乘之。毋信玄曾，因邦之所贤而兴之。大罪杀₂₁之，臧罪刑之，少罪罚之。苟能固守₂₂上而行之，民必服矣。'故子以此言③为奚如？"

孔子曰："由丘④观之，则微₁₃言也已。且夫烈含之先人，世三代之传史⑤，岂敢不以其先人之传志告⑥。"

康子曰："然。其宝人亦曰：'古之为₁₄邦者必以此。'"

孔子曰："言则美矣，然₁₅上异于丘之所闻。丘闻之臧文仲有言曰：'君子强则遗，威则民不₉道，严则失众，猛则无亲，好刑则不祥，好杀则作乱。'是故贤人之居邦家也，夙兴夜寐（寐）₁₀……灭速毋恒！灾后之世，比乱邦，相威毁，众必恶善，贤人₂₂下……田肥，民则安；瘠，民不鼓。是故贤人大于邦，而有劬心，能为鬼₁₈下……宪佝。是故夫迫邦甚，难民能多，一矣⑦。"

第三部分最长，包括简8，5，21、〔22上+13〕、14、〔15上+9〕、10，22下，18下，以及简11的前半段。季康子引葛烈含的话，提倡强权，不迷信先祖的训诫。孔子不同意这种做法，并用臧文仲的话反驳。简10之前的竹简基本都可以连读，位置比较明确。简22下与18下的内容与简10相似，都是讲"贤人"如何治理国家，本书将其排列在一起。简11的上半段"……宪佝。是故夫迫邦甚，难民能多，一矣"是对前文的

---

① 李天虹：《读〈季康子问于孔子〉札记》，简帛网，2006年2月24日；陈伟：《〈季康子问孔子〉零识（续）》，简帛网，2006年3月2日。

② 单育辰：《上博五短札（三则）》，简帛网，2006年4月30日。

③ 下有墨钩。

④ 下有墨钩。

⑤ 下有墨钩。

⑥ 下有墨钩。

⑦ 下有墨钩。

总结。

"葛"简文作，从陈剑释，又见三体石经《春秋》僖公名和上博《周易》简43①。"葛烈含"，"烈"简文作，整理者指出或为"烈"字异体。侯乃峰指出楚简多次出现，如《容成氏》简16、《周易》简45均有此字②。葛烈含，于史无考，根据下文，其先人曾世代为史官。文献对史官的称呼一般都是"史某"，如《左传·哀公十一年》记鲁国有"太史固"。葛烈含与鲁太史固到底是什么关系，还需进一步研究。

"君子不可以不强，不强则不立……面，事皆得其劝而强之。则邦有奸动，百姓送之以……"这是葛烈含对季康子说的"处邦家之术"，关键词为"强"。"面"从何有祖释，属上读③。

"〔君子不可以不〕威，〔不〕威则民乘之。""威"简文作，季旭昇指出其上从"鬼"，读为"威"。"乘"简文作，从季旭昇读，意思是人民不把官府看在眼里④。首字的残文及其下的"愄"字都各有一个重文符号。根据"君子不可以不强，不强则不立"的句式，可以推测此句应该是"〔君子不可以不〕威，〔不〕威则民乘之"，这是讲"威"的重要性。

"毋信玄曾，因邦之所贤而兴之。""玄曾"，指先祖。意思是不要盲目相信先人治理国家的经验，而要根据现有的情况，推举贤人治理国家。

"大罪杀之，臧罪刑之，少罪罚之。苟能固守而行之，民必服矣。""臧罪"传世文献习见，如《后汉书·袁安列传》："政号严明，然未曾以臧罪鞫人。""臧"通"赃"，"赃罪"指贪污一类的行为。这是说要严格按照刑法规定，惩治罪犯，这样人民才能服从。

孔子对葛烈含的治国方略先是比较礼貌地表示有一定的道理，评价为"微言也"，并且说他的先祖"世三代之传史，岂敢不以其先人之传志告"，他的看法是前人智慧的总结，在一定程度上是正确的。

季康子又进一步肯定了葛烈含所说的治国方略。"宝人"，含义不明。有可能是指这番话的主人即葛烈含。李锐读为"嘱人"，叮嘱之意⑤。

①　陈剑：《上博竹书"葛"字小考》，简帛网，2006年3月10日；张富海：《汉人所谓古文研究》，北京大学博士学位论文，2005年，第34页。

②　侯乃峰：《上博楚简儒学文献校理》，236页。

③　何有祖《〈季康子问于孔子〉与〈姑成家父〉试读》，2006年2月19日。

④　季旭昇：《上博五刍议（上）》，简帛网，2006年2月18日。

⑤　李锐：《读〈季康子问于孔子〉札记》，简帛研究网，2006年2月26日。

客气过之后，孔子开始发表不同看法了，拿臧文仲的话作论据。"臧文仲"，又称"臧孙辰"，谥"文"，鲁国贵族，历事庄、闵、僖、文四公，比孔子早很多。《史记·仲尼弟子列传》载孔子"数称臧文仲"。但传世文献也记载了孔子对臧文仲的一些不太好的评价，包括说他奢侈（《论语·公冶长》）、"窃位"不让贤（《论语·卫灵公》）、不知礼（《礼记·礼器》《孔子家语·曲礼子贡问》）、"不仁者三，不知者三"（《左传·文公二年》）等。其实臧文仲是一个有着高超行政和外交才能的政治家，他在鲁国执政时期的政绩不俗，施政方针也比较宽厚。僖公二十一年鲁国大旱，臧文仲曾力阻僖公"焚巫、尪"。《国语·鲁语》记载了一段他的话："贤者急病而让夷，居官者当事不避难，在位者恤民之患，是以国家无违。"与简文孔子引述的他的话主旨是一致的，都主张施仁政，体恤百姓。简文中孔子引用他的话，可见对他也并不是完全否定的。

"君子强则遗，威则民不道，严则失众，猛则无亲，好刑则不祥，好杀则作乱。"这段话又见于《从政》的"七机"。"严"简文作🔲，杨泽生释[1]。"严则失众"是说，如果在上者太严苛，就会失去民心。这几句讲的都是为政不要太严苛，不然只会适得其反。

下面孔子讲的是贤人如何治理国家。

"……灭速毋恒！灾后之世，比乱邦，相威毁，众必恶善，贤人……""相威毁"谓互相威胁毁灭[2]。这几句话是说混乱的情况下"贤人"如何治理国家，可惜简文残断，具体内容已不可知。

"是故贤人大于邦，而有劬心，能为鬼……""劬"，勤奋之意，《后汉书·列女传》："夙夜劬心，勤不告劳。"

"……寃徇。是故夫迫邦甚，难民能多，一矣。""能"当训为乃，《管子·权修》有"则民能可得而官也"之例。

（四）

康子曰："毋乃肥之闻也是左乎？故如吾子之疏肥也。"孔子₁₁辞曰："子之言已重。丘也闻君子₁₈上……安焉。作而乘之，则邦有获。先人之所善，亦善之。先人之所使₁₂，〔亦使之〕。……〔先人之所〕恶勿使，先人之所废勿起。然则民惩不善，救父兄子弟而称雠₁₅下……□亡难。毋忘姑姊妹而远敬之，则民有礼，然后奉之以中章《内礼》附简……者，因古册礼而彰之，毋逆

---

① 杨泽生：《〈上博五〉零释十二则》，简帛网，2006年3月20日。

② 季旭昇：《上博五刍议》（上），简帛网，2006年2月18日。

百事，皆请行之₁₇。……□端以比。民之播美弃恶〈母〉（如）归，慎小以答大，疏言而密守之。母钦远，母□逐；恶人勿陷，好₁₉人勿贵。救民以避，大罪则赦之以刑，臧罪则赦之以罚，小则訨之。凡欲勿当，凡失勿危，各₂₀当其曲以成之，然则邦平而民扰矣，此君子从事者之所商□也₂₃"。

简11、18上，12，15下，《内礼》附简，17，19、20、23是第四部分。孔子进一步讲怎样以宽松的仁德之政来治理国家。先讲君子是如何治理国家的（简18上），要遵从先人的教导、吸取先人的经验（简12），这样才能建立和谐、稳定的社会（简15下，《内礼》附简），要推行古代的仪礼规范，使民众都能安分守己（简17，19），为政不要太严苛，要施行仁政，这样才能维持安定团结（简20、23）。

"毋乃肥之闻也是左乎？故如吾子之疏肥也。"意思是：难道我听到的话不对么？您还是好好教教我吧。这是季康子在听孔子说治理国家不能太强硬之后产生的疑问。

孔子强调吸取前人的经验，他说："先人之所善，亦善之。先人之所使，〔亦使之〕。……〔先人之所〕恶勿使，先人之所废勿起。""废"从季旭昇读①。这几句是说，要按照先人的经验来治理国家，先人看重的也要看重，先人用的小法要继续用，先人觉得不对的事情不要做，先人所废除的也不要再去做。

"然则民惩不善，敉父兄子弟而称雠。"讲的是在与父兄子弟交往的过程中，如何保持良好的关系。"惩"简文作 ![字], 暂从陈伟读，是克制、制止之意。"敉"安抚义②。"雠"，从刘国胜读，谓指雠人③。我们以为或指配偶。《说文解字》："仇，雠也。"段注："仇为怨匹，亦为佳偶。"简文是说，老百姓都能克制恶念，父子兄弟和睦相处，赞扬配偶，就一定能维持良好的家庭关系。

"……□亡难。母忘姑姊妹而远敬之，则民有礼，然后奉之以中章……"是讲如何与异性（亲属）相处。原则有两点，既不要忘掉她们，又要保持距离，不能太接近。除了男女授受不亲外，原因恐怕还是孔夫子的那句老话，"唯女子与小人为难养也。近之则不孙，远之则怨"（《论语·阳货》）。"中章"，《内礼》整理者读为

---

① 季旭昇：《上博五刍议》（上），简帛网，2006年2月18日。

② 陈伟：《〈季康子问孔子〉零识》（续），简帛网，2006年3月2日。

③ 刘国胜：《上博（五）零札》（六则），简帛网，2006年3月31日。

"中准"。李锐等读为"中庸"①。"亯"字下有编痕，后面应该还有其他文句，具体读法暂且存疑。

"……□端以比。民之播美弃恶如归，慎小以答大，疏言而密守之。"首字简文作，不识。"播美"与"弃恶"相对②。"如"原作"母"，单育辰指出其为"女"字的错写，典籍常有"如归"之说，如《左传·昭公十三年》"故从乱如归"等③。这里说的是上述治国方略的效果。

"毋钦远，毋□逐；恶人勿陷，好人勿贵。""钦"，整理者指出为恭敬、谨慎的意思，《尚书·胤征》有"钦承天子威命"。第四字简文作，不识。"逐"从季旭昇释④。杨泽生指出，"逐"同"迩"，从"尔"与从"豖"有相通之例⑤。"陷"简文作，从"章"从"次"，杨泽生、刘国胜指出与秦简读为"陷"的字写法相同，此处也应读为"陷"⑥。这句是说不要钦敬远处的，看不起近处的。即使讨厌别人，也不要陷害他。即使喜欢别人，也不要巴结他。

"救民以避，大罪则赦之以刑，臧罪则赦之以罚，小则詘之。""避"从何有祖读，指避罪。下文言及从轻处罚，当是一种避罪的思想⑦。"赦"原作"夜"，从陈剑、何有祖改读为"赦"，意思是减刑处理⑧。

"凡欲勿当，凡失勿危，各当其曲以成之。""当"简文作，侯乃峰引复旦大学出土文献与古文字中心所作《季庚子问于孔子》释文本注释的意见，谓可能读为"当"。"当欲"见《孔子家语·问礼》《礼记·哀公问》等。"凡欲勿当"指不要

---

①　李锐：《读上博四札记（二）》，孔子2000网，2005年2月20日；许无咎：《〈内礼〉札记一则》，简帛研究网，2005年3月1日；黄人二：《读上博藏简第四册内礼书后》，"新出战国楚竹书研读会"论文，台湾楚文化研究会，2005年3月12日；林素清：《释"匚"——兼及〈内礼〉新释与重编（初稿）》，"中国古文字：理论与实践国际研讨会"论文，芝加哥大学东亚语言与文化学系，2005年5月28—30日。

②　禤健聪：《上博楚简（五）零札》（二），简帛网，2006年2月26日。

③　单育辰：《上博五短札》（三则），简帛网，2006年4月30日。

④　季旭昇：《上博五刍议》（上），简帛网，2006年2月18日。

⑤　杨泽生：《〈上博五〉零释十二则》，简帛网，2006年3月20日。

⑥　杨泽生：《〈上博五〉零释十二则》，简帛网，2006年3月20日；刘国胜：《上博（五）零札（六则）》，简帛网，2006年3月31日。

⑦　何有祖：《〈季康子问于孔子〉与〈姑成家父〉试读》，2006年2月19日。

⑧　何有祖：《〈季康子问于孔子〉与〈姑成家父〉试读》，2006年2月19日；陈剑：《谈谈〈上博（五）〉的竹简分篇、拼合和编联问题》，简帛网，2006年2月19日。

放纵欲望①。陈剑认为"曲"指各种详细具体的情况②。那么"各当其曲以成之"就是说凡事都要从细处着手把它做好。

　　"然则邦平而民扰矣，此君子从事者之所商□也。"这是文章的末尾。"扰"从陈剑释，驯也，柔服也③。倒数第二字简文作 ，待考。大意是（只要按照上面说的去做）就能天下太平云云。

①　侯乃峰：《上博楚简儒学文献校理》，241页。
②　陈剑：《谈谈〈上博（五）〉的竹简分篇、拼合和编联问题》，简帛网，2006年2月19日。
③　陈剑：《谈谈〈上博（五）〉的竹简分篇、拼合和编联问题》，简帛网，2006年2月19日。

下编　综合研究

有关孔子和孔门弟子的已知"图景"由周秦汉以来的三类文献组成：①儒门传习的经典——"六艺"之书，即《诗经》《尚书》《仪礼》《周礼》《周易》《春秋》；②儒门传记及后学的著作，包括《礼记》《大戴礼记》《孟子》《荀子》《韩诗外传》《说苑》《孔子家语》《孔丛子》等①；③儒门之外的材料，其他诸子对早期儒家的称引、评论和史书记载，包括《庄子》《墨子》《韩非子》《吕氏春秋》《淮南子》《史记》《汉书》等。

由于年代久远，有些记述比较清晰，有些记述则较为模糊，其中当然也存在前人所说的"造作故事"。我们认为，"造作故事"目的性往往更强，亦是对于历史事实的某种反映。在研究材料本身就如此稀缺的情况下，不应彻底被排除在构筑原始儒家图景的素材之外。即使这样，我们看到的这幅"图景"仍然并不能展示出原始儒家的全部面貌和具体细节。上博儒籍中的大多数篇目都是前所未见的佚籍，将之放于传世文献构筑的图景之中，对于最大程度上完成这幅"拼图"有着不可替代的作用。

在上编中，我们重点对上博儒籍的原始面貌和内容进行了分析。下编是在此基础上，结合传世文献对早期儒家的专题探讨。关注点主要有三个方面：孔子的生平和思想、"七十子"在早期儒学中的地位和传学、儒学文献的形成与流传。

---

① 李学勤指出，大、小戴《礼记》中的篇章，多与儒家子书互见，应出经入子。见李学勤：《先秦儒家著作的重大发现》，《郭店楚简研究》［《中国哲学》（第二十辑）］，辽宁教育出版社，1999年，13—17页。

第一章　上博儒籍与孔子

关于孔子生平，最早司马迁在《史记·孔子世家》中做了全面记载。此后，相关研究一直在进行，既有资料的汇编，也有专门的人物传记，还有由文本出发解读孔子的研究著作[①]，传世文献提供的信息已经得到了较为充分的发掘。

据已有文献，孔子生于春秋末期鲁襄公二十二年（前551年）[②]，鲁国陬邑昌平乡。一生经历了春秋末期鲁国的襄（1—10岁）、昭（11—42岁）、定（43—57岁）、哀（58—73岁）四公，大致可以分为六个阶段[③]。

（1）早年居鲁，公元前551—前519年，孔子从出生到33岁。

（2）短暂出国，公元前518—前516年，孔子34—36岁，两次出国：一是适周观文物制度；二是为避鲁乱到齐国，此时齐国的国君是齐景公。

（3）返鲁治学，公元前519—前502年，孔子37—50岁。

（4）短暂出仕，公元前501—前498年，孔子51—54岁。

（5）周游列国，公元前497—前485年，55—67岁。

（6）晚年居鲁，公元前484—前479年，68—73岁。

上博儒籍中的"孔子"多处壮年以后。其中，《孔子见季桓子》《仲弓》与孔子从政仕鲁相关；《弟子问》《君子为礼》《史蒥问于夫子》反映了孔子周游列国的情况；《鲁邦大旱》《相邦之道》《季康子问于孔子》三篇则与孔子晚年归鲁以后的生活相关。

---

① 马骕：《绎史》，中华书局，2002年；李启谦、骆承烈、王式伦编：《孔子资料汇编》，山东友谊书社，1991年；钱穆：《孔子传》，生活·读书·新知三联书店，2002年；和辻哲郎著，刘幸译、陈玥校：《孔子》，上海古籍出版社，2021年；李零：《丧家狗——我读〈论语〉》；李零：《去圣乃得真孔子——〈论语〉纵横读》。

② 《春秋公羊传》载孔诞是襄公二十一年十一月庚子。《春秋谷梁传》载孔诞则是襄公二十一年十月庚子。江晓原指出《公羊传》的日期记载自相矛盾，不可依据。而据《春秋谷梁传》记载的日食，可推测孔子的诞辰是公元前552年10月9日，见其文：《孔子诞辰：公元前552年10月9日》，《历史月刊》1999年8期。

③ 李零：《丧家狗——我读〈论语〉》，8—11页，以及附录三《〈论语〉人物表》，76—80页。

第一节　从政仕鲁

孔子的仕途始于知命之年，在此之前，他就已通过授徒讲学声名远播了。《史记·孔子世家》"弟子弥众，至自远方"反映的就是这种情况。多数重要弟子（包括仲弓、冉求、颜渊、子羔、子贡等①）也都是这一时期招收的。不仅如此，文献记载，贵族有时遇到稀奇古怪的事也要问孔子，如"季桓子穿井得土缶，中若羊"（《国语·鲁语下》），吴国伐越得骨节"专车"（《史记·孔子世家》），都要来向孔子请教一番。

当时的鲁国，正处于内忧外患之中。在外，齐鲁关系紧张，齐国经常干涉鲁国内政。在内，国君失政，"陪臣执国命"，国政被以季氏为首的"三桓"把握，举国上下一派僭越之风②。较有代表性的事件是鲁昭公二十五年季氏与郈氏斗鸡结怨，三桓联合攻昭公，昭公出奔，终于乾侯。三桓的家臣亦恃强自傲。《史记·鲁周公世家》载鲁定公五年（前505年），季桓子继位之初，就遭遇阳虎之变，定公五年"阳虎私怒，囚季桓子，与盟，乃舍之"。此后阳虎叛乱不断，"八年，阳虎欲尽杀三桓适，而更立其所善庶子以代之，载季桓子将杀之，桓子诈而得脱"。西周奉行的宗庙礼法制此时已经基本乱了套。

在孔子正式出仕以前，季氏的两位叛乱的家臣——阳货与公山不狃都曾征召孔子：

> 阳货欲见孔子，孔子不见，归孔子豚，孔子时其亡也而往拜之，遇诸途，谓孔子曰："来，予与尔言。曰：怀其宝，而迷其邦。可谓仁乎？"曰："不可。""好从事而亟失时，可谓知乎？"曰："不可。""日月逝矣，岁不我与。"孔子曰："诺。吾将仕矣。"（《论语·阳货》）

此事应在定公五年阳货执季桓子后③，孔子当然不会去。而到定公九年公山不狃据费邑叛季氏，也请孔子出仕，他就有些心动了，"欲往"（《论语·阳货》）。但犹豫再三最终还是没去。

之后不久，51岁的孔子终于迎来了政治事业的转机。先是出任中都宰，接着升任

---

① 李零：《丧家狗——我读〈论语〉》，20页。

② 《史记·鲁周公世家》记史墨对鲁国政的评论为"政在季氏，于今四君矣。民不知君，何以得国"。

③ 钱穆：《孔子传》，24页。

司空，后来又做到大司寇，摄相事。钱穆指出，孔子一年之内升迁如此之迅速，说明鲁君与季氏很想重用孔子①。李零认为，孔子出仕是出于孟懿子的推荐，可能与鲁昭公墓地的营建和管理有关②。

孔子仕鲁的四年间（定公九年到十二年）主要做了以下几件事。

对外，相夹谷之会。定公十年，齐鲁会于夹谷。齐国原计划在此次会盟时袭击鲁定公，被孔子识破。孔子以礼行事，威慑全场。迫使齐国归还侵占鲁国的土地。事见《左传·定公十年》《史记·孔子世家》《春秋谷梁传·定公十一年》《孔子家语·相鲁》等。对内，一是以德礼治国，注重教化，"夫子制于中都，四寸之棺，五寸之椁"（《礼记·檀弓上》）；二是执掌刑罚，赏罚分明，为鲁司寇七日而诛少正卯，事见《荀子·宥坐》《孔子家语·始诛》等；三即堕三都，打击陪臣③。

经过四年的治理，鲁国的内政外交都得到了一定改善，对此《荀子·儒效》《吕氏春秋·乐成》《孔子家语·相鲁》都有记载④。此后齐人怕鲁国强大成为自己的威胁，"归女乐，季桓子受之，三日不朝"（《论语·微子》）⑤。孔子见在鲁国难有作为，开始周游列国。这就是孔子仕鲁的经过。

一般认为，孔子在鲁国较为坚实的支持者是孟氏。然季氏为三桓之首，是鲁国国政的实际操纵者。孔子想要在鲁国获得职位，施展其政治抱负，没有季氏的支持肯定是办不到的。从传世文献的记载来看，二人的关系非常微妙。

---

① 钱穆：《孔子传》，27页。

② 李零：《去圣乃得真孔子——〈论语〉纵横读》，285—287页。

③ 定公十三年夏，仲由为季氏宰，堕三都。叔孙氏堕郈。堕费时遭到叛乱的公山不狃、叔孙辄抵抗，孔子平定叛乱，终堕费城。孟氏不肯堕成，公围成，弗克。堕三都结束。堕三都虽是为了加强公室，但客观上打击了叛乱的家臣，实际上是增强了三桓的力量。三桓强大，鲁国国政又回到三桓尤其是季氏的把持之中。

④ 仲尼将为司寇，沈犹氏不敢朝饮其羊，公慎氏出其妻，慎溃氏逾境而徙，鲁之粥牛马者不豫贾，必蚤正以待之也。居于阙党，阙党之子弟罔不分，有亲者取多，孝弟以化之也（《荀子·儒效》）。

孔子始用於鲁，鲁人鹥诵之曰："麛裘而韠，投之无戾。韠而麛裘。投之无邮。"用三年，男子行乎涂右，女子行乎涂左，财物之遗者，民莫之举（《吕氏春秋·乐成》）。

初，鲁之贩羊有沈犹氏者，常朝饮其羊以诈。市人有公慎氏者，妻淫不制。有慎溃氏，奢侈踰法。鲁之鬻六畜者，饰之以储价。及孔子之为政也，则沈犹氏不敢朝饮其羊。公慎氏出其妻。慎溃氏越境而徙。三月，则鬻牛马者不储价，卖羊豚者不加饰。男女行者，别其涂，道不拾遗。男尚忠信，女尚贞顺。四方客至于邑，不求有司，皆如归焉（《孔子家语·相鲁》）。

⑤ 钱穆认为季桓子不信任孔子还有一个重要的原因在于孟氏弗堕成邑，再加上公伯寮之谗谮（引者按：《论语》记"公伯寮愬子路于季孙"），季桓子才不免心生动摇。见钱穆：《孔子传》，37、38页。

　　一方面，根据《国语》《孔子家语》《孔丛子》等文献中季桓子向孔子问礼、请教的记载，一定程度上可以说明，对于孔子所从事的文化事业，季桓子是比较支持的[①]；而另一方面，二人在具体的施政措施方面却存在着很大的分歧。

　　《孔子家语·始诛》记载了孔子作大司寇时"有父子讼者，夫子同狴执之"的事件。后来因为"三月不别，其父请止"，孔子"赦之"。季桓子[②]听说后，非常不以为然，认为当"戮一不孝以教民孝"。冉有告诉孔子后，子喟然叹曰：

　　　　"呜呼！上失其道，而杀其下，非理也。不教以孝，而听其狱，是杀不辜。三军大败，不可斩也。狱犴不治，不可刑也。何者？上教之不行，罪不在民故也。夫慢令谨诛，贼也。征敛无时，暴也。不试责成，虐也。政无此三者，然后刑可即也。书云：'义刑义杀勿庸，以即汝心，惟曰未有慎事，言必教而后刑也。'既陈道德以先服之，而犹不可，尚贤以劝之，又不可，即废之，又不可，而后以威惮之，若是三年，而百姓正矣。其有邪民不从化者，然后待之以刑，则民咸知罪矣。诗云：'天子是毗，俾民不迷。'是以威厉而不试，刑错而不用。今世则不然，乱其教，繁其刑，使民迷惑而陷焉，又从而制之，故刑弥繁，而盗不胜也。夫三尺之限，空车不能登者，何哉？峻故也。百仞之山，重载陟焉，何哉？陵迟故也。今世俗之陵迟久矣，虽有刑法，民能勿踰乎？"

　　孔子的主张是"上教之不行，罪不在民故也"，强调自上而下的道德教化。季桓子主张的却是严刑峻法，杀一儆百。施政观念的不同，是二人的一个主要分歧。

　　此外，孔子虽然依靠以季桓子为代表的卿大夫阶层，但他的理想仍是要恢复一个"君君臣臣，父父子子"的和谐社会，与季桓子存在着根本性的冲突。《孟子·万章下》说孔子"于季桓子，见行可之仕也"。"行可之仕"大概就是说，暂时需要孔子出仕，孔子就出仕，但并不一定能一直干下去，颇有点"临时工"的味道。孔子与季桓子之间的种种分歧与冲突，注定两人最终是会决裂的，孔子在鲁国的政治生涯也是注定要失败的。《孔子家语·子路初见》记孔子为鲁司寇，两见季桓子，季桓子都很

---

　　①　《孔丛子·记义》《孔子家语·致思》记季桓子曾赐给孔子千钟粟；《孔丛子·论书》有季桓子向孔子请教《尚书》关于祭祀祖先的记载；《孔子家语·曲礼子贡问》有"卫公使其大夫求婚于季氏，桓子问礼于孔子"；《孔子家语·辩物》《国语·鲁语下》都有季桓子穿井得羊，问孔子是何物的记载。

　　②　文中称"季孙"。

不高兴^①，虽然未载具体原因，但亦可推测是因为两人存在种种分歧。

《孔子见季桓子》记录了二人关于如何"亲仁""行圣人之道"的谈话。季桓子定公五年（前505年）嗣位，可以推测简文中的对话发生在此以后，定公十二年孔子去鲁之前（孔子的47—54岁），是成年、成家、成名后的孔子在父母之邦生活、工作的最主要时期。盖孔子由教书授徒已经有了名气，受人尊敬，故有鲁国君臣的召见。

文中孔子劝季桓子"亲仁"、道民，正体现了孔子一贯的政治思想。他告诉季桓子要分辨"仁人"与"邪伪之民"，也正与当时鲁国国情相符合。李锐指出，这段话可能与孔子诛少正卯有关^②。其实，当时的鲁国正值"礼坏乐崩"之际，如前所述，发生了阳虎之祸，"陪臣执国命"，正是需要重建秩序之时。"邪人"远不止少正卯一个，孔子的这番谈话恰恰切中时弊。

简文虽已残缺不全，但从现存的情况来看，对于孔子所提的建议，结尾季桓子并未明确反对。然而在两人对话的开头，季桓子就已经表明了态度（简4、20）："如子亲仁，行圣人之道，则斯不足，岂敢望之。如夫见人不厌，问礼不倦，则斯中心乐之。"

文中的"仁"和"圣人之道"是什么呢？李零在《丧家狗——我读〈论语〉》中曾指出《论语·雍也》有段话可以帮助我们理解：

> 子贡曰："如有博施于民而能济众，何如？可谓仁乎？"子曰："何事于仁，必也圣乎！尧舜其犹病诸！夫仁者，己欲立而立人，己欲达而达人。能近取譬，可谓仁之方也已。"

"圣"是普施恩惠，救助天下百姓。而"仁"的标准是要略低于"圣"的——"己欲立而立人，己欲达而达人"，也就是从自己做起，推己及人，重建礼乐社会。简文中的季桓子却说"斯不足，岂敢望之"，不只"行圣人之道"，就连"亲仁"也一并拒绝了。《论语·里仁》记孔子批评不仁者：

> 我未见好仁者，恶不仁者。好仁者无以尚之，恶不仁者其为仁矣，不使不仁者加乎其身。有能一日用其力于仁矣乎，我未见力不足者。盖有之矣，我未之见也。

---

① "孔子为鲁司寇，见季康子，康子不悦。孔子又见之。"按：这里的"季康子"当是"季桓子"之误。

② 李锐：《读〈孔子见季桓子〉札记》，复旦大学出土文献与古文字研究中心网站，2008年3月27日。

　　由于缺乏语境，这段批评缺少明确的对象。与简文结合来看，不难发现，二者具有明显的相关性，《论语》中这段话批评的对象很可能就是季桓子，至少我们可以说，简文中季桓子的态度就是《论语》中批评的对象之一。简文中季桓子一开始就提出了"斯不足"，但孔子并未放弃，继续详述"仁"的重要性，然而最后仍然没有被季桓子接受。《论语》中"我未见力不足者"就是在这类事件后发出的感慨。

　　《韩非子·外储说左下》也有一条"季孙养孔子之徒"的记载：

　　　　南宫敬子问颜涿聚①曰："季孙养孔子之徒，所朝服与坐者以十数而遇贼，何也？"曰："昔周成王近优侏儒以逞其意，而与君子断事，是能成其欲于天下。今季孙养孔子之徒，所朝服而与坐者以十数，而与优侏儒断事，是以遇贼。故曰：不在所与居，在所与谋也。"

　　"季孙""遇贼"当指季桓子被阳货囚禁之事。季桓子明明已经供养了十数位孔子之徒，但在重要问题的决策上，却"与优侏儒断事"，故遭遇阳货之乱。这段记载虽是年代无考之"说"，但其来龙去脉与其他文献并不抵牾，颇能说明季桓子对孔子的态度。

　　上博简中还有《仲弓》一篇，亦与季桓子有关，内容为仲弓就为季氏宰一职之事与孔子的对话：

　　　　季桓子使仲弓为宰。仲弓以告孔子曰："季氏$_1$……使雍从于宰夫之后。雍也憧$_4$愚，恐贻吾子羞，愿因吾子而辞。"孔子曰："雍，〔汝〕$_{26}$……与闻之，夫季氏，河东之盛家也，亦$_2$……以行矣，为之，余诲汝。"

　　孔门弟子中有三位先后做过季氏宰，包括子路、仲弓和冉求。据林志鹏考证，简文中仲弓接任季氏宰是在子路之后，孔子离鲁（鲁定公十三年）之前②。当时仲弓大概二十五六岁。值得注意的是，简文中的对话发生时孔子很可能已经决定要离开鲁国了，或者至少是有了离鲁的想法，可他却仍然鼓励学生留下来，对仲弓的疑虑和退缩，百般劝说。或许在他的心中，对于"东周"之梦并未完全失去希望。

　　以往文献对于孔子与季桓子的谈话所记很少。《孔子家语》记载孔子两见季桓子，但都未记谈话内容。倒是有很多老年孔子与季康子的对话。可能因为孔子晚年归

---

　　① 　"颜涿聚"即"颜浊邹"，子路妻兄，卫国人，孔子周游列国曾住在他家里。
　　② 　林志鹏：《仲弓任季氏宰小考》，简帛研究网，2004年6月6日。

鲁之后地位有所提升，有了更多接触执政者，以及表达从政思想的机会。于是更多地被记录下来①。这也正是两篇简文的价值所在。

第二节　周游列国

孔子周游列国的过程《论语》《史记》《孔子家语》《庄子》等文献都有记述，前人就已指出时间错乱，多有舛误。钱穆《孔子传》中做过详细考辨，李零在《丧家狗——我读〈论语〉的《孔子年表》中也进行了梳理。上博简中《弟子问》《君子为礼》等篇与孔子在卫、过曹、厄于陈蔡有关，而《史蒥问于夫子》很可能是孔子在卫国与史鱼的对话。结合简文与《孔子世家》等文献（时间不一致的据钱穆《孔子传》所考），可将孔子周游列国的过程梳理如下。

公元前497年，已经五十五岁"高龄"的孔子放弃了鲁国大司寇的职位，离开父母之邦，开始周游列国，先后游历了卫、曹、宋、郑、陈、蔡等国。李零指出，孔子的方向有两个，向西是要去晋国，南下则是要去楚国②。

孔子向西，第一站是卫国。卫国是周康叔封地，都朝歌（河南淇县），后迁都帝丘（今濮阳）。孔子先后两次在卫长住，待的时间最长，前后大概有七年。从文献的记载来看，大概有以下几方面的原因。一是因为鲁卫两国的关系。两国同姓，又是邻国。孔子说，鲁卫兄弟之政也（《论语·子路》）；二是因为卫国多君子，有蘧伯玉、史鱼等贤人；三大概是因为卫灵公对孔子一直礼遇有加，给孔子的待遇与在鲁国相同，"致粟六万"（《史记·孔子世家》），跟南子出游也带着孔子——虽然这个故事一般都是以"未见好德如好色者"（《论语·卫灵公》）的主题讲述的，但从另一个角度来看，也可反映出卫灵公对孔子的态度。

据《孔子世家》，孔子"主于子路妻兄颜浊邹家"，见卫灵公，仕卫，后来有人对卫灵公说孔子坏话，孔子恐获罪，居十月离开。路上在匡遭围，过蒲③返卫。李零《孔子年表》指出《孔子世家》记孔子五次适卫有重复之处。所论甚确，其中过蒲被公叔氏所止，西行去晋，临河而叹，应该都发生在第二次适卫的路上。

孔子返卫后住在蘧伯玉家，再度出仕④。蘧伯玉是卫国有名的贤大夫，名瑗。先

---

①　即使此类对话只是古人的"造作故事"，那么"造作者"显然也非常清楚孔子与季康子的对话更有可能发生。

②　李零：《去圣乃得真孔子——〈论语〉纵横读》，287—291页。

③　《史记索隐》："匡，宋邑也。"《史记集解》引徐广曰："长垣县有匡城、蒲乡。"

④　钱穆考证是在公元前495—前493年。见钱穆：《先秦诸子系年》，商务印书馆，2001年，42—47页。

后事卫献公、襄公、灵公，因贤德闻名诸侯。《史记·仲尼弟子列传》载："孔子之所严事，于周则老子，于卫蘧伯玉，于齐晏平仲，于楚老莱子，于郑子产。"孔子与蘧伯玉似乎有师徒之谊，对他的评价非常高。"君子哉蘧伯玉！邦有道，则仕，邦无道，则可卷而怀之。"（《论语·卫灵公》）"外宽而内直，自设于隐栝之中，直己而不直于人，以善存，亡汲汲，盖蘧伯玉之行也。"（《大戴礼记·卫将军文子》；又见《孔子家语·弟子行》，文略同）《弟子问》简19有一段与蘧伯玉有关：

> ……长，蘧伯玉止乎，子惇惇如也。

简文虽然残缺，从只言片语中亦可进行大致的推断。孔子数次离卫，这句话可能说的是蘧伯玉劝孔子不要离去，亦有可能是劝孔子不要那么急于做官，正所谓"邦无道，则可卷而怀之"。"惇"有重视的意思，"惇惇如也"是说孔子很认真、恭敬地听蘧伯玉说话。

然而要想治理好一个国家，光靠贤德的大夫肯定是不够的。在位的灵公并不是好德者，"子见南子"的故事亦发生在这一时期，孔子最终发出"未见好德如好色者"之叹（《论语》之《子罕第九》《卫灵公第十五》），于公元前492年再次去卫南下①，途经曹②。

曹又称"陶"，《史记·越王勾践世家》载范蠡"怀其重宝，间行以去，止于陶，以为此天下之中，交易有无之路通，为生可以致富矣。於是自谓陶朱公"。此地人口流动量较大，是当时一个重要的商业中心。在曹的经历，《孔子世家》只用"去卫，过曹"和"去曹，适宋"简单带过，其他文献亦毫无所见。好在《弟子问》中的记录可以补充：

> 子过曹[17]，〔颜〕渊驭。至老丘，有戎（农）植其耨而歌焉。子据乎轼而[20]……□风也，乱节而哀声。曹之丧，其必此乎？回！"

"老丘"春秋时期属于宋地。《左传》定公十五年记"郑罕达败宋师于老丘"。孔子经过时是在伯阳十年，曹国已处末世。末君伯阳好打猎，任用也好打猎的公孙强，"背晋干宋"（《史记·管蔡世家》），十五年被宋景公所灭。

简文记孔子经过曹国，在宋地听到老农植耨而歌，很可能在曹并未停留。老农之

---

① 钱穆：《先秦诸子系年》，42—47页。
② 曹叔振铎封地，建都陶丘，今属山东菏泽定陶，春秋末期被宋所灭。

歌内容残缺，简文保存下来的只有孔子的评价"乱节而哀声"，以及"曹之丧"的预言。曹国的末世之态，之前就已显现出来。晋公子重耳流亡到曹时，受到曹共公的无礼对待，"欲观其骈胁"。而自曹悼公被宋囚禁之后，声公、隐公、靖公相继而立，大约不到五年就要换一位国君。末君伯阳显然也不是仁君明主。孔子很可能已经了解到这些情况，于是不作停留，继续南下到宋①、郑②。

孔子在宋与弟子习礼，却遭司马桓魋追杀，逃难中与弟子相失，独立于郑东郭门下，被说像"丧家狗"，两地记录都非常生动。但在郑除上述事件以外，并无更多的记载，好像亦是途经此地而已。然而《君子为礼》中却记录了一段与郑国有关的对话：

> 行〈子〉人子羽问于子贡曰："仲尼与吾子产孰贤？"子贡曰："夫子治十室之邑亦乐，治万室之邦亦乐，然则₁₁〔贤于子产〕矣。""与禹孰贤？"子贡曰："禹治天下之川₁₅□以为己名，夫₁₃子治诗书₁₆亦以己名，然则贤于禹也。""与舜₁₄孰贤？"子贡曰："舜君天下₁₂……□不日生民未之又（有）孔₁₃₅……

我们认为"行人子羽"就是郑国的公孙挥，这段话将郑国贤大夫"子产"与孔子进行对比，因而很可能发生在这次过郑途中。如此看来，孔子并非仅仅经过郑国，亦与（或派学生与）郑国大臣进行了联络。与传世文献所载有所不同。简文中子贡对孔子极尽推崇，称赞孔子不只贤于子产、舜、禹，甚至是"生民未有"之圣人。《孟子》中亦有相似记载：

> （孟子）曰："宰我、子贡、有若，智足以知圣人；污，不至阿其所好。宰我曰：'以予观于夫子，贤于尧、舜远矣。'子贡曰：'见其礼而知其政，闻其乐而知其德，由百世之后，等百世之王，莫之能违也。自生民以来，未有夫子也。'有若曰：'岂惟民哉！麒麟之于走兽，凤凰之于飞鸟，泰山之于丘垤，河海之于行潦，类也。圣人之于民，亦类也。出于其类，拔乎其萃，自生民以来，未有盛于孔子也。'"

---

① 微子启封地，子姓，定都睢阳今河南商丘南。孔子适宋，与弟子习礼于大树之下，遭宋司马桓魋迫害。

② 姬姓，今河南新郑。孔子在郑国与弟子相失，独立东郭门下，被人说像丧家狗。

　　二者称赞孔子之语虽然类同，但语境不同。简文中出自子贡之口，是子贡对行人子羽的回应。《孟子》中则是宰我、子贡、有若三位弟子对孔子的称赞。有关孔子"圣化"的文献或许就是这样演变而来的——那种对于夫子的、略显夸张的推崇，本是应对外界质询或怀疑的产物，而在后来的流传中，其对先师地位的提升作用由于更符合学派发展的需要而被提取了出来，于是《孟子》中的相关记述就这样产生了。

　　子贡的这番称赞是否有效，答案藏在缺失的那部分简文之中。文献载孔子并未在郑停留，而是南下至陈。或许可以推测，贤于子产、舜、禹，"生民未有"的孔圣人并未引起郑人的看重。

　　陈为舜后妫满之所封，妫姓，定都宛丘，今河南东部和安徽北部一带，后亡于楚。孔子到陈时，在位的是最后一位国君滑公。当时陈国常被晋、楚、吴侵占。

　　钱穆《孔子传》考证孔子于公元前491—前489年仕陈[①]。李零《孔子年表》指出《史记》载孔子两次到陈，其实只有一次。所论甚确。《史记·十二诸侯年表》载"陈滑公六年，孔子来"。陈滑公六年是公元前496年，此时孔子尚在卫国。这里可能指的是孔子第一次去卫，"将适陈"。然孔子众人在匡被围后，过蒲反卫，并未至陈。孔子在陈"主于司城贞子家"。钱穆认为，孔子去卫过宋，一路皆在厄中，陈有贤主人（指司城贞子），故遂仕于其朝[②]。

　　《孔子世家》记"隼集于陈廷而死，楛矢贯之"，"陈滑公"派人向孔子请教，《孔子家语》《国语》却都写作"陈惠公"。后者在位时间是公元前533—前506年，这一时期孔子基本上一直在鲁国，只短暂地去过周、齐两地。故司马贞索隐认为"陈惠公"可能是"陈滑公"之误。当然，此事也有可能是后人造作，实际并未发生。

　　此时鲁国国内季桓子去世，季康子嗣位后遵照季桓子遗嘱召冉求回国从政。冉求回国的第二年孔子自陈迁于蔡。蔡为文王第五子蔡叔度封地，与管叔、霍叔一起监管殷商遗民，称为"三监"。孔子适蔡，国君为昭公。蔡因迁都发生内乱，楚趁机进攻。孔子只好继续南下。路上遇到挖苦他的长沮、桀溺、荷蓧丈人。

　　《孔子世家》载楚救陈，闻孔子在陈、蔡之间，使人礼聘孔子。陈、蔡两国大夫相与发徒役围孔子于野，这就是"陈蔡绝粮"[③]。这次事件是对孔子师徒的一次严峻考验，文献多有记述。面对如此困境，子路不禁对君子之道发生了怀疑。《弟子问》中记录了一段对话：

―――――――――――

　　① 亦见钱穆：《先秦诸子系年》之《孔子去卫适陈在鲁哀公二年卫灵公卒岁非鲁定公卒岁辨》。

　　② 钱穆：《孔子传》，52页。

　　③ 据钱穆所考，此事发生于公元前489年。

"……从吾子皆能有时乎？" "君子道昭，然则夫二三子者₁₄……□
者，皆可以为诸侯相矣。东西南北，不□□₁₈……"

这很可能也与这次绝粮有关。提出"从吾子皆能有时乎"之问的，恐怕只有子路
了。后孔子派子贡至楚，楚昭王兴师迎接，孔子才得免。

楚是春秋末期的大国，在位的是楚昭王，《史记·楚世家》载：

> 十月，昭王病於军中，有赤云如鸟，夹日而蜚。昭王问周太史，太史
> 曰："是害于楚王，然可移于将相。"将相闻是言，乃请自以身祷于神。
> 昭王曰："将相，孤之股肱也，今移祸，庸去是身乎！"弗听。卜而河为
> 祟，大夫请祷河。昭王曰："自吾先王受封，望不过江、汉，而河非所获罪
> 也。"止不许。孔子在陈，闻是言，曰："楚昭王通大道矣。其不失国，宜
> 哉！"

在孔子看来，楚昭王是"通大道"的，比他之前所遇到的卫灵公、陈滑公等君主
都要明智。此番南下，或许就是想得到楚昭王的任用。

然而本欲封孔子的昭王，却被令尹子西劝止。原因是孔子如此有才德，身边又
围绕着一众贤人弟子，若再给他一块封地，将来恐怕会给楚国带来后患。事见《史
记·孔子世家》《说苑》等。于是孔子只好再度反卫。

此事的真假很难判断[①]。《论语·宪问》记有人问孔子对"子西"的看法，他的答
复是"彼哉彼哉"，很是轻蔑[②]。由此来看，对于孔子在楚的仕途，子西很可能没有起
到积极的作用。

孔子第三次来到卫国时，国君是灵公之孙出公。灵公太子蒯聩因杀南子未果出逃
在外，后与继位的出公（蒯聩之子）争位。《孔子家语·正论解》还记孔文子与太叔
疾因其二妻之礼不和，问策于孔子。孔门弟子也多仕卫，子路为孔悝家宰。由于卫国
形势动荡，而鲁国又以币相迎。公元前485年，孔子回到鲁国。留下子路、高柴仕卫。

哀公十五年，蒯聩与卫出公争位。子羔出城，保住了性命。为救孔悝，子路入
城，"结缨而死"。孔子在鲁听到卫乱哀呼："柴也其来乎，由也其死矣。"此见
《史记》之《仲尼弟子列传》《卫康叔世家》及《左传·哀公十五年》等。《弟子

---

① 崔述《考信录》指出此事《楚世家》及《年表》皆无，疑为后人附会。钱穆亦考《左传》载
当时楚昭王在城父，救陈战吴，卒于军中，并未见议封孔子之事。钱穆：《孔子传》，54页。
② 李零：《丧家狗——我读〈论语〉》，253页。

问》在上述与蘧伯玉有关的简文之下还有半句：

　　　　其听子路往乎，子愕愕如也，如诛₁₉……

　　主语当然亦为孔子。虽然简文并不完整，但从现存部分来看基本可以肯定与子路赴卫乱有关。"愕"指惊愕。简文描写的是孔子在听到子路去卫国后，惊愕、失落的样子。

　　除《弟子问》以外，《史蒥问于夫子》也可能与孔子在卫国的经历有关。此篇有两个主要人物，一为史蒥，二为夫子。两人的身份未明，尚存争议。

　　濮茅左在此篇的"说明"中指出"夫子"是孔子，顾史考则认为不一定①。至于"史蒥"，文献中并无记载，简文中他自述为"故齐敝吏之子"，故一般认为他是齐国人，在齐国做官，简文的故事发生在齐国。此外，基本可以肯定的是他的史官身份。

　　根据林晓平的研究，春秋战国时期的史官承担着多方面的职责，包括记载史事、掌管文献、宣达王命、提供咨询、祭祀与卜筮等，是一个比较重要的职位②。然而简文的"史蒥"除了这一职位外，从"子，其身之贰也。今使子师之，君之择之慎矣"等简文来看，似乎还接受了国君分派的某项比史官还要重要得多的职位③。罗运环认为国君分派给史蒥的职位就是做太子的老师，孔子去齐国是在景公之时，故简文的国君应该是齐景公④。

　　王志平认为文中的"史蒥"是文献记载的"史鳅"，亦即被孔子称赞"直哉"的"史鱼"。"蒥"为来母幽部，"鳅"为清母幽部，韵部相同。而史载史鳅仕卫，据钱穆《先秦诸子系年》孔子到卫国时，与蘧伯玉和史鳅有交往，《论语·卫灵公》记孔子称其"直哉史鱼！邦有道，如矢；邦无道，如矢"。阜阳汉简《儒家者言》章题木牍有"中尼曰史鳅有君子之道三"。简文中史蒥自称为"故齐邦敝吏之子"，应属于齐才卫用。史官的异国流动文献也有记载，他对孔子说"无汝图也"⑤，是作为长

　　①　顾史考：《上博九〈史蒥问于夫子〉》，"出土文献与传世典籍的诠释国际学术研讨会"论文，复旦大学出土文献与古文字研究中心主办，上海，2017年10月14日、15日。
　　②　林晓平：《春秋战国时期史官职责与史学传统》，《史学理论研究》2003年第1期，59—69页。
　　③　季旭昇：《〈上博九·史蒥问于夫子〉释读及相关问题》，《吉林大学社会科学学报》2015年4期，242—247页。
　　④　罗运环：《楚简〈史蒥问于夫子〉的主旨及其他》，《中原文化研究》2017年2期。
　　⑤　简文写作"无女图也"，本书读为"无如图也"。

辈安抚孔子的话。对孔子的提问（"何谓八"等）是对孔子的测试，最后说"不志所为"是因为孔子回答得很好，他听了孔子的话之后很惶恐，惭愧自己的所作所为①。

相较而言，我们认为王志平的说法更有可能是对的。若"史蒥"真的是史鰌，而文中的"夫子"也就可以基本肯定为孔子了。那么简文的故事应发生在孔子周游列国时在卫国出仕的这段时间。"蒥"与"鰌"虽韵部相同，但声母相差较大。不过我们在传世文献中找到了一些孔子与史鰌的故事，与简文所论有相似之处。

从简文"始得可人而举之，仁援仁而进之，不仁人弗得进矣。始得不可人而〔举之〕……"来看，史蒥与夫子所谈的话题与人才的推举有关。把有仁德的人推举出来，就自然会让不仁人远去，这样的观点在《论语·颜渊》中孔子也讲过，只不过他讲得比较隐晦，完整的含义则是由子夏阐述出来的：

> 樊迟问仁。子曰："爱人。"问知（智）。子曰："知人。"樊迟未达。子曰："举直错诸枉，能使枉者直。"樊迟退，见子夏曰："向也吾见于夫子而问知（智），子曰：'举直错诸枉，能使枉者直'，何谓也？"子夏曰："富哉言乎！舜有天下，选于众，举皋陶，不仁者远矣。汤有天下，选于众，举伊尹，不仁者远矣。②"

《论语》中的"举直错诸枉，能使枉者直"，与简文"始得可人而举之，仁援仁而进之，不仁人弗得进矣"的含义显然是一致的。

此外，史鱼见诸史载的事迹，很大一部分与他的"直"有关。而他之所以被如此评价，正与他极力向卫君推荐蘧伯玉有关。事见《韩诗外传》卷七：

> 昔者，卫大夫史鱼病且死，谓其子曰："我数言蘧伯玉之贤而不能进，弥子瑕不肖而不能退。为人臣，生不能进贤而退不肖，死不当治丧正堂，殡我于室、足矣。"卫君问其故，子以父言闻，君造然召蘧伯玉而贵之，而退弥子瑕，从殡于正堂，成礼而后去。生以身谏，死以尸谏，可谓直矣。

"生以身谏，死以尸谏"，果然不愧"直"之名。

---

① 王志平：《上博九〈史蒥问于夫子〉之"史蒥"考》，《陕西师范大学学报（哲学社会科学版）》2017年5期，57—61页。

② "仁"的核心是"爱人"，就是对别人好。"仁"的实施需要有智慧，知人善任才能使不仁人远去。

可见，在人才的推举方面，孔子与"夫子"观点一致，而史鰌与"史䖑"则都是这一原则践行者。这种相似性，无疑增加了"史䖑"就是史鰌，而"夫子"即为孔子的可能。更何况，简文最后"夫子"所说的话"临事而惧，希不……"与文献所载孔子语亦有相合之处。

其实如前人所说，古书多"造作故事"，简文中的人物身份也不一定要坐实。然而简文与史鰌因举荐人才而得"直"之名又太过巧合，似乎存在某种关联，故在此提出，希望能够引起学界的注意。

第三节　晚年归鲁

《孔子世家》载哀公十一年（公元前484年），归鲁任季氏宰的冉有在齐鲁之战中立了功，向季康子推荐孔子，孔子归鲁。此时在位的是鲁哀公，而国政把持在季康子手中。

孔子经由鲁人礼聘回国，看似德高望重——上博简《鲁邦大旱》记鲁国发生大旱，哀公向孔子求教解决的办法，就是一个例子。而他与季桓子、康子的谈话，第一次是孔子去见季桓子（《孔子见季桓子》），第二次则是季康子主动来问孔子（《季康子问于孔子》），亦可见孔子在鲁地位的变化。然而在鲁国国是的决策上，无论鲁哀公还是季康子，与孔子的看法往往都存在差异。在实际的操作中，孔子的看法并不受重视。如《论语·宪问》记哀公十四年，齐田常弑简公，孔子请伐之：

> 孔子沐浴而朝，告于哀公曰："陈恒弑其君，请讨之。"公曰："告夫三子。"孔子曰："以吾从大夫之后，不敢不告也。君曰'告夫三子者'。"之三子告，不可。孔子曰：'以吾从大夫之后，不敢不告也。'"

此事《左传·哀公十四年》也有记述。李零指出，"三子"应为当时执政的"三桓"，分别为孟懿子、叔孙武叔和季康子①。孔子请哀公讨伐弑君的陈恒，哀公却让他跟"三桓"商议，身为一国之君却不能决定。而"三桓"多僭越之行，自然只会说"不可"。《论语·季氏》载孔子有言：

> 天下有道，则礼乐征伐自天子出；天下无道，则礼乐征伐自诸侯出。自诸侯出，盖十世希不失矣；自大夫出，五世希不失矣；陪臣执国命，三世希

---

① 李零：《丧家狗——我读〈论语〉》，259页。

不失矣。天下有道，则政不在大夫。天下有道，则庶人不议。

与上述事件结合来看，正是孔子针对这种局面发出的感慨。春秋末期是一个酝酿着巨大的变化的时代，西周的宗法礼制处于逐渐分崩离析的境地，天子对诸侯、诸侯对大夫，甚而卿大夫对他们的家臣，都渐渐失去了控制，各国上下都是一派僭越之风。不只鲁国，各诸侯国的实权基本都已掌握在一些世袭的卿大夫手里，如卫国的孙氏、宁氏，齐国的国氏、高氏、崔氏、陈氏，晋国的赵氏、魏氏、韩氏、智氏、范氏、中行氏等。而卿大夫手下的家臣也在僭越，"陪臣执国命"说的就是这种局面。

上博简《相邦之道》记孔子与国君"公"关于"相邦之道"的对话，就是对这种局面的反映。简文的"公"并未说明身份，整理者认为可能是指鲁哀公，因为先秦文献多有鲁哀公问于孔子之记载，且问答之间，孔子亦有径称"哀公"为"君"者，与简文相合。浅野裕一指出该篇和《鲁邦大旱》行文结构非常相似，子贡对孔子的称呼都为"吾子"，其他儒家文献并不多见，可能是同一个作者所作。《鲁邦大旱》是哀公与孔子的问答，因而《相邦之道》中的"公"也很可能是哀公[①]。

我们同意这种看法，并想结合文献进一步证明。简文中孔子见"公"之后，又与子贡进行了一番讨论。此时的子贡应已经成年。子贡少孔子三十一岁，据此可以推测简文中的孔子应在五十岁以上。

孔子一生打过交道的国君有很多。鲁国以外，孔子早年与齐景公有过交往。后来周游列国，第一次到卫国时在位的是灵公。去卫适陈，途径曹、宋、郑，在曹、郑都没有与国君见面的记载，而《孔子家语·贤君》则有孔子与宋君谈话的内容，孔子过宋之时在位的宋景公，孔子称其为"主君"。后来孔子仕陈，在位的是湣公，但文献记载与孔子对话的却是陈惠公。至蔡时，在位的先后为蔡昭侯、蔡成侯，但文献并无孔子与之对话的记录。楚昭王使人聘孔子，后被令尹子西阻止。孔子再度回到卫国，在位的是出公。

鲁国国内则有昭、定、哀三公。鲁襄公在位时，孔子年纪比较小，从出生到十岁。《孔子家语》载孔子二十岁生子，鲁昭公派人赏赐了一条鲤鱼。孔子仕鲁是在定公时期，辅相定公参加夹谷之会，建议堕三都，君臣之间有很多对话。晚年归鲁之后，在位的是哀公。

如果只考虑时间因素的话，简文中的"公"可能性非常多，除鲁昭公、齐景公之外，几乎每位国君都不能完全排除。但考虑到现存文献中孔子与诸位国君对话的频率

---

①　浅野裕一：《〈相邦之道〉的整体结构》，《上博楚简与先秦思想》，万卷楼图书股份有限公司，2008年，1—14页。

分布以及成因就会发现，"公"更可能是鲁哀公。

目前所见有关孔子的文献，不管传世的还是出土的，记载的内容都以孔子晚年为多。这可能是由于孔子年轻时身份低微，思想亦不如年长时深刻，身边又没有学生记述他的言行，晚年的光景则大有不同。一方面，此时他身边聚集了大批弟子，言行多被记录下来；二是孔子声望逐渐扩大，归鲁之后被当作顾问式的人物，地位较高。

文献载鲁国君臣常向孔子请教问题，与哀公的对话记载犹多。除散见于《论语》《庄子》《荀子》《韩非子》《吕氏春秋》等先秦古书外，《大戴礼记》《礼记》还有一些较长的篇章，通篇为二人对话，如《礼记》的《哀公问》《儒行》，《大戴礼记》的《哀公问五义》《哀公问于孔子》等。《大戴礼记》中还有基本完整的《孔子三朝记》，包括《千乘》《四代》《虞戴德》《诰志》《小辩》《用兵》《少闲》七篇。刘向《别录》云："孔子三见哀公，作《三朝记》七篇。"在这七篇孔子与哀公的对话中，一律都将哀公径直称为"公"，与简文相似。

此外，《荀子·子道》有一则哀公与孔子的对话。

> 鲁哀公问于孔子曰："子从父命，孝乎？臣从君命，贞乎？"三问，孔子不对。孔子趋出，以语子贡曰："乡者君问丘也，曰：'子从父命，孝乎？臣从君命，贞乎？'三问而丘不对，赐以为何如？"子贡曰："子从父命，孝矣；臣从君命，贞矣。夫子有奚对焉？"孔子曰："小人哉！赐不识也。昔万乘之国有争臣四人，则封疆不削；千乘之国有争臣三人，则社稷不危；百乘之家有争臣二人，则宗庙不毁。父有争子，不行无礼；士有争友，不为不义。故子从父，奚子孝？臣从君，奚臣贞？审其所以从之之谓孝，之谓贞也。"

哀公问孔子"臣从君命，贞乎"，孔子不以为然，回头又跟子贡提起这件事，与《相邦之道》的结构如出一辙。

综上，鲁哀公的确是简文中的"公"最有可能的身份。虽然简文残缺较多，但据现存竹简，可以略知其大意。孔子见哀公，回答了他关于"相邦之道"与"民事"的疑问。"相邦"即"相国""丞相"，是执政大臣。"相邦之道"其实是臣道，"有邦之道"才是君道。臣道与君道，判然有别。可参考《管子·君臣》中的论述：

> 天有常象，地有常形，人有常礼，一设而不更，此谓三常；兼而一之，人君之道也。分而职之，人臣之事也。君失其道，无以有其国；臣失其事，无以有其位……是故，道德出于君，制令传于相，事业程于官，百姓之力

也，胥令而动者也。

君道在于树立一个极高的道德标准，为天下臣民做出模范表率，类似于柏拉图的"哲学王"。至于国政具体怎么操作，应颁布什么政令、采取什么措施，则是大臣负责的。所谓"兼而一之，人君之道也。分而职之，人臣之事也"，"道德出于君，制令传于相"，二者决不能混为一谈的。如果责权不分，俱失其道，则不利于国家的治理。"为人君者，下及官中之事，则有司不任。为人臣者，上共专于上，则人主失威。是故，有道之君，正其德以莅民，而不言智能聪明；智能聪明者，下之职也，所以用智能聪明者，上之道也。上之人，明其道。下之人，守其职，上下之分不同任，而复合为一体。"

哀公所问的"民事"，类似于《仲弓》篇中仲弓问的"民务"[①]。"民事""民务"都属于相邦的职责，是臣道而非君道。故后文孔子在与子贡的对话中，对哀公的相邦之问很不以为然。他的思想与上引《管子·君臣》是基本一致的。

上博简中体现这一情况的还有《季康子问于孔子》，与《相邦之道》恰好可以构成上、下篇，互相参照。上篇是国君失政的反映，下篇则是政在大夫的证明——季康子身为执政大臣，却向孔子请教"君子之大务""处邦家之术"。两篇合起来就是孔子说的"天下无道"。

《季康子问于孔子》发生在孔子68岁归鲁之后，即公元前484—前479年。季氏是三桓之首，把持鲁国朝政。孔子一生中，执政的依次是季武子（1—17岁）、季平子（17—47岁）、季桓子（47—60岁）、季康子（60—73岁）。《左传》载鲁哀公三年（前492年），季桓子卒，康子继位。《史记·鲁世家》载其卒于鲁哀公二十七年（前468年），在位时间24年，可能比孔子小一辈。

据《史记·孔子世家》记载，季康子招孔子回国，既是出于冉求的举荐，也是因为季桓子临死前告诫他一定要启用孔子。然而孔子晚年回国之后，并未出仕。从《论语》《左传》《国语》《孔子家语》等文献所记孔子与季康子等的对话来看，原因可能在于孔子的施政观点与季氏并不一致。

从传世文献来看，孔子的政治主张主要包括三个方面。第一，孔子强调为政者要加强修养，为臣民做出表率，他对学生和"今之君子"都是这么讲的，如：

---

① 《仲弓》记仲弓向孔子请教为政，则是一篇典型的关于臣道的文献。仲弓向孔子请教的，正是"相邦之道"，"老老慈幼，先有司，举贤才，宥过赦罪，政之始也"。可见，不管外界如何"礼崩乐坏"，孔子主导的儒门内部仍在严格坚守礼制。

子路问政。子曰："先之，劳之。"请益。子曰："无倦。"（《论语·子路》）

子曰："苟正其身矣，于从政乎何有？不能正其身，如正人何？"（《论语·子路》）

子曰："为政以德，譬如北辰，居其所，而众星共之。"（《论语·为政》）

季康子问："使民敬忠以劝，如之何？"子曰："临之以庄则敬，孝慈则忠，举善而教不能则劝。"（《论语·为政》）

季康子问政于孔子。孔子对曰："政者正也，子帅以正，孰敢不正。"（《论语·颜渊》）

季康子患盗，问于孔子。孔子对曰："苟子之不欲，虽赏之不窃。"（《论语·颜渊》）

哀公问曰："何为则民服？"孔子对曰："举直错诸枉，则民服；举枉错诸直，则民不服。"（《论语·为政》）

第二，在治理民众方面，孔子更强调教化的作用，如：

子曰：道之以政，齐之以刑，民免而无耻。道之以德，齐之以礼，有耻且格。（《论语·为政》）

子贡问政，子曰："足食，足兵，民信之矣。"子贡曰："必不得已而去，于斯三者何先？"……曰："去食。自古皆有死，民无信不立。"（《论语·颜渊》）

季康子问政于孔子曰："如杀无道，以就有道，何如？"孔子对曰："子为政，焉用杀。子欲善，而民善矣。君子之德风，小人之德草，草上之风，必偃。"（《论语·颜渊》）

颜渊问为邦。子曰："行夏之时，乘殷之辂，服周之冕，乐则韶舞。放郑声，远佞人。郑声淫，佞人殆。"（《论语·卫灵公》）

第三，在刑政与德教二者之间，孔子虽然强调德教的重要性，但亦承认刑罚必不可少，并非一味排斥。以前曾有人认为孔子主张仁礼，完全排斥刑罚，甚而怀疑孔子诛少正卯事件是后人捏造出来的，赵纪彬已做过考证[①]。

---

① 赵纪彬：《关于孔丘杀少正卯问题》，人民出版社，1974年。

《孔子家语·五刑解》记孔子说："刑罚之源，生于嗜欲不节。夫礼度者，所以御民之嗜欲而明好恶，顺天之道。礼度既陈，五教毕修，而民犹或未化，尚必明其法典，以申固之。"治国为邦，刑政与德教是相辅相成、缺一不可的。《孔子家语·刑政》《孔丛子·刑论》中有很多孔子关于二者关系的论述，如以"御马"喻"御民"，"德法"犹"衔勒"，"君者人也，吏者辔也，刑者策也"，御马不能只靠箠策，"弃其衔勒而专用箠策，其不制也可必矣"（《孔子家语·执辔》《孔丛子·刑论》）。只是孔子的刑政思想，重点在防患于未然。

> 殷之法，刑弃灰于街者。子贡以为重，问之仲尼。仲尼曰："知治之道也。夫弃灰于街必掩人，掩人，人必怒，怒则斗，斗必三族相残也，此残三族之道也，虽刑之可也。且夫重罚者，人之所恶也；而无弃灰，人之所易也。使人行之所易，而无离所恶，此治之道。"（《韩非子·内储说上》）

总之，《孔子见季桓子》和《季康子问于孔子》分别反映出孔子与先后执政的季桓子与季康子在施政理念上的不同。前者更看重教化，而后者则一直主张强权。教化虽然是治本的办法，但却是长期的过程。强硬的政治手段显然时效性更高，季氏选择后者是再自然不过的事情。

《仲弓》篇结尾记仲弓对"今之君子"颇有微词，说他们"难以纳谏"。指的就是以季桓子为代表的鲁国执政者。可以推测简文中孔子对二人的劝谏恐怕都没有什么效果。这应该就是季桓子执政时孔子离开鲁国、季康子执政时孔子退修诗书的原因。

这种分歧在传世文献中也有所体现。《韩诗外传》卷三记："季孙子之治鲁也，众杀人而必当其罪，多罚人而必当其过。"季康子为政期间，改田赋、伐颛臾、旅于泰山，孔子对他非常不满，就连为季氏办事的得意门生冉求也被孔子逐出师门：

> 季氏富于周公，而求也为之聚敛而附益之。子曰："非吾徒也。小子鸣鼓而攻之可也。"（《论语·先进》）

孔子晚年归鲁，有鲁人以币相迎，但回来后政治理想竟一如既往地无法实现，只得教书育人以度余生，将生活的重心渐渐转移到对古代文献的整理与研究当中。在孔子晚年招收的弟子中，最出色的为子游与子夏，二人俱为"文学"科的高才生，在某种程度上，与孔子此时生活重心的变化有直接的关系。究其原因，当与他和执政的季氏在政治思想上的冲突有关。简文正是这种冲突的体现，为后人理解孔子晚年荣归故里却最终落魄不得志的原因，提供了极生动的画面。

第二章　上博儒籍与"七十子"

> 昔仲尼没而微言绝，七十子丧而大义乖。故《春秋》分为五，《诗》分为四，《易》有数家之传。战国纵横，真伪分争，诸子之言，纷然肴乱。——《汉书·艺文志》

"七十子"这一称呼最早见于《孟子·公孙丑上》，或有更早的来源。李零指出，据《史记·仲尼弟子列传》和《孔子家语·七十二弟子解》，所谓"七十子"其实是七十七人①。他们是孔子思想的直接继承和传播者，生平事迹散见于先秦至两汉的古书中。

综合来看，孔门弟子中最重要的是颜渊、子路和子贡，三人在孔门的作用各不相同，互为补充。颜渊代表了儒家理想的最高境界。子路和子贡都是孔子的捍卫者，时间上一早一晚。子路年龄与孔子相差不大，很大程度上扮演了孔子保镖的角色；子贡则是孔子晚年及去世后孔门的主要凝聚者。在描写孔子与"隐士""野人"等"异端"思想碰撞的故事中，涉及的孔门弟子往往是这三位。比如孔子见盗跖，"颜回为驭，子贡为右"（《庄子·盗跖》）；长沮、桀溺、荷蓧丈人等隐士，是周游列国时子路遇到的（《论语·微子》）；过汉阴遇为圃丈人（《庄子·天地》）、被描述为"丧家之狗"等经历（《韩诗外传》卷九），与子贡有关。三人也是陈蔡绝粮的主人公，在生死存亡的关头，对于学派的理想、前途进行讨论。孔子登山言志，谈论政治理想，子路是勇士，子贡是辩士，颜渊是圣士（《韩诗外传》卷七、《孔子家语·致思》）。种种迹象都表明，三子在孔门弟子中处于核心地位。

文献载孔子之后儒家内部发生了分裂，然具体派别存在异说。《韩非子·显学》讲"儒分为八"，"有子张之儒，有子思之儒，有颜氏之儒，有孟氏之儒，有漆雕氏之儒，有仲良氏之儒，有孙氏之儒，有乐正氏之儒"。《荀子·非十二子》则言除子思、孟轲一派之外，还有"子张氏之贱儒"，"子夏氏之贱儒"，以及"子游氏之贱儒"，"弟佗其冠，神襌其辞，禹行而舜趋，是子张氏之贱儒也。正其衣冠，齐其颜色，嗛然而终日不言，是子夏氏之贱儒也。偷儒惮事，无廉耻而耆饮食，必曰君子固

---

① 参氏著：《去圣乃得真孔子》，62—64页。

不用力，是子游氏之贱儒也"。

两种说法存在三个问题：第一，《韩非子》所言的儒家八派较为模糊，"颜氏之儒""孟氏之儒""仲良氏之儒"等派没有确切的身份记录，存在很多异说；第二，最重要的"四科十哲"中只有子夏和子游之学见诸记录，两说中的派别有的与十哲无关，与一般的认识相抵牾；第三，两说本身也存在相互矛盾之处，比如韩非子所讲的"儒家八派"中，就没有荀子所讲的子夏学派。

关于第一个问题，孔子之后儒学究竟分为哪几个派别，彼此之间是什么关系，一直存在诸多争议。陈澧《东塾读书记》提出子思、孟子之学出于子游①；郭绍虞认为孔门学风只有"务外""主内"两派，而不是韩非所分的八派②；姜广辉把孔门后学分为子游、子夏和曾子三系，三者分别为"弘道派""传经派""践履派"③；李零则把对战国中晚期影响最大的孔门后学分为五派，除姜说三派以外，还有子思、子张两派④。

关于第二个问题，孔门早期重要的弟子为何没有学派，尤骥认为，孔子早期学生多为孔子思想的实践者，他们是很难形成学派的，儒家学派可能是在孔子晚年弟子中间产生的，曾参、有若、子夏、子游、子张是这场儒家内部斗争的主角⑤。

关于第三个问题，"儒家八派"不包括子夏，郭沫若认为是因为"前期法家"实际上主要就是子夏的学派，韩非子批评儒、墨，当然不会批评己派宗师。而八派中的"子思之儒""孟氏之儒""乐正氏之儒"则有可能是一系，孟氏是子思弟子孟轲，乐正氏是孟子的弟子乐正克⑥。

总之，由于文献不足，在这个问题的研究中既需要新的资料，也需要新的方法。

针对前述郭绍虞"务外""主内"两派说，顾颉刚曾在答书中提到：

> 分别两派只是我们居于后世的评论之词，而不必是当时的实在情状。当时孔子设教，各方面都要顾到；弟子勉学其师，自然也是要求"兼而有之"。但以性有所偏，故子夏不得不列于文学之科，而曾子乃趋重于德行。但这决不是他们有意的主张，有意的分歧……至于学派的分歧，或因于地域，或因于事实，固不必尽关于宗旨。《墨子》自《尚贤》至《非命》十

---

① 陈澧：《东塾读书记》，生活·读书·新知三联书店，三联书店，1998年。
② 郭绍虞：《论孔门学风只有务外主内两派书》，《古史辨》（第二册），258页。
③ 姜广辉：《郭店楚简与早期儒学》，《义理与考据——思想史研究中的价值关怀与实证方法》，中华书局，2010年。
④ 李零：《简帛古书与学术源流》，321、322页。
⑤ 尤骥：《孔门弟子的不同思想倾向和儒家的分化》，《孔子研究》1993年2期，32—41页。
⑥ 郭沫若：《十批判书·儒家八派的批判》，东方出版社，1996年，125页。

题，一题皆有三篇，旨同文异；假使出于一家之书，何取乎如此复沓？……
墨分为三而宗旨不殊，安见儒分为八而宗旨必异？……至其所以分派之故，
《显学》篇虽未言，而《荀子·非十二子》篇上顾录其梗概，则其区别大都
在衣服，步履，颜色之上，而主张的争论乃无几何也。"①

虽是针对郭说的"二分法"而言，顾颉刚本人仍是赞同韩非子"八分"说的，
但这番话对于我们正确认识早期儒学的分派却有着非常大的启发。韩非子和荀子对于
孔门后学的分派，与把先秦诸子划分为"九流十家"一样，都是后人的一种归纳和总
结。这种分类，很多时候是根据不同标准进行的。标准不同，所分类别往往也不同。
无论是荀子还是韩非子，他们的划分与孔门当时的原貌，很可能或多或少都存在一定
的差异。

现在看来，研究孔门的分派要注意以下几个问题：第一，文献中对孔门的分类，
并不一定就囊括了当时全部的孔门后学；第二，"儒家八派"之间，不一定是同时并
存的，很有可能存在着先后相继的关系，比如，孟子甚重颜渊，这两个人所传的学派
可能就是前后相继的关系；第三，孔门不同派别虽然存在着志趣上的不同，但他们之
间的区别，很有可能主要在于师法传承，而不是根本宗旨的冲突；第四，当时的学派
划分，似乎也没有那么严格，有些人可以同时拥有两个老师，如公明仪，根据《礼
记》《大戴礼记》的记载，既是曾子的弟子，可能也是子张的弟子②。对于孔子之后孔
门分派的研究，与其纠结于韩、荀两说哪个更对，当时到底有哪几个学派，倒不如把
眼光放到对每一个孔门弟子所学、所传的研究上来，通过对文献的细读，挖掘其可能
的传学情况。

孔门重要弟子当首推《论语·先进》的"四科十哲"。此外李零指出，孔子晚
年及死后还有三个比较重要的弟子，即有若、曾参和颛孙师。有若在圣化孔子的运动
中有着比较重要的作用，曾子有著作传世，子张的地位也比较重要，加起来是孔门
"十三贤"③。

"十三贤"中上博儒籍涉及的有九位，即颜回、仲弓、子路、宰我、子贡、子游、
子夏、曾子、子张。此外，还有子羔。下面，我们就以四科为序，分别考察。

---

① 顾颉刚：《答论郭绍虞〈论孔门学风只有务外主内两派〉书》，《古史辨》（第二册），
254—257页。
② 《礼记·檀弓》："子张之丧，公明仪为志焉"。
③ 李零：《去圣乃得真孔子》，75—87页。

第一节　德行——颜渊、仲弓

德行科是四科之首，包括四位弟子：颜渊、闵子骞、冉伯牛、仲弓。上博简中与颜渊相关的简文最多，包括《颜渊问于孔子》《弟子问》《君子问礼》三篇；仲弓则仅见于同名竹简。闵子骞、冉伯牛，简文不见，故在附录中介绍。

一、颜　　渊

颜渊名回，字子渊，鲁人，七十子之首，孔门二期弟子①，少孔子30岁。古书对其卒年的记载不一，据钱穆考证，较为可信的当数《公羊传》和《史记·仲尼弟子列传》中颜渊卒于"哀公十四年"的记载②。

传世文献中所见颜渊的形象大致可以分为两种，一种以《论语》为代表，另一种则以《庄子》为代表。我们先来看《论语》中的颜渊。

《论语》中有关颜渊生平事迹的记载不是很多，大多都是别人对他的评价，可以概括为以下几方面。

首先，颜渊是个聪明人，子贡就曾自叹不如。

> 子曰："吾与回言终日，不违如愚，退而省其私，亦足以发。回也不愚。"（《为政》）
>
> "赐也何敢望回。回也闻一以知十，赐也闻一以知二。"子曰："弗如也。吾与汝弗如也。"（《公冶长》）

其次，颜渊不仅天资甚高，而且勤奋好学。

> 哀公问："弟子孰为好学？"孔子对曰："有颜回者好学，不迁怒，不贰过，不幸短命死矣！今也则亡，未闻好学者也。"（《雍也》）

---

① 孔门弟子的分期，根据李零分类，参氏著：《丧家狗——我读〈论语〉》，19—22页。孔门一期是孔子早年居鲁招收的学生，包括颜无繇、冉耕、子路、漆雕启、闵损五人；孔门二期，是孔子自齐返鲁后招收的学生，包括冉雍、冉求等；孔门三期是孔子周游列国时招收的学生，包括子游、子夏等学生。

② 钱穆：《先秦诸子系年》，49页。

季康子问："弟子孰为好学？"孔子对曰："有颜回者好学，不幸短命死矣。今也则亡。"（《先进》）

子曰："语之而不惰者，其回也。"（《子罕》）

子谓颜渊曰："惜乎！吾见其进也，未见其止也。"（《子罕》）

最后，德行甚高，安贫乐道。

其心三月不违仁，其余则日月至焉而已矣。（《雍也》）

子曰："贤哉回也！一箪食，一瓢饮，在陋巷，人不堪其忧，回也不改其乐。贤哉回也！"（《雍也》）

总之，从《论语》来看，颜渊的形象是非常正面的，他是孔子最欣赏的弟子。孔子对他的恶评只有一条，即"回也非助我者也，于吾言无所不说"（《先进》）。这句批评可能是因为孔子希望能有人指出自己的错误，颜渊却从来不说孔子的不是。之所以如此，与颜渊赞同孔子之说有关，并不能说明他是个只会顺从老师的学生。

《论语》中颜渊的这种正面、积极的形象被《孟子》《荀子》等儒家典籍继承下来，《孟子·离娄下》说：

禹、稷当平世，三过其门而不入，孔子贤之。颜子当乱世，居于陋巷，一箪食，一瓢饮；人不堪其忧，颜子不改其乐，孔子贤之。孟子曰："禹、稷、颜回同道。禹思天下有溺者，由己溺之也；稷思天下有饥者，由己饥之也，是以如是其急也。禹、稷、颜子易地则皆然。"

文中拿颜渊与禹、稷相提并论，非常推崇。文中尊称其为"颜子"，或许说明孟子之学与颜渊存在着某种程度上的关系。

《庄子》中颜渊主要有两种形象。一种是"坐忘"的道家式人物，见《大宗师》；另一种是《田子方》中的"夫子步亦步，夫子趋亦趋，夫子驰亦驰；夫子奔逸绝尘，而回瞠若乎后矣"的愚直形象。颜渊贫寒的家境、少言寡语的性格，以及超脱世俗的价值取向，都与道家所提倡的出世非常相似。所以庄子把他当作道家似的人物，也就不足为怪了。这两种形象的产生，有可能是庄子在《论语》等儒家典籍所记载的颜渊形象基础上进行的演绎与发挥，其产生当在《论语》之后。

《君子为礼》中的颜渊，在听闻孔子讲述"君子为礼"的具体做法后，因不知如何去做非常苦恼，以致日渐消瘦，更接近于《庄子》中的形象：

颜渊退，数日不出，〔门人问〕₂之曰："吾子何其瘠也？"曰："然。
吾新闻言于夫子，欲行之不能，欲去之而不可，吾是以瘠也。"

简文的产生时间应与《庄子》中类似的故事应相隔不远。

颜渊无著作传世，《四库全书·儒家类存目》著录有明代张星撰《颜子绎》五
卷，是从《论语》《孟子》《孔子家语》《韩诗外传》等文献中辑佚所得。

颜渊是否有弟子？《韩非子·显学》的"颜氏之儒"是不是他的门派？对于这
个问题历来说法不一。"颜氏之儒"多以为是颜渊的学派。但《孔子家语》载颜渊
"三十一早死"，若果真如此，他恐怕来不及招收学生。李零、胡兰江根据上博简中
"颜（渊）"与"言（偃）"的写法相同，推断"颜氏之儒"应为子游的学派①。

李启谦认为颜渊死时应是四十一岁，其满"而立之年"后，应该有能力独立讲学
和招收弟子②。本书亦认为颜渊是有弟子的。《论语·先进》载："颜渊死，门人欲厚
葬之。"这里的"门人"，皇侃《论语义疏》认为就是颜渊的弟子，邢昺、清梁章钜
《论语旁证》、朱彝尊《曝书亭集》③等，都持此见。《孟子》一书颇推崇颜渊，甚至
称其为"颜子"。这些都是颜渊有所传学的痕迹。《君子为礼》为"颜氏之儒"是颜
渊学派也提供了一条有利的证据。简文中与颜渊对话的人称其为"吾子"，很可能是
颜渊的弟子，学者据此将所缺简文补为"门人问"也是根据情节的合理推断。

上博简《颜渊问于孔子》记录了颜渊与孔子关于为政的对话，对于理解颜渊思想
的全貌至关重要。其中关于"人教""至名"等的讨论可以与下引《论语》对读：

季康子问："使民敬忠以劝，如之何？"子曰："临之以庄则敬、孝慈
则忠，举善而教不能则劝。"（《论语·为政》）

子路问政。子曰："先之，劳之。"请益。子曰："无倦。"（《论
语·子路》）

颜渊问仁。子曰："克己复礼为仁。一日克己复礼，天下归仁焉。为仁

---

① 李零：《郭店楚简校读记·前言》，4页，脚注2；胡兰江：《七十子考》，23—25页。
② 李启谦：《孔门弟子研究》，齐鲁书社，1988年，2—6页。
③ 《论语旁证》卷四："朱氏彝尊《曝书亭集》云：受业者为弟子，受业于弟子者为门人。
《论语》为孔子而作，所云'门人'皆受业于弟子者也。'子出门人问此'，曾子之弟子也。'颜渊
死门人原葬之'此颜子之弟子也。'子路使门人为臣'，又'门人不敬子路'，此子路之弟子也。
'子夏之门人问交于子张'，此子夏之弟子也。'门人治任将归入揖于子贡'，此子贡之弟子也。孔
子曰：'自吾得回而门人日亲。'回，无繇之子，本门人也，而列为弟子此门人所以日亲也。孔子既
没，门人疑所以服礼。弟子之于师心丧三年，无可疑也。疑所以服者，门人之服也。"

由己，而由人乎哉？”颜渊曰：“请问其目。”子曰：“非礼勿视，非礼勿听，非礼勿言，非礼勿动。”颜渊曰：“回虽不敏，请事斯语矣。”（《论语·颜渊》）

简文中孔子说“修身以先”“前以博爱”“导之以俭”“前之以让”“迪而教之以能”“贱不肖而远之”，都是为政者要让自己先于民做到的，只有在上者首先做到这些要求，才能教化百姓知耻有礼。这与《论语》中孔子所说的“临之以庄则敬、孝慈”“善而教不能”“无倦”“先之，劳之”是一致的。

简文的“德成则名至矣”与《论语》中孔子说的“一日克己复礼，天下归仁焉”含义是一致的，“克己复礼”也就是“德成”，“天下归仁”也就是简文中的“名至”。简文的论述往往更详细。可惜简文残断，没有保留完整的内容。

颜渊是孔子最欣赏的弟子，对颜渊说的话应该最能代表他对“入仕”“入教”“至名”的看法。简文中孔子对颜渊说的话要比《论语》相关章节处中对仲弓、子路、季康子等人都多，或许正反映出这一点。以往颜渊给人们的印象多是聪敏好学、道德高尚，似乎与政治关系不大。而简文中颜渊向孔子提的问题却都是与为政直接相关的。这个现象提示我们，或许颜渊在孔门弟子中的真正意义需要重新审视。

其实传世文献中亦不乏关于颜渊政治才能的记载，如《论语》记“颜渊问为邦”[①]，《孟子》记颜渊偿自比于舜[②]。可见他对政治并不是毫不关心的。《荀子·哀公》记载了一个“故事”。颜渊对鲁定公预言善驭的东野毕将要丢失他的马。定公听他这么说很不高兴，后来东野毕的马果然丢了。定公问颜渊怎么知道的，颜渊说：“臣以政知之。昔舜巧於使民而造父巧於使马；舜不穷其民，造父不穷其马，是舜无失民，造父无失马也。今东野毕之驭，上车执辔，衔体正矣；步骤驰骋，朝礼毕矣；历险致远，马力尽矣。然犹求马不已，是以知之也。”并趁机向定公进谏：“自古及今，未有穷其下而能无危者也。”相似的记载又见《韩诗外传》卷二。

这个故事有两点值得注意。①颜渊虽然没有做官，但他在当时似乎已经有了一定的名望，有时为鲁国君主提供一些建议做参考；②颜渊向定公进谏，亦证明了颜渊并不是一般人们印象中的那种只知道跟随孔子修身养性的老实人，对于治国为邦，颜渊亦是非常热忱的。楚国令尹子西对颜渊的评价是辅相之才，楚国就没有像颜渊这样的人才（《史记·孔子世家》）。

---

① 颜渊问为邦。子曰：“行夏之时，乘殷之辂，服周之冕，乐则《韶》《舞》。放郑声，远佞人。郑声淫，佞人殆。”（《论语·卫灵公》）
② 颜渊曰：“舜，何人也？予，何人也？有为者亦若是。”（《孟子·滕文公上》）

《韩诗外传》卷七还载孔子与颜渊、子路、子贡同游景山，让三人各言其志。颜渊的志向是："愿得小国而相之。主以道制，臣以德化，君臣同心，外内相应。列国诸侯，莫不从义向风，壮者趋而进，老者扶而至。教行乎百姓，德施乎四蛮，莫不释兵，辐辏乎四门。天下咸获永宁，蠉飞蠕动，各乐其性。进贤使能，各任其事。于是君绥于上，臣和于下，垂拱无为，动作中道，从容得礼。言仁义者赏，言战斗者死。则由何进而救？赐何难之解？"《说苑·指武》亦有相关记载。

由于早期文献流传的复杂性，这些颜渊与政治有关的记载，在以往儒学史的研究中并不是很受重视。大家普遍接受的往往是《论语》中那个聪敏好学的、安贫乐道的颜渊。当然，这种情况与颜渊在并不算长的一生中没有一官半职有关。究其原因，大概仍在于其思想过于理想化以及道德的纯粹性。在春秋末期那样一个礼崩乐坏的乱世里，儒家以德礼教化天下的理想显然缺乏现实可能性。在乱世里，要想保持自己的道德标准，只有一条路，就是像伯夷、叔齐那样隐于山林，不再过问世事，成为一个隐士。《庄子·让王》中记颜渊不愿做官，原因是："有郭外之田五十亩，足以给饘粥；郭内之田十亩，足以为丝麻；鼓琴足以自娱，所学夫子之道者足以自乐也。"虽然颜渊没有逃至山林，但他却选择了隐于市。与孔子一样，终其一生，政治理想都没有实现。在这种情况下，颜渊的政治才能与抱负当然就很容易被人们忽略了。

正因为此，《颜渊问于孔子》的发现是非常可贵的。它给我们提供了一个重新认识相关文献、了解颜渊政治理想的机会。不难发现，文献中所记载的颜渊志向（如上引《韩诗外传》），其实代表了儒家政治理想的最高境界，即以德礼教化天下，平定万邦。颜渊之所以成为孔子最得意的门生[①]、七十子之首，原因恐怕也正在于此。这让我们想到，《论语》中四科的"德行"科，似乎并不能简单地等同于现在所讲的"道德"。既然孔子的政治思想是让最有道德的人做统治者或他们的大臣，教化百姓，复兴礼乐，那么正如孔子的"仁""圣"等核心思想与政治分不开一样，"德行"科的四位弟子，可能才是孔子心目中最优秀的政治人才。

总之，《颜渊问于孔子》中颜渊与孔子关于"入仕""入教""至名"的讨论再次提醒我们，儒家最高的理想与为政、事功有密切的联系。颜渊本人在为政这方面的思想不容忽视。他的地位与孔子死后的子贡一样，很有可能是各个派别共同尊崇的先贤。

---

① 孔子很欣赏颜渊的才能，说颜渊跟他一样"用行舍藏"（《论语·述而》），甚至愿意做颜渊的帮手，"使尔多财，吾为尔宰"（《史记·孔子世家》）。

二、仲　弓

冉雍，字仲弓，鲁国人，冉伯牛的宗族，出身贫贱，孔门二期弟子。《史记》司马贞索隐引《孔子家语·七十二弟子解》佚文云仲弓"少孔子二十九岁"。

仲弓位列"德行"四哲之一，德行是很出众的。《论语·公冶长》中说他"仁而不佞"。从文献记载来看，他的政治才能也是非常出众的。孔子对他评价非常高：

> 子曰："雍也可使南面。"（《论语·雍也》）
> 子谓仲弓，曰："犁牛之子骍且角，虽欲勿用，山川其舍诸？"（《论语·雍也》）

仲弓与孔子有过很多关于为政的对话。除《论语·子路》记载的作季氏宰前与孔子那段著名的关于"举贤"的对话外，《孔子家语·刑政》《孔丛子·刑论》还有三段仲弓与孔子关于刑教的讨论。孔子说："圣人之治化也，必刑政相参焉，太上以德教民，而以礼齐之。其次以政焉导民，以刑禁之，刑不刑也。化之弗变，导之弗从，伤义以败俗，于是乎用刑矣。"从中可以看出，孔子的政治思想是刑政与教化并用。他的这套政治思想，往往是在与仲弓的对话中表述出来的，仲弓是孔子政治思想的主要继承者。

《仲弓》篇记录了仲弓在做季氏宰之前向孔子请教如何为政的对话。孔门有三个人当过季氏宰，仲弓就是其中一个。以往文献对于子路、仲弓、冉求作季氏宰的先后顺序及具体时间记载非常模糊。简文的出现明确告诉我们，仲弓为季氏宰是在季桓子时。林志鹏据此考证其任职时间大概在鲁定公十三年至哀公三年的四五年，并推知子路为季氏宰当是在他之前，而冉求则是在他之后①。

仲弓"少孔子二十九岁"，则其为季氏宰时，年纪应为二十五岁。孔子自己选择离开，但对于仲弓出任季氏宰，孔子却是非常支持的。简文的最后一部分，当仲弓向孔子抱怨"今之君子"难以纳谏等缺点时，孔子还鼓励他："古之事君者以忠与敬，唯其难也，汝唯以□……"之所以如此，除了孔子非常欣赏仲弓的德行与政治才能之外，或许也意味着孔子对于以季桓子为首的鲁国权贵仍抱有一定的幻想，希望通过仲弓的努力，可以改变现状。

简文可与《论语·子路》章对读，相关内容如下：

---

① 林志鹏：《仲弓任季氏宰小考》，简帛研究网，2004年6月6日。

仲弓曰："敢问为政何先$_5$"？仲尼$_{28}$〔曰〕："老老慈幼，<u>先有司，举贤才</u>，宥过赦罪〈罪〉$_7$，政之始也。"仲弓曰："若夫老老慈幼，既闻命矣。夫先有司，为之如何？"仲尼曰："夫民安旧而重迁$_8$，早使不行，委蛇$_{14}$有成，是故有司不可不先也。"仲弓曰："雍也不敏，虽有贤才，弗知举也。敢问举才$_9$如之何？"仲尼："夫贤才不可掩也。<u>举尔所知，尔所不知，人其舍之者。</u>"仲弓曰："宥过赦罪，则民何惩$_{10}$"？"山有崩，川有竭，日月星辰犹差，民无不有过。贤者著$_{19}$刑政不缓，德教不倦。"（《仲弓》）

仲弓为季氏宰，问政。子曰："先有司，赦小过，举贤才。"曰："焉知贤才而举之？"曰："举尔所知，尔所不知，人其舍诸？"（《论语·子路》）

学者一般认为《论语》此章是孔子为政思想的重要体现，如崔东壁《论语余说》："孔子答门弟子问政多矣。而答仲弓之语，最为精要。"[①]但非常可惜的是，此章的记载非常简略，孔子所说的含义未能充分展现。现在结合简文来看，历来的注解其实与孔子的原意是有着不小的偏差的。

与简文不一致的地方主要有两个。首先是对"先有司，赦小过，举贤才"这个总的施政方针的理解，程树德《论语集释》所收录的相关注释主要有以下几条：

"考证"刘宝楠《论语正义》："是凡为政者，宜先任有司治之……有司或有小过，所犯罪至轻，当宥赦之，以劝功褒化也。言小过赦，明大过亦不赦可知。"

"集解"王肃曰："先有司，言为政当先任有司，而后责其事。"

"集注"："有司，众职也。宰兼众职，然事必先之于彼，而后考其成功，则己不劳而事必举矣。过，失误也。大者于事或有所害，不得不惩，小者赦之，则刑不滥而人心悦矣。贤有德者，才有能者，举而用之，则有司皆得其人而政亦修矣。"

"别解"赵佑《四书温故录》："《四书近指》载苏轼曰：'有司即立，则责有所归。然当赦其小过，则贤才可得而举。惟庸人与奸人无小过……若小过不赦，则贤者避过不暇，而此辈人[②]出矣。'"[③]

① 崔述撰著、顾颉刚编订：《崔东壁遗书》，上海古籍出版社，1983年，610页。
② 笔者按："此辈人"指"庸人"与"奸人"。
③ 程树德：《论语集释》，中华书局，1990年，882、883页。

可以看出，以往的注释往往都是把这三项联系起来理解的，认为"先有司，赦小过，举贤才"三者的主语相同。把这句话的意思理解为，只有赦免贤者的小过，才能让他们在各自的岗位上更好地发挥他们的才能。并且引申出只有"小过"可以赦免，大过是不能赦免的。

对照简文来看，这个理解是很有问题的。简文对这个总的方针的记载比传世本要详细许多，孔子对每条都有详细的论述。从中可以看出，这三点的主语其实并不相同。"先有司"毫无疑问是针对"有司"而言的，"有司"应当身先士卒，凡事都要他们先去做，而不是让老百姓去干。但"赦小过"就不仅仅是针对"有司"或者是担任"有司"的"贤才"了。简文中仲弓问"宥过赦罪，则民何惩？"孔子答："山有崩，川有竭，日月星辰犹差，民无不有过。"很明显，这里"宥过赦罪"所指的对象范围非常广泛，除了"贤才""有司"之外，还包括庶民。而且以往理解的赦"小过"，不赦"大过"，也不对。"宥过赦罪"讲的是宽恕，是一定程度上的减免刑罚。《孔丛子·刑论》记仲弓问孔子如何理解《尚书》中的"哀矜折狱"，孔子的回答是："古之听讼者，察贫穷哀孤独及鳏寡老弱不肖而无告者，虽得其情，必哀矜之。死者不可生，断者不可属。若老而刑之谓之悖，弱而刑之谓之克，不赦过谓之逆，率过以小罪谓之枳。故宥过赦小罪，老弱不受刑，先王之道也。"正好可以作为对简文这句话的注脚。《季康子问于孔子》有"救民以避，大罪则赦之以刑，臧罪则赦之以罚，小则訧之"，与简文的思想也很接近。

第二是关于"举尔所知，尔所不知，人其舍诸"三句话。李零指出，汉魏以来的理解是把第一句当祈使，后两句当反诘，意思是推荐你熟悉的人，你不熟悉的人嘛，难道别人会舍弃他吗？是"任人唯亲"的论调。但简文中孔子的意思是连续的，优秀的人才一个都不能埋没，你应举荐你熟悉的人，也应举荐你不熟悉的人，以及被别人忽略的人①。可见简文讲的"举贤才"更加公平与公正。

结合全篇的内容可以发现，孔子的这番为政理论非常强调对庶民的教化。对"为政何先"的回答就是这样。"老老慈幼"无疑是强调道德的作用，"先有司，举贤才"是强调有司的表率作用，这是"身教"；"宥过赦罪"更加是因为教化的作用要远远大于刑罚。有学者认为简文"刑政不缓，德教不倦"的思想与《论语》所记孔子德治思想差异明显，故《仲弓》所记孔子言论恐非原貌，可能被战国时人"润色"过，参杂了孔子后学的思想②。我们认为，其实孔子此言是为了回答仲弓提出的"宥过赦罪，则民何惩"这个问题，侧重点在于"德教不倦"而非"刑政不缓"。事实上，

---

① 参李零：《丧家狗——我读〈论语〉》，234页。

② 王化平：《上博简〈中弓〉与〈论语〉及相关问题探讨》，《北方论丛》2009年4期，5—8页。

"刑政"与"德教"是为政的两个必要手段，少了哪个都不可以，关键在于侧重点。强调德治，并不等于放弃刑罚。下文的"道民兴德""民务"亦是针对教化而言，是更加具体的教化措施。简文的发现，意义非常重大。孔子这番"最为精要"的为政理论，终于得到了正确地理解。

附论　传世文献中的闵损与冉耕

《论语·先进》中所说的德行科还有闵损和冉耕，二人不见于上博儒籍。此据传世文献考述其生平如下。

闵损，字子骞。鲁国人，少孔子十五岁，孔门一期弟子。在孔门弟子中由于年长及有德行，地位较高，《论语》中始终以字"子骞"来称呼，不见其名。后世多将他与颜渊并称为"颜闵"或"渊骞"。

闵子骞以孝悌著称。《说苑》"母在一子单，母去四子寒"的故事即发生在他身上。孔子称赞他"孝哉，闵子骞。人不间于其父母昆弟之言"（《论语·先进》）。《韩诗外传》卷二记载了一则有趣的故事：

> 闵子骞始见于夫子，有菜色，后有刍豢之色。子贡问曰："子始有菜色，今有刍豢之色，何也？"闵子曰："吾出蒹葭之中，入夫子之门。夫子内切瑳以孝，外为之陈王法，心窃乐之。出见羽盖龙旗，旃裘相随，心又乐之。二者相攻胸中而不能任，是以有菜色也。今被夫子之教寖深，又赖二三子切瑳而进之，内明于去就之义，出见羽盖龙旗，旃裘相随，视之如坛土矣，是以有刍豢之色。"

类似的故事又见于《绎史》引《尸子》：

> 闵子骞肥。子贡曰："何肥也？"子骞曰："吾出见美车马则欲之，入闻先王之言则又欲之。两心相与战。今先王之言胜，故肥。"

听闻孔子的教化非常认同，但又与内心对富贵的追求相矛盾，内心非常焦灼与痛苦，与《君子问礼》所记颜渊的故事类似。

此外，《淮南子·精神训》《韩非子·喻老》记子夏一臞一肥，原因竟也跟闵子骞一样，"出见富贵之乐而欲之，入见先王之道又说之，两者心战，故臞；先王之道胜，故肥"。

　　"先王之道"与"富贵之乐"的斗争，大概是修身养性、追求道德完美的人都会遇到的普遍问题。文献记此事发生在闵子骞的身上，正是因为他是这类人的一个典型代表。

　　《孔丛子·记义》记其听到孔子弹琴，对曾子仔细地分析了琴音，被孔子称赞为"可与听音矣"。《琴操》说《崔子渡河操》为闵子骞所作，虽不一定可信，或许说明闵子骞的音乐才能比较突出。

　　闵子骞也是有政治才能的。《论语·先进》载鲁人为长府，闵子骞就说："仍旧贯，如之何？何必改作。"孔子夸他："夫人不言，言必有中。"《孔子家语·执辔》载闵子骞为费宰，问政于孔子，孔子以"御马"喻"御民"，"德法"犹"衔勒"，"君者人也，吏者辔也，刑者策也"，御马不能只靠箠策，"弃其衔勒而专用箠策，其不制也可必矣"，重点强调"德法"的作用①。但闵子骞是否为费宰，文献还有不同说法，《论语》中的记载是，闵子骞不肯作费宰，逃往汶上去了：

　　　　季氏使闵子骞为费宰。闵子骞曰："善为我辞焉。如有复我者，则吾必在汶上矣。"（《论语·雍也》）

　　《庄子·德充符》记哀公与孔子对话之后，翌日跟闵子骞说起此事："始也吾以南面而君天下，执民之纪而忧其死，吾自以为至通矣。今吾闻至人之言，恐吾无其实，轻用吾身而亡其国。吾与孔丘非君臣也，德友而已矣。"未必属实，从中似可看出孔子及其弟子很多情况下即使没有职位，但好像也有类似"顾问"的身份。

　　现存文献没有闵子骞传学授徒的记载。但在《韩诗外传》卷三中记载，孟尝君请学于闵子骞，派车去接他，可闵子骞却说"礼有来学无往教"，不肯前去，于是孟尝君只好亲自来求教。李启谦指出，二人生活年代相距甚远，这件事不可能发生，孟尝君可能是鲁国孟孙氏之误。但可看出闵子骞到了晚年威望甚高②。照此来看，闵子骞很可能是有传学、授徒的，只是文献已无可考。

　　冉耕，字伯牛。鲁国人，生卒年不详。钱穆考《圣门志》和《阙里广志》说他生

---

　　①　孔子的此段论述又见于《孔丛子·刑论》，与卫将军文子的对话中："文子曰今齐之以刑。刑犹弗胜何礼之齐。孔子曰以礼齐民譬之于御则辔也。以刑齐民譬之于御则鞭也。执辔于此而动于彼御之良也。无辔而用策则马失道矣。文子曰以御言之。左手执辔。右手运策。不亦速乎。若徒辔无策。马何惧哉。孔子曰吾闻古之善御者。执辔如组。两骖如舞。非策之助也。是以先王盛于礼而薄于刑。故民从命。今也废礼而尚刑。故民弥暴。"

　　②　李启谦：《孔门弟子研究》，21页。

于鲁襄公二十年（前553年），少孔子七岁①，孔门一期弟子。

冉伯牛得恶疾早死，故文献所记冉伯牛事迹并不多，《论语·雍也》仅存如下之文：

> 伯牛有疾，子问之，自牖执其手，曰："亡之，命矣夫！斯人也而有斯疾也！斯人也而有斯疾也！"（《论语·雍也》）

《尸子》记孔子根据需要让不同特点的弟子随侍身旁，"节小物，冉伯牛侍"。李启谦考，先秦文献常见称赞"勤小物"的美德，如《尚书·毕命》称赞毕公"惟公懋德，克勤小物"。"小物"即小事，指一些由小见大的问题。孔子"节小物"时让冉伯牛随侍，可见冉伯牛是能勤于小物的②。

第二节　言语——宰我、子贡

言语科包括宰我与子贡两位弟子。上博简中与有关宰我的简文不多，仅见于《弟子问》，而与子贡有关的则有《鲁邦大旱》《弟子问》《君子为礼》《相邦之道》四篇。

一、宰　　我

宰我名予，字子我，鲁国人，孔门二期弟子。年岁无载，李启谦考清《大成通志·先贤列传上》说他少孔子二十九岁③。

宰我善辩，在《论语》中的形象不太好。《阳货》记宰我与孔子有关于"三年之丧"之辩，他的理由是："君子三年不为礼，礼必坏；三年不为乐，乐必崩。旧谷既没，新谷既升，钻燧改火，期可已矣。"理由非常充分，孔子只好说："女安则为之。"回头却说："予之不仁也！"《雍也》记宰我问孔子："仁者虽告之曰，井有仁焉，其从之也。"被孔子批评："何为其然也。君子可逝也，不可陷也，可欺也，不可罔也。"最著名的就是因"昼寝"被孔子骂"朽木不可雕"（《公冶长》）。孔子对宰我昼寝的批评，亦成为千百年来批评不肖子弟的惯用语。

虽然宰予与孔子的关系看似非常糟糕，其实并不一定。宰我昼寝一事，疑点很多。王充《论衡·问孔》即提出怀疑，说孔子是"责小过以大恶"。李零推测，孔子

---

① 钱穆：《先秦诸子系年》，80页。
② 李启谦：《孔门弟子研究》，28页。
③ 李启谦：《孔门弟子研究》，63页。

说得这么重可能是由于宰我之前曾答应孔子不昼寝，但没做到，孔子是气他说话不算数①。《弟子问》中有一条关于宰我的记载：

　　　宰我问君子，子曰："予，汝能慎始与终，斯善矣，为君子乎₁₁，汝安能也₂₄"②。

孔子说"汝能慎始与终，斯善矣"，就是在说他不能慎始与终，说话不算数。正为李零对"宰予昼寝"章的推测提供了旁证。

宰我很了解孔子。《孔丛子·记义》载宰我出使楚国，楚昭王要送孔子一辆用象牙装饰的宝车，被宰我拒绝。宰我说孔子生活朴素，"妻不服彩，妾不衣帛"。宰我回来后把这件事告诉孔子，孔子问在座的学生觉得予的回答如何？子贡说，宰予还没把孔子的优点说全只是陈述事实而已，没有渲染。孔子却更欣赏宰予，"赐之华，不若予之实也"。言语一门，宰我位列子贡之上，可见孔子对他并不是全然否定的。而《孟子·公孙丑上》亦有其与子贡、有子三人推崇孔子的记载，足见其在孔门弟子中的重要地位。

《论语·八佾》记鲁哀公曾问社于宰我③。《礼记·祭义》载宰我问孔子"鬼神之名"，又见《孔子家语·哀公问政》。宰我还常与孔子讨论《书》的含义（《孔丛子·论书》）。《史记》载孔子传宰我《五帝德》《帝系》，今存《大戴礼记》及《孔子家语》之中，或为宰我一系所传。从上述文献记载来看，宰我似乎比较精于上古史及古代礼制。大概他的传学，亦多属这类内容。

二、子　贡

端木赐，字子贡，又作子赣（上博简都写作"子赣"），少孔子三十一岁，卫国人，孔门二期弟子。《史记·儒林列传》记其"终于齐"。

《论语》中关于子贡的记载很多，他与孔子谈话的范围也相当广泛。孔子的思想常常是在与子贡的对话中表达出来的。而在有其他弟子在场的谈话中，子贡常常居于主导地位，有的弟子是通过子贡向孔子请教问题的，如《述而》记冉有通过子贡问孔

---

① 李零：《丧家狗——我读〈论语〉》，117—119页。
② 下有墨块，其后留白。
③ 哀公问社于宰我。宰我对曰："夏后氏以松，殷人以柏，周人以栗。曰：'使民战栗。'"子闻之曰："成事不说，遂事不谏，既往不咎。"

子对伯夷、叔齐的看法；子贡还常常和孔子谈论其他弟子的水平，《先进》中就有师徒二人关于“师与商也孰逾”的对话，《大戴礼记·卫将军文子》和《孔子家语·弟子行》则有子贡对孔门主要弟子评价之语。

上博简《弟子问》有一条记子贡与人关于居父母之丧的对话，子贡就是以一种“教师”的身份出现的；《相邦之道》记“公”问孔子何为“相邦之道”，孔子后来见到子贡又谈到此事，亦属于这种叙述模式：

> ……□曰：“吾闻父母之丧$_7$，食肉如饭土，饮酒如淆，信乎？”子贡曰：“莫亲乎父母，死不顾生，可言乎其信也。”子$_8$……（《弟子问》）
>
> 孔子退，告子贡曰：“吾见于君，不问有邦之道，而问相邦之道，不亦悆乎？”子贡曰：“吾子之答也何如？”孔子曰：“如讯$_4$”。（《相邦之道》）

最有争议的简文当属《鲁邦大旱》。此篇记孔子见哀公，商议应对大旱的措施，退朝后见到子贡，谈起刚刚的建议，进行了二次讨论：

> ……出遇子赣（贡）曰：“赐，尔闻巷路之言，毋乃谓丘之答非欤？”子赣（贡）曰：“否。抑吾子如重命其欤？如夫正刑与德以事上天，此是哉。如夫毋爱珪璧$_3$币帛于山川，毋乃不可？夫山，石以为肤，木以为民，如天不雨，石将焦，木将死，其欲雨或甚于我，何必待吾名乎？夫川，水以为肤，鱼以$_4$为民，如天不雨，水将涸，鱼将死，其欲雨或甚于我，何必待吾名乎？”孔子曰：“呜呼……$_5$公岂不饱粱食肉哉，抑无如庶民何$_6$！”

简文中的子贡对孔子的建议最初并不认同。有学者据此认为简文反映了孔子与子贡在天道观上的区别与冲突。廖名春认为两人对话的语气比较强烈，孔子所提的两条建议，子贡对“正刑与德”是认同的，而对祭祀山川神灵来禳除旱灾却“表示反对”。前文子贡说“抑吾子如重命其欤”，“是子贡对孔子的责问”，意思是“难道您就是如此重视祭祀鬼神吗”。并列出了《史记·仲尼弟子列传》、《淮南子·人间》、马王堆帛书《易传·要》中子贡与孔子观点不一致的文献，认为子贡在天道观等问题上与孔子的观点并不一致，二人存在冲突①。

---

① 廖名春：《试论楚简〈鲁邦大旱〉的内容与思想》，《上博馆藏战国楚竹书研究续编》，105页。

陈侃理认为简文中的"孔子"并不能代表历史上的孔子，此篇应作于祭祀礼仪传统越来越不受重视的战国时代，"孔子"和"子贡"是作者为了阐发思想而安排的角色，目的是借重视祭祀传统的"孔子"之口批评不重视祭祀的"子贡"一派，表达了作者相信天人相关的思想①。侯乃峰也认为此篇可能属于余嘉锡《古书通例》所讲的"造作故事"，不应当作确切的史实②。

我们认为先不论简文是否属于历史事实，从内容上来看，首先，简文中的孔子认为人事与天命是密不可分的（"邦大旱，无乃失诸刑与德乎"）③，与传世文献记载的孔子天道观基本一致。

虽然《论语》中明确说道"子不语怪力乱神"，但从文献的种种记载来看，孔子并不认为"天"是一个没有意志的客观存在。比如孔子晚年面临回死由亡的凄惨境地，就不止一次说过"天丧予"之类的话。对于死去的人，孔子也并不是完全不提的，"久矣吾不复梦见周公"，而且孔子力主的祭祀之礼，除了不废礼的因素外，也确实存在事天地鬼神的考虑。孔子常说的是"敬鬼神而远之"，"未能事人焉能事鬼"。孔子并不是完全否认鬼神等超自然因素的存在的，只是他并不像当时的大多数人一样，把自然灾害等问题的解决完全寄托在鬼神身上。与他们相比，孔子更倾向于人的主观努力。

文献所记载的旱灾以及应对措施大概有如下几种：第一，焚巫尪，如《左传·僖公二十一年》所记；第二，君主亲祷，这类故事有上博简的《简大王泊旱》等；第三，祭祀山川，见《晏子春秋》和《说苑》中所记载的晏子故事等；第四，节用应对，《孔子家语·曲礼子贡问》记齐国大旱，臧文仲提出了这个建议。焚巫尪、祭祀山川其实都是比较古老的方案，人们已经渐渐意识到这种方式并不会产生实际的效果，转而寻找一些更实用的替代方案。可简文中孔子出于对下层民众的考虑却坚持了祭祀山川这种古老的办法，不是通过祭祀山川鬼神得到福佑，而是以此来安抚迷信鬼神的下层民众（"庶民知说之事鬼也，不知刑与德"）。对他来说，虽然纠正统治者在"刑德"方面的过失才是治本的方法，但用祭祀安抚百姓同样重要。孔子重视祭祀、恢复礼乐制度，文献并不鲜见，但以安抚百姓为由劝谏国君实行祭祀却不多见，这正是简文可贵之处。

其次，从简文中对话的语气词"毋乃"来看，"孔子"与"子贡"亦不存在强烈

---

① 陈侃理：《上博楚简〈鲁邦大旱〉的思想史坐标》，《中国历史文物》2010年6期，75—78页。

② 侯乃峰：《上博楚简儒学文献校理》，169页。

③ 也有学者认为孔子的这番话是为了对鲁君制造威慑作用，他自己并不真的这么认为。李学勤就主此说，参其文：《上博楚简〈鲁邦大旱〉解义》，《上博馆藏战国楚竹书研究续编》，100页。

的冲突。

"毋乃"也可以写作"无乃"。楚永安指出，这个词一般与"乎"等语气词搭配使用，表示推测，用比较委婉的语气表示对某种情况的估计或对某件事情的认知，一般不表示询问，而是带有感叹或反问的口气[①]。孙玉文认为，在语法意义上，"无（毋）乃"表示根据某些情况，用比较委婉的语气，对动作行为或事物的存在做出大概的推断[②]。对于"毋乃"的用法，两人都认为表示推测。然而对于"毋乃"所表达的语气，看法却并不完全一样。孙文认为"毋乃"表达的语气"比较委婉"。而楚文在肯定这一点时，还说"毋乃""带有感叹或反问的口气"。显然，比单纯的推测要更强烈。

"毋乃"表达的语气到底如何？子贡到底有没有"责问"孔子？看似是个小问题，其实直接关系到简文中子贡对祭祀山川这种做法不认可的程度，两人对话的状态、对天道与人事关系的看法等问题。

郭锡良研究先秦时期语气词时指出，语气助词所表达的语气其实是单一的，传统的看法认为一个语气词可以表达多种语气是不准确的[③]。我们认为很有道理。"毋乃"由"毋"和"乃"两字组成，一个表示否定，一个表示肯定，常用在疑问句中，它的含义相当于现代汉语中的"是不是/会不会"，用法其实比较单纯——即用委婉的语气表示推测或质疑。如果"毋乃"句中"带有感叹或反问"等比较强烈的语气，多半是由于使用了其他方式，而不是由语气词本身带来的。

简文中有三处用到了"毋乃"，两处见于孔子的话，一处是子贡的话，如下：

（1）邦大旱，*毋乃*失诸刑与德乎？（孔子对哀公的回答）

（2）赐，尔闻巷路之言，*毋乃*谓丘之答非欤？（孔子对子贡的提问）

（3）如夫毋爱珪璧币帛于山川，*毋乃*不可？（子贡对孔子的回答）

从字面上看，三句的语气都是比较委婉的。第一句话出现在简1故事的开头。哀

---

①　参见楚永安：《文言复式虚词》，中国人民大学出版社，1986年，359页。楚文指出，相似的还有"非乃"和"不乃"，"不乃"可以翻译成"不就是"，表示的反问语气较重而测度的语气较轻。其实"非乃"也可能是这样。

②　这八种情况为：①句尾不加语气词；②句尾加"与（欤）"；③句尾加"邪"；④句尾加"乎"；⑤句尾加"诸"；⑥句尾加"乎哉"；⑦句尾加"也"；⑧句尾"也乎"。孙玉文：《说"无（毋）乃"》，《中学语文》2002年2期，8、9页。

③　郭锡良：《先秦语气词新探》（一），《古汉语研究》1988年1期（创刊号），50—55、49页。

公因为鲁邦发生旱灾向孔子请教对策，这句是孔子的回答，孔子是礼乐制度的传播和遵从者，对国君是很尊重的，不可能居高临下地责问哀公，"失诸刑与德"的原因是多方面的，不会是哀公一个人的责任。孔子在这里责问哀公就更没有必要了；第二句见简3，是孔子问子贡对自己所提建议有什么看法，没有必要使用强烈的语气，可以翻译为："赐，你在路上听到了人们对这件事的讨论，会不会觉得我的回答不对？"与其说孔子在"担心"社会舆论或子贡不认可自己的意见，不如说是因为孔子对子贡非常了解，猜到他会有不同的意见才直接问他；第三句见于简3、4，是子贡对孔子的回答，"毋乃"表达的是委婉的语气，这句话相当于子贡说："如果不吝啬地祭祀山川，是不是不可以呢？"子贡作为学生，而且是擅长"言语"的高才生，即使不同意或者不明白老师的做法，也不会直接或强烈地表达出来，他与直率的子路是不同的。

简文采用了"孔子先说出自己的看法——子贡则表示不了解而提出疑问——孔子又进一步解释"的模式来写，但这是否意味着子贡和孔子的观点存在差异，还值得商榷。伊若泊指出文献中有很多子贡与孔子的对话都是这样写的，"教学目的好像就是叫读者好好地考虑"，类似的文献可以叫作"子贡文体"，很可能来自推崇子贡的早期儒家文集，孔子去世时的儒家已经分裂为至少两派，每一派都推举子贡做学派代表人[①]。

我们觉得很有道理。在这种"子贡文体"的儒家文献中，子贡这个角色的作用，已经不是单纯的孔子弟子了，而更像是孔子的"助教"，他负责提出学生或读者心中的疑问，再由孔子来进一步地解释。本篇简文作者安排"孔子"与"子贡"这两个角色讨论应对旱灾的措施，也是属于这种"子贡文体"。与其说简文中的子贡与孔子由于天道观不同而发生了言语上的冲突，不如说是作者安排子贡提问的方式让孔子进一步详细阐述如此建议的原因。"毋乃不可"是一种委婉的质疑，二人并不存在冲突。

种种迹象都表明，子贡在孔门弟子中的地位非常重要，他与孔子并非观点冲突的对手，而更像感情深厚的父子。不单《论语》，早期儒家的相关文献中都有这种倾向，如保存在今本《大戴礼记》和《孔子家语》中子贡向卫将军文子评论孔门主要弟子，亦突显其在孔门弟子中的独特地位。类似这样表现子贡对孔子忠诚、敬仰和深厚感情的例子，在《论语》《礼记》《荀子》等文献中多得举不胜举。这种情况，已经不能用子贡后学参与《论语》编纂来解释了。伊若泊认为，孔子去世时的儒家已经分裂为至少两派，每一派都推举子贡做学派代表人[②]。当时儒家是否有明确的学派划分倒

---

①　伊若泊：《〈上博五〉所见仲尼弟子子贡的言语与早期儒学史》，"2007中国简帛学国际论坛"论文，台湾大学中国文学系编印，2011年。

②　伊若泊：《〈上博·五〉所见仲尼弟子子贡的言语与早期儒学史》。

不一定，更有可能的情况是，子贡对于早期儒家的各个派别（如果当时有分派的话）都有着比较深刻的影响。正如李零所说，孔子死后，子贡是整个儒家学派的掌门人[①]。

对外，子贡还担任着孔门"行人"的角色，社会活动比较丰富，到访多国，每到一处都会尽力宣传孔子之道。可以说，孔子声望的扩大与子贡的宣传是分不开的。《论语·子张》记子贡向公孙朝称赞孔子学识之广博，谓："文武之道，未坠于地，在人。贤者识其大者，不贤者识其小者，莫不有文武之道焉，夫子焉不学，而亦何常师之有！"《庄子·天地》说他曾"南游于楚，反于晋，过汉阴"。《说苑·善说》记其向吴国太宰嚭、赵简子、齐景公等人极言孔子之贤。

《弟子问》简22记录了孔子对子贡的评论：

……子闻之曰："赐，不吾知也。夙兴夜寐，以求闻$_{22}$……"

由于简文残缺，单独来看并不好理解。然而熟悉《论语》的话不难发现这段残文与《子罕》的一段孔子之言非常相似：

大宰问于子贡曰："夫子圣者与？何其多能也？"子贡曰："固天纵之将圣，又多能也。"子闻之，曰："大宰知我乎！吾少也贱，故多能鄙事。君子多乎哉？不多也。"

这段对话很可能发生在孔子晚年。某国太宰问子贡，孔子如此博学多能，是不是因为他是圣人？子贡给出了肯定的回答。孔子听说之后却不同意，说自己是因为生来贫贱才学会了很多贵人君子不需、也不屑去了解的谋生本领。"大宰知我乎"正对应简文中的"赐，不吾知也"。简文中的"夙兴夜寐"应该是说自己的勤奋。而之前所缺失的部分，则不难推断，很有可能是子贡在第三者面前对孔子的称赞，情节与《子罕》所记相似。

孔子一生坎坷，文化事业虽然不朽，一直追寻的"东周"之梦却无缘实现，从不认为自己是"圣人"[②]。最早将他推上"圣人"之位的，大概就是子贡了。上述《子罕》片段就是一例。《韩诗外传》卷八亦有相关记载：

齐景公谓子贡曰："先生何师？"对曰："鲁仲尼。"曰："仲尼贤

① 李零：《丧家狗——我读〈论语〉》，20页。
② 李零：《孔子教导我们说，他不是圣人》，《丧家狗——我读〈论语〉》，339—352页。

乎？”曰：“圣人也，岂直贤哉！”景公嘻然而笑曰：“其圣何如？”子贡曰：“不知也。”景公悖然作色。曰：“始言圣人，今言不知，何也？”子贡曰：“臣终身戴天，不知天之高也。终身践地，不知地之厚也。若臣之事仲尼，譬犹渴操壶杓，就江海而饮之，腹满而去，又安知江海之深乎？”景公曰：“先生之誉，得无太甚乎？”子贡曰：“臣赐何敢甚言，尚虑不及耳。臣誉仲尼，譬犹两手捧土而附泰山，其无益亦明矣。使臣不誉仲尼，譬犹两手把泰山，无损亦明矣。”景公曰：“善！岂其然？善！岂其然？”

在《君子为礼》中更有一段子贡向行人子羽称赞孔子的话：

> 行〈子〉人子羽问于子贡曰：“仲尼与吾子产孰贤？”子贡曰：“夫子治十室之邑亦乐，治万室之邦亦乐，然则$_{11}$〔贤于子产〕矣。”“与禹孰贤？”子贡曰：“禹治天下之川$_{15}$□以为己名，夫$_{13}$子治诗书$_{16}$亦以己名，然则贤于禹也。”“与舜$_{14}$孰贤？”子贡曰：“舜君天下$_{12}$……□不曰生民未之又（有）$_{孔135}$……”

子贡认为孔子不只贤于子产，就连治天下的禹、舜都不被他比下去了。简文结尾虽然残缺，根据上下文不难推断很可能是说孔子是“生民未之有”的圣人。

根据《论语·子张》的记载，孔子晚年及死后，叔孙武叔、陈子禽等对孔子的思想产生了怀疑，子贡作为当时辈分较高的弟子，对这种说法进行了反驳：

> 叔孙武叔语大夫于朝曰：“子贡贤于仲尼。”子服景伯以告子贡，子贡曰：“譬之宫墙。赐之墙也及肩，窥见室家之好。夫子之墙数仞，不得其门而入，不见宗庙之美，百官之富。得其门者或寡矣。夫子之云，不亦宜乎？”
>
> 叔孙武叔毁仲尼，子贡曰：“无以为也。仲尼，不可毁也。他人之贤者，丘陵也，犹可逾也。仲尼，日月也，无得而逾焉。人虽欲自绝，其何伤于日月乎？多见其不知量也。”
>
> 陈子禽谓子贡曰：“子为恭也，仲尼岂贤与子乎？”子贡曰：“君子一言以为知，一言以为不知，言不可不慎也。夫子之不可及也，犹天之不可阶而升也。夫子之得邦家者，所谓立之斯立，道之斯行，绥之斯来，动之斯和。其生也荣，其死也哀。如之何其可及也？”

《荀子·法行》记南郭惠子说孔子之门很杂，子贡反驳道，孔子之门杂就像良医门口多病人一样，正是因为孔子德行高尚才吸引了这么多人追随他。

子贡与孔子的关系《史记·货殖列传》说得最透彻：

> 子赣既学于仲尼，退而仕于卫，废著鬻财於曹、鲁之间，七十子之徒，赐最为饶益。原宪不厌糟糠，匿於穷巷。子贡结驷连骑，束帛之币以聘享诸侯，所至，国君无不分庭与之抗礼。夫使孔子名布扬於天下者，子贡先后之也。此所谓得埶而益彰者乎？

孔子晚年，回死由亡，子贡是他身边最信任的人。《礼记·檀弓上》记孔子之死，对于师徒二人的感情写得非常生动：

> 孔子蚤作，负手曳杖，消摇于门，歌曰："泰山其颓乎！梁木其坏乎！哲人其萎乎！"既歌而入，当户而坐，子贡闻之曰："泰山其颓，则吾将安仰？梁木其坏，哲人其萎，则吾将安放，夫子殆将病也。"遂趋而入。夫子曰："赐！尔来何迟也？夏后氏殡于东阶之上，则犹在阼也；殷人殡于两楹之间，则与宾主夹之也；周人殡于西阶之上，则犹宾之也。而丘也殷人也。予畴昔之夜，梦坐奠于两楹之间。夫明王不兴，而天下其孰能宗予，予殆将死也。"盖寝疾七日而没。

孔子死后，子贡主持办理了孔子的后事，"丧夫子，若丧父而无服"（《礼记·檀弓上》）。《史记·孔子世家》载弟子为孔子守丧三年，"相诀而去"，"唯子贡庐于冢上凡六年"，可见二人关系的亲厚。

子贡曾出仕。《史记·仲尼弟子列传》记其相卫，《说苑·政理》《孔子家语·辨政》说子贡做过"信阳令"。《韩诗外传》卷三记子贡仕鲁，劝谏季氏治理国家不要太残暴。《左传》有很多子贡为鲁国出使他国的记载。哀公七年记季康子使子贡辞吴，哀公十二年公使子贡辞吴国之盟，哀公十五年子服景伯如齐，子贡为介。孔子死后十几年，子贡仍在鲁国做官。哀公二十六年在鲁国的卫出公辄派人见子贡，问自己能否再回卫国。当时子贡应还在鲁国。第二年鲁国在与越国之盟中受辱，季康子感慨如果子贡在的话就不会这样了。可知子贡此时已不在鲁国为官了。

《庄子·天地》记子贡过汉阴遇为圃丈人，"卑陬失色，顼顼然不自得，行三十里而后愈"，有弟子问"向之人何为者"。《吕氏春秋》则载"田子方学于子贡"。由之看来，子贡可能是有弟子的。

文献没有子贡著作的记录。《礼记·乐记》通篇文体不一，可能是由多篇文章拼凑而成，其中有"子贡问乐"之文。在该篇末尾，可能原本是独立的一篇文章。最后四字"子贡问乐"前人多疑是该篇篇题，误入正文。此篇又见《史记·乐书》，有可能是子贡一系所传。

第三节　政事——子路

孔子所说的"政事"科包括子路与冉求两位弟子。上博简中没有冉求，与子路有关的材料也不多，包括《弟子问》的两个段落和只公布了释文的《子路初见》。

子路名仲由，子路是字，又字季路。鲁国卞（今山东泗水县）人，少孔子九岁，孔门一期弟子。出身微贱，交友甚广。《荀子·大略》："子赣、季路，故鄙人也。"《尸子》说子路是"卞之野人"。

《史记·仲尼弟子列传》载："子路性鄙，好勇力，志伉直，冠雄鸡，佩豭豚，陵暴孔子。孔子设礼稍诱子路，子路后儒服委质，因门人请为弟子。"子路拜师的过程，《说苑》《孔子家语》记载更加详细，大致可以分为两步。第一步，见《说苑·建本》：

> 孔子谓子路曰："汝何好？"子路曰："好长剑。"孔子曰："非此之问也，请以汝之所能，加之以学，岂可及哉！"子路曰："学亦有益乎？"孔子曰："夫人君无谏臣则失政；士无教交，则失德；狂马不释其策，操弓不返于檠；木受绳则直，人受谏则圣；受学重问，孰不顺成；毁仁恶士，且近于刑。君子不可以不学。"子路曰："南山有竹，弗揉自直，斩而射之，通于犀革，又何学为乎？"孔子曰："括而羽之，镞而砥砺之，其入不益深乎？"子路拜曰："敬受教哉！"

孔子对子路一般直呼其名，这里却用第二人称，言谈也比较客气，说明二人可能是初次相见。《孔子家语》亦有相似记载，章名就是"子路初见"。这时的子路形象，大概就是《史记》描述的那样"冠雄鸡，佩豭豚"，很是张狂。其后一章即为上博简《子路初见》的平行文本（见上编相关段落），这时距子路正式成为孔门弟子并不会太远。

第二步，见《说苑·贵德》：

> 子路持剑，孔子问曰："由，安用此乎？"子路曰："善，古者固以

善之；不善，古者固以自卫。”孔子曰：“君子以忠为质，以仁为卫，不出环堵之内，而闻千里之外；不善以忠化寇，暴以仁囿，何必持剑乎？”子路曰：“由也请摄齐以事先生矣。”

《孔子家语·好生》也有相似记载。在这次面谈中，孔子对子路已经直呼其名了，孔子讲述了“忠”“仁”的重要性，子路心服口服，成为孔子的入室弟子。

在孔子的诸多弟子中，子路是个很有意思的人，与孔子的关系也非常特殊。《论语·公冶长》记“子路有闻，未之能行，唯恐有闻”，可见其老实、直率。

子路非常勇敢、仗义。子贡对他的评价是：“不畏强御，不侮矜寡，其言循性，其都以富，材任治戎，是仲由之行也。孔子和之以文，说之以诗曰：‘受小拱大拱而为下国骏庞，荷天子之龙，不戁不悚，敷奏其勇。’”（《孔子家语·弟子行》，《大戴礼记·卫将军文子》与之相似）《韩诗外传》卷二、《说苑·立节》记他有言曰：“士不能勤苦，不能轻死亡，不能恬贫穷，而曰我能行义，吾不信也。”子路自己就是这么做的。《论语·颜渊》记子路“无宿诺”，很有信用。

子路跟随孔子学礼，颇有成效。当季氏宰时，主持祭祀很合礼制①。孔子说：“谁谓由也而不知礼乎？”（《礼记·礼器》）《论语·宪问》记其问孔子怎样做“君子”②。《史记·仲尼弟子列传》载子路临死，说“君子死而冠不免”，结缨而死，也是君子之行。上博简《子路初见》中孔子向子路讲述“忠”“礼”之道，也是相关文献。

《说苑·修文》《孔子家语·辩乐解》记子路鼓瑟有“北鄙之声”，音乐方面还达不到孔子的要求。《论语·先进》记子曰：“由之瑟，奚为于丘之门？”也说明了这点。

子路长于政事，可“片言折狱”（《论语·颜渊》）。长于用兵，有将率之才《说苑·杂言》。孔子说：“由也，千乘之国，可使治其赋也。”（《论语·阳货》）

他的政治理想是：“千乘之国，摄乎大国之间，加之以师旅，因之以饥馑，由也为之，比及三年，可使有勇，且知方也。”（《论语·先进》）与孔子游景山言志，子路说：“愿奋长戟，荡三军，乳虎在后，仇敌在前，蠡跃蛟奋，进救两国之患。”（《韩诗外传》卷七）又见《韩诗外传》卷九、《孔子家语·致思》，所记大同小异。

子路做过很多官。孔门弟子中，子路最先为季氏宰，时孔子仕鲁，事见《史

---

① 子路为季氏宰。季氏祭，逮暗而祭，日不足，继之以烛。虽有强力之容，肃敬之心，皆倦怠矣。有司跛倚以临祭，其为不敬大矣。他日祭，子路与，室事交乎户，堂事交乎阶，质明而始行事，晏朝而退。

② 子路问君子。子曰：“修己以敬。”曰：“如斯而已乎？”曰：“修己以安人。”曰：“如斯而已乎？”曰：“修己以安百姓。修己以安百姓，尧舜其犹病诸？”

记·孔子世家》。后来孔子周游列国，长期待在卫国。子路就仕于卫，为孔文子家宰，又任蒲大夫，把蒲治理得很好①。跟随孔子返回鲁国之后，也有职位。季氏将伐颛臾时，子路与冉求即共事季孙②。哀公十五年，卫蒯聩作乱。伙同其姊（孔文子妻）发动政变，逐卫出公，抢夺君位。子路冲进城救被围困的孔悝，被蒯聩部下打死，时年63岁。

《弟子问》中有这么一条：

　　……长，蘧伯玉止乎，子惇惇如也。其听子路往乎，子愕愕如也，如诛$_{19}$……

简文所记虽然只残存一小部分，但可推断是听闻子路赴卫之难时孔子的反应。孔子早就预言过子路将来会死于非命，"若由也，不得其死然"（《论语·先进》）。子路死后孔子很伤心。《礼记·檀弓上》记"孔子哭子路于中庭"，听人说起子路的死状，命人把肉酱倒掉不忍食之。《论衡·偶会》记孔子听到子路死后伤心地说"天祝予"。

孔子与子路虽是师生，关系却更像知根知底、亲密无间的朋友。孔子说"由也喭"（《论语·先进》），郑玄注："子路之行失于畔喭。"大概就是刚直、冒失的意思。孔子对子路的批评往往很不客气：

　　子曰："道不行，乘桴浮于海，从我者其由与！"子路闻之喜。子曰："由也好勇过我，无所取材。"（《论语·公冶长》）

除此以外，"暴虎冯河，死而无悔者"（《论语·述而》），"久矣哉，由之行诈也"（《论语·子罕》）都是孔子对他的批评。然而孔门弟子中，敢向孔子提出不同意见的，恐怕子路是唯一的一个。子见南子，子路就很不悦（《论语·雍也》）。孔子说要正名，子路亦直言："有是哉，子之迂也，奚其正？"（《论语·子路》）

文献载子路与孔子最大的一次冲突，发生在他在鲁做邱令时，组织民众挖沟防洪，自己掏钱给他们吃饭。孔子却认为这么做有僭越的嫌疑，两人发生了冲突（《韩

---

① 子路治蒲三年，孔子过之，入其境而善之，曰："善哉！由恭敬以信矣。"入其邑，曰："善哉！由忠信以宽矣。"至其庭，曰："善哉！由明塞以断矣。"子贡执辔而问曰："夫子未见由，而三称善，可得闻乎？"孔子曰："我入其境，田畴甚易，草莱甚辟。此恭敬以信，故其民尽力。入其邑，墉屋甚尊，树木甚茂。此忠信以宽，故其民不偷。入其庭，甚闲，故其民不扰也。"《诗》曰："夙兴夜寐，洒扫庭内。"（《韩诗外传》卷六）

② 李零考此事当在公元前484—前480年，氏著：《丧家狗——我读〈论语〉》，287页。

非子·外储说右上》《说苑·臣术》《孔子家语·致思》)。

师徒二人尽管吵闹，感情是很好的。孔子周游列国，子路是孔子的保镖。孔子说"自吾得由也，恶言不入于门"（《尚书大传·殷传》）。《韩诗外传》卷六记孔子在匡遭围，解围的就是子路：

> 孔子行，简子将杀阳虎，孔子似之，带甲以围孔子舍。子路愠怒，奋戟将下。孔子止之曰："由！何仁义之寡裕也。夫诗书之不习，礼乐之不讲，是丘之罪也。若我非阳虎而以我为阳虎，则非丘之罪也。命也夫！歌，予和若。"子路歌，孔子和之，三终而围罢。

又见《孔子家语·困誓》"子路弹琴而歌，孔子和之"。《琴操》讲得更生动：

> 孔子厄者……孔子曰："由来！今汝欲鬭名，为戮我于天下。为汝悲歌而感之，汝皆和我。"由等唯唯。孔子乃引琴而歌，音曲甚哀，有暴风击拒，军士僵仆。于是匡人乃知孔子圣人，瓦解而去。

这一幕，场面十分震撼。

后来孔子师徒厄于陈蔡，《论语·卫灵公》记"七日不火食"，子路问孔子"君子亦有穷乎"。事又见《庄子·让王》《韩诗外传》《孔子家语》《荀子·宥坐》《吕氏春秋》等。《弟子问》简14、18可能与这件事有关：

> "……从吾子皆能有时乎？""君子道昭，然则夫二三子者$_{14}$……□者，皆可以为诸侯相矣。东西南北，不□□$_{18}$……"

"从吾子皆能有时乎"就是《论语》中"君子亦有穷乎"的另一种表达。"吾子"自然就是孔子。"二三子者"则应该是厄于陈蔡时孔子身边的三大弟子，从相关传世文献来看就是子路、子贡和颜回。提出这个问题的，最有可能是子路。

关于子路的传学，文献记载比较模糊。子路为孔门前辈弟子，在孔门弟子中地位很高。《孟子·公孙丑上》记曾西说曾子就很敬畏他。《说苑·敬慎》载"成回学于子路三年"，"成回"可能就是子路的弟子。

《说苑·建本》说子路"亲没之后，南游于楚，从车百乘，积粟万锺，累茵而坐，列鼎而食"。但子路自从跟孔子拜师学艺以来，并未有南游于楚的记载。或许可以看作子路影响力的佐证。

附论　传世文献中的冉求

冉求字子有，鲁国人，少孔子二十九岁，与冉伯牛、仲弓同族，孔门二期弟子。

冉求博学多才，孔子数称冉求"艺"（见《论语》之《雍也》《宪问》）。子贡对冉求的评价是："恭老恤孤，不忘宾旅，好学省物而不勤，是冉求之行也。孔子因而语之曰：'好学则智，恤孤则惠，恭老则近礼，克笃恭以天下，其称之也，宜为国老。'"（《大戴礼记·卫将军文子》）《韩诗外传》卷八中与鲁哀公有段关于"学而后为君子"的对话，也是其好学的一个体现。

冉求对于孔子之道，并不是很热衷，说自己"力不足也"，被孔子批评"力不足者，中道而废。今女画"（《论语·雍也》）。他问孔子"闻斯行诸"，孔子说："闻斯行之。"又跟公西赤说"求也退，故进之。"《论语·先进》记子路、曾皙、冉有、公西华侍坐，孔子让他们各言其志，冉有的政治理想是治理小国，使其富足，至于礼乐嘛，就交给君子来管好了，"如其礼乐，以俟君子"。德行科上的欠缺，为冉求与孔子后来的决裂埋下了伏笔。

冉求负责管理孔门的经济事务，也是孔子的一个很重要的弟子。《论语·雍也》记其为公西赤之母请粟，也显示出了他与孔子思想上的分歧。

> 子华使于齐，冉子为其母请粟。子曰："与之釜。"请益。曰："与之庾。"冉子与之粟五秉，子曰："赤之适齐也，乘肥马，衣轻裘。吾闻之也，君子周急不继富。"

冉求长于政事，孔子夸他"千室之邑，百乘之家，可使为之宰也"（《论语·公冶长》）。公元前492年，冉求被季氏召回鲁国为宰[①]。子路、仲弓、冉求先后都做过季氏宰，冉求的时间最长。早在孔子仕鲁时，冉有与季孙氏就有了联系。《荀子·宥坐》《孔子家语·始诛》记孔子为鲁司寇时，"有父子讼者，孔子拘之，三月不别。其父请止，孔子舍之"。季氏知道这件事后很不高兴，冉有偷偷地告诉了孔子。

冉求当季氏宰时的主要事件有如下几条。

第一，《左传》记载，哀公十一年春，冉求在鲁国与齐国的战争中立下大功，进而向季康子举荐孔子。这件事对于孔子去卫返鲁有着关键性的作用。

第二，《论语·八佾》记季氏旅于泰山，冉求未能阻止，孔子很生气。

---

① 林志鹏：《仲弓任季氏宰小考》，简帛研究网，2004年6月6日。

第三，《论语·季氏》载季氏将伐颛臾，冉有、季路不能阻止。在孔子的质问下，冉求辩解"夫子欲之，吾二臣者，皆不欲也"。被孔子看穿。

第四，季康子欲以田赋，使冉有向孔子咨询，孔子不同意这样做，冉有不听，见《左传·哀公十一年》《孔子家语·正论解》等文献记载。

冉求的行为，渐渐违背了孔子的教诲，孔子对他非常失望，将他逐出师门。

　　季氏富于周公，而求也为之聚敛而附益之。子曰："非吾徒也。小子鸣
　　鼓而攻之可也。"（《论语·先进》）

孔子死后很久，冉求仍在季康子手下为官。哀公二十三年，宋景曹卒，季康子还派他去吊唁（《左传·哀公二十三年》）。

冉求的传学，文献亦无可考。《论语》《礼记》多处尊称其为"冉子"，可能亦有弟子传世。

第四节　文学——子游、子夏

文学二贤，包括子游、子夏。二人上承孔子，下启战国学术，是儒家经典的主要传承者。上博简中的《弟子问》和《子道饿》与子游有关，《民之父母》又见《礼记》和《孔子家语》，是孔子与子夏的对话。

一、子　游

言偃，字子游。《史记·仲尼弟子列传》说他是吴国人，少孔子四十五岁，《孔子家语·七十二弟子解》则说他是鲁国人，少孔子三十五岁。一般认为，《史记》的说法较为可信。《史记》司马贞"索隐"推测，说子游是鲁国人可能跟他仕鲁有关。若子游是吴国人，则姓氏可能与鲁国的"颜"有别。属于孔子所收的第三批弟子，是在周游列国时收的学生。《弟子问》记孔子晚年感叹不被人理解，在他旁边陪伴的就是子游：

　　子叹曰："呜！莫我知也夫。"子游曰："有施之谓也乎？"子曰：
　　"偃$_4$……"

　　子游和子夏同列"文学"科。子贡对他的评价是："先成其虑,及事而用之,故动则不妄,是言偃之行也。孔子曰:'欲能则学,欲知则问,欲善则详,欲给则豫,当是而行,偃也得之矣。'"(《孔子家语·弟子行》和《大戴礼记·卫将军文子》)可见子游是个做事很有计划的人,虽然年纪轻轻,却少年老成,勤奋好学。

　　子游精于礼制,尤其是丧礼,文献多见他与孔子关于礼的谈话,见于《礼记》的《檀弓》《仲尼燕居》,《孔子家语》之《问礼》《论礼》《终记解》《曲礼子贡问》《曲礼公西赤问》等文献。这一点与陈剑认为《子道饿》中子游因司寇为"奇"礼不来请自己而失望最终离开鲁国①,有相合之处。

　　子游在礼制思想基础上,形成了一套有关性情的理论,见于《礼记·檀弓下》:

　　　子游曰:"礼有微情者,有以故兴物者。有直情而径行者,戎狄之道也。礼道则不然,人喜则斯陶,陶斯咏,咏斯犹,犹斯舞,舞斯愠,愠斯戚,戚斯叹,叹斯辟,辟斯踊矣,品节斯,斯之谓礼。人死,斯恶之矣,无能也,斯倍之矣。是故制绞衾,设蒌翣,为使人勿恶也。始死,脯醢之奠,将行,遣而行之,既葬而食之,未有见其飨之者也,自上世以来,未之有舍也,为使人勿倍也。故子之所刺于礼者,亦非礼之訾也。"

　　加点的一段又见郭店本《性自命出》,却不见于上博本《性情论》。在《礼记》中,这段话是说明应以"礼"来节制性情的。

　　《论语·雍也》记子游当过武城宰,李启谦考其任职大概在孔子晚年归鲁之后②。子游知礼,并且长于以礼来教化百姓。孔子到他任职的武城参观,听到弦歌之声,说割鸡焉用牛刀。子游说"君子学道则爱人,小人学道则易使也",孔子很认同他的说法(《论语·阳货》)。

　　子游有传学。《荀子·非十二子》中批"子游氏之贱儒",说他们"偷儒惮事,无廉耻而耆饮食,必曰君子固不用力"。荀子的批评其实并不公允,但从中可以看出,子游一系的传学应是很成规模的。《礼运》一篇,今存《礼记》和《孔子家语》,是孔子为子游陈"大道之行",应是子游一系所传。

　　上博简《子道饿》中"道饿而死"的"子"已经基本上可以确定是子游之子,而不是孔子。简文所记的故事很可能与孔子厄于陈蔡无关,故事的主人公应该是 "文

---

　　① 陈剑:《〈上博八·子道饿〉补说》,复旦大学出土文献与古文字研究中心网站,2011年7月19日。

　　② 李启谦:《孔门弟子研究》,99页。

学"科的代表子游：

> 鲁司寇奇言游于逡楚，曰："除乎！司寇₄〔将〕见我。"门人既除，而
> 司寇不至。言游去。司₅〔寇〕……"将安往？"言游曰："食而弗与为礼，
> 是商工畜₃之也。偃也修其德行，以受商工之食于子，于偃伪，于子损，于是
> 乎何待？"

由于简文残缺，某些具体细节还未成定论。大意约为鲁司寇安排（即把"奇"读
为"寄"）子游去"逡楚"做官却不以礼相待，子游选择离开。"逡楚"与武城有什
么关系，还需要再考虑。

简文中子游命门人扫除以迎接鲁司寇，后在宋、卫之间子道饿而死时有"门人谏
曰"，为子游有门人弟子提供了一个证明。廖名春认为子游之所以被荀子批评是因为
他的弟子，简文中的门人就已显露出"偷儒惮事，无廉耻而耆饮食"之势，后世愈演
愈烈，遂有《荀子·非十二子》篇对"子游氏之贱儒"的批评①。

我们认为本篇最值得关注的是对子游的称呼——"言游"。"子游"是字，"言
偃"是姓名。文献中通常称字"子游"，或者称姓名"言偃"。把姓与字合起来称为
"言游"的，其实并不多见，《论语》中仅有一处，见于《子张》，出于子夏之口：

> 子游曰："子夏之门人小子，当洒扫应对进退则可矣，抑末也。本之则
> 无，如之何？"子夏闻之，曰："噫！言游过矣！君子之道，孰先传焉？孰
> 后倦焉？譬诸草木，区以别矣。君子之道，焉可诬也？有始有卒者，其惟圣
> 人乎！"

《子张》所记全都是孔门弟子之语，没有一句是孔子直接说的话。李零认为这
些弟子所说的话反映的是孔子思想，很多都是转述孔子的话，很可能是孔门后进所讲
的②。很有道理。

我们觉得《论语》这一章的选排是有意识、有目的的，所记录的弟子语很可能
是孔子晚年甚至去世之后的情况，记录者则是这些孔门弟子的门人。这一点从篇中有
"子夏之门人"，称曾参为"曾子"可以看出。诸"子"所说的话，并不是单纯转述

---

① 廖名春：《上博楚竹书〈鲁司寇寄言游于逡楚〉篇考辨》，《中华文史论丛》2011年第4期，
18页。

② 李零：《丧家狗——我读〈论语〉》，320页。

孔子，更似以老师的身份教导弟子，如"子张曰：'士见危致命，见得思义，祭思敬，丧思哀，其可已矣。'"又"子游曰：'吾友张也为难能也，然而未仁。'"就更像是子游在弟子面前对子张的评论了。此外，其中也有一些与圣化孔子有关的段落，比如叔孙武叔说子贡贤于孔子、"毁仲尼"，子贡推崇孔子等，都让人觉得《子张》篇记录的内容大多数应是孔子晚年甚至去世之后儒门弟子的情况。

上引《子张》情节是子游与子夏之间的较量，二人都是"文学"科的代表，但并不和睦。子游觉得子夏传授的是小节，而子夏却认为学礼要循序渐进，对于子游的批评很不服气。连姓带字地称呼他为"言游"，似乎也反映出子夏对子游的不满。

除了《子张》篇以外，传世文献中还有两处称子游为"言游"的地方。一处是《礼记·仲尼燕居》，另一处是《孔子家语·论礼》，两处讲的是同一件事，即孔子对子张、子贡、子游讲授礼。现节选如下：

> 仲尼燕居，子张、子贡、子游侍，纵言至于礼。子曰："居！女三人者，吾语女礼，使女以礼周流，无不遍也。"子贡越席而对曰："敢问何如？"……子贡退，<u>言游</u>进曰："敢问礼也者，领恶而全好者与？"……（《礼记·仲尼燕居》）

> 孔子闲居，子张、子贡、<u>言游</u>侍，论及于礼。孔子曰："居，汝三人者，吾语汝以礼，周流无不遍也。"子贡越席而对曰："敢问如何？"……子贡退，<u>言游</u>进曰："敢问礼也，领恶而全好者与？"……（《孔子家语·论礼》）

王锷曾考察过此篇年代与人物年龄，结论是《礼记·仲尼燕居》的内容分别由子贡、子游和子张等弟子记录于公元前483—前479年，整理成篇可能在春秋末期至战国前期。文中三人与孔子对话的次序是依照长幼，按照子贡、子游、子张来进行，然而篇首却把子张放在最前，因此整理者很可能是子张或子张的弟子①。再结合《论语》所见"言游"的段落，可以推断，这种对子游的称呼很可能是在孔子晚年或去世之后，也就是子游已经学有所成、有所传学的时候才出现的，最初应起自与之同辈的孔门弟子，特别是子夏对他的称呼。

孔子对子张、子贡与子游讲礼乐是《孔子家语·论礼》的前半段，后半段的内容是孔子对子夏讲《诗》中的"恺悌君子，民之父母"。这个故事《礼记》编为《孔子

---

① 王锷：《〈礼记〉成书考》，中华书局，2007年，30、31页。

闲居》，是《仲尼燕居》之后的一篇。王锷认为是子夏或其弟子所作①。而在《孔子家语》中，它却与孔子对子张等三人讲礼的故事编在一起。这种现象提示我们，孔子与三门人讲礼的故事与子夏的关系，或许比子张更密切。

二、子　夏

卜商，字子夏。少孔子四十四岁，卫国人，一说晋国人。孔门三期。《史记·仲尼弟子列传》记："其子死，哭之失明。"

子夏家境贫寒，《说苑·杂言》记孔子说他"甚短于财"，"好与贤己者处"，并预言自己死后子夏仍会不断进步。《晏子春秋·内篇问上》说孔子志意不通，"则仲由、卜商侍"，可见子夏与子路性格相似。《韩诗外传》卷六记子夏与卫灵公言勇，把当时的勇士公孙悁都比下去了，"子之勇不若我"。

子夏作为文学科的贤才，《论语·子张》有很多他的劝学之言，如"虽小道，必有可观者焉。致远恐泥，是以君子不为也"；"日知其所亡，月无忘其所能，可谓好学也已矣"；"博学而笃志，切问而近思，仁在其中矣"；"百工居肆以成其事，君子学以致其道"等。虽为后进弟子，但在同辈弟子中地位较高。《论语·颜渊》的司马牛叹"我独亡（兄弟）"，子夏就教育他"四海之内，皆兄弟也"。此篇又记樊迟向孔子问仁，之后又向子夏请教孔子之言的含义，亦可见其核心地位。

上博简《民之父母》，记录的是孔子在教子夏"诗"时的一段对话。简文主要内容又见于《礼记》和《孔子家语》，其中的"五至""三无"之说（尤其是后者）历来争议很大：

> 子夏曰："五至既闻之矣，敢问何谓三无？"孔子曰："三无乎，无声之乐，无体$_5$〔之〕礼，无服之丧，君子以此皇于天下。奚（倾）耳而听之，不可得而闻也；明目而视之，不可$_6$得而见也，而得既塞于四海矣，此之谓三无。"

以往多因此说不似儒家观点，而更接近于讲"大象无形"的道家，疑为后人附会，进而疑《礼记》为刘向、刘歆父子所造，《孔子家语》为王肃所造，并非孔子之说。庞朴指出该篇竹书的问世，足以证明这篇文献在战国中晚期就已形成，其中很有形而上学意味的"五至三无"一说，绝非后人伪造。而类似的观点在儒家文献中其实

① 王锷：《〈礼记〉成书考》，45页。

并不少见。例如，《论语·阳货》记："子曰：礼云礼云，玉帛云乎哉！乐云乐云，钟鼓云乎哉！"《八佾》有："林放问礼之本，子曰：大哉问！"①

除上述例证外，"三无"之说又见于《孔子家语·六本》：

> 孔子曰："无体之礼，敬也；无服之丧，哀也；无声之乐，欢也。不言而信，不动而威，不施而仁。"

《孔子家语·王言解》亦有相似之言：

> 曾子曰："敢问何谓三至？"孔子曰："至礼不让而天下治，至赏不费而天下士悦，至乐无声而天下民和。明王笃行三至，故天下之君，可得而知，天下之士，可得而臣，天下之民，可得而用。"

那么，到底应该如何看待孔子思想中的"无"呢？方旭东认为，儒、道的思想分歧，不在于他们是否使用"无"这个概念或者是否推崇某种"无"的境界，而在于他们对于"无"的不同理解，或者说他们所要"无"（取消）的内容具体是什么。在政治哲学上，儒、道的一个重大分歧是：儒家主张实行仁政，即所谓以德治国，而道家则认为仁义道德是次一级的东西，"大道废，有仁义"（《老子》第十八章），道家主张的是一仍自然。孔子在此举"三无"为民之父母之当为，意思是强调君主以自身的德行感化人民。"五至""三无"仍然是一种道德之治、仁义之政，与老子的"无为而治"还是有很大区别的②。

通篇看来，其实不论"五至"还是"三无"，讲的都是通过对自身修养的完善，来成为一个合格的官员，进而归化万民。这一点与柏拉图的"哲学王"非常相似。正如方旭东所说，"无声之乐、无体之礼、无服之丧"分别代表了和谐原则、秩序原则，以及作为实施二者的主体所具备的德行因素，三者有机构成了孔子所理解的"民之父母"的政治内涵③。简文的发现无疑使得以往被怀疑为后人伪造的《礼记》和《孔子家语》相关段落，在写作年代上得到了澄清。从这篇简文来看，子夏对于"五至三无"之说的传播，起到了非常重要的作用，也是子夏与《诗经》关系的重要旁证。

① 庞朴：《喜读"五至三无"——初读〈上博简〉（二）》，《上博馆藏战国楚竹书研究续编》，220—223页；《话说"五至三无"》，《文史哲》2004年1期，71—76页。

② 方旭东：《上博简〈民之父母〉篇论析》，《上海博物馆藏战国楚竹书研究续编》，256—276页。

③ 方旭东：《上博简〈民之父母〉篇论析》。

　　文学二贤对儒学经典的传授起到了重要作用，二人之中子夏的作用尤其突出，可谓文献学之一大宗师。《诗》《书》《礼》《易》《春秋》的传授，子夏都起到了直接的作用。杨朝明引洪迈《容斋续笔·子夏经学》云："孔子弟子惟子夏于诸经独有书……于《易》则有传，于《诗》则有序……于《礼》则有《仪礼·丧服》一篇……于《春秋》，所云'不能赞一辞'，盖亦尝从事于斯矣……于《论语》，则郑康成以为仲弓、子夏等所撰定也。"①

　　《论语·子张》记子夏与子游、子张三人各自授徒，形成三派，对于礼制等问题的看法常常发生冲突，可见其传学规模②。《史记》记孔子去世后，子夏居西河教授，为魏文侯师，开三晋学术之先河。他的弟子，除魏文侯③外，《史记·儒林列传》记"田子方、段干木、吴起、禽滑厘之属，皆受业于子夏之伦"，其中必有子夏弟子。此外，《汉志》收录《李克》七篇，亦云子夏弟子。《世本·秦本·氏姓篇》还有子伯氏之先亦有学于子夏者的记载。《韩非子·喻老》赞子夏可以"自胜"，《外储说右上》引子夏传《春秋》之语，甚重子夏。郭沫若指出韩非认为法家出于子夏，是自己的宗师④。李启谦亦指出，子夏的思想中存在前期法家的思想因素⑤。可以想见，简文这套"为民父母"的政治哲学，很有可能正是由子夏传授下去的。

　　《论语·子路》记子夏当过"莒父宰"，《韩诗外传》卷六记子夏与卫灵公言勇，称"行人卜商"。可见子夏很可能是有从政为官经历的。他不只是这条政治哲学的传授者，本身亦是这套"五至三无"政治哲学的身体力行者。

　　《民之父母》的价值并不在于给我们提供了以往未见的新记载，反而恰恰因为其见于传世文献的性质，纠正了我们对相关文献年代的认识，进而获得了解子夏之学和儒道之分的机会。

---

　　①　杨朝明《子夏及其传经之学考论》，收入杨朝明、修建军主编：《孔子与孔门弟子研究》，460—478页。

　　②　子夏之门人，问交于子张。子张曰："子夏云何？"对曰："子夏曰：可者与之，其不可者拒之。"子张曰："异乎吾所闻。君子尊贤而容众，嘉善而矜不能。我之大贤与，于人何所不容；我之不贤与，人将拒我，如之何其拒人也？"

　　子游曰："子夏之门人小子，当洒扫应对进退，则可矣。抑末也，本之则无，如之何？"子夏闻之曰："噫，言游过矣！君子之道，孰先传焉，孰后倦焉。譬诸草木，区以别矣。君子之道，焉可诬也。有始有卒者，其惟圣人乎？"

　　③　《汉志》收录有《魏文侯》六篇。

　　④　郭沫若：《十批判书·儒家八派的批判》。

　　⑤　李启谦：《孔门弟子研究》，111、112页。

第五节　其他——子张、曾子、子羔

一、子　　张

颛孙师，字子张，陈国人，少孔子四十八岁，孔门三期弟子。

子张是孔门后进弟子，辈分比较小，年纪也很小。但他在孔门也比较重要。孔子死后，子张与子夏、子游等共同推举长得像老师的有若出来扮作老师，以慰众弟子对老师的思念之情。

文献中有不少子张与孔子讨论"书"的记载，见《论语·宪问》《礼记·檀弓下》，以及《孔丛子》之《论书》《刑论》等篇。《论语·为政》记子张问孔子"十世可知也？"子曰："殷因于夏礼，所损益，可知也。周因于殷礼，所损益，可知也。其或继周者，虽百世，可知也。"可见他的兴趣点之一是古代的历史。

子张精于丧礼。《礼记·檀弓下》记国昭子母死，就向子张请教丧礼中男女的位置。

子张性格激烈，颇似子路。孔子说他"师也过"，"师也辟"（《论语·先进》）。李零认为子张大概也可归属于政事门①。虽然没有当官的记载，但《论语》中保存了很多子张问干禄、从政的内容：

> 子张学干禄。子曰："多闻阙疑，慎言其余，则寡尤。多见阙殆，慎行其余，则寡悔。言寡尤，行寡悔，禄在其中矣。"（《论语·为政》）
>
> 子张问曰："令尹子文三仕为令尹，无喜色。三已之，无愠色。旧令尹之政，必以告新令尹。何如？"子曰："忠矣！"曰："仁矣乎？"子曰："未知。焉得仁？""崔子弑齐君，陈文子有马十乘，弃而违之。至于他邦，则曰：'犹吾大夫崔子也。'违之，之一邦，则又曰：'犹吾大夫崔子也。'违之。何如？"子曰："清矣。"曰："仁矣乎？"曰："未知。焉得仁？"（《论语·公冶长》）
>
> 子张问政。子曰："居之无倦，行之以忠。"（《论语·颜渊》）
>
> 子张问于孔子曰："何如，斯可以从政矣？"子曰："尊五美，屏四恶，斯可以从政矣。"子张曰："何谓五美？"子曰："君子惠而不费，劳

---

① 李零：《去圣乃得真孔子》，82页。

而不怨，欲而不贪，泰而不骄，威而不猛。"子张曰："何谓惠而不费？"子曰："因民之所利而利之，斯不亦惠而不费乎？择可劳而劳之，又谁怨？欲仁得仁，又焉贪？君子无众寡、无小大、无敢慢，斯不亦泰而不骄乎？君子正其衣冠，尊其瞻视，俨然人望而畏之，斯不亦威而不猛乎？"子张曰："何谓四恶？"子曰："不教而杀谓之虐，不戒视成谓之暴，慢令致期谓之贼，犹之与人也，出纳之吝，谓之有司。"（《论语·尧曰》）

《礼记·仲尼燕居》亦记有"子张问政"，《大戴礼记·子张问入官》和《孔子家语·入官》还有其问入官于孔子的记载，此不俱引。可见子张亦是孔子政治思想的主要继承者。

但根据文献记载，子张的仕途并不是很顺利。《新序·杂事》记："子张见鲁哀公，七日而哀公不礼，托仆夫而去。"

《史记·儒林列传》记孔子死后，"子张居陈"。《荀子·非十二子》《韩非子·显学》都曾提到后世有子张氏儒。可见其传学亦颇具规模。《礼记》载："子张之丧，公明仪为志焉。"公明仪可能是他的弟子。

上博简《从政》第六、七章的"四毋""五德"又见于《论语》之《尧曰》《阳货》所记孔子与子张关于从政的对话[①]：

> 六……毋暴、毋虐、毋贼、毋贪。不修不武，谓之必成，则暴；不教而杀，则虐；命无时，事必有期，则贼；为利枉甲15事，则贪。
> 七闻之曰：从政敦五德、固三折（制）、除十怨。五德：一曰缓，二曰恭，三曰惠，四曰仁，五曰敬。

简文这里的"闻之曰"应是源于孔子之言，可能是由子张传授下来的。

二、曾　子

曾参，字子舆。鲁国南武城人，少孔子四十六岁，后世尊称为曾子，孔门三期弟子。上博儒籍《内礼》中有多处语句见于曾子言论，可能是曾子一系所传，是祖述

---

① 陈剑：《上博简〈子羔〉、〈从政〉篇的拼合与编连问题小议》，简帛研究网，2003年1月8日；周凤五：《读上博楚竹书〈从政〉甲篇札记》，《上海博物馆藏战国楚竹书研究续编》，181—195页等。

孔子之言。另外，还有两种未发表的简文与曾子有关，其中一篇是《齐师子家见曾子》，写在《君子为礼》《弟子问》背面。

《论语·先进》记孔子说"参也鲁"。曾参可能是一位迂直的学生。

曾子家境贫寒。《庄子·让王》记曾子居卫，"缊袍无表，颜色肿哙，手足胼胝。三日不举火，十年不制衣，正冠而缨绝，捉衿而肘见，纳屦而踵决。曳縰而歌《商颂》，声满天地，若出金石。天子不得臣，诸侯不得友。故养志者忘形，养形者忘利，致道者忘心矣"。他的形象与颜渊有相似之处，亦被后世奉为道德楷模。

曾参的思想大致可以分为两个方面。首先，对内讲求克己、修身。曾参为人谨小慎微，生怕犯一丝一毫的过错。"日三省吾身"（《论语·学而》），终身奉守礼制，"战战兢兢，如临深渊，如履薄冰"。《论语·宪问》记曾子说："君子思不出其位。"《孟子·梁惠王下》记曾子说："戒之戒之！出乎尔者，反乎尔者也。"类似这种曾子语录，举不胜举。曾子临死时说"而今而后，吾知免夫"，终于可以长舒一口气了。甚至曾子之死，就是因为不肯僭越礼制，病入膏肓仍坚持换掉席子所致（《礼记·檀弓》）。

其次，对外讲究以德化民，通过一套礼制的讲求使从上到下的各个等级各归其位，各守其份。"慎终追远，民德归厚"（《论语·学而》）。《吕氏春秋·孝行》记曾子曰："先王之所以治天下者五：贵德、贵贵、贵老、敬长、慈幼。此五者，先王之所以定天下也。所谓贵德，为其近于圣也；所谓贵贵，为其近于君也；所谓贵老，为其近于亲也；所谓敬长，为其近于兄也；所谓慈幼，为其近于弟也。"《大戴礼记·主言》《孔子家语·王言解》记录孔子跟曾子讲，治理天下要讲"三至"与"七教"。可见曾子的这套教化思想，当是直接承袭孔子而来。

曾参很重孝道，说孟庄子之孝，"不改父之臣与父之政，是难能也"（《论语·子张》）。自战国时代始，曾子即已成为一个高尚的道德模范，见于《战国策》《荀子》《韩非子》等多部先秦典籍，都曾引用他的话来作论据。曾参事曾点，以及曾元养曾子的故事，被当作赡养父母的典范广为流传，后世更融入"二十四孝"的故事中。

曾子精于礼制，尤其是丧礼。《礼记》之《檀弓》《曾子问》等篇有很多这方面的记载。《曾子天圆》则保留了早期儒家一套结合了阴阳五行说的礼制体系。

《韩诗外传》卷七载曾子善于听音。《琴操》记曾子所作有《残形操》《曾子归耕》《梁山操》。音乐才能应很出众。

《论语·泰伯》记曾参有疾，孟敬子去看他。孟敬子即仲孙捷，孟武伯之子。孟氏使阳肤为士师，问于曾子，曾子曰："上失其道，民散久矣。如得其情，则哀矜而勿喜！"（《论语·子张》）曾子与鲁国孟氏有一定的联系，但关于其职位并无明确记载。

《庄子·寓言》记曾子"再仕而心再化"。《韩诗外传》卷一说他"仕于莒"，"家贫亲老者，不择官而仕"，与子路为亲百里负米的故事重合。两条文献都有值得商榷之处。曾子是否做过官，从目前的文献来看，仍是个未知数。

《说苑·立节》《孔子家语·在厄》记孔子还没死时，曾子"衣敝衣以耕，鲁君使人往致邑焉"，被曾子拒绝。可能当时曾子就已经有名了，但也不能排除此事是后人杜撰的可能。

《论语》《孟子》等文献中都有尊称曾参为"曾子"之语。《孟子》中多处拿曾子的话当做强有力的论据，如《公孙丑下》："曾子曰：'晋楚之富，不可及也；彼以其富，我以吾仁；彼以其爵，我以吾义，吾何慊乎哉？'夫岂不义而曾子言之？"《滕文公上》讲述孔子死后，子夏、子游、子张等推举有若扮作孔子以师事之，曾子却说"不可"，"今也南蛮鴃舌之人，非先王之道，子倍子之师而学之，亦异于曾子矣。吾闻出于幽谷迁于乔木者，未闻下乔木而入于幽谷者"。颇有点尊"曾"抑"有"的倾向。

孔门弟子中，曾子有大量著作传世。《汉书·艺文志》收录有《曾子》十八篇。现已残缺。今仅存《大戴礼记》中的《曾子立事》《曾子本孝》《曾子立孝》《曾子大孝》《曾子事父母》《曾子制言》《曾子疾病》《曾子天圆》，共十篇。宋汪晫有辑本。胡兰江指出，汪晫辑《曾子》是以弘扬道统为目的，对古书进行了有意识地改造[①]。由于成书的复杂性，对于《大戴礼记》所存的"曾子十篇"，学者曾有过种种怀疑，认为其言语气象不类曾子的弘毅，可能出于汉儒之手。梁涛指出简文《内礼》的发现告诉人们，《大戴礼记》所存有关曾子的文献，在战国中晚期的竹简上就已经有了相关文句，并不能简单地认为是汉儒所伪造[②]。

十篇之外，《礼记·曾子问》是曾子向孔子请教各种礼仪制度；《内则》《礼器》亦分别有一处引用曾子的话；《祭义》中间有四段"曾子曰"的话。这些可能与曾子有着或多或少的关系。《史记》载孔子传曾子《孝经》。今本《孝经》大概亦是曾子一系所传。

---

①　胡兰江：《七十子考》，43页。

②　梁涛：《上博简〈内礼〉与〈大戴礼记·曾子〉》，简帛研究网，2005年6月26日。

曾子弟子见于文献记载的有乐正子春①、曾元、曾申②、公明仪③、单居离④、吴起⑤、公明宣⑥等。《礼记·檀弓上》有多处曾子与子思的对话，《孔丛子·居卫》亦记曾子指责子思"有傲世主之心"。子思也受到过曾子的影响。

三、子　　羔

高柴，字子羔，亦称子皋、子高、季皋等。《史记集解》引郑玄说其为卫人，《孔子家语·七十二弟子解》说他是齐人，"笃孝而有法正。少居鲁，见知名于孔子之门"。少孔子三十岁（《史记·仲尼弟子列传》），一说少孔子四十岁（《孔子家语·七十二弟子解》）。孔门二期弟子。高柴个头比较矮，容貌甚恶。

子羔是孔子仕鲁时招的学生。《论语·先进》载孔子说"柴也愚"。何晏《论语集解》、黄式三《论语后案》认为这是说子羔为愚直、不知变通。李启谦更进一步解释为直率。我们同意这种看法。《孔子家语》记子羔逃卫乱，遇刖者守门，"谓季羔曰：'彼有缺。'季羔曰：'君子不踰。'又曰：'彼有窦。'季羔曰：'君子不隧。'又曰：'于此有室。'季羔乃入焉。"子羔守礼，但都已经逃难了，还守到这个地步。《礼记·檀弓》载其执亲之丧，"泣血三年，未尝见齿"。《礼记·檀弓》记他做成邑宰时，就严格提倡礼制，成邑民众也变得守礼起来。这些都反映了子羔守礼的特点。

子羔多次出仕，从政经验丰富。《论语·先进》记"子路使子羔为费宰"，他的政治才能可能是子路为季氏宰时发现的。此时大约是堕三都之后⑦。孔子相卫，子羔还做过士师，《韩非子·外储说左下》说是做"狱吏"。又"仕为武城宰"（《孔子家语·七十二弟子解》）。妻子死时，他还在做孟孙氏的成邑长（《礼记·檀弓》）。

子羔的传学文献并无记载，孔子与子羔的对话文献记载也不多。《孔子家语·庙

---

① 见《礼记·檀弓上》《吕氏春秋·孝行》《世本·秦本·氏姓篇》。

② 两人是曾子的儿子，也是他的学生。

③ 《礼记·祭义》记："公明仪问于曾子曰：'夫子可以为孝乎？'"

④ 《大戴礼记》之《曾子天圆》《曾子事父母》等篇都记单居离向曾参请教问题，并称其为"曾子"。

⑤ 《史记·孙子吴起列传》载："吴起者，卫人也，好用兵，尝学于曾子。"

⑥ 《说苑·反质》载："公明宣学于曾子。"

⑦ 林志鹏：《仲弓任季氏宰小考》，简帛研究网，2004年6月6日。

制》有一段子羔与孔子关于庙制及古史的谈话①，较为少见，孔子讲述上古史时更常见的谈话对象是宰我（今本《大戴礼记》的《五帝德》《帝系》）。《子羔》篇中子羔与孔子关于"三王之作"的对话，与《孔子家语》所记二人对话的主题相合，是对相关材料的补充，或许为子羔后学所传。

①　卫将军文子将立三军之庙于其家，使子羔访于孔子。子曰："公庙设于私家，非古礼之所及，吾弗知。"子羔曰："敢问尊卑上下立庙之制，可得而闻乎？"孔子曰："天下有王，分地建国设祖宗，乃为亲疏贵贱多少之数。是故天子立七庙，三昭三穆，与太祖之庙七，太祖近庙，皆月祭之，远庙为桃，有二桃焉，享尝乃止；诸侯立五庙，二昭二穆，与太祖之庙而五，曰祖考庙，享尝乃止；大夫立三庙，一昭一穆，与太庙而三，曰皇考庙，享尝乃止；士立一庙，曰考庙，王考无庙，合而享尝乃止；庶人无庙，四时祭于寝。此自有虞以至于周之所不变也。凡四代帝王之所谓郊者，皆以配天，其所谓禘者，皆五年大祭之所及也。应为太祖者，则其庙不毁，不及太祖，虽在禘郊，其庙则毁矣。古者祖有功而宗有德，谓之祖宗者，其庙皆不毁。"子羔问曰："祭典云：'昔有虞氏祖颛顼而宗尧，夏后氏亦祖颛顼而宗禹，殷人祖契而宗汤，周人祖文王而宗武王。'此四祖四宗，或乃异代，或其考祖之有功德，其庙可也。'若有虞宗尧，夏祖颛顼，皆异代之有功德者也，亦可以存其庙乎？"孔子曰："善，如汝所闻也。如殷周之祖宗，其庙可以不毁，其他祖宗者，功德不殊，虽在殊代，亦可以无疑矣。诗云：'蔽芾甘棠，勿翦勿伐，邵伯所憩。'周人之于邵公也，爱其人犹敬其所舍之树，况祖宗其功德而可以不尊奉其庙焉。"（《孔子家语·庙制》）

第三章　上博儒籍与儒学文献

对文献的考辨是文史研究的前提。四大古文明中，只有华夏文明延续至今。作为这一文明的承载者——周秦典籍，延续了两千余年，大部分时间属于前印刷术时代，难以固定不变。

李零曾将战国秦汉古书比喻为气体，指出其种类和篇卷构成同后世差距很大，与之相比隋唐古书好像液体，宋以来的古书则是固体①。非常形象地点出了古代书籍发展变化的轨迹。

余嘉锡的《古书通例》按照著录、体例、编次、附益四个方面对古书（尤其周秦古书）从体例、内容进行了分析，很多看法都被近出简帛古书所证实。在本书考察的十六卷二十篇上博儒籍中，除《子羔》《仲弓》《内礼》三卷以外，大多数既无篇名，又无撰人，印证了余书之周秦古书"不题撰人"，"盖后人所妄增"的看法。

在自题名的三卷中，《子羔》与《仲弓》的题名都正向书写于竹简背面，《子羔》篇写于简5的背面，《仲弓》写于简16背面，与正面简文为同一人所写②。两篇都属余书所谓"以人名其书"。《子羔》以"子羔问于孔子"起始，亦属于"摘首句二字以题篇"。

与两篇不同，《内礼》的题名倒书于全文第一支竹简（简1）背面。李松儒指出倒书的"内"字与正文写法不同，不是同一个书手所写③。这个信息很值得注意。照此看来，此二字为他人所补。我们怀疑"内礼"或应读作"纳礼"，与一般意义上的"篇题"不同，是收藏、整理之人所加，是说这篇文章从内容上应纳入"礼"类。可能属于余书所谓"官书命名之义例"。这个问题涉及简牍制度和古籍的书写与分类、收藏、流传等多个问题，需要更多的证据才能获得准确的认识。

虽然二十篇儒籍中仅有三篇见于传世文献，《缁衣》今本在《礼记》之中，《民之父母》见《礼记·孔子闲居》与《孔子家语·论礼》，《武王践阼》见《大戴礼记》，其余十几篇多为不见史志著录的佚籍，但内容或多或少都有可与传世文献对读

---

① 李零：《简帛古书与学术源流》，生活·读书·新知三联书店，2004年，198页。
② 李松儒：《战国简帛字迹研究：以上博简为中心》，207、278页。
③ 李松儒：《战国简帛字迹研究：以上博简为中心》，259页。

之处，在上编的简文"校读"部分随文进行了说明。

夏含夷谈到竹简写本对认识中国古书性质的启示时，用到了圣经研究里的"pericope"①，指的是《圣经》中较短的一个段落。前印刷术时代各种文明的文献形成、流传是有相似性的。中国百年来发现的简帛古籍证明了古书多以单篇流传，篇幅并不长，今天看到的动辄数万字的先秦旧籍是在漫长的流传过程中逐渐被汇集而成的，本书考察的儒学文献也是这样。战国写本中的儒家故事大多本是一个个独立的段落，经过后人的汇集才成为"巨著"中的某个章节，或者某个章节的一部分。而在汇集的过程中，多多少少都经过了改编，已非原貌。若将上博儒籍视为起点，今本视为终点，两相对照，当可发现儒学文献一系列的演变轨迹，包括将独立短篇汇集在一起、重定篇章次序、从体例上进行一致化的调整等各个方面。

第一节　汇集与整合

《古书通例·论编次第三》谓"古之诸子，即后世之文集"，"因事为文"，"不作于一时"，"本是单篇，故分合原无一定"，道出了周秦文献形成、流传的一般规律，上博儒籍所展现的儒学文献形成亦有类似的过程。

一、汇　　集

上博儒籍中《孔子见季桓子》《史蒥问于夫子》《相邦之道》《仲弓》《子道饿》《季康子问于孔子》六卷无论从内容还是形式上看，都是单篇的孔门故事；《子羔》《颜渊问于孔子》两卷虽由多篇简文组成——前者包括《子羔》《孔子诗论》《鲁邦大旱》三篇，后者包括《颜渊问于孔子》《民之父母》《武王践阼》《子路初见》四篇，除《孔子诗论》为孔子关于《诗经》的言论汇编外，也都是内容相对独立的孔门故事。可以说，这种现象印证了上述余嘉锡对周秦古书编次的看法。上博儒籍中具有汇编、汇集特点的篇卷，正是早期文献由单篇汇集为今天所见"大部头"的例证。作为战国中晚期的写本，在文献演变的序列中，正处于这种"汇集"过程之中。

从上博儒籍来看，早期文献的汇集有两种形式。第一种以《子羔》《颜渊问于孔子》为代表，形式上相对独立。每篇简文末尾用符号（《子羔》用墨节，《颜渊问于夫子》用墨钩）标识，其后留白，另起一行书写下一篇。两卷的汇集，是分别将原

本相对短小、完整，内容完全可以独立的文章合编为一卷。《颜渊问于孔子》的四篇内容、体裁相似，都可划分为言行故事类，其中《民之父母》《武王践阼》都保存在《礼记》《大戴礼记》等传记文献之中，《颜渊问于孔子》部分内容见于《论语·子路》"仲弓为季氏宰"章和上博简的《仲弓》篇，仅公布释文的最后一篇《子路初见》也有与《说苑·杂言》《孔子家语·子路初见》相关的部分。显然，四篇简文被汇集为一卷并非偶然，在形式和内容上都是经过精心挑选的，后世更多地以儒门传记的形式保存在《礼记》等文献之中。

与上一卷比起来，《子羔》卷就显得有些特殊了。其中的《孔子诗论》是孔子关于《诗经》的议论，体裁上与分别排在它前后的《子羔》和《鲁邦大旱》不同，它们的合卷看似具有偶然性。但林志鹏认为三篇的内容存在相关性，它们属于"诗传"，并引皮锡瑞《经学历史》引张杓说"传"有释经为主的"训诂之传"以及记事为主的"载记之传"两种，《孔子诗论》是训诂之传，文中多见的"曷""何以""孰谓"等设问方式见于《仪礼·丧服传》及《春秋公羊传》等，与儒家经传体式的形成有关；其他两篇则是"载记之传"，《子羔》是《大雅·生民》之传，《鲁邦大旱》是《大雅·云汉》之传①。为我们理解三篇简文的合卷提供了一个很有启发性的角度。《生民》颂周祖后稷，《云汉》记周王求雨，与述"三王之作"的《子羔》篇和讨论是否应祭祀求雨的《鲁邦大旱》内容相关，很可能属于两诗的"载记之传"。但从现在的文本复原情况来看，《孔子诗论》恐怕并非一般意义上的"训诂"，更多的是孔子对诸诗的短评，如"孔子曰：《宛丘》吾善之，《猗嗟》吾喜之，《鸤鸠》吾信之，《文王》吾美之……"并兼及诗教，如"诗其犹圣门，举贱民而豫之，其用心也将何如？曰：《邦风》是也"等。是否即为后世的"训诂之传"，尚需考虑。这种情况其实也反映出早期文献的汇集有时仅依据某一主题进行，不会过于计较体裁等其他因素是否一致。

第二种以《弟子问》《君子问礼》为代表，每卷均为由若干短章组成的单篇简文。上博儒籍中，这两卷体裁最近似于《论语》。每一章类似于《论语》每篇之一章，是一则孔门言行的记录，并不留白提行，而是接连书写，彼此用符号隔开。这种符号很可能是章节符号，与常见的停顿符不同。

从写法上来看，两篇的停顿符写成一条短横，在停顿之字的右下角，见于《弟子

---

① 林志鹏：《战国楚竹书〈子羔〉篇复原刍议》，《上博馆藏战国楚竹书研究续编》，53—84页。

问》简13、22、23和《君子为礼》简2"也"字下①。而章节符写法与前者明显不同，要粗一些。《弟子问》保存地较多，分别见于简1、11、12、17、24，写成一个方方的墨块；《君子为礼》仅存一例，在简3"也"字下（表三）。

表三　《弟子问》与《君子为礼》符号

符号	《弟子问》					《君子为礼》
章节符	简1	简17	简12	简11	简24	简3
停顿符	简13	简22	简23			简2

从具体的使用来看，《弟子问》中的停顿符有三处。第一处见于简13"不曲防以去人"之后，其后是孔子关于如何成为君子的话，墨点前后的内容都是关于道德修养，应属于一个语意段落。第二处位于简22"赐"字之下，表示停顿，也有学者指出，有标示人名的作用。第三处在简23"之有"之后，其后是孔子的话"列乎其下，不折其枝"云云，虽然简首残缺，很难判断之前的内容，但从语气上来看，短横前的部分很像是某人的提问，而之后的孔子言则是孔子的回答。

与之相比，我们认为具有分章作用的"章节符"表示的是更大的语段的结束。《弟子问》中共有五处。第一处在简1末尾的"子贡"二字之前，之前是孔子对延陵季子的称赞，之后的内容可能是孔子与子贡的对话，与前文无关；第二处在简17的"由"字之后，前面是孔子对子路说的话，内容与"王"有关，后面则是另一个关于孔子过曹的故事；第四处在简11，之前是关于何谓"仁"的讨论，之后则是宰我询问如何为君子，在孔子回答完毕之后，又书写了一个同样的墨块，其后留白，这就是第五处了，无疑具有标示篇章结束的作用，而第一、二、四处墨块前后的两部分在内容上则是没有联系的。

第三处墨块见于简12，最能说明它的特殊用法。此处的墨块恰好位于两个"子"字之间，与写本中常见的"重文"现象明显不同。重文的表示方法是在重复之字的右下角加一个符号（一条短横或者两条平行的短横），重读之字只写一遍。简文这里却

---

① 《弟子问》简22子贡的名"赐"字下的短横，程鹏万引沈培说指出属于"专有名词提示性符号"。程鹏万：《简牍帛书格式研究》，191页。并参沈培：《关于"抄写者误加'句读符号'"的更正意见》，简帛网，2006年2月25日。

把"子"字写了两遍，并且中间还加了这样的一个墨块隔开。这就意味着墨块前后的两个部分是各自独立的两章，前一章在第一个"子"字处结束，下一个"子"字则是另一章的开始。

再来看《君子为礼》。跟《弟子问》比起来，此篇的段落更长，但保存的墨识符号却较少，只有一处墨块和一处短横。墨块位于简3，即孔子与颜渊的一大段对话之后，对话的内容是关于礼对行为的具体要求。其后是二人的又一次谈话，内容关于"独智""独富""独贵"，与之前的内容无关。显然，这里的墨块具有分隔章节的作用。而本篇唯一的短横恰好位于此段之中，即简2"听之而不义，耳勿听也"之后。短横的作用是语段中的停顿，而墨块则用于表示一个大的段落的结束。两者用法截然有别。

《君子为礼》虽然有两个较长的段落，但残缺也不少，特别是每章末尾的地方大多不全。如果末尾有分章符号的话，也一定随之一起残缺了。这或许就是本篇仅保存了一个分章符号的原因。

值得注意的是，本篇中有一段残损不全的段落，讲述容貌、身体姿态等礼仪要求，没有对话，与其余章节不同。这种在对话体中插入一段论说文字的情况《论语》中也有。其中的《乡党》篇基本都是论说，与其他各篇的对话体明显不同。《季氏》篇最末的"邦君之妻"章也是如此，是对礼制的论述，也与同篇其他对话体的短章不同。程树德认为，古人书写一定事先计算好了字数与简长，断无余地可容空白，《季氏》末章古《论》、鲁《论》皆有，并非后人掺入[1]。《君子为礼》的发现，为程树德的看法提供了一个战国时期的文本证据。至少在《君子为礼》的编纂上，不同体例的章节是可以被编辑在一起的。

从上博儒籍来看，早期文献流传过程中，已经出现了按照某一主题，或是出于其他原因，汇集短篇为长篇文献的现象。《君子为礼》和《弟子问》两篇简文中的墨块就是章节符，它们的使用正是基于分章的需要。简文让我们了解到，在孔门弟子言行故事的汇编过程中，人们已经开始有意识地进行分章了。今本《论语》正是在这些按照章节汇集在一起的孔子与弟子言行故事集的基础上形成的。

这种汇集也见于汉代以后的文献。邬可晶、刘洪涛指出《子路初见》可与《说苑》《孔子家语》等文献对读[2]，内容如下：

　　子路行，辞于仲尼。曰："敢问新交取亲若何？言寡可行若何？长为善

---

① 程树德：《论语集释》，1173页。

② 此外，八角廊汉简《儒家者言》、阜阳汉简《儒家者言》章木牍也有相关之处。

士而无犯若何？"仲尼曰："新交取亲，其忠乎？言寡可行，其信乎？长为善士而无犯，其礼乎？"（《说苑·杂言》）

　　子路将行，辞于孔子。子曰："赠汝以车乎？赠汝以言乎？"子路曰："请以言。"孔子曰："不强不达，不劳无功，不忠无亲，不信无复，不恭失礼，慎此五者而已。"子路曰："由请终身奉之。敢问亲交取亲若何？言寡可行若何？长为善士而无犯若何？"孔子曰："汝所问苞在五者中矣。亲交取亲，其忠也！言寡可行，其信乎！长为善士，而无犯于礼也。"（《孔子家语·子路初见》）

　　三者相比，《说苑》本与简文更接近，而《孔子家语》"子路将行"章除了《子路初见》的内容外，还包括"赠汝以车"的段落，而这一部分在《说苑》中则是与"子路行"章并列的另一章。邬可晶认为《孔子家语》本更像是捏合改造《说苑》中原本分立的两章而成的①。所论甚确。

　　除两篇之外，上博儒籍中的《性情论》《缁衣》《天子建州》《内礼》《从政》亦是由短章组成的长篇，都存在使用章节符的现象，虽然写法不同，但都有标识章节的作用。《性情论》由墨节分为长短不一的六章；《缁衣》在每一个"子曰"讲完之后都写有短横；《天子建州》两本都以墨钩为界，可分为两章；《内礼》亦用墨钩，至少可分为三章；《从政》所用的短横虽然看似随意，有的用于语段之中，但可以肯定的是每个"闻之曰"讲完之后都有短横表示结束，亦能承担分章的作用。这几篇多为论述体裁，系统性较强，如《性情论》第一章，可能都是战国时代士人的作品，《缁衣》据文献所记为子思所作。它们诞生之初可能就是作为较长的篇章而创作的，与单纯的短篇汇集不同。然而在"书于竹帛"的书写条件下，竹木简作为最主要的书写材料，容纳字数有限，写完、编成之后，仍存在散乱的可能。不难想象，即使是独立创作的长篇文献，在漫长的流传过程中也仍然不可避免地因竹简的散乱需要被汇集和整理。

二、整　　合

　　原本独立的短篇在汇集的过程中，一定经过了汇集者的挑选。这种经过挑选的汇集，在战国到秦汉之间一定还有很多，上博儒籍只是给我们展现了其中的一个例子。

　　这个过程中，不难想象，对于某些重大历史事件的叙述是存在多个版本的，汇集

---

①　邬可晶：《〈孔子家语〉成书考》，54—60页。

的同时，很可能进行了整合，既包括汇集所有关于此事的细节描述，也存在由于某种原因舍去某种叙述的可能。《颜渊问于夫子》卷中所记《武王践阼》乙本不见于传世文献就是一个例子。为便于说明，此引今本相关段落如下：

　　……王齐三日，端冕，师尚父亦端冕，奉书而入，负屏而立。王下堂，南面而立。师尚父曰："先王之道不北面！"王行西，折而南，东面而立。师尚父西面道书之言曰："敬胜怠者吉，怠胜敬者灭，义胜欲者从，欲胜义者凶，凡事，不强则枉，弗敬则不正，枉者灭废，敬者万世。藏之约、行之行、可以为子孙常者，此言之谓也！且臣闻之，以仁得之，以仁守之，其量百世；以不仁得之，以仁守之，其量十世；以不仁得之，以不仁守之，必及其世。"王闻书之言，惕若恐惧，退而为戒书，于席之四端为铭焉……（《大戴礼记》）

　　三本相较，不难发现一个主要的区别在于师尚父"道书之言"时与武王的位置关系。复旦大学读书会指出，东西相对是主客之礼（师尚父在主位，武王在宾位），乙本南北相对则为君臣之礼（太公在君位，武王在臣位），皆为烘托丹书地位崇高。所论甚确。二人在这场活动中的位置关系并不只是事实的记录，更加是一种礼仪和观念的反映。

　　在乙本中，君臣二人的位置直接因为丹书发生了逆转，"太公南面，武王北面而复问"。而甲本中，虽然武王在丹书面前一开始是南面而立的，但在师尚父说出"先王之书，不与北面"之后，君臣并非如乙本一样调换位置，而是改为东西相对的主客之礼。显然，在甲本中对丹书的尊崇并不足以改变君臣之位的序次。由之反映出两本对君臣关系这一重要政治哲学观念的不同。毋庸置疑，对于维护至高无上的君权地位来说，乙本显然不如甲本合适。

　　将甲乙两本与今本对比就会发现，今本更像是杂揉甲乙两本而成的一个次生文本。首先，今本比两个简本篇幅都要长，关于细节的记述也最为全面。甲、乙本所记并不完全重合，有的事件只见于甲本，有的则只见于乙本。如对于太公望宣读丹书之言前的描写，乙本没有甲本丰富；而甲本记武王为铭的段落则不见于乙本[①]。所记的丹书之言除了开头高频出现的、概念式的小短句之外，两本还各有一段对方没有的语

―――――――――

① 刘娇认为与记载了较为完整铭文的甲本和《大戴礼记》本比较起来，乙本反映了比较原始的面貌，其余两本的铭文可能是在流传过程中附益的。见其书：《言公与剿说》，273页。

段，甲本有"仁以得之"，乙本有"不敬则不定"。而这些分别只见于甲本或乙本中的语段，却都保存于今本之中。

第二，上述烘托丹书崇高地位的两种描写方式是有所差别的，两者相比，显然甲本更符合后世的价值观。在这个部分，今本与甲本的一致性，向我们暗示，今本的形成应该是在杂糅可见各本的过程中，在君臣位置关系这个细节方面，选择了更符合后代价值观的甲本，淘汰了乙本的叙述。

有时，这种整合也表现在更小的文本单位之中。《君子为礼》首章可与《论语·颜渊》"颜渊问仁"对读，后者如下：

> 颜渊问仁。子曰："克己复礼为仁。一日克己复礼，天下归仁焉。为仁由己，而由人乎哉？"颜渊曰："请问其目。"子曰："非礼勿视，非礼勿听，非礼勿言，非礼勿动。"颜渊曰："回虽不敏，请事斯语矣。"

孔子之言在两个文本的记录中是非常相似的，但简文中的颜渊听闻孔子之言后的表现则完全不同：

> 颜渊退，数日不出，〔门人问〕₂之曰："吾子何其瘠也？"曰："然。吾新闻言于夫子，欲行之不能，欲去之而不可，吾是以瘠也。"

《论语》中颜渊的回答"回虽不敏，请事斯语矣"，固然更符合人们印象中的形象，但若通读《论语·颜渊》篇，就会发现在此章的颜渊回答与其后"仲弓问仁"章中同为"德行"科的贤人的仲弓几乎一模一样：

> 仲弓问仁。子曰："出门如见大宾，使民如承大祭。己所不欲，勿施于人。在邦无怨，在家无怨。"仲弓曰："雍虽不敏，请事斯语矣。"

"×虽不敏，请事斯语矣"简直成为了一条标准式的回答。联系到《论语》产生、集解和流传的复杂过程，我们大胆推测，或许《论语·颜渊》篇的这两节（也包括其他的类似回答）是后人在整理、传述《论语》中统一修订过的。在"颜渊问仁"这个故事的记载中，原本可能至少存在今本和简文所记两个版本，汇集、整合者在参照《论语》关于颜渊的主流叙述（包括孔子对他的评价），并经过价值观的取舍之后，才选择了如今我们在《论语》中看到的这种叙述模式。

第二节　流动与凝固

　　以上博儒籍为代表的战国写本，除向我们展现各短章汇集为长篇这一线性过程中的各种整合方式之外，来源不同的战国写本中平行文本的出现又让我们进一步发现文本流传过程中的流动性和凝固性①。在上博儒籍中，此类最有代表性的简文是《性情论》和《缁衣》两篇，郭店楚简中的《性自命出》和《缁衣》是它们的平行文本。前者章序的差异更多地体现了流动性，后者则是凝固性的一个绝佳的例证。

一、流　　动

　　夏含夷指出与上博简中单独成卷的《性情论》不同，郭店简《性自命出》是与《成之闻之》《尊德义》《六德》合编为一卷的②。这是形式上的流动。而内容上，流动性主要体现在两个竹简本在分章和章序方面的明显差异。

　　首先，两篇的分章明显不同。《性自命出》在简35和67的中部各使用了一个墨钩，其下留白，将简文分为上下两部分。由于这种书写形式常用于分篇，故在《性情论》发现以前，有的学者认为《性自命出》应是两篇独立的文章；有的学者则认为两部分仍然是同一篇文献，可以分为上下篇③。而《性情论》的分章符号是五个横贯竹简的墨节"▃"，将全篇分为六章，每章接连书写，不留空白，末尾用墨钩表示结束。

　　一方面，各章接连书写的《性情论》充分证明对《性自命出》篇章划分的意见中，后一种更加可靠。而另一方面，《性情论》五个墨节之间的距离并不均衡，导致所分六章有的内容比较多，有的内容比较少，以致学者多根据文意对两本进行新的分

　　① "流动"指早期文本流传过程中的变化，反之，平行文本相同段落体现的就是文本流传过程中的"凝固"。相关论述可参李零：《简帛古书与学术源流》；冯胜君：《从出土文献谈先秦两汉古书的体例》，《文史》2004年4期，25—35页；《从出土文献看抄手在先秦文献传布过程中所产生的影响》，《简帛》（第四辑），上海古籍出版社，2009年，411—424页；来国龙：《论战国秦汉写本文化中文本的流动与固定》，《简帛》（第二辑），515—527页等。

　　② 夏含夷：《重写中国古代文献》，47页。

　　③ 阐述这种观点的论文有陈伟：《文本复原是一项长期艰巨的工作》，《湖北大学学报》1999年2期；李学勤：《郭店简与〈乐记〉》，《中国哲学的诠释与发展》，北京大学出版社，1999年，23页；周凤五、林素清：《郭店竹简编序复原研究》，《古文字与古文献》（试刊号），（台湾）楚文化研究会印行，1999年。反对的代表则有李零：《郭店楚简校读记》。具体情况可参考李天虹：《郭店竹简〈性自命出〉研究》，湖北教育出版社，2003年，8—13页。

章①。但我们认为，简文的墨节书写非常清晰、醒目，有些墨节处（比如简21）字间距明显更大，应为书写者在书写时有意所为，具有明确的分章目的。李天虹对郭店本的第六、七章的划分恰与上博本第五、六章的墨节划分完全一致②，可以证明上博简墨节的使用不是随意为之的。

其次，两本的差异还表现在章节次序方面。整理者濮茅左在简文的介绍中就指出，从《性情论》第一个墨节（简21）开始，有数个段落与《性自命出》的顺序不同。李零进一步指出，上博本最长的第一章相当于郭店本的上篇（第1至12章），其他六章相当于郭店本的下篇。区别主要在郭店本的下篇和上博本相应的部分，"它是把郭店本的后半篇前后倒置，并把第二十'凡'和第十五'凡'一分为二，作了一些章句上的调整"，最终的排列顺序是：第十六、二十、十七、十八、十九、二十、十三、十四、十五"凡"。"它也像《缁衣》篇一样，是由松散的单章拼合而成，因此在结构上有较大的调整余地。"③

下半部分的章节次序我们在"校读"部分详细比对过，这里仅做简述。上博本第二章由第13—18"凡"④组成。第15—17"凡"分别对应郭店本的第十七—十九"凡"，排列顺序一致。

郭店本第二十"凡"的内容上博本属于两个段落。主要内容与上博本第14"凡"对应，而第一句"凡忧患之事欲任，乐事欲后"则与上博本的第18"凡"相对应。上博本比郭店多出一"凡"的原因，就在于此。最后一句话"君子身以为主心"却不见于上博本。

第三章由第19"凡"组成，对应郭店本的第十三"凡"，二者的区别有两处。一是开头的"教"字，郭店本作"学"；二是郭店本在"凡学者"之后比上博本多"求其心为难，从其所为，近得之矣，不如以乐之速也。虽能其事，不能其心，不贵"几句，含义比上博本更清晰和完整。李天虹认为，上博本所缺的这三十个字不是由于缺简造成的，而更可能是由于这一段有两处"求其心"，书写者不小心讹脱而成⑤。我们同意。

第四章包括第20"凡"，相当于郭店本的第十四"凡"。

第五、六章是把第21"凡"分为两部分而成，从形式上来说显得比较独特。然而

①　他们的意见并不统一。如李零以每一个以"凡"开头的段落为一章，把郭店本分为20章，上博本分为21章。

②　李天虹：《郭店竹简〈性自命出〉研究》，182、183页。

③　李零：《上博楚简三篇校读记》，51、122页。引者按：这里的序号是指郭店本。

④　为便于区别，本节用汉字数字标识郭店本每"凡"，用阿拉伯数字标识上博本每"凡"。

⑤　李天虹：《郭店竹简〈性自命出〉研究》，220页。

从内容上来看不难发现，两章虽然都很短，但讨论的主题各自独立。第五章说的是虚伪的恶果，第六章则通过"慎"与"速"的对比，凸显"慎"的重要作用。分为两章并无不可。

最后，在相互对应的章节内部也存在一些不容忽视的语句差异，分布在整篇文本之中。

第一，本篇所讨论的"性"，简文中基本都用"眚"这个字来表示，然而首句"凡人虽有性"的"性"字，上博本却作"生"。虽然"生"字读为"性"没有问题，大多数学者也是这么读的，但正如冯胜君指出的，郭店简和上博简的"生"与"眚"字用法截然有别，未见相混的例子，除此处外，其余的"生"都没有读成"性"的。因此，此处的"生"应读为本字。"凡人虽有生"一段的含义与《朱子语类》中的"颜子之所学者，盖人之有生，五常之性，浑然一心之中。未感物之时，寂然不动而已，而不能不感于物，于是喜怒哀乐七情出焉"惊人的一致。至于此篇是否与颜回有关，尚待进一步研究①。我们同意冯文的观点。学者在不同版本的对照中，常常在寻找其中的共同点，做出趋同的解释。现在看来，是不妥当的。不同版本在顺序、用字等方面的区别是不容忽视的。首句的"生"字，恐怕不能被简单、直接地读为与郭店本一致的"性"，两本的区别有可能是传抄中的失误造成的，也有可能是传抄者对简文内涵的理解不同而造成的。

第二，在"好恶，性也"之后，郭店本是"所好所恶，物也"，上博本则把两个"所"字合为一个，变成"所好恶，物也"。郭店本更整齐，上博本缩减词句后与其后"所善所不善"的句式产生了不一致。

第三，第8"凡"对"道四术"的论述中，郭店本首句作"凡道，心术为主"，上博本此处由简7和残简3拼合而成②，不排除有别的缺文。除了李零以外，大多数学者都按照郭店简的内容将其补为"凡道，心术为主"。从残简形制上判断，我们认为李零的补释更合理。据整理者介绍，简7长37.2厘米，残简3长为14.5厘米，两段相加为51.7厘米，已经接近完简的长度57厘米了。而此篇竹简的编绳位于中部，从图版可以清楚地看到，简7的起首在第一道编痕前的残字处。据冯胜君的观察和测量，完简的简首到第一道编痕处应该是11.2厘米③。除去第一道编痕前的残字1厘米的话，加上编痕到简首的10厘米，现在所拼合的［简7+残简3］长度就超过了60厘米，而且从图版来看，残简3的尾部平齐，很像是简尾末端。从这两方面来看，残简3末尾"心"字之下，都不可

---

① 冯胜君：《〈性情论〉首句"凡人虽有生"新解》，《简帛》（第二辑），227—229页。

② 李零：《上博楚简三篇校读记》，56页。

③ 冯胜君：《郭店简与上博简对比研究》，18页。

能再容得下"术"字了。而其后的简8简首完整，自然也不可能残缺"术"字。由此，郭店和上博本在这里的内容是不一致的。郭店本为"凡道，心术为主"，而上博本却是"凡道，心为主"。虽然只是一字之差，但对于"道四术"的理解却产生了很大的影响。

郭店本先出，"心术为主"让人自然而然就想到"心术"为"道四术"之一，其他三术就成了现在看起来更像四样事物的"诗书礼乐"，使得这段话颇让人费解。即便"诗书礼乐"是"三术"，那"道四术"中的"人道"又该如何解释？故而关于"道四术"的具体内涵，学者讨论很多①。在上博简出现后，由于受到了郭店本先入为主的影响，大多数学者仍然按照郭店本来补释。从竹简形制的角度看，恐怕是不合适的，上博本此处的内容应为"凡道，心为主"。少了一个"术"字，就不会让人一下子就把"心"与"道四术"之一联系起来，显然较郭店本更不易引起误解。

第四，在第一"凡"的最后，郭店本比上博本多出一个段落，即"喜斯陶，陶斯奋，奋斯詠，詠斯犹，犹斯舞。舞，喜之终也。愠斯忧，忧斯戚，戚斯叹，叹斯辟，辟斯踊，踊，愠之终也"，与今本《礼记·檀弓》中一段子游的话很像，因而有学者认为此篇作者为子游②。冯胜君指出，这段话文意上与前后文的关系不大，《性情论》漏抄的可能不大，其所依据的底本可能就没有这一段，《性自命出》中的这段可能是后人增益的③。

第五，上博本第二章与郭店本"苟有其情，虽未之为，斯人信之矣"这一句的位置不同，相关段落如下：

> 凡人情为可悦也。苟以其情，虽过不恶。不以$_{21}$〔其〕情，虽难不贵。<u>未言而信，有美情者也。未教而民恒，性善者也。未赏$_{22}$</u>〔而民劝，贪福者也〕。〔未刑〕而民畏，有心畏者也。贱而民贵之，有德者也。贫而民聚焉，有道者也。独居而乐，有内动$_{23}$者也。恶之而不可非者，达于宜（义）者也。非之而不可恶者，笃于仁者也。行之而不过，知道者$_{24}$〔也〕。不知己者不怨人，<u>苟有其情，虽未之$_{残2}$为，斯人信之矣，未言$_{残1}$〔而信也。</u>（上博本《性情论》）
>
> 凡人情为可悦也。苟以其情，虽过不恶。不以其情，虽难不贵。$_{50}$。<u>苟有</u>

---

①　详参季旭昇主编，陈霖庆、郑玉姗、邹濬智合撰：《〈上海博物馆藏战国楚竹书（一）〉读本》，165—168页。

②　如廖名春、陈来等，详参李天虹：《郭店竹简〈性自命出〉研究》所列，108—112页。

③　冯胜君：《郭店简与上博简对比研究》，202页。

其情，虽未之为，斯人信之矣。未言而信，有美情者也。未教$_{51}$而民恒，性善者也。未赏而民劝，贪富者也。未刑而民畏，有$_{52}$心畏者也。贱而民贵之，有德者也。贫而民聚焉，有道者也$_{53}$。独处而乐，有内动者也。恶之而不可非者，达于义者也。非之$_{54}$而不可恶者，笃于仁者也。行之而不过，知道者也。（郭店本《性自命出》）

　　冯胜君认为此句在《性自命出》里有承上启下的作用，"苟有其情"承上文"苟以其情"云云，"虽未之为，斯人信之矣"接下文"未言而信"。《性情论》中位置放在最后，与前文文意无关。《性自命出》要更合理一些①。很有道理。《性情论》把这一句放在最后，确实使得其后的"未言而信"，甚至在后面的几个"未……而……"的句子显得有点突兀。然而《性情论》在"行之而不过，知道者也"的后面还有"不知己者不怨人"（自己如果不了解道，也不要去怨别人），然后才接"苟有其情……"。可见这里的区别应该不是上博本的书写者抄错行这么简单，现在的情况还不足以说明郭店本才是此篇原本的样子。

　　以上种种迹象都表明，文献的流传过程中，在文字、语句、段落、章序等层面都存在着流动性的。每个单独的写本所呈现出来的面貌都是独特的，形成过程是复杂的，需要具体地分析。就《性情论》和《性自命出》来说，两个文本孰早孰晚？仍然是一个尚未确证的问题。

　　李零谈到这个问题时，曾说："此篇也许是尚在形成中的本子。它们的前半部分虽大体相同，似已经趋向稳定；而后半部分，则还在调整之中。当然也有另一种可能，则是它们的后半部分，在传授上仍多分歧，所以有章句结构的不同。"②我们非常同意，并认为总体来看，两本比较起来，郭店本更像一个经过整理后较完备和稳定的版本，而上博本似乎正处于整理的过程中，加工的痕迹比较多。原因如下。

　　第一，郭店本的书写更加整齐，字间距一致（约为一个字大小），全篇只有两种墨识符号，墨点表示重文或合文，墨钩表示篇章结束，一个表示句读的符号也没有，这些显示出书写者的严谨。而上博本从字间距来看，较为灵活，有的非常稀疏，有的较为紧密。表示句读的墨点符号使用也较为灵活。

　　第二，分章不同。上博本有墨节处的字间距要明显大于同简的其他字间距，而其他墨识符号处的字间距并不会大于同简其他字间距。这说明墨节应该是在书写的同时写上去的，或者书写者非常清楚全篇分章，因而书写时特意预留了比一般字间距更大

---

① 冯胜君：《郭店简与上博简对比研究》，240页。
② 李零：《上博楚简三篇校读记》，121页。

的距离来表示分章，便于后来添加墨节符号。这种现象也意味着两本的分章确实存在不同。上博本分为长短不一的六章，而郭店本的两章（或者称为上、下篇）篇幅大体相当，更加匀称合理，更像是经过整理、合并后而形成的。肖芸晓曾据清华简的书写状态指出战国时期的"书手"与学者的身份、功能具有重合性①。不同的分章形式实质上反映的作/写抄者对简文内部各章关系的不同理解。郭店本的两章篇幅大体相当，说明此本书写者，或所据底本的书写者，有意识地对文本结构进行了整理，将第一章以外的部分调整顺序后，合并为一个与第一章相当的章节。

第三，从某些段落的异文来看（第8"凡"的"心"与"心术"，"凡人情为可悦"章中"苟有其情"的位置），也不能证明郭店本比上博本更加接近原始的祖本。第8"凡"的"心术"（郭店本）很像是由于该段"术"字多见而误衍所致。

第四，冯胜君在对上博本和郭店本《缁衣》的比较中指出，两本中的"好"字都写作从"丑"从"子"，具有齐系文字特点，而与上博简"好"字所从的"丑"形相比，郭店本《缁衣》"好"字所从的"丑"是更加常见的楚文字写法，上博本的"丑"则与西周金文更接近②。因而后者在楚文字化的过程中显然处于更早的阶段，似乎可以作为《性情论》与《性自命出》版本序列的一个参照。

二、凝　　固

与之前讨论的《性情论》不同，上博儒籍中的《缁衣》和郭店本的区别主要体现在字体的国别特征方面。林素清指出，郭店本为典型的楚文字，而上博本则保留了较多齐系文字的特征③。冯胜君也对此做过详细的考证，结论相同，文中还引李家浩观点，认为上博本《缁衣》很可能是战国时期鲁国的抄本④。史杰鹏进一步指出两个简本用字差异如此之大，不像互为底本⑤。

但在分章和排序上，两本却几乎一模一样。简本自身都有清晰的分章符号，并且每一章都相互对应。上博本《缁衣》简长54.3厘米，三道编连；简文中用短横表示分

① 见其文：《抄工与学者：试论清华简书手的职与能》，"第九届出土文献青年学者国际论坛暨先秦秦汉荆楚地区的空间整合学术工作坊"论文，武汉，2021年3月20、21日。

② 冯胜君：《郭店简与上博简对比研究》。

③ 林素清：《郭店、上博缁衣简之比较——兼论战国文字的国别问题》，《新出土文献与古代文明研究》，上海大学出版社，2004年，83—96页。

④ 冯胜君指出，这一意见是李家浩先生2002年10月当面告知，参其著《郭店简与上博简对比研究》，255页。

⑤ 史杰鹏：《从郭店和上博〈缁衣〉的几条简文谈今本〈缁衣〉的形成》，《传统中国研究集刊》（九、十合辑），上海人民出版社，2012年，150—162页。

章，写于每章末字的右下角，如简1第一章结束后的"孚"字作 ，右下角的短横写法比同篇所用的重文/合文符号（也写作短横）稍长，其后接着写第二章，并不留白；全篇末尾简24末字后用墨节 表示结束；郭店本《缁衣》写在47枚竹简上，简长32.5厘米，比上博本要短，每简容纳字数更少，两端呈梯形，两道编连，简文完整，用方形的墨块将内容分为23章，且末尾还标有章数。

对于《缁衣》这类通篇由短章组成的、逻辑性并不强的文本来说，更合理的情况应该是，两本在章序上存在很大的不同——就如同《性情论》和《性自命出》的后半部分那样。但《缁衣》的两个简本却表现出不同寻常的稳定性。这是否代表《缁衣》是早期文献流动性的一个例外呢？如果我们把考察的时段延长，将简本与今本进行对比，早期文献的那种流动性就出现了——在章数、章序、用字等方面简本与今本都存在明显的区别。

李零指出最主要的区别有两个：①今本的第一、十六、十八章，两个简本都没有；②章序的差别具有"板块移动"的特征，有些相邻的章竹简本和今本中都是排列在一起的，顺序的不同在于其整体位置的不同①。

大多数学者认为，简本比今本更加接近原貌，今本很可能是在简本的基础上形成的。而至于如何形成的，学者的看法则有所不同。大致可以分为两种。一种认为今本与简本的差异主要是错简所致，虞万里就持这种观点②。另一种观点认为，今本与简本的差异可能是编辑者有意重新编辑的结果。夏含夷认为今本与简本次序的不同是错简导致的，文意的连贯性不如简本。汉代整理者面对的古文献很能非常混乱，经由他们整理的传世文献很可能不是原样。今本《缁衣》整理者所用的底本可能是写在竹简上的，每简字数在21—24个，与郭店简类似，每章另起一支竹简书写，与现在看到的两个竹简本不同③。"底本的编线折断了，竹简都分散，那么编者只能按照他自己对文献性质的理解去重新编连"，"汉代编者的理解肯定会反映汉代的思想背景，与战国时代的文本很可能有重要不同"④。

李二民指出，只见于今本的第一、十八两章与其他章句多有重复，体例与其他不同（不引《诗》《书》），可能具有统领下文的作用。但他并没有进一步推论两章产生的时代。他认为今本和简本的关系更复杂，套用罗浩对《老子》传本和郭店本的讨

① 李零：《郭店楚简校读记》，96、97页。
② 虞万里：《〈缁衣〉简本与传本章次文字错简异同考征徵》，《中国经学》（第一辑），广西师范大学出版社，2005年。
③ 夏含夷：《重写中国古代文献》，58—105页。
④ 夏含夷：《西观汉记》，上海古籍出版社，2018年，408页。

论，可能有"辑选型""来源型""并行性"三种关系①。

廖璨璨通过对简本和传世本《缁衣》对比，认为今本对章序的调整是有目的、有针对性的，在一定程度上体现了改编者自身的思想倾向。今本第一章归纳了前半部分的基本意思，并写于篇首，传抄时被误作正文变成了第一章，也可能是改编者强加上去的②。

史杰鹏在分析简本与今本的差异之后指出，两本的异文多同音，有的是因字形误认所致，这是由于今本的写定者汉代经师对战国时期的古文字形有的已经看不大明白。今本的修订者很可能是《礼记》的编者戴圣，修改的时间可能在元、成之际，背后蕴含着浓厚的历史背景因素③。

以上种种看法都很有代表性，然而由于缺乏确证，始终都是基于现在能看到的文本状况的推论。不论简本与今本的差异到底如何产生，两个简本在章数、章序上惊人的一致性，向我们展现了战国时代写本流动中凝固的一面——二者的区别几乎仅在用字及墨识符号方面，而用字的区别很大程度上又是由于其所据底本的国别特征决定的，而非出自抄写、传述者随意的改动。

有时文本的这种凝固性并未囊括全篇，而是仅出现于局部，比如前文所述的《性情论》与《性自命出》。在后半部分诸"凡"纵横交错对应的同时，前半部分的12"凡"却别具一格地一一对应，体现出更为稳定的状态。究其原因，很大程度上是源于内容上较强的逻辑性：第一"凡"概述"性"与"心""志""物""悦""习""情""义""道""势"几个概念之间的关系，从人本身具有的天性出发，谈到了外界对人性的影响，以及教化性情的方式，是全文开篇的总论。第二、三"凡"回到了问题的最初，从人自身的角度来概述本性与外"物"的关系。第四"凡"把关注点转移到"物"上，以"物"的不同为例，说明人"性"不同的原因在于"教"。之后进一步讲"教"的七种方法，即我们所说的"教性七术"（第五"凡"），"七术"所凭借的对象（第六"凡"），并具体解释七种对象（第七"凡"），最后详细说明"道四术"的内涵分别为人、诗、书和礼乐，最终引出下文要谈的"声"和"乐"（第八"凡"）。接下来着重讲"声""乐"与情绪的相互影响。先接续上文引出的"声"更具体地讲不同的"声"和"乐"对人的影响（第九"凡"）；再分析前文所引的《赉》《武》和《韶》《夏》两种音乐的不同

① 李二民：《〈缁衣〉之学派归属及思想特质发微》。

② 廖璨璨：《竹简〈缁衣〉与〈礼记·缁衣〉对读研究》，《儒家典籍与思想研究》（第七辑），北京大学出版社，2015年，213—233页。

③ 史杰鹏：《从郭店和上博简〈缁衣〉的几条简文谈今本〈缁衣〉的形成》，《传统中国研究集刊》（九、十合辑），上海人民出版社，2012年，150—162页。

（第十"凡"）；接着谈人的"哀""乐"两种"至情"，并引出第十二"凡"要谈的"思"（第十一"凡"）。

总的来说，与结构较为松散的后半部分比起来，前半部分虽然长，但彼此之间的联系非常紧密，环环相扣，这些特点都使得文本在流传中章序难以被更改，从而呈现出一种凝固的状态。

与之相比，《缁衣》各章之间的逻辑关系其实并不十分紧密，所据底本在字体方面又存在很大的差异。在这种情况下，两个简本惊人的相似性似乎说明战国中晚期《缁衣》的文本就已经基本固定下来，"即使还没有成为定本，也已经有了明确的流通形式"①。今本的差异或许并不是文献长期流传中缓慢造成的，而更有可能是出于某种考虑，在某一个较短的时间段内、人为调整的结果。

按照文字国别特征"驯化"的过程中，两个简本的关系有两种可能。第一，上博本所据底本为刚刚流传到楚地的齐文本，郭店本所据底本则是已经过楚人多次传抄、"驯化"之后，完全变为楚文字的版本，上博本要早于郭店本，上博楚简的书写年代早于郭店楚简——这一点与我们在《性情论》和《性自命出》的对比研究中得出的结论也是一致的。

当然，也有第二种可能——上博本并不一定比郭店楚简更早，它所据底本的书写者（不止一位，也不止一次书写）由于某种原因，严格保留了原来所属国别的文字特征，这种可能其实也不能完全否定。在这种情况下，两个简本的先后关系就很难判断了。

第三节　书写与阅读

简帛文献作为一种实物，是经由一系列制作过程完成的，其中最核心的就是对文本的抄写或书写。制作完成后，则进入到使用的过程——阅读中。

今人发现的简帛文献，呈现的是某一文本经由书写与阅读后凝固的状态。承载这一状态的首先是制作这一单独样本的竹、木、帛等质料；其次就是其上所载的书写符号，除了最主要的符号——文字以外，还包括墨点、墨节、墨钩、墨线等简帛墨识符号。从理论上来说，这些符号是在书写与阅读活动中形成的，既反映了文本形成的信息，又蕴含了文本使用的信息。

对于简帛文献的研究来说，简文的释读、文本的内涵，当然是重点，但每一个独特的文本个体如何形成与阅读，既关乎文本内容的演变，又代表文本制作和使用者的行为方式与思想观念，从更大范围上说，有助于我们理解整个周秦文献形成与流传的

---

① 夏含夷：《重写中国古代文献》，47页。

过程，不可不察。而在文本书写与阅读的考察方面，与更加稳定的文字符号相比，墨识符号的作用就凸显出来了。

对简帛墨识符号的研究由来已久。以前一般认为，这些符号是书写者所为，作用类似于今天的标点符号，表示合文、重文、停顿、分章、篇章结束等。以今天的眼光来看，写本时代的墨识符号非常"不规范"。最有代表性的就是停顿号，有的停顿处有，有的没有，有些段落用得多，有些段落用得少。通常不同文本的写法也不尽相同，有的用墨点，有的用墨钩，似乎没有规律可循。然而随着简帛文献发现的增多，人们渐渐意识到墨识符号的书写过程可能比以前所认为的复杂。

金秉骏指出简牍中的书信等私文书一般是没有句读符号的，已发现的使用句读符号的大多都是出土于墓葬中的书籍类简牍抄本，因此推断出句读符号很可能反映了阅读情况[①]。武致知发现张家山汉简《引书》由两名书手书写完成，但墨识符号全篇的写法、使用却较为一致，不似两位书手所为，可能为阅读者所加的"诵读符号"。在导引体操和病名的部分"诵读符号"的添加反映了读者浏览式的阅读方式[②]。程鹏万发现陕西华县发现的秦两诏铜钧权上秦二世诏文在"疾""焉""帝""德"右下方都有后人加上的"┕"形符号，有的只是施加在容易误读之处[③]。总之，根据近年的研究，写本上的墨识符号既有可能是在文字书写时同步完成的，也有可能是在书写完成后校勘而书的，还有可能是读者阅读时标记的。成因不一而足，写法也就多种多样，使用也不尽相同。

上博儒籍中墨识符号的使用非常多样，为便于观察，除《子路初见》以外，我们将已公布图版的上博儒籍的书手数量以及所使用的不同功能的墨识符号列入表四。

总体来看，上博儒籍中的大多数简文由同一位书手完成；除《子道饿》以外，简文都使用了两种以上不同功能的墨识符号；通常来说，一篇简文的某种功能符号只有一种写法，《缁衣》的重文/合文符号以及《孔子诗论》和《鲁邦大旱》的停顿符号是例外，都有两种写法。根据上述近年来对墨识符号的研究，写法的不同看似随意，实际上很可能与形成于不同的文本活动过程有关，可能是书手在书写文本过程中添加的（包括写完文本后校对标记），也可能是读者在阅读时做的标记。将其与书手字迹的不同结合起来，当能发现上博儒籍书写与阅读过程中的一些现象。

---

① 金秉骏：《如何解读战国秦汉简牍中句读符号及其与阅读过程的关系》，《简帛》（第四辑），403—410页。

② 武致知：《张家山汉简〈引书〉阅读方式研究》，中研院历史语言研究所"简牍形制与物质文化——古代中国研究青年学者研习会（四）"论文，2016年4月22日；见陈弘音、游逸飞整理《古人如何阅读：青年学者谈"简牍形制与物质文化"》，澎湃新闻，2016年6月1日。

③ 程鹏万：《简牍帛书格式研究》，188—194页。

表四　上博儒籍的书手与墨识符号

篇名	书手数	重文/合文	停顿号	章节号	末尾	备注
《性情论》	2	=	-	▬	√	第一种字迹的停顿号更粗，与文字字迹对应
《子羔》		=	无	▬	▬	三篇同卷；《孔子诗论》《鲁邦大旱》停顿号写法多样，有的字间距极其狭窄
《孔子诗论》	1	=	- ∟	▬	缺	
《鲁邦大旱》		=	- ∟			
《弟子问》	1	=	-	■	■	可能为同一书手在不同时期所写
《君子为礼》	1	=	-	■	■	
《孔子见季桓子》	1	=	√	无	√	文字、墨钩字迹相同，可能是同一位书手所写
《史蒥问于夫子》	1	=	√	无	√	
《缁衣》	1	-/=	无	-	▬	与《彭祖》《景公瘧》《吴命》书手相同；与《子羔》卷书手字体相似，有模仿关系；校勘补字之处有的加了符号"="，有的没有加
《相邦之道》	1	=	-		√	
《仲弓》	1	=				字体与《子羔》相似，有模仿关系
《颜渊问于孔子》	1	=	无	无	缺	三篇同卷；《颜渊问于孔子》有省代符"="；《武王践阼》停顿符只见于第二个书手所写乙本部分；第二位书手校改甲本之处没有添加校勘符
《民之父母》	1	=	无	无	√	
《武王践阼》	2	=	-	无	√	
《天子建州》（甲）	1	=	-	√	√	两本书手不同，文字内容与分章符号基本全同
《天子建州》（乙）	2	=	-	√	√	
《内礼》	1	=	√	√	√	表停顿的墨钩写得比后两种小；篇题与正文书手不同
《子道饿》	1					无墨识符号
《从政》	1	=	-	-	-	三种短横写法相同
《季康子问于孔子》	1	=	√	无	√	结尾处墨钩距离末字距离远大于平均字间距

一、书　写

从上博儒籍中的大多数来看，同一功能的墨识符号只有一种写法，并且与文字的字迹呈现出相关性，应该是在文字书写的同时产生的。最有代表性的就是与文意密切相关的重文/合文符号，基本上都与其所属文字字迹对应，基本可以确定是与文字同时书写的①。例如，《武王践阼》两个书手所写的重文符号，与其各自所写的文字笔迹有对应的关系（表五）。

表五　《武王践阼》中的重文符号

书手A						书手B
简7	简7	简8	简8	简9	简9	简15

书手A所写的六个重文符号完全一致，起笔尖细，结尾较粗，与文字书写习惯一致（如简7"皇"字的横笔）。与之相比，书手B所写的符号明显不同，笔画更加均匀，与文字的写法是一致的。

与文字字迹的相关性也见于停顿符等功能相对独立的墨识符号。例如，《子羔》卷三篇的章节符都用墨节表示，写法一致，三篇书手也是同一个人；《弟子问》与《君子为礼》两篇字迹相似，墨识符号的种类和写法也相似，类似的还有《孔子见季桓子》与《史蕾问于夫子》；《性情论》《武王践阼》《天子建州》（乙本）三篇由多位书手完成，不同书手所写的文字与墨识符号字迹也是相关的，如《性情论》第一种字迹的停顿号也更粗。这些应该都是"书写符号"。

上博儒籍中有校勘和补字等二次书写的现象。《武王践阼》简1"得而睹"中的"而"字写在两字之间（图二），比同篇其他字都要小。明显是抄过之后才发现漏写所补。《缁衣》简11"如其弗"的"其"字写在正常大小的"如"和"弗"二字中间，也写得很小，并且在旁边加上了校勘符号"="。

图二　《武王践阼》简1

停顿符的使用既与书手的习惯有关，也和简文内容相关。《武王践阼》书手B在他所写的乙本中使用了十个停顿符（表六），书手A所写的相应段落（"怠₃胜义则丧，义胜怠则长，义胜欲则从，欲胜义则凶"）却一个也没有用。

这十处符号，除第一处在简13"朝"字下外，其余都集中在太公对武王的答词所引的"丹书之言"中，以"-"号表示，标注于释文相关段落如下：

"……君斋，将道之；君不祈，则弗道。"武王斋七日，太₁₂〔公〕望

---

① 《缁衣》的墨识符号书写非常复杂，重文/合文符号不止一种写法，是个例外。

奉丹书以朝-。太公南面，武王北面而复问。太公答曰："丹书之言有之曰：
志胜欲则₁₃利，欲胜志-则丧-；志胜欲则从-，欲胜志则凶。敬胜怠则吉-，怠
胜敬-则灭-。不敬则不定-，弗₁₄〔强〕则枉。枉者败-，而敬者万世-。吏民不
逆而顺成，百姓之为经（？）。丹书之言有之₁₅"。

可见明显集中在特定段落（文中标波浪线处），使用非常频繁，甚至在"欲胜志-
则丧-""怠胜敬-则灭-"这两处语意联系比较紧密的地方也使用了。

从写法上看，这些停顿符写法一致，并且与同一书手所写重文符号（前引简15的
"枉"字下）相似。

表六　《武王践阼》停顿符号

简13	简14	简14	简14	简14	简14	简14	简14	简15	简15

我们以为，这些停顿符可能是书写者有意使用的[①]，作用并不仅仅是表示停顿。它
们所在的段落中，"志""敬""欲"等概念以小短句的形式高频出现。在标点符号
并未规范化应用的先秦时期，这种特点无疑给语句的书写和阅读都增加了不少难度，
误抄、漏抄以及误读的概率更高。《武王践阼》本身存在校对后订正的情况，如前述
简1位于"得""睹"两字夹缝中的小小的"而"字，以及李松儒指出的简10最末的
"知之毋"三字等。因而我们认为，这里的符号也很有可能是校对时为了避免出错而
添加的标记——校对完一个小短句，就在末字下面添加一个短横。表示句读停顿，可
能只是这种标记的副作用。这样就可以解释这一符号出现的随意性——"某胜某"这
样的语段并没有全部添加此类符号，可能与每次校对语句长短的不同有关。

总之，从墨识符号与文字字迹的相关性来看，上博儒籍中的重文/合文符基本都是
文字书写的同时产生的；对于高频短句出现的、容易误写、误读的段落，书写完成后
会进行校对，补足漏字，有时也会添加提示性的符号。

---

① 李松儒认为是书手B所写，而书手A所写《武王践阼》的部分和《民之父母》《颜渊问于孔
子》中，都没有使用句读符号。见其著《战国简帛字迹研究》，239页。

二、阅　　读

与文字书写时添加的墨识符号不同，读者阅读时的标记一般更加随意，集中出现于某些段落，一般与书手所写的符号不同。《孔子诗论》《鲁邦大旱》中的停顿符号都有两种不同的写法，一种是短横"-"，另一种是小墨钩"乚"，很可能是读者所加的阅读符号。

《孔子诗论》中的停顿符号使用情况如下：

《关雎》之改，《樛木》之时-，《汉广》之智乚，《鹊巢》之归乚，《甘棠》之报乚，《绿衣》之思，《燕燕》之情乚，曷？曰：动而皆贤于其初者也乚。① 《关雎》以色喻于礼₁₀……两矣-，其四章则喻矣乚。以琴瑟之悦拟好色之愿，以钟鼓之乐₁₄□□□□好，反纳于礼，不亦能改乎-？《樛木》福斯在君子，不₁₂……可得，不攻不可能，不亦知恒乎-？《鹊巢》出以百两，不亦有送乎乚？《甘〔棠〕》₁₃……及其人，敬爱其树，其报厚矣-。甘棠之爱，以召公₁₅……情爱也-。《关雎》之改，则其思益矣乚。《樛木》之时，则以其禄也-。《汉广》之智，则知不可得也。《鹊巢》之归，则送者₁₁……〔召〕公也-。《绿衣》之忧，思古人也-。《燕燕》之情，以其独也-。

孔子曰：吾以《葛覃》得氏初之诗。民性固然-，见其美必欲反其〔本〕，夫葛之见歌也，则₁₆以絺绤之故也-；后稷之见贵也乚，则以文武之德也乚。吾以《甘棠》得宗庙之敬乚。民性固然，甚贵其人，必敬其位；悦其人，必好其所为，恶其人者亦然。〔吾以〕₂₄〔……《木瓜》得〕币帛之不可去也-。民性固然，其隐志必有以喻也-。其言有所载而后内，或前之而后交，人不可触也。吾以《杕杜》得爵□₂₀……溺志，既曰"天也"，犹有怨言-。《木瓜》有藏愿而未得达也-。因₁₉木瓜之报，以喻其怨者也。《杕杜》则情，喜其至也₁₈。②

……如此可，斯爵之矣。离其所爱，必曰吾奚舍之，宾赠是也。

孔子曰：《蟋蟀》知难-。《仲氏》君子-。《北风》不绝人之怨，子立不₂₇……《十月》善諀言-。《雨无正》-、《节南山》皆言上之衰也，王公耻

---

①　从开篇到此处，简文分别用一个字概括了《关雎》《樛木》《汉广》《鹊巢》《甘棠》《绿衣》《燕燕》这七首诗的主旨，以此来提问，并做出概括性的回答。

②　下有墨节。

之。《小旻》多疑矣，言不中志者也。《小宛》其言不恶，少有仁焉-。《小弁》《巧言》，则言谗人之害也└。《伐木》₈……实咎于其也-。《天保》其得禄蔑疆矣，选寡德故也└。《祈父》之责，亦有以也└。《黄鸟》则困天〈而〉欲反其故也，多耻者其病之乎？《菁菁者莪》则以人益也。《裳裳者华》则₉……《东方未明》有利词-。《将仲》之言，不可不畏也-。《扬之水》其爱妇烈-。《采葛》之爱妇₁₇……《〔君子〕阳阳》小人-。《有兔》不逢时└；《大田》之卒章，知言而有礼└。《小明》不₂₅……忠-。《邶柏舟》闷-。《谷风》悲-。《蓼莪》有孝志-。《隰有苌楚》得而悔之也₂₆……《鹿鸣》以乐始，而会以道交，见善而效，终乎不厌人-。《兔置》其用人，则吾取₂₃……恶而不闵。《墙有茨》慎密而不知言-。《青蝇》知₂₈患而不知人-。《涉溱》其绝，枬而士-，《角枕》妇-。《河水》知₂₉……贵也。《将大车》之嚣也，则以为不可如何也。《湛露》之醢也，其犹醉与└？

孔子曰：《宛丘》吾善之-，《猗嗟》吾喜之-，《鸤鸠》吾信之-，《文王》吾美之，《清〔庙〕吾敬之，《烈文》吾悦〕₂₁〔之，《昊天有成命》吾□〕之。《宛丘》曰："询有情，而无望"，吾善之。《猗嗟》曰："四矢反，以御乱"，吾喜之-。《鸤鸠》曰："其仪一分，心如结也"，吾信之。"文王在上，於昭于天"，吾美之₂₂。〔《清庙》曰："肃雍显相，济济〕多士，秉文之德"，吾敬之。《烈文》曰："乍〈亡〉竞维人"，"丕显维德"，"於呼！前王不忘"，吾悦之。《昊天有成命》："二后受之"，贵且显矣，颂₆……

……"〔帝谓文王，予〕怀尔明德"，曷？诚谓之也；"有命自天，命此文王"，诚命之也-，信矣└！孔子曰：此命也夫└！文王虽欲也，得乎？此命也₇……时也，文王受命矣-。

《颂》，圣德也，多言后，其乐安而迟，其歌绅而逖└，其思深而远，至矣-！《大雅》，盛德也，多言₂……〔《小雅》，□德〕也，多言难而怨怼者也，衰矣！小矣！《邦风》其内物也，博观人俗焉，大敛材焉。其言文，其声善。孔子曰：惟能夫₃……

……曰：诗其犹平门-举贱民而豫之，其用心也将何如？曰：《邦风》是也-。民之有戚患也，上下之不和者，其用心也将何如₄？……〔雅〕是也。有成功者何如？曰：《颂》是也①。

《清庙》，王德也-，至矣！敬宗庙之礼，以为其本；"秉文之德"，以

---

① 下有墨节。

为其业。"肃雍〔显相〕₅……行此者，其有不王乎？"①

　　孔子曰："诗无隐志，乐无隐情，文无隐意₁……

　　首先，可以发现，两种句读符号的用法基本没有区别。程鹏万曾指出，墨钩有时比短横界格的层次要大，举的例子就是本篇简21（释文中画曲线之处）的墨钩，此处墨钩写在"孔子曰"之前的段落后，"孔子曰"之后的每句话末尾都用短横来表示停顿，确实如程文所说。然而如果考虑到全文其他部分，就会发现，在相同层次的句子中，使用的停顿号有时是短横，有时是墨钩，比如篇首简10在"《关雎》之改"后，对某首诗的短评后都加了停顿号，"《樛木》之时-，《汉广》之知 ∟，《鹊巢》之归 ∟，《甘棠》之报 ∟，《绿衣》之思，《燕燕》之情 ∟，"，除了第二首《樛木》用短横以外，其他几首诗用的都是墨钩，这几句话之间，并没有层次上的不同。

　　其次，在某些固定模式的段落中，句读符号的出现也具有一定的规律。开头对《关雎》等七首诗先后三次进行了逐一的论述。在每首诗论述完毕之后，除了"《关雎》之改""《绿衣》之思""则知不可得也"以外，都加了短横或墨钩作为停顿符号。

　　同样的例子还有简27"孔子曰"之后的一大段话，每首诗篇讨论结束后也都加了短横或墨钩作为停顿符号。有时非常密集，如"《邶柏舟》闷-。《谷风》悲-"。单字的短评之后也加了停顿符号。与之相反，简27"孔子曰"之前的句子"……如此可，斯爵之矣。离其所爱，必曰吾奚舍之，宾赠是也"却一个停顿符号也没有。

　　我们认为，这种情况与引诗的篇名直接相关。古时没有书名号，如果对《诗经》篇目不熟，在没有任何标识的情况下，这样一篇诗名密集的论文是较难读懂的。与本篇同抄一卷，并且也是同一人所写的《子羔》一个停顿符号也没有，或许可以说明此三篇最初书写完成的时候，都是如《子羔》一样没有停顿符号的。读者在阅读中出于断句、理解的需要，才在《孔子诗论》中做出了种种标记。从简文的书写情况看，我们可以提出以下两点原因：

　　第一，句读符号处的字间距并没有比其他字间距更大。本篇简文字间距比较平均，都约为半个字。只有在编绳处，字间距才较大。图三是简16的图版。"孔子曰"与之下的"吾"字距离明显要大一些，这是因为两字中间正是编连之处。同样的情况还见于简19末端"也"字下的停顿符号处。这两处较大的字间距，都是书手时刻意避开编绳所致，与墨识符号的添加无关。

图三　简16图版

---

① 下有墨节。

第二，从写法来看，短横一般写成 ▬，笔画平直，粗细基本一致；墨钩一般写成 ▮，起笔较细，顿折后较粗。区别明显，可能并不是一个人所写，或不是同一个时期所写。

阅读符号的添加，应该是比较个人化的行为。难读懂的地方就作个记号，容易读懂的地方当然就没有添加的必要。这一次或这一位阅读者用这样的符号表示停顿，下一次或下一位阅读者当然有可能换用另外一种符号表示停顿。当然，也有可能在结构固定的句子多次出现后，由于读者已经比较熟悉这种句式或者疏忽，有的句子后面就没有添加，而造成一些没有停顿符号的"例外"情况。

同卷的《鲁邦大旱》有四个停顿符，也有"-"（简3"是哉"下）和"┗"（简1的"乎"字下，简4"毋乃不可"下、"焦"下）两种写法，对字距没有影响。结合《孔子诗论》的情况看，可能也是阅读符号。

《缁衣》的情况更加复杂。重文/合文符号与简文的联系更加紧密，一般来说，都是由书手在书写文字时添加的，写法一致。但《缁衣》中这种符号却有单条短横和两条短横两种写法，并且笔迹多样，如简1"恶恶"的重文符作 ▮，书写方向基本呈水平的状态，而简4"板板"重文则作 ▮，不只写成两横，而且向下方倾斜。程鹏万认为单条的短横是一种简省[1]。从功能上来说，是对的。但我们认为，此篇重文/合文符号的写法在笔迹上的区别也不应被忽略。

本篇全部的重文/合文符号共二十处，从笔迹上来看可以分为六类（表七）：

表七　《缁衣》重文/合文符号

	简1	简3	简12	简13	简16	简16		简4	简17	简22		简10
第一类							第二类				第三类	
	重文	合文	合文	合文	合文	合文		重文	合文	合文		重文
	简9	简14	简16	简17	简17	简23		简2	简13			简21	简23
第四类							第五类			第六类		
	重文	合文	重文	合文	重文	重文		重文	合文		合文	重文

① 程鹏万：《简牍帛书格式研究》，181页。

第一类笔画平直，起笔较细，有的写成一条横线（简1、3、16），有的写成两条横线（简12、13），笔迹与简11的校勘符号 ⬚ 一致；第二类起笔之后向右下方倾斜；第三类笔画较粗；第四类起笔处形成一个向左上方的弧线，可能为快速下笔所致；第五类起笔时的顿笔明显，有明显的弯折，也有一条横线和两条横线两种写法；第六类最为平直，笔画粗细均匀，起笔处稍粗，书写似乎比较用力。

这种多样的笔迹也见于本篇的分章符号，共二十一处，可分为五类（表八）。第一类出现得最多，笔画总体较为平直，起笔处较细，并且左端稍向左上方倾斜，长度约为简宽的一半；第二类比其他分章符都要粗，并且弯折明显；第三类向右下倾斜的角度比较大，可能受到"身"最后一笔的影响，这种现象与简17的合文符写成 ⬚ ，比其他合文符倾斜角度更大相似，都受到了旁边的笔画和书写位置大小的影响；第四类笔锋向左上倾斜，弯折较明显，简9的分章符写在字距非常狭窄之处，若将其与同在简9的第四类重文符 ⬚ 对比，可见弯折的角度、笔画的粗细非常相似；第五类写法平直有力，起笔顿笔明显，与第六类重文/合文符号相似。

表八　《缁衣》分章符号

第一类	简1	简2	简5	简6	简7	简12	简16	简20	简21	第二类	简17	第三类	简19

第四类	简3	简8	简9	简14	简21	简22	简23	第五类	简10	简11	简15

综合来看，《缁衣》的这两类符号成因复杂，可能不是书写简文时所写。原因如下。

第一，两种符号的写法非常多样。虽然每个人的书写会有一定的变化，但一个人的书写习惯在一定程度上还是具有稳定性的。就拿郭店本《缁衣》来说，全文使用了两种墨识符号。一为合文/重文符号，与常见的相同，写成两个短横，位于文字右下角，如简7的 ⬚ ，全篇写法相同。第二种是分章符号，位于每章末字右下角，多数情况下写成方形的墨块，有时却呈现出两个短横的样子，如简3的 ⬚ 。虽然也有区别，但并不是书写习惯上的，而是书写中的随机性造成的，它反而让我们了解到那种墨块是由两个平行的、靠在一起的短横写成的，当两笔写得接近时，就形成了一个方方的墨块，而写得稍远时，笔画中间可以看到空隙，就形成了两个短横的样子。可以说郭店本的正文写法一致，是由一位书手所写。但在全篇末尾相隔一段距离后所写的章数"二十又三"四个字，从字迹来看，与简文却不像一个人所写的。这里的"又"字写成 ，开口向左下方倾斜，而本篇其他的"又"字大多开口向左上方，如简43的"又"作 。而上博本《缁衣》墨识符号的某些差异，如第一类分章符 与第三类分章符 的差异，一定具有书写习惯或书写工具的不同。

第二，有的符号写在字间距非常狭窄的地方，如简9的分章符、简13的合文符，有的甚至与文字的笔画连接在一起，如简22的分章符。如果不是书写者缺乏经验所致，很像是全篇书写完成之后，再由某一个或几个人校对、添加符号所致。本篇显然在抄写后是经过校对的，由篇中的两个书写于字间距处的补字就可以看出。两处补字，一处加了校勘符，另一处却没有加，似乎也说明了书写和校对者的不严谨。

不得不说的是，两类符号的情况非常复杂。表现在两个方面：①不同功能的符号存在写法相似、可能为一个人所写的情况，如第一类重文/合文符号与简11的校勘符号，第四类分章符与第四类重文/合文符号，第五类分章符与第六类重文/合文符号等；②我们所分的第一、二、四、五类重文/合文符号，都有单条横线和双条横线两种写法，像是由同一个人所写的，这种情况似乎也说明了书写者的随意。

总的来说，此篇两类墨识符号在书写习惯、书写工具、书写速度等方面都有区别，成因可能较为复杂。可能最初书写时，并未添加重文/合文或分章符号，只是抄录文字而已。校勘符号的存在证明，在简文的书写完成之后有校勘的环节，说明最初的书写质量并不太高。又或者，此篇可能经历了较长时间，较多人次的阅读，多种写法的符号也可能是在阅读中添加的。

三、由停顿符看《天子建州》甲、乙本的关系

对于墨识符号的分析，有助于判断高度相似的复本文献的抄本-底本关系。《天子建州》是上博儒籍中唯一一篇有复本的简文，两本无论文字，还是符号、分章都非常相似。于是甲乙本的关系就成了困扰学者的一个主要问题。学者在这个方面进行了很多探讨。相关研究有何有祖《上博简〈天子建州〉初步研究》、刘洪涛《读上博竹书〈天子建州〉札记》、李孟涛《试探书写者的识字能力及其对流传文本的影响》以

及李松儒《战国简帛字迹研究：以上博简为中心》等①。何有祖认为二本不具有抄写关系，甲本字体更具有楚文字风格，或在乙本之后。刘洪涛则认为二本来自一个底本，具有正副的关系。主流的观点以李孟涛和李松儒为代表，甲本是乙本的誊清本。

可以肯定的是，甲本比乙本书写得更好，文字书写更整齐，也更准确，甲本由一位书手书写，乙本由两位书手书写。甲本的书写者显然比乙本书写了大部分内容的第一位书写者更加有经验、更认真，在识字能力上也更高超。二本的某些字词在同一个地方的写法存在对应的关系，因而甲、乙本之间肯定存在一定的联系。甲、乙本之间的对应关系，可能有三种情况：①甲本抄乙本；②乙本抄甲本；③甲、乙都抄了同一个底本。我们认为，根据目前所见情况还不宜得出甲本是乙本的抄本这一结论。

李孟涛和李松儒的根据主要是甲、乙本某些字，如"凡""也""友"等在相同位置上的写法（有时是错误的，或是特殊的写法）可以一一对应。但是如果书写者是严格按照底本的字迹来写的话，并不能排除另外两种可能，比如"友"字，李孟涛认为两本"友"字的写法与常见的不同，具有装饰性，与甲本书写风格不符，因而很可能是受了乙本的影响。李松儒引苏建洲意见指出"友"字所从是"尤"，多出来的笔画不是装饰性的。那么从书写风格上来判断甲本受到乙本的影响就不成立了。

李松儒的另一个有力证据是"语"字的书写情况。乙本的"语"字有两种写法，书手A写出了完整的"语"字，从"言"从"吾"，书手B所写的"语"字则省略了"言"字最上面的短横和"吾"字下的"口"旁。李松儒认为这是由于第二个书写者习惯省略文字中的羡符所致，并举出"邦""为""正""不"四个字书手A与B的不同写法为例，可见书手B确实存在省略羡符这一习惯。甲本的"语"字写法则与乙本几乎完全对应，乙本将右旁省略成"五"字，甲本也省略成"五"字，只是"言"旁不省。我们认为，这仍然不能证明甲本是以乙本为底本。若甲本"语"字右旁的不同写法是受到了乙本的影响，那么为什么左边的"言"旁没有受到相应的影响呢？至于李松儒所举的"邦""为""正""不"四个字，乙本的两位书手写法明显不同，但甲本却也没有受到任何影响，书手B所省略的羡符，甲本的书手一个都没省。再考虑到甲本的书写者比乙本的识字能力更强，书写更严谨，更不会随意更改文字写法，我们认为，"语"字对于"吾"下"口"旁的省略，很有可能源于甲、乙两本所依据的共同底本。乙本的书手B对于羡符的省略，则是出于他的书写习惯而做出的改变。

---

① 何有祖：《上博简〈天子建州〉初步研究》，武汉大学博士学位论文，2009年；刘洪涛：《读上博竹书〈天子建州〉札记》，简帛网，2007年7月12日；李孟涛：《试探书写者的识字能力及其对流传文本的影响》，《简帛》（第四辑），400—402页；李松儒：《战国简帛字迹研究：以上博简为中心》，405—419页。

　　至于李松儒指出甲本比乙本更多地具有楚文字的特征，因而应该是文字"驯化"过程中更晚的步骤这个问题，我们认为既然甲本的书写者对文字更加精通，也不能排除不同书写者书写同一个底本时会对写本文字的国别特征产生不同程度的"驯化"的可能。而从墨识符号的情况来看，正如李松儒指出的，也有甲本的句读符号比乙本更合理的情况。因而，我们认为，甲、乙二本之间一定存在密切关系，然而现有的证据还不足以得出甲本抄乙本这个结论。从停顿符号的使用情况看，我们更倾向于两本抄写自同一个底本。

　　首先，从字间距和字迹等情况来看，两本的墨识符号应该是书写文字时写的。两本的字间距并不同，甲本疏朗，字间距约为一个字符的高度，乙本密集，字间距要小得多。但有墨识符号的地方，可以发现字间距要明显大于他处。而从字迹上来看，停顿符与合文符的写法相似。这种情况表示《天子建州》的墨识符号，是书写活动的直接反映。

　　其次，甲乙本的停顿符使用不同。甲本使用了三处，分别位于简8的"民之仪也""士受余"以及简9"士一辟"之下。乙本唯一的一处停顿符[①]见于简8的"大夫二辟"之后，而不是与甲本对应的"士一辟"之后。并且此处的字间距比较狭窄（图四），看不出为了书写句读符号而预留更多的位置，有可能是书手A漏抄所致。李松儒认为这是由于在前后相同的字"辟"后面写句读符号时混误所致，可以证明乙本所抄底本上存在这个句读符，"士一辟"三字书写过于紧密，应是后来发现漏抄补写的，甲本的书写者可能在抄完以后又根据底本补足了句读符号，乙本在"二辟"后误加的句读符号，也被甲本改了过来。

　　这个看法我们恐怕不能同意。若甲本照抄乙本——从上述某些字的特殊写法两本可以一一对应来看，墨识符号的使用一定也是一一对应的，乙本"大夫二辟"之后的短横，会有很大概率也出现在甲本上。若如李松儒所说，甲本书写者根据底本补足了乙本缺少的"句读符号"（即"也"字下的符号），那么"二辟"后的符号一定也是先照乙本抄录，再根据底本修改掉，改写在"一辟"之后。然观诸图版（图五），甲本的"二辟"之后并没有任何刮削修改的痕迹。"一辟"后的短横，很可能是书写者在书写的第一时间就已经正确写上的，而非对比底本才校改正确的。

图四　　　　图五

　　综上，《天子建州》甲、乙本所使用的墨识符

---

①　乙本与甲本对应的三处中，仅"余"字下有一条细细的斜线，但与本篇停顿符写法并不同。

号，基本上都是由书写者在书写时所书。不同的书写者使用的符号与他们各自的书写习惯一致。甲、乙本之间一定存在密切的关系，但这种关系不见得就是甲本抄乙本。从两本停顿号的区别来看，我们更倾向于两本抄写自同一个底本。其实问题的一个关键点在于甲、乙本形成的过程中，是否还存在第三个文本的作用，从竹简提供的信息来看，答案很可能是肯定的。事实上秉持"甲本为乙本膳清本"观点的学者，在面对句读符号位置不同的问题时，也不能完全排除"底本"的存在。这个事例反映出战国时代文本多线的形成过程，在探讨出土文本的层级和形成过程时，显然不能忽视。

第四节　《论语》的成书

《论语》的成书是一个老问题，也很重要。以《汉书·艺文志》为代表，汉唐学者的普遍意见是，《论语》是孔子的直系弟子听闻孔子之言的笔记，孔子去世后，弟子聚集在一起编纂而成。清代疑古思潮盛行，崔述对《论语》的成书时间进行了新的研究，发现前十章与后十章对孔子的称谓不同，前十章记孔子回答国君之问时，称"孔子"，答大夫问时则称"子曰"，尊卑分得很清楚，而后十章却没有这么规律。因而他推断后十章"非孔氏遗书明甚，盖皆后人采之他书者"。其中十一到十五章是晚期增补，最后五章更晚[①]。后来的学者如朱维铮，美国的顾立雅、白牧之、白妙子，日本的木村英一等都有类似看法[②]。

然而近几十年来的出土发现为我们找回了更多与《论语》相关的早期文献，战国中晚期的郭店和上博楚简多有可与《论语》对读之处，而更早发现的定县汉简中有汉代的《论语》抄本，海昏侯墓汉简《论语》还包括《智道》佚篇，可能是已经失传的齐《论语》。这些让我们惊喜的《论语》类文献，促使人们对《论语》的成书年代和过程进行了新的思考。

---

① 崔述撰著，顾颉刚编订：《崔东壁遗书·论语余说》，上海古籍出版社，1983年，609—621页。

② 朱维铮：《〈论语〉结集脞说》，《孔子研究》1986年创刊号；顾立雅著，高专诚译：《孔子与中国之道》，大象出版社，2000年。白氏夫妇认为《论语》中最原始核心的部分是《里仁第四》成书于孔子死后公元前479年，其他内容都是在其后的230年中以每12.7年一篇的速度层层累积起来的。最后一章《尧曰》的残缺正是由于在公元前249年鲁国被灭而突然中断所致。《里仁》最原始的原因为：章节最短，平均19字，全书平均每章是30字，《尧曰》则多达123字；该篇除两章外，都以"子曰"开头；没有其他篇目中的文学手段如（弟子问、对话、场景和过度词的使用等，）除了两处异常以外，没有提到孔子之外的任何人，关注的焦点只有孔子。详参金学勤：《论美国汉学家白氏夫妇的〈论语〉"层累论"成书说》，《四川大学学报（哲学社会科学版）》2009年2期，19—24页。杨朝明较为全面地回顾了相关研究，见《新出竹书与〈论语〉成书问题再认识》，《中国哲学史》2003年3期，32—39页。

　　李学勤指出，郭店简中的《缁衣》《成之闻之》等篇是佚失的《子思子》，可证明《隋书·音乐志》所引沈约之言《中庸》《表记》《坊记》《缁衣》取自《子思子》是可靠的①。杨朝明进而推测子思作《坊记》之时，《论语》就已经成书了。郭店简中与《论语》对读之句，是简文引用《论语》所致。当时的楚国不仅有《子思子》流传，也有《论语》的流传。《论语》成书应在曾子死后的公元前428到子思死去的公元前400年。孔安国《孔子家语后序》谓："《孔子家语》……与《论语》、《孝经》并时。弟子取其正实而切事者，别出为《论语》，其余则都集录之，名之曰《孔子家语》。"《论语》有"语录"的性质，《孔子家语》则与"文集"相近。故整理与编订者"只能是子思"②。

　　郭沂认为先秦时期存在多种《论语》，它们中的一部分西汉时仍在流传，西汉以前的文献中保留着大量的原始《论语》佚文，都是研究孔子的可靠资料，包括《易传》和马王堆帛书的相关文献、《孝经》、定县竹简《儒家者言》和《哀公问五义》，传世文献中的《荀子》《大戴礼记》《小戴礼记》《韩诗外传》《说苑》《新序》《孔子家语》《孔丛子》中有关孔子和孔门弟子的文献③。

　　梁涛根据定县竹简《论语》指出，对孔子的称谓并不能作为判断《论语》成书年代的有力证据。竹简本《论语》与今本不同，对孔子的称谓并没有一个明确的规律。今本称"子"的地方，竹简本有的称为"孔子"。汉唐学者的看法很有可能反映了实际情况。《礼记·坊记》有："《论语》曰：三年无改于父之道，可谓孝矣。"《坊记》为子思所作，也就是说在子思的时代，就已经有《论语》这本书了。《论语》的成书，应该在孔子去世后的100年之内，编纂者主要是孔子弟子和再传弟子④。

　　福田哲之曾据定县汉简《儒家者言》和阜阳所出篇题木牍指出，西汉时期有不同于《论语》的其他儒书流传⑤。汤浅邦弘在对比了《颜渊问于孔子》与《论语》《大戴礼记》《孝经》等传世文献后指出，儒家文献形成的过程中，曾存在过各种横跨诸文献的不同传承，在形成的过程中相互之间不断地互相影响⑥。这些都说明了《论语》成书情况的复杂。

---

①　李学勤：《先秦儒家著作的重大发现》。

②　杨朝明：《新出竹书与〈论语〉成书问题再认识》，《中国哲学史》2003年3期，32—39页。

③　郭沂：《再论原始〈论语〉及其在西汉以前的流传》，《中国哲学史》1996年4期，38—47页。

④　梁涛：《定县竹简〈论语〉与〈论语〉的成书问题》，《管子学刊》2005年1期。

⑤　福田哲之：《阜阳汉简一号木牍章题与定州汉墓竹简〈儒家者言〉》，《中国出土文献与战国文字之研究》，万卷楼图书股份有限公司，2005年，87—115页。

⑥　汤浅邦弘：《中国出土文献研究——上博楚简与银雀山汉简》，《古典文献研究辑刊十五编》（第22册）。

新材料的发现，使得以往在判断《论语》成书时采用的标准本身存在的问题渐渐浮现出来。第一，《论语》本身的文体和人物称谓不能作为判断各章年代的标准。以往的研究中多用文体和称谓判断各章年代。清人刘宝楠《论语正义》就注意到《论语》各章对孔子和孔门弟子的称谓不同。崔述在《崔东壁遗书·论语余说》中也提了出来，他认为《论语》前十篇记录孔子与定公、哀公对话时，会说"孔子对曰"，而回答大夫的问题时，就会说"子曰"，加上姓氏变成"孔子"是为了表示对君主的尊重。但后十篇中，孔子回答大夫的问题时也写成"孔子对曰"，这是因为"前十篇皆由子、曾子门人所记，去圣未远，礼制方明；后十篇则后人所续记，其时卿位益尊，卿权益重，盖有习于当世所称而未尝详考其体例者，故不能无异同也"[①]。定县《论语》向人们展示了称谓不同的现象。学者认为同一人物称谓的不同，特别是孔子称谓的不同，很多是传抄时造成的，各个版本并不一致，无法作为判断成书问题的标准，代表学者为前文引述的梁涛。

第二，用他书对《论语》的称引判断成书年代，需要具体分析。学者多用《礼记·坊记》对于《论语》的引用作为《论语》在战国时期就已经成书的证据。进而他书对孔子语的引用，有时也被用来证明《论语》的成书年代。如果引用中提到了"论语"书名，当然无可厚非。但孔子的言行，除了《论语》以外，经常也见诸其他书籍的记载。仅根据孔子语的引用证明《论语》的存在，就值得商榷了。比如仅仅因为《孟子》中所引用的孔子之言也见于《论语》，就说孟子之时已经有今天我们看到的《论语》的存在，恐怕是不合适的。

第三，目前的战国出土文献中，还没有出现可以确认为《论语》的文本。《汉书·艺文志》等文献记载的西汉发现的孔壁古文《论语》虽可证战国末期已有与今本《论语》非常近似的文本[②]，但这毕竟是文献所载的旧事。近年来新发现的古书类简牍中，可以判断为《论语》或《论语》一部分的，只有定县八角廊竹简《论语》、海昏侯墓齐《论语》，以及肩水金关等西北汉简中的零散语句，而这些都是汉代的文献。在战国简牍中，虽然有不少跟早期儒家有关，比如上博楚简、郭店楚简等，但至今没有发现任何一部竹书保存有完整的或是部分章节与今本某章节一致的《论语》。一些出土竹书有自题的篇名，但我们也没有看到一篇自题为"论语"。与儒家有关的战国竹书，也只是有零星的只言片语可与《论语》中的相关段落对照而已。这种情况与前述郭沂提到的传世文献中存留的"原始《论语》佚文"一致，它们虽然与孔子和孔门

---

① 崔述撰著、顾颉刚编订：《崔东壁遗书》，上海古籍出版社，1983年，616页。

② 关于汉代《论语》齐、鲁、古三个版本的关系和流传问题，见附论《出土〈齐论语〉与汉代〈论语〉版本的合并》。

弟子相关，却不能认为就是《论语》（特别是今本《论语》）的一部分。

第二和第三点综合起来，就使得的《坊记》（被学界认定为属于战国时代的文献《子思子》）对《论语》的引用，成了一个孤证。那么《论语》到底成书于何时，经历了一个怎样的流传过程呢？

上博儒籍的年代是战国中晚期，正是《论语》结集流传的关键时期，其中有些内容又与《论语》等儒家文献互见，对于认识这个问题应该有所启发。

从内容上看，上博儒籍可以大致分为五大类。第一是单个的儒门故事，包括《相邦之道》《仲弓》《季康子问于孔子》《孔子见季桓子》《子道饿》《史蒥问于夫子》六篇独立成卷的简文，《子羔》《鲁邦大旱》《民之父母》《颜渊问于孔子》《子路初见》五篇虽然与他篇合卷，但从内容来看也都是相对独立完整的单篇故事，也可看作此类；第二是合编的孔门言行笔记，包括《君子为礼》《弟子问》；第三是合编的孔子言论，包括《孔子诗论》《缁衣》《从政》；第四是古史故事，即《武王践阼》，与孔门人物无关，属于儒家所继承和传授的古代文化；第五是孔门后学的论述，包括《内礼》《性情论》《天子建州》。

这五类简文中，与《论语》成书关系密切的主要是第一类和第二类。第一类除《子道饿》是子游的故事以外，其余都是孔子与子贡、子夏等重要弟子或为政者的对话，与政治思想有关。其中的某些段落也见于《论语》，比如《君子为礼》《季康子问于孔子》《仲弓》《颜渊问于孔子》等多篇，都有可与今本《论语》对读的内容。然而从《仲弓》篇来看，简文比《论语》的记录要丰富和清晰，因而我们倾向于同意李零的意见，即《论语》的相关章节很可能是由简文这样复杂的故事简化而来的。

第二类每卷由若干个孔子与弟子的对话组成，与《论语》最为相似。前文提到两卷在汇集孔门故事时，已经有意识地使用符号标识章节。如果说《论语》的形成经过了漫长的过程，那么在这个过程中的面貌，很有可能就是《君子为礼》和《弟子问》的模样。

第一类文献很可能存在两个发展方向。一个是以较为详细、生动的单篇故事流传，到秦汉以后，随着社会秩序的稳定，特别是汉代政府对文化复兴的提倡，渐渐被当时人整理、汇编成较大篇幅的儒家杂说类文献，如《说苑》《孔子家语》等，或者被编入更加专业的文献中，比如易传归属于"易"类，《孔子诗论》很有可能被归属于"诗"类。

另一个方向则是，在这些生动、详细的孔门言行故事流传的同时，就已经有人对其进行了提炼与合并，变成一个容纳若干故事的汇编，就如同上博儒籍中的第二类简文，后来在一个个小篇幅故事汇编的基础上，再以某些原则为基础，进一步地选编与分类，也很有可能加入了经过提炼的单篇孔门故事，从而逐渐形成了今天我们看到的

《论语》。那些失传的出土佚籍，有可能就是在这个选择和编辑的过程中被淘汰了。

总的来说，我们推测《论语》可能经历了一段比较长的流传和改编的过程。在这个过程中，可能存在着若干个不同的版本，每个版本所记的孔门故事甚至都有可能不一样。随着时代的演进，不断有人将这些孔门故事进行提炼、删改和汇编，最终才形成了我们今天看到的《论语》。

实际上，关于《论语》成书的问题还存在很多难解之处。比如朱维铮在《〈论语〉结集脞说》中指出的，如果说《论语》这本书在战国时代就已经形成，为什么从战国一直到西汉景、武之际的几百年中，除了《礼记·坊记》这部被认为是子思作品的文章以外（朱文并未提到这个例子），没有任何一个人会提到？这其中甚至还包括可能受业于子思的孟子等大儒。若先秦就已通过统一编订、结集了一本《论语》，又如何解释称谓的混乱？虽然反对朱文的声音很多，但我们认为，他对于《论语》的成书过程和时间的两个假设还是很有启发性的。在此俱引如下，并加以分析。

第一个假设是，战国时代确实已经有了《论语》，但由于孔子死后，儒家学派的分裂，彼此之间的对抗情绪比较重，一派或两派结集的孔子遗说，是不会得到其他各派的承认的。并推论孟子、荀子不提《论语》，可能是因为它的结集出自子夏，而不是孟、荀的师承门派。到了西汉景、武之际，儒学内部的对立情绪减弱了，而汉初对黄老的推崇则使得儒道的对立变得突出。当时对于《论语》一书的推崇，正是为了与老子对抗。

第二个假设则是，战国时代根本没有结集的《论语》一书，先秦流传的只是零散的篇章，称谓的混乱就是一个例子。正是因为西汉景、武之际尊孔黜老的需要，才将孔子言行结集为一本书。

朱文的结论是两者都有合理性，也都有相反的例证，因而两存其说。但他认为第二种推测更合理，即战国时代还没有《论语》一书。这个结论让很多人都无法接受。综合各种文献的记载，我们认为除了朱文所提到的两种假设之外，还有第三种可能。那就是如前文所言，战国时期已经有了《论语》的结集本，之所以很少被称引，与儒家后学的分派无关。

我们认为，汉代以前《论语》很少被称引的问题，可能与古人对"书名""作者"的观念有关。周秦古书，有些虽然在文献中已有类似于现代书名的记载，比如《诗》和《书》，文献几乎都有所记，然而这样的书名很可能是一类文献的统称，与现代意义的书名并不一样。"诗"指的是商周传到春秋战国时期的一系列诗歌——"诗三百"这个概念，就是来源于最初对于这些"诗"类文献分类清点后统计出的总数；"书"指的是商周至春秋的一系列官方文献。其他文献很可能也存在这种情况。《汉书·艺文志》的"论语"类所列书目，并不仅是《论语》，还包括《孔子家语》

《孔子三朝》等其他与孔子和弟子言行相关的内容。"论语"既是一本特定的孔子和弟子言行汇编的名称，也是所有与孔子及弟子言行有关的文献的统称。

根据上述情况我们大胆推测，有可能《论语》在被结集成书以后，被大力推崇以前，书名远不如说话人重要。故而在引用孔子语时，自然就只会提到说话的人而并不会提到"论语"二字了。《坊记》之所以会提到"论语"，有可能只是一个巧合。又或者，子思在最初《坊记》引用《论语》时，也并没有写上"论语"二字，而是汉人在整理《礼记》时，由于当时孔子地位的尊崇，《论语》地位的上升，才加进去的。

刘娇指出《居延汉简甲乙编》图版陆壹著录的713号简记录了汉武帝元硕元年冬十一月诏书，释文为：

> ……几成风，绍休圣绪。《传》不云乎："十室之邑，必有忠信……"①

《汉书·武帝纪》颜师古注指出"十室之邑，必有忠信"一句来自《论语》，而此处简文所引则称为"传"而不称经。或许是因为《论语》旧属"传记"类，可算是本书观点的一个旁证。

而从出土发现的简帛古书体例来看，大多数是以篇为单位的，多数没有篇题。合卷的卷题也有以第一篇篇题为之，如上博儒籍中《子羔》《孔子诗论》《鲁邦大旱》三篇合卷，简背的自题为第一篇"子羔"，与其余两篇没有关系，并非出于对全书内容的概括，与今天的书名有别。孔门弟子三千，对于孔子言论的记载与汇编自然不必怀疑。但在其凝固为与今本章节大致相符的"定本"之前，诸多弟子所记是否都自题为"论语"，值得怀疑。余嘉锡在古书书名的研究中提到："古书多无大题，后世乃以人名其书。""古人著书，多单篇别行；及其编次成书，类出于门弟子或后学之手，因推本其学之所自出，以人名其书。"②先秦其他学派，宗师言论的汇集也基本都是"以人名其书"，儒家学派恐怕也是这样。在当时人的观念中，言论、思想所从出的主体或许比所从出的文本更加重要。《论语》之少见称引的原因，可能就在于此。

---

① 刘娇：《居延汉简所见六艺诸子类资料辑释》。
② 余嘉锡：《古书通例》，30页。

附论　出土《齐论语》与汉代《论语》版本的合并

关于《论语》的产生和流传过程，现存文献中记录较早和系统的，当推《汉书·〈艺文志〉》、何晏《论语集解序》和陆德明《经典释文·〈序录〉》。三者都涉及《论语》的作者、内容、成书、命名、汉代的不同版本和流传过程等多个重要问题。简单地说，《论语》是孔子弟子在学习过程中的笔记，记录的是孔子的教诲以及同门之间重要的讨论。汇集成书，是在孔子死后、"汉兴"以前。编辑成书的是孔子的门人，命名为"论语"是因为该书的主要内容是孔子之语的选编。汉兴后，有齐、鲁、古三种版本，元帝时期张禹综合齐、鲁二本，合为一本，而"余家浸微"。东汉末郑玄又以《鲁论》为基础，考之齐、古，为之做注，后人为之做《义说》，流行开来，成为流传到现在的《论语》。可见，汉代是《论语》形成的重要阶段。汉代《论语》三个版本到底有什么不同？如何演变为今天的样子？这些问题直接关系到《论语》的成书，甚至孔门分派等问题。近年来海昏侯墓葬和肩水金关汉简中《齐论语·〈知道〉》的发现[①]，让我们有机会第一次直接看到汉代的《齐论语》。虽然前者还没有完全发表，肩水金关汉简中一定还有与《齐论语》相关的内容。本书试图梳理《汉书·〈艺文志〉》、何晏《论语集解序》和陆德明《经典释文·〈序录〉》等传世文献，更细致地了解《论语》在汉代的流传与合并过程，并在此基础上，结合肩水金关汉简中可能属于齐《论语》的部分，探讨汉代《论语》版本合并中的标准。

（一）齐、鲁、古三本《论语》的流传

古文《论语》来自孔子壁中，《汉志》记曰："武帝末，鲁共王坏孔子宅，欲以广其宫，而得《古文尚书》及《礼记》《论语》《孝经》凡数十篇，皆古字也。"根据刘汝霖的考证，这件事应该是在汉景帝末[②]。根据文献记载，古文《论语》发现后，并没有成为当时流行的读本。王充《论衡·〈正说篇〉》中提到："初，孔子孙孔安国以教鲁人扶卿，官至荆州刺史，始曰《论语》。"即使扶卿向孔安国学习了古文《论语》，但他后来却以传授《鲁论》闻名（见下文对齐、鲁《论语》传授者的整理），并没有传授古文《论语》。何晏在《论语集解序》中也明确提到："《古论》

---

① 肖从礼、赵香兰：《金关汉简"孔子知道之易"为〈齐论知道〉佚文蠡测》，《简帛研究：二〇一三》，182—187页；杨军、王楚宁、徐长青：《西汉海昏侯刘贺墓出土〈论语·知道〉简初探》，《文物》2016年12期，72—75、92页。

② 刘汝霖：《汉晋学术编年》（上卷），华东师范大学出版社，2009年，56页。

唯博士孔安国为之训解,而世不传。至顺帝时,南郡太守马融亦为之训说。"《汉志》记《古文尚书》来历时说:

> 《古文尚书》者,出孔子壁中。武帝末,鲁共王坏孔子宅,欲以广其宫,而得《古文尚书》及《礼记》《论语》《孝经》凡数十篇,皆古字也。……孔安国者,孔子后也,悉得其书,以考二十九篇,得多十六篇。安国献之。遭巫蛊事,未列于学官。刘向以中古文校欧阳、大小夏侯三家经文,《酒诰》脱简一,《召诰》脱简二。率简二十五字者,脱亦二十五字,简二十二字者,脱亦二十二字,文字异者七百有余,脱字数十。

可见,孔子壁中书的古文经,在孔安国整理后,并未像今文经那样形成规模、系统地传承,到刘向时,也只不过成为官方整理古籍的一份参考而已。总的来说,整个西汉长期以来主要通行的是齐、鲁这两个版本的《论语》。古文《论语》由于未列于学官、文字难识,在刘向、刘歆父子校理群书之前,主要是被保存于国家图书馆中,并未在民间大规模传授。

齐、鲁二本为今文学,来自经师的传授。《经典释文·序录》把传授齐、鲁《论语》的经师总结为:"《鲁论语》者,鲁人所传……《齐论语》者,齐人所传。"在传授者上,本书考察的三篇文献或多或少存在着一些差异。在"张侯论"出现以前,三篇所记的传授者可以按照齐、鲁二家分类排列如下(表九)。

表九　齐鲁《论语》传授者

版本	《汉书·艺文志》	《论语集解·序》	《经典释文·序录》
齐	昌邑中尉王吉 少府宋畸 御史大夫贡禹 尚书令五鹿充宗 胶东庸生	琅邪王卿 胶东庸生 昌邑中尉王吉	昌邑中尉王吉 少府宋畸 琅琊王卿 御史大夫贡禹 尚书令五鹿充宗 胶东庸生
鲁	常山都尉龚奋 长信少府夏侯胜 承相韦贤 鲁扶卿 前将军萧望之 王骏[①]	大子大傅夏侯胜 前将军萧望之 丞相韦贤及子玄成	常山都尉龚奋 长信少府夏侯胜 丞相韦贤及子玄成 鲁扶卿 太子少傅夏侯建 前将军萧望之

---

① 《汉书·艺文志》"论语类"文献收有《鲁王骏说》,应该是王骏解说《鲁论语》的著作。

综合来看，传授《齐论语》的有王卿、王吉、宋畸、贡禹、五鹿充宗、庸生六人，只有王吉名气较大。六人中王卿最早，武帝时人。《论语》邢昺疏曰："王卿，天汉元年由济南太守为御史大夫。"《汉书·武帝纪第六》："（天汉）三年①春二月，御史大夫王卿有罪，自杀。"②王吉、宋畸、贡禹、庸生年代相近，活动时间都在昭、宣之际。据《汉书·王贡两龚鲍传》，王吉、贡禹都是当时的大儒，琅琊人，"吉与贡禹为友"。年老的王吉卒于元帝初即位应征去长安的路上。贡禹则活得更久一点，元帝即位后，做了御史大夫。王吉作为"昌邑群臣"中的一员，在刘贺被废后虽"以忠直数谏正得减死"，但却被"髡为城旦。起家复为益州刺史"。海昏侯刘贺的《齐论语》应该是在被废以前（即前74年）就已经得自王吉。宋畸的事迹见《汉书·霍光金日磾传》。群臣上书推荐昌邑王即位时，就有"臣畸"的记载，根据颜师古注，就是"宋畸"。至于庸生，《汉书·匡张孔马传第五十一》记张禹曾跟从他和王吉学《齐论》，跟王吉大约是同时代人。五鹿充宗生活的年代稍晚，《汉书·杨胡朱梅云传第三十七》记载元帝好梁丘易，"欲考其异同，令充宗与诸易家论"。五鹿充宗的主要活动时期大约是在元帝以后。

传授《鲁论语》的，有龚奋、夏侯胜、韦贤、扶卿、萧望之外，还有王骏、韦玄成和夏侯建八人，都是名家。王充《论衡》提到孔安国把《论语》传授给鲁扶卿，虽然孔安国卒年尚不明确③，但一般认为应在武帝在位时。照此来看，扶卿生活的年代或许要早于其他几位。其次是夏侯胜和韦贤，《汉书》本传记"宣帝立，太后省政，胜以《尚书》授太后"，夏侯胜至少在昭帝时期就已经闻名。韦贤号称"邹鲁大儒"，"进授昭帝《诗》"。萧望之、夏侯建、韦玄成三人在夏侯胜和韦贤之后，萧望之"从夏侯胜问《论语》"，元帝时卒。夏侯建是夏侯胜"从父兄子"。韦玄成是韦贤之子。这三位与前两者有师承关系。王骏是王吉之子，活动时间可能与夏侯建等相差不远。唯龚奋无考，不过也可以肯定他的生存和活动年代应该在张禹之前。

经过上述考察，我们基本可以看出齐、鲁《论语》传授者的一个大致顺序和师承，如下：

---

① 天汉三年为公元前98年。

② 《汉书》卷一，204页。

③ 其卒年有《史记》"蚤卒"和《孔子家语·后序》"以病免，年六十卒于家"两种说法，悬而未决，是汉代学术史的一大公案。程苏东撰文介绍了日本京都大学所藏隋刘炫所著的《孝经述议》残卷，其中有引《史记》的话作："《孔子世家》云，孔安国为今皇帝博士，至临淮太守免，卒。"与《孔子家语·后序》的说法一致。据此，今本《史记》说孔安国"蚤卒"的"蚤"应为"免"之误。程苏东：《京都大学所藏刘炫〈孝经述议〉残卷考论》，《中华文史论丛》2013年1期，167—204页。

	武帝	昭帝、废帝、宣帝	元帝
《齐论语》：	王卿———	王吉、宋畸、贡禹、庸生———	—五鹿充宗
《鲁论语》：	扶卿———	夏侯胜———————	—夏侯建、萧望之
		韦贤——————————————	—韦玄成
			王骏

　　在三本《论语》流传中的一个主要问题是：古文《论语》和齐、鲁两个今文本谁早谁晚？一般认为，齐、鲁本为经师所传，应早于古文《论语》的发现。但也有学者不同意，他们的根据有两个：第一，文献所记齐、鲁二本的传授者多为昭、宣帝时期的人，而古文《论语》的出现在此之前；第二，齐、鲁二本的传授者庸生和扶卿，都曾跟随孔安国学习。因而有学者认为，今文两个版本的《论语》很可能是由于对古文《论语》的解释不同而产生的。陈东在《关于定州汉墓竹简〈论语〉的几个问题》中指出，20世纪初的章炳麟、日本学者武内义雄都持这种看法①。郭沂的观点与之有些不同，他认为《齐论》出于一个《论语》祖本，《古论》则出于另一个祖本，《鲁论》是《古论》的改编本②。

　　本书观点与之不同，原因如下：第一，虽然文献所记的大多数齐、鲁二本传授者都是昭、宣帝时的人，但这两个本子也有年代更早的传授者，传授《齐论》的有王卿，传授《鲁论》的有扶卿。虽然《论衡》载扶卿曾向孔安国学《论语》，但并没有明确说是古文《论语》。孔安国曾向申培公学今文鲁诗，本身又是孔子后裔，可以推测，他一定保有一些类似《论语》和《孔子家语》这样的今文孔门笔记，这也是他能成为孔壁古文整理者的重要原因。在这种情况下，仅凭《论衡》中没有任何年代信息的记载，还不足以断定扶卿所学一定为古文《论语》。孔安国献上古文经是在"天汉之后"③，而据《汉书·武帝纪》，传授《齐论》的王卿卒于天汉三年，可见王卿传《齐论》一定在孔安国整理完古文经之前。若说《齐论》来自孔壁的《古论》，恐怕不太可能。至于文献中早期今文《论语》的传授者很少这个问题，可参考何晏《论语集解·序》中的说法："前世传授师说，虽有异同，不为训解。"早期传授《论语》的经师，可能没有留下著作，而且在文、景及更早的时期，儒家并不是很受重视的学派，《论语》也不是儒家著作中最重要的经籍，随着年代久远，他们的名字就很可能

---

①　陈东：《关于定州汉墓竹简〈论语〉的几个问题》，《孔子研究》2003年2期。

②　郭沂：《再论原始〈论语〉及其在西汉以前的流传》，《中国哲学史》1996年4期，42页。

③　刘歆：《移让太常博士书》，《汉书·楚元王传》。

渐渐被人们淡忘了。

第二，即使孔安国传给扶卿的是古文《论语》，也并不能确定扶卿所传的《鲁论语》一定是由此演变而来。考诸文献可以发现，在张禹以前，《论语》的传授者基本上只传授一个版本。最典型的例子就是王吉和王骏父子。王吉是《齐论》的大师，王骏是他的儿子，一定跟随他学过《齐论》，但年长后传授的却是《鲁论》，《汉志》著录《鲁王骏说》二十篇，就是他的著作。因而，我们大胆地推测，学习者固然可以博采众长，然而经师传授时必须选择并"忠于"某一版本，或许是当时约定俗成的一种规矩。至于合并齐、鲁二本的张禹，虽贵为帝王师，名闻天下，所编的"张侯论"也成为《论语》的范本，然而有人对他的评价却并不高，"朱云折槛"的故事就是一例①。成帝死后，杜业上书哀帝，称张禹为"奸人之雄，惑乱朝廷，使先帝负谤于海内，尤不可不慎"（《汉书·杜周传第三十》）。这些恶评，首先与张禹本人道德水平直接相关，或许也与他打破这种经学传授的家法不无关系。

（二）汉代《论语》的合并

根据上文的推测，张禹合并本的出现虽然可能并不符合最初的学术准则，但毫无疑问，在《论语》的流传中具有非常重要的意义。汉初《论语》不同版本的存在，是在早期文献的落后传播方式、秦汉之际的动乱和汉初经师的家法等多种因素的作用下形成的。随着西汉政权的稳固、文化复兴（特别是独尊儒术）政策的实施，综合已有版本，形成规范、统一的善本，既是整理儒家文献的需要，也是古籍整理的趋势。

研究汉代《论语》的合并，首先要清楚当时三本《论语》的区别，这涉及内容、分章、篇章顺序、用字等问题。以二十篇本的《鲁论语》为基础来进行比较，《齐论语》要多出《问王》《知道》两篇，共二十二篇，其余二十篇则与《鲁论语》相重，章句"颇多于《鲁论》"（《论语集解·序》《经典释文·序录》）。相重篇章的顺序，文献并没有提及。古文《论语》共二十一篇，也没有《齐论》的《问王》《知道》二篇，多出的一篇是《鲁论语·尧曰》"子张问"以下的部分，《汉书》如淳注曰"名曰《从政》"，但"篇次不与齐、鲁《论》同"（《论语集解·序》《经典释文·序录》）。在用字方面也有区别，《论语》邢昺疏引《新论》曰："文异者四百余字。"

三本《论语》的合并主要经历了两个阶段：一是张禹"张侯论"的出现；二是汉末郑玄的注释。由于张禹为成帝师，经过他整理的"张侯论"为世所贵，成为当时的

① 朱云曾跟随萧望之学《鲁论语》，《汉书》记他在成帝和公卿大臣面前细数朝廷大臣"尸位素餐"，要求成帝赐尚方宝剑诛杀张禹。成帝大怒，想杀掉朱云，朱云攀折殿槛。

通行本。郑玄的注释，何晏说是"就《鲁论》篇章考之《齐》《古》，为之注"，似乎是以原来的《鲁论语》为底本，参考齐、古二本，做出注释。但考虑到"张侯论"出现后，对原来的齐、鲁二本造成了很大的影响，使得"余家浸微"（《汉书·匡张孔马传第五十一》），到郑玄生活的东汉末年是否还有原来的《鲁论语》，恐怕值得怀疑。对于这里的《鲁论》，陆德明的说法是"《鲁论》张、包、周之篇章"，这里的"张、包、周之篇章"指的应该就是张禹整理后的"张侯论"以及"后汉包咸、周氏"为"张侯论"做的章句。因而，可以推测，郑玄的工作主要是在"张侯论"基础上，查考齐、古二家而为之做注。再考之何晏《论语集解·序》："汉末，大司农郑玄就《鲁论》篇章考之《齐》《古》，为之注。近故司空陈群、太常王肃、博士周生烈皆为《义说》。前世传授师说，虽有异同，不为训解。中间为之训解，至于今多矣。"可见，《论语》的流传和整理大致可以"张侯论"为界，分为两个部分："张侯论"出现以前是不同版本分别传授的阶段，对文本的整理和传授是这一阶段的主要工作；"张侯论"出现以后，则涌现了各家的注释，对内容的阐释是第二阶段的主要工作。在汉代不同版本的《论语》演变为今本的过程中，张禹的合并是最关键的一步。要了解汉代不同版本《论语》的原貌，就要仔细分辨张禹的合并过程和标准。

文献记载，张禹既跟随夏侯建学过《鲁论》，又从庸生、王吉那里学过《齐论》（此事还见于《汉书·匡张孔马传第五十一》，应该不虚），对两本都很熟悉。所以才能在儒学发展的关键点上，成为整理不同版本《论语》的人。至于张禹如何整理齐、鲁二本这个关键的问题，文献却往往只用一句"择善而从"一笔带过，没有具体的细节。《汉书·艺文志》把张禹列为"传《鲁论语》者"，并著录有二十一篇的《鲁安昌侯说》①，可推测他的合并本更多采用了《鲁论语》。《隋书·经籍志》的记录则包含了一些重要的信息："张氏晚讲《齐说》，后遂合而考之，删其繁惑，除去《问王》《知道》二篇，从《鲁论》二十篇为定。"这个说法包含了两个意思：第一，张禹的合并本是以《鲁论语》的篇章结构为准的，《齐论语》有而《鲁论语》没有的《问王》《知道》，被张禹删去了；第二，"张侯论"的篇章顺序也很可能与《鲁论语》一致。另外，"删其繁惑"的"繁"应该是指繁杂、啰嗦的内容，首先，应该包括《鲁论语》没有的《问王》《知道》二篇；其次，也可能是齐、鲁二本中较为繁琐的语句。"惑"可能包括两方面的内容，一是含义不清楚、让人疑惑的语句；二是不符合当时主流价值观的内容。根据《汉书·匡张孔马传》：

---

① 《齐论》本有二十二篇，合并后的"张侯论"却只有二十一篇，清刘宝楠《论语正义》推测"疑二字误衍，或是经二十篇，说一篇，志连经言之，得有二十一篇也"。

初，禹为师，以上难数对己问经，为《论语章句》献之。始鲁扶卿及夏侯胜、王阳、萧望之、韦玄成皆说《论语》，篇第或异。禹先事王阳，后从庸生，采获所安，最后出而尊贵。

张禹合并齐鲁二本是出于教授太子的需要，"删其繁惑"这一基本原则正好符合了这个初衷。这条信息让我们有了一个大胆的假设——如果张禹的合并本较多保留了《鲁论语》而不是《齐论语》，是否意味着《齐论语》更"繁惑"一些？我们已经知道，肩水金关汉简中出现了《齐论语·知道》的句子[①]，可以推测，这批简文中一定也还有《齐论语》中的内容。将其与今本进行对比，不失为了解《齐论语》原貌、进而窥探二本合并过程的一个办法。

（三）肩水金关汉简中的《齐论语》

在已经发表的肩水金关汉简中寻找《齐论语》，肖从礼、赵兰香、黄浩波、张英梅、刘娇、王楚宁、张予正等学者已经做过了有益的尝试[②]。已经在肩水金关汉简中找到了十五枚可能属于《齐论语》的简：73EJT9：58［《肩水金关汉简》（壹）］、73EJT14：7、73EJT15：20、73EJT22：6、73EJT24：104、［《肩水金关汉简》（贰）］，73EJT24：802、73EJT24：833、73EJT31：75、73EJT31：77、73EJT31：139［《肩水金关汉简》（三）］，73EJH1：58［《肩水金关汉简》（肆）］，73EJD：183、73EJD：253、72EJC：181、73EJC：607［《肩水金关汉简》（伍）］。这些简文在内容上可以分为两类：第一类是见于今本《论语》的，可以肯定是汉代某一版本的《论语》，包括73EJT31：75、73EJT31：77、73EJT24：802、73EJT24：833、73EJT15：20五枚。王楚宁、张予正认为肩水金关的纪年简以宣帝时期最多，正是《齐论语》传播的年代，因而推断这些应该都是《齐论语》[③]；其余十枚是孔子和弟子的对话，但不见于今本《论语》，可能属于失传的某一版本。

---

① 肖从礼、赵兰香：《金关汉简"孔子知道之易"为〈齐论知道〉佚文蠡测》，《简帛研究：二〇一三》。

② 肖从礼、赵兰香论文见上条注释。黄浩波：《肩水金关汉简所见典籍残简》，武汉大学简帛网，2013年8月1日；张英梅：《试探〈肩水金关汉简（三）〉中所见典籍简及相关问题》，《敦煌研究》2015年4期，111—114页；刘娇：《居延汉简所见六艺诸子类资料辑释》；王楚宁、张予正：《肩水金关汉简〈齐论语〉的整理》，《中国文物报》2017年8月11日第六版；《海昏侯墓〈齐论·问王〉章句蠡测》，搜狐网，2017年8月22日。

③ 王楚宁、张予正：《肩水金关汉简〈齐论语〉的整理》。

　　然而在审视这十枚木简时，我们发现，73EJT14：7、72EJC：181、73EJT31：139、73EJT9：58、73EJC：607、73EJT24：104、73EJH1：58这七枚，简文字体非常相似。特别是73EJT14：7、73EJT31：139、73EJT9：58、73EJC：607四枚，形制一致，简首都有圆圆的墨点作为章首符号，与已经发现的《论语》简的书写形式相符，都以"子曰"起首。对比不同简"子曰"的写法，简直一模一样。73EJT24：104上的"子曰"二字，也与之相似。73EJH1：58虽然没有"子曰"，但简文"也"字作 ⬛，与73EJT14：7上的"也"字（分别作 ⬛ 、 ⬛ 、 ⬛）相似度非常高。简文字间距约为半个字的高度，分布均匀。应为同一书手所写，内容都是孔子与弟子的对话，很可能属于《论语》。73EJH1：58的内容王楚宁、张予正指出见《说文·玉部》："（玉）有五德：润泽以温，仁之方也；勰理自外，可以知中，义之方也。"也见于《孔子家语·问玉》《礼记·聘义》与《荀子·法行》，很可能属于《齐论语》①。所论其确。下面结合前人的研究，逐一考之②。

　　（1）子曰必富小人也必贫小人也必贵小人也必贱小人☐（73EJT14：7）
　　（2）小人也富与贫（72EJC：181）

　　简首有墨点，黄浩波认为两简归入儒家著作类。与《敦煌悬泉汉简释粹》所见《论语·子张》残简形制一致，属于类似《论语》的语录体③。王楚宁、张予正认为是失传的《齐论语》部分章句。并认为两应属同一章句，或可缀合④。
　　观诸图版，二者确实字体相似，很可能为一人所书。两简可以连读为：

　　　　子曰："必富，小人也。必贫，小人也。必贵，小人也。必贱，小人
　　　（也。……必☐，）小人也。富与贫……"

　　（3）子曰自爱仁之至也自敬知之至也（73EJT31：139）

　　①　王楚宁、张予正：《肩水金关汉简〈齐论语〉的整理》。
　　②　若无说明，所用释文均采用甘肃简牍保护研究中心、甘肃省文物考古研究所、甘肃省博物馆、中国文化遗产研究院古文献研究室、中国社会科学院简帛研究中心编：《肩水金关汉简》（壹、贰、三、肆、伍），中西书局，2011、2012、2013、2015、2016年。
　　③　黄浩波：《肩水金关汉简所见典籍残简》，简帛网，2013年8月1日。
　　④　王楚宁、张予正：《肩水金关汉简〈齐论语〉的整理》。简号误为73EFC：180，今据《肩水金关汉简》（伍）改。

张英梅指出，简本的"知"通"智"，意思是尊敬自己是最大的智慧。今本表达的是对受礼者的尊敬，尊重自己是"礼"的极致①。

刘娇认为此简可能与《论语》有关，内容和扬雄《法言·君子》的一段话相近："人必其自爱也，而后人爱诸；人必其自敬也，而后人敬诸。自爱，仁之至也；自敬，礼之至也。"《法言》是扬雄模仿《论语》所作，有不少内容可能是引用当时流传的"论语"类文献②。

王楚宁、张予正认为此简是失传的《齐论语》部分章句。文前有分章符号，文后大量留白，应是完整的一章。除了扬雄《法言》有类似句子以外，《荀子·子道》也有："子曰：'回，知者若何？仁者若何？'颜渊对曰：'知者自知，仁者自爱。'"《孔子家语·三恕》"孔子曰：'智者若何？仁者若何？'……颜回入，问亦如之。对曰：'智者自知，仁者自爱。'"或均与此章有关③。

此简可以读为：

> 子曰："自爱，仁之至也。自敬，知之至也。"

（4）子曰君子不槩人君子乐□（73EJT9：58）

黄浩波指出，简首有墨点，与《敦煌悬泉汉简释粹》所见《论语·子张》残简形制一致。属于类似《论语》的语录体④。

王楚宁、张予正认为此简是失传的《齐论语》的部分章句。"槩"，原书释为"假"，根据字形应改释为"槩"。⑤

原释作"假"的字图片作，确为"槩"。"乐"下之字残，图版作，何有祖认为是"产"字。那么此简可以读为：

> 子曰："君子不槩人，君子乐产……"

（5）子赣曰九变复贯知言之篡居而俟合忧心操=念国之虐子曰念国者操

---

① 张英梅：《试探〈肩水金关汉简（三）〉中所见典籍简及相关问题》。
② 刘娇：《居延汉简所见六艺诸子类资料辑释》。
③ 王楚宁、张予正：《肩水金关汉简〈齐论语〉的整理》。
④ 黄浩波：《肩水金关汉简所见典籍残简》，简帛网，2013年8月1日。
⑤ 王楚宁、张予正：《肩水金关汉简〈齐论语〉的整理》。

=呼衡门之下（73EJC：607）

　　文前有墨点。王楚宁、张予正认为是失传的《齐论语》部分章句。简尾平齐，保存完整，应是较完整的章句。"九变复贯，知言之纂"见于《汉书·武帝纪》"诗云'九变复贯，知言之选'"，颜师古《汉书注》引应劭语"逸诗也"；"忧心樔樔，念国之虐"见于《诗经·小雅·正月》"忧心惨惨，念国之为虐"；"衡门之下"见于《诗经·陈风·衡门》"衡门之下，可以栖迟"①。

　　此简文意还有很多读不通之处，结合王、张二人的意见，暂且可以将之读为：

　　　　子赣曰："九变复贯，知言之纂，居而俟合。忧心樔樔，念国之虐。"
　　　　子曰："念国者樔樔，呼衡门之下。"

　　（6）可以复见乎子赣为之请子曰是（73EJT24：104）

　　黄浩波指出，"子赣"即"子贡"，汉石经《论语》、定州八角廊40号汉墓所出《儒家者言》、《论语》，子贡都这样写，亦归入儒家著作简②。

　　刘娇进一步指出，此简行文与《论语》相似③。

　　王楚宁、张予正认为是失传的《齐论语》部分章句④。

　　简首残，第一字原释为"何"，图版作 ，对比73EJH1：58简上的"可"字图版 ，我们觉得这个字也应该是"可"。此简可以读为：

　　　　"……可以复见乎？"子赣为之请。子曰："是……"

　　（7）之方也思理自外可以知□（73EJH1：58）

　　王楚宁、张予正认为是失传的《齐论语》的部分章句，此章见《说文·玉部》"（玉）有五德：润泽以温，仁之方也；䚡理自外，可以知中，义之方也"。《说

　　①　王楚宁、张予正：《肩水金关汉简〈齐论语〉的整理》。但他们所引编号误为73EJC：608，今据《肩水金关汉简》（伍）改。
　　②　黄浩波：《肩水金关汉简所见典籍残简》，简帛网，2013年8月1日。
　　③　刘娇：《居延汉简所见六艺诸子类资料辑释》。
　　④　王楚宁、张予正：《肩水金关汉简〈齐论语〉的整理》。

文》释义时多引《论语》《逸论语》，此章或亦为《说文》引用《齐论语》。另见《孔子家语·问玉》《礼记·聘义》《荀子·法行》，三书所载内容较《说文》为多，在引述此句前有"子贡问于孔子曰"及"孔子曰"，故此章或当属《齐论语》。宋王应麟的《汉艺文志考证》以为"《问王》疑即《问玉》也"，因"篆文相似"而误，清朱彝尊《经义考》、段玉裁《说文解字注》、冯登府《论语异文考证》、近人陈汉章《经学通论》均赞同此说，清马国翰于所辑《玉函山房辑佚书·齐论语》中即将《礼记·聘义》所载"子贡问于孔子"等语作为《问王（玉）》篇首章。据此，"之方"章或即《问王（玉）》篇首章。①此简可以读为：

之方也，思理自外，可以知……

其余八枚汉简书写较为潦草，其中三枚内容如下：

（1）孔子知道之易也易易云者三日子曰此道之美也▨（73EJT22∶6）
（2）问子夏（73EJD∶183）
（3）子贡党肯用（73EJD∶253）

由于海昏侯汉简《齐论语》的发现，"孔子知道之易也"一句已经可以确认是《齐论语·知道》的首句。黄浩波最先指出，这句见于《孔子家语》卷五"颜回"章。简首有墨点，与《敦煌悬泉汉简释粹》所见《论语·子张》残简形制一致，属于类似《论语》的语录体②。稍后肖从礼、赵兰香指出，就是《齐论语·知道》的首句③。刘娇指出，汉简多用"易"字表"易"，这里的"易"也应该视为"易"。陈剑指出，"省"应释为"者"。这里的断句应为"孔子知道之易也，'易易云者三日，子曰：'此道之美也。'"④所论甚确。其余两简内容与子夏、子贡有关，也可能属于《齐论语》。

这三枚和之前的七枚汉简内容皆不见于今本《论语》，73EJT22∶6所记为《知道》章首句，73EJH1∶58的"之方"章可能属于《问王（玉）》，两章都而不见于今本。73EJT9∶58的"君子乐产"和73EJT31∶139的"自爱""自敬"也不见于今本，

①　王楚宁、张予正：《肩水金关汉简〈齐论语〉的整理》。
②　黄浩波：《肩水金关汉简所见典籍残简》，简帛网，2013年8月1日。
③　肖从礼、赵兰香：《金关汉简"孔子知道之易"为〈齐论知道〉佚文蠡测》。
④　刘娇：《居延汉简所见六艺诸子类资料辑释》。

可能与当时所推崇的君子不为利和尊君的思想不符合，才被张禹删掉，没有保留在今本之中。

其余五枚书写潦草，内容见于今本《论语》，可能是学习者所抄。

（4）迁怒不贰过不幸短命死矣今（73EJT31：75）
（5）于齐冉子为其母请粟（73EJT31：77）

刘娇指出，陈剑认为第二简的"齐"应释为"斋"读为"齐"，两简字体一致，均为上端残，下端平齐，应为同一册中相邻的两简①。两简见于《论语·雍也》，前者属于"哀公问弟子孰为好学"章，后者属于"子华使于齐"章，两章相邻，分别作：

哀公问："弟子孰为好学？"孔子对曰："有颜回者好学，不迁怒，不贰过，不幸短命死矣。今也则亡，未闻好学者也。"
子华使于齐，冉子为其母请粟。子曰："与之釜。""请益。"曰："与之庾。"冉子与之粟五秉。

（6）毋远虑必有近忧（73EJT24：802）

今本《论语·卫灵公》有"子曰：'人无远虑，必有近忧。'"。张英梅指出简文用"毋"表示"不要，不可以"，传世本用"无"表示"没有"，语气上差别明显。简文有告诫、提醒的用意，今本没有②。

（7）子曰大伯其可▢（73EJT15：20）

见于今本《论语·泰伯》："子曰：'泰伯其可谓至德也已。'"黄浩波指出敦煌所见唐人抄本《论语》抑或作"太伯"，汉简所见"太"则一律写作"大"，此简所见"大伯"应是汉时通行写法③。

（8）曰天何言哉四时行焉万物生焉

---

① 刘娇：《居延汉简所见六艺诸子类资料辑释》。
② 张英梅：《试探〈肩水金关汉简（三）〉中所见典籍简及相关问题》，114页。
③ 黄浩波：《肩水金关汉简所见典籍残简》。

年之丧其已久矣君子三（73EJT24：833）

内容亦见于今本《论语·阳货》，内容与之稍异，句中的"天"、"万物"和"其"三处皆有异文。在五枚汉简中，这枚最重要。两行简文分别属于"子曰予欲无言"和"宰我问三年之丧"两个故事，中间夹着"孺悲欲见孔子"事件。"天何言哉"一句，清代的冯登府在《论语异文考证》中说："《释文》引郑'鲁读天为夫，今从古'。"①可知，《鲁论语》把"天"读为"夫"，今本是郑玄根据古文《论语》改读为"天"的。郑玄看到的《鲁论语》很有可能就是"张侯论"。《鲁论论》"夫何言哉"这个反问句，显然比《齐论语》"天何言哉"的含义更直接，也更容易解释。张禹弃齐取鲁的这种选择，正是在"删其繁惑"这一原则的指导下进行的。

简文此字作 ，可以确定是"天"而不是"夫"。简文所写的应该不是《鲁论语》，而古文《论语》在西汉并没有大规模地传授，在肩水金关这样一个偏远的地方，更不大可能会出现。剩下的就是《齐论语》和"张侯论"了，简文应该属于哪一个呢？可从两个方面进行考虑。第一，王吉是传授《齐论语》的大师，辛德勇指出王吉劝谏即将要做皇帝的刘贺时说："天不言，四时行焉，百物生焉。"（事见《汉书·王贡两龚鲍传》）②简文的"天何言哉"与其所引述的《齐论语》一致。第二，可以从简的年代进行判断。此简属于《肩水金关汉简》（三），据黄艳萍考证，同书的纪年简所记时间在昭帝元凤二年（前79年）到平帝元始五年（前5年）。范围比较大，同一探方所出的纪年简大多都是宣帝时期的，故可推断本简很有可能也属于宣帝时期。这时张禹合并本还未出现，因而很有可能是当时通行的《齐论语》。

然而简文除"天"与"夫"的差异以外，还有一处异文，第一行的"万物"今本作"百物"，上引《汉书》王吉语此处亦为"百物"。若王吉语代表《齐论语》，那么"万物"就成了简文不是《齐论语》的证明了，这就与本书之前的判断产生了矛盾。又或者，《汉书》所引的王吉之语已经受到了当时通行本《论语》的影响，因而并没有将《齐论语》的这一处异文保存下来。这种可能性也是存在的。这种情况也提示我们，文本流传中的文字变化是存在一定随机性的。本书更倾向于后一种可能，《齐论语》此处应是"万物"，张禹的合并本改为了"百物"，"万物"这一异文却通过引文保存了下来，如冯登府《论语异文考证》指出《晋书·张忠传》所引《论语》是"万物"。而查考历代《论语》文献，直到清代《戴氏注论语》仍然有"四时行焉，万物生焉"的说法。

① 冯登府：《论语异文考证》（清道光十四年广东学海堂刻本）卷9，70页。
② 辛德勇：《解海昏侯刘贺三题》，人民网，2017年7月17日。

　　"其已久矣"今本作"期已久矣"，陆德明《经典释文》注："一本作'其'"。刘宝楠《论语正义》引《经典释文》的注解后评论说："一本是也。'其已久矣'谓三年太久。"简文的"其"正与之相同。

　　若按照本书的推断，简文所书确是《齐论语》的话，那这两处异文就很有可能都是由《齐论语》而来。甚至可以进一步推论，虽然文献记载"张侯论"的出现使得"余家浸微"，但《齐论语》的影响却没有那么快就消失殆尽。

　　简文两句写于同一枚木简上，刘娇指出形制为"两行"①。下端有空白，故本简可能为完简的下半段。按照一般的情况，该简所抄应是完整的章节，我们去掉今本的标点符号并将其按照"两行"的形制排列，会变成下面的样子：

　　　子曰予欲无言子贡曰子如不言则小子何述焉子曰天何言哉四时行焉百物
生焉
　　　　天何言哉孺悲欲见孔=子=辞以疾将命者出户取瑟而歌使之闻之宰我问三
年之丧期已久矣君子三

　　可以看出简文所在的部分不能对齐，只有在第一行的字比今本多出十个左右时，才能使得简文所写的两行文字对齐排列。也就是说，简文所抄的《齐论语》要比今本《论语》的内容多。何晏《论语集解·序》说《齐论语》"其二十篇中，章句颇多于《鲁论》"，似乎可以用来解释这个现象。

　　综上，本书通过对传世文献中汉代《论语》流传过程材料的梳理和肩水金关汉简中可能属于《齐论语》简文的考察，对于汉代《论语》版本的合并标准进行了的探讨。我们发现，"删其繁惑"很可能是张禹在合并齐、鲁二本《论语》时的一个主要标准。张禹删掉的《齐论语》，很可能包括以下内容：①其他文献中已经有所收录的部分，比如《知道》《问王》；②比较繁琐的语句；③与当时推崇的主流价值观不符合的内容。对于含义较难解释的部分，则采用别本更易懂的语句来替换。"张侯论"出现后，《齐论语》虽然渐渐失传，它的内容却以异文的形式，部分保存了下来。

　　当然，由于肩水金关的材料比较少，也不能百分之百确定，要想获得对《齐论语》和汉代《论语》合并过程更清晰准确的认识，很大程度上还有待于海昏侯墓《齐论语》的公布。

---

① 刘娇：《居延汉简所见六艺诸子类资料辑释》。

第五节　对文献学派归属的反思

　　"辨章学术，考镜源流"——在研究传世文献缺载的典籍类简帛古书时，对其所属学派的判断无疑是很重要的部分。常用的方法是根据某一学派思想中的核心概念进行判断。比如儒家讲"仁"，讲事功，讲入世，道家讲"无"，讲自然，讲出世。如果一篇文献讲"仁"，那么多半被归类为儒家；而如果讲"无"，就相应地被归为道家。

　　这本来无可厚非，但实际操作中却发现，对于某篇简文的学派属性，学者往往存在多种看法，难以得到统一的认识。在上博儒籍的研究中，也同样存在这个问题。具体来看，主要包括以下几个方面。

　　首先，存在儒家与墨家、纵横家的混淆。上博简中的《子羔》《容成氏》，郭店简《唐虞之道》等篇都涉及上古尧舜禅让的故事。除了《子羔》篇因明确记载了对话的人物为孔子与子羔，学者一般都认为是儒家文献以外，其余两篇的学派属性都存在诸多异说。

　　赵平安认为《容成氏》中有关禅让的内容，体现了墨家兼爱、尚贤等思想，应为墨家作品①。姜广辉则认为此篇从思想倾向看应属儒家作品，但从文风看又不能排除属于纵横家的可能②。

　　《唐虞之道》一篇，一般认为属于儒家③，但也有不同看法。李学勤认为此篇强调禅让，因而怀疑与苏代、屠毛寿之流游说燕王禅位子之一事有关，或许应划归纵横家④。

　　其次，存在着儒、道两家的混淆。《礼记·孔子闲居》和《孔子家语·论礼》中记载的"五至三无"之说，长期以来都被认为应属道家思想，不能代表孔门思想。而《民之父母》的出现，打破了这个成见。庞朴进一步推测，该篇的"志气"之说是

---

① 赵平安：《楚竹书〈容成氏〉的篇名及其性质》，《华学》（第六辑），75—78页。

② 姜广辉：《上博藏简〈容成氏〉的思想史意义——上海博物馆藏战国楚竹书（二）〈容成氏〉初读印象札记》，简帛研究网，2003年1月9日。

③ 廖名春：《荆门郭店楚简与先秦儒学》，《郭店楚简研究》［《中国哲学》（第二十辑）］；李存山：《先秦儒家的政治伦理教科书——读楚简〈忠信之道〉及其他》，《中国文化研究》1998年4期，20—26页；王博：《关于〈唐虞之道〉的几个问题》，《中国哲学史》1999年2期，30—33页。

④ 李学勤：《先秦儒家著作的重大发现》。

《孟子》浩然之气的先声①。

最后，还存在着儒家与杂家的混淆。上博简《相邦之道》记载了孔子与子贡、"公"的对话，一般认为应属于儒家文献。但裘锡圭认为简1的"先其欲、服其强"和"静以待时"等思想与《管子》较为接近，与儒家思想存在距离，且简1"事"字写法与简2、4不同，故推测简1应属于别篇竹书②。

除了上面谈到的三点以外，在儒家政治思想的研究中，在刑政思想上还存在着儒家与法家的混淆。文献中若提到主张刑罚，就会被认为是法家的思想，至少会说是受到了法家思想的影响。

之所以会产生这种情况，究其原因，恐怕在于长期以来人们对于先秦诸子思想的区别到底在哪里，认识不够清晰。从文献记载来看，诸子思想往往存在很多相似之处，不是完全没有交集的。顾实就曾指出，儒家八派中的漆雕氏之儒与黄老道德之术非常相近③。而以往在诸子思想的分派问题上，人们着眼的往往是诸子之间思想的差异，对于各派之间的相似性重视得不够。而这种"相似性"的存在本身，在某些领域模糊了诸子的界限，造成了学派的易混。

而在以往的儒家研究中，存在两种模式。一种是以《论语》为较为可靠的文献，以《论语》中所蕴含的思想为儒家正统，《大戴礼记》《礼记》《孔子家语》等其他儒家文献中若有与之不合、却与别派相似的内容，即被认为是后人的"伪造"。《礼记·孔子闲居》一篇就曾因"三无"之说颇似道家之言，长期以来被斥为伪造。这一种研究模式有点先入为主，有一套预先设定的标准，任何与之相悖的思想和文献都被排斥在外。"辨伪"成了处理学派之间模糊地带的手段，"伪造"成了替罪羊。

另一种在材料的选择上没有那么挑剔，对孔子、曾子、子思等孔门后学的相关的文献进行了广泛的搜集与整理，比如宋代的汪晫对曾子的辑佚，所收录的材料除了《论语》以外，还包括《大戴礼记》《礼记》《说苑》《新序》等。这种研究方式是从材料出发，不足之处在于对思想的研究不够深入，对于不同学派思想的相似性没有做进一步的探讨。

---

① 参庞朴：《喜读"五至三无"——初读〈上博简〉》（二），《上博馆藏战国楚竹书研究续编》，220—223页。

② 裘锡圭：《上博简〈相邦之道〉1号简考释》，《中国文字学报》（第一辑），商务印书馆，2006年，68—72页。引者按：李松儒认为《相邦之道》全篇字迹风格显著，各简字迹特征一致，应为同一书手所写，"事"的不同写法，应为书手有意变换所致。见《战国简帛字迹研究：以上博简为中心》，303—307页。

③ 顾实：《汉书艺文志讲疏》，98页。

以上两种研究模式都没有对儒家思想中与其他学派相似性的问题予以足够的重视和合理的解释。如何正确地区分儒家学派与其他学派，仍然没有一个很好的标准。在上博楚简的研究中，之所以会对同一篇文献的学派归属存在许多不同的争论，原因也正在于此。

上博楚简中出现的儒、墨与纵横家的混淆，是围绕着禅让思想展开的。禅让之说究竟起源于哪家，争论已久。一般认为尧舜的禅让故事见诸《尚书》，是儒家思想。但顾颉刚、童叔业等学者在20世纪30年代就提出不同看法，认为禅让起源于墨家①。随着出土文献中有关禅让的简文出现，人们已经逐渐意识到，禅让之说作为一股思潮，曾经广泛地盛行于战国时期，儒、墨、道、法等各个学派的著述当中皆有对这一思想的讨论。至于"尚贤"，显然也不是墨家的专利，"举贤才"也是孔子所提倡的。在"禅让"说上对不同学派产生的混淆，是由于话题的相似。

儒、道的混淆，是围绕着贵"无"的思想展开的。贵"无"本身是一种抛开现象看本质的方法论，与学派的思想属性关系不大。道家可以讲"大象无形"，儒家也可以讲"无声之乐""无体之礼""无服之丧"。贵"无"并不是道家的专利。对于儒、道两家在这个问题上的相似性，方旭东指出儒、道的思想分歧，不在于他们是否使用"无"这个概念或者是否推崇某种"无"的境界，而在于他们对于"无"的不同理解，或者说他们所要"无"（取消）的内容具体是什么。儒、道的本质区别，不在于是否讲"无"，而在于二者政治哲学上对道德仁义的不同看法②。由此可以推论，无论是儒、道之间，还是孟、荀等儒学内部的不同派别之间，他们的根本性区别往往都在于政治哲学而不是方法论。就拿儒、墨来说，郭沫若指出二者的区别在于基本立场的不同③。

至于儒家与法家、杂家的混淆，则与人们对先秦诸子学派划分的标准认识不清有关。先秦学术儒、墨、道、法、名、阴阳六家的划分，出自司马谈《论六家要旨》。先秦是否真的存在这六家，学者是有不同看法的，胡适就否认六家的存在④。李零认为六家不是六个思想流派，而是半学半术各三家。儒、墨、道，是思想派别，儒是保守派，道是激进派，墨介于二者之间。另外三家中，法、名是刑名法术之学，阴阳是数术方技之学，不是思想派别⑤。换句话说，儒、墨、道三家与法、名、阴阳三家的划分，并不是属于一个层面上的概念。

①　《古史辨》第七册（下）。

②　方旭东：《上博简〈民之父母〉篇论析》，《上博馆藏战国楚竹书研究续编》，256—276页。

③　郭沫若：《十批判书》，东方出版社，1996年，502页。

④　胡适：《中国古代哲学史》，安徽教育出版社，2006年。

⑤　李零：《去圣乃得真孔子》，9、10页。

　　了解到这一点，再回头来看儒家与法家思想相似性的问题，就不难理解了。首先，孔子虽然强调教化的作用，但并不是主张完全不用刑罚的。《孔子家语·刑论》就记载孔子说："圣人之治化也，必刑政相参焉。"《孔子家语·五刑解》也有相似的记载①。孔子一直都主张刑罚与德礼共用。其次，儒、法两家，一个是思想派别，一个是技术派别，二者不是同一个层面的概念，它们之间也不存在根本的对立，无论从内涵上还是外延上，都有很多重合的地方。《韩非子·喻老》赞子夏可以"自胜"，《外储说右上》引子夏传《春秋》之语，甚重子夏。郭沫若指出，前期法家多出自子夏之学，韩非本人甚至认为子夏是自己的宗师②。李启谦亦指出，子夏的思想中，存在前期法家的思想因素③。

　　而在《相邦之道》的问题上，其实《管子》一书，《汉书·艺文志》本来就列在"兼儒、墨，合名、法"的杂家类，并不能因为《相邦之道》中有与之相似的思想，就排除此篇属于儒家文献。况且重"时"的思想，又见于郭店楚简《穷达以时》篇，并可与《荀子·宥坐》《韩诗外传》卷七第六章和《新序·杂言》对读，所述为孔子厄于陈、蔡的故事，显然与儒家有着很大的联系。

　　现在看来，以前根据各个学派标志性概念来判断出土文献学派归属——提到"无"就是道家，提到"仁"就是儒家——有点表面化。出土发现向我们证明，各个学派之间的思想区别，其实远非如此简单，他们之间是存在着一些相似观点和共同话题的。以标志性概念作为判断标准的做法固然有问题，而根据说话人身份来判断学派属性的做法，也是值得商榷的。对于一篇出土文献学派归属的判断，归根究底，还是要看整篇文章所表现出来的思想内涵。

　　无论"六家"还是"九流十家"，都是后人对先秦学术派别的分类，与真实的情况必然存在一定距离。不管以哪种标准分类，必定都会存在一些不好归类的文献。《汉志》中的"杂家"类的存在就是为了解决这些文献的分类问题。我们今天在判断出土文献的学派归属时，也可以借鉴汉人的这种做法。对于思想倾向并不明确的文献，大可不必一定要将其划分在某一派之中。

　　总之，在出土文献学派归属的判断上，我们既不能像以往那样，简单、轻率地做出单一的划分，也不能走得过远。如果因为儒、道两家存在着如此多的相似之处，就认为两家区别甚小，那就有些过了。

---

　　①　冉有问孔子古时三皇五帝不用五刑是不是真的，孔子说："圣人之设防，贵其不犯也，制五刑而不用，所以为至治也。""刑罚之源，生于嗜欲不节。夫礼度者，所以御民之嗜欲而明好恶，顺天之道。礼度既陈，五教毕修，而民犹或未化，尚必明其法典，以申固之。"

　　②　郭沫若：《十批判书·儒家八派的批判》。

　　③　李启谦：《孔门弟子研究》，111、112页。

结语　文献流传与文化记忆

　　钱穆曾在《孔子传·序言》中把孔子一生的三项事业排列如下，学术事业（钱氏称之为"自学与教人"）最重要，其次是政治事业，最后是著述事业。"因孔子在中国历史文化上之主要贡献，厥在其自为学与其教育事业之两项。……孔子之政治事业，则为其以学以教之当境实践之一部分。"①

　　这当然是有理有据的。但上博儒籍展示的孔子，更多与政治理念和为政措施相关。与他对话的人物不论是鲁公、季氏、史䧜等"君子"，还是颜渊、仲弓、子贡等学生，为政始终是对话的中心议题。对于孔夫子本人来说，学术事业恐怕也并不是他的"第一志愿"。孟子有一段对孔子的评价：

　　　　周霄问曰："古之君子仕乎？"孟子曰："仕。传曰：'孔子三月无君，则皇皇如也，出疆必载质。'公明仪曰：'古之人三月无君，则吊。'"（《孟子·滕文公下》）

　　这里引述的"传"指传记，上博儒籍中的多数篇章都属于此类。据此可知政治事业对于孔子的重要性。孔子自为学，是为了更好地了解周文化，以便有朝一日手握实权可实行之，正所谓"学而时习之"，"学"是为了"习"；讲学授徒，亦以培养符合他的政治理想的官员为目的。政治思想，始终是孔子思想的核心部分；政治事业，亦实乃孔子一生的首要事业。讲学授徒、退修诗书，都是他在"东周"之梦无法实现的境况之下，不得已而求其次的选择。

　　有关孔门师弟生平的时间线自司马迁首次汇集详述以来，就存在很多错乱之处，后世又随着"圣迹"故事的流传广为人知。郭齐勇曾指出，早期儒学传播的过程中孔门师徒的故事往往会发生郢书燕说、张冠李戴的情况②。所论涉及儒学文献中的两个问题：第一是注文、传记混入正文；第二是某些重要事件中的人物记载往往不同，存在混淆。今本《缁衣》第一章很可能就是误入的正文，而人物混淆的例子就更多了。

---

　　① 钱穆：《孔子传》，2页。
　　② 郭齐勇：《上博楚简有关孔子师徒的对话与故事》，《简帛》（第十辑），25—36页。

《史记》载孔子"过匡，颜刻为仆，以其策指之……"，正义引《琴操》则云："孔子到匡郭外，颜渊举策指……"又载"有隼集于陈廷而死""陈潜公使使问仲尼"，《孔子家语》《国语》皆作"陈惠公"，索隐已谓其非等。这些都造成了原始儒家研究中的障碍。

在上博儒籍的记载中，混淆人物的现象更为突出，具体表现有两类。一类是情节的主人公不同。《君子为礼》首章记颜渊与孔子关于如何为礼的问答，颜渊听闻孔子之言后不知如何去做，而今本《论语·公冶长》中这样的人物却是"未之能行，唯恐有闻"的子路；《子道饿》记子游受到不合礼制的待遇愤然离开，路上儿子饿死，在传世文献中，遭受丧子之痛的却是子夏（《史记·仲尼弟子列传》"其子死，哭之失明"），愤而离开的事，依《新序·杂事》则发生在子张身上（"子张见鲁哀公，七日而哀公不礼，托仆夫而去"）。另一类是言论的发出者不同。《君子为礼》中孔子对颜渊讲述对独知、独贵与独富的反对，不见传世文献。《皇王大纪》中类似言论则出于师承子夏的李克之口①。

一方面，早期信息准确保存、传递的不易是造成这种现象的主要原因。另一方面，章学诚《文史通义》所说"古人言之所以为公也"的那种与今天不同的文化环境也是一个重要原因②。

此外，我们认为"文化记忆"的理论对早期文献人物混淆现象的解释中，或许可以发挥一定作用——这种混淆，很可能与"孔子"和"孔门弟子"整体作为文化符号成为"文化记忆"的一部分有关。扬·阿斯曼提到，文字使得记忆的外化成为可能，从而可以保存和回顾跨越数千年的记忆，但同时，外化的文化也"通过将一些内容束之高阁的方式使之被遗忘，通过操控、审查、销毁、改写和替换的方式使之被压抑"。而口述传统一旦被书写取代，"必须追求花样和创新"就成为"任何一个作者都要面对的问题"③。这也就意味着重要的人物形象、事件母题形成、被接受之后，往往获得了某种独立于发生者之外的特性，具有了更多被附益和演变的可能。

原始儒家故事的文献中有很多形象鲜活、但恐怕与事实相距甚远的记载。如《庄子·田子方》中"夫子奔逸绝尘，而回瞠若乎后矣"的颜回；《韩诗外传》记孔子南游于楚，"有处子佩瑱而浣者"，派子贡去搭话；《左传》记定公十五年春邾隐公来朝，子贡预言他与鲁定公有一人将亡等，都是这种"文化记忆"的反映——事件或许

---

① 张昊：《上博简（五）〈君子为礼〉与〈弟子问〉研究》，武汉大学硕士学位论文，2007年，61、62页。

② 明代郎瑛，今人裘锡圭都谈过这个问题。见刘娇：《言公与勦说》，2页。

③ 扬·阿斯曼著，金寿福、黄晓晨译：《文化记忆——早期高级文化中的文字、回忆和政治身份》，北京大学出版社，2015年，15、98页。

只是造作，人物或许有所混淆，但这些并非条条切实的文献记录，整体上起到了"外部存储器"的功能，而原始儒家的大致面貌就隐藏在这些虚实结合的记述之中。混淆的人物往往具有某种相似性，就是这种现象的体现。

对相关文献可靠性的考察，始终是研究的前提。虽然前人已经做了较为全面的搜集与整理，为后世的研究提供了很大的便利①，但由于年代久远，儒家在后世独尊的地位，也增加了文献偏离真实的概率——就连史籍记录最详、最可靠的《论语》，确切的成书年代都仍然是探讨的对象，更不要说其他文献了。尽管有的学者提出"论语类"文献的概念，认为古籍中关于孔子和孔门弟子的成段叙述基本上都可看作与《论语》篇章的同类文献，可靠性应有所提升，然而面对此类文献的整体时却不得不承认，相关记载过于繁芜，其形成、流传、选编、定型，很可能是一个多线的、长期的、反复的、错综复杂的过程。

上博儒籍印证了古书多以单篇流传的旧说，同时也展现了古人将单篇短文汇集成卷的尝试。这种汇集既有《子羔》和《颜渊问于孔子》两卷那样各篇相对独立的模式，又有《弟子问》和《君子为礼》那种如《论语》一般由若干短章组合为较长篇卷的文本。汇集者同时往往也承担了选编的职责，无论对于某一母题的不同版本，还是其中的某些语句等更小的文本单位，几乎都存在出于某种考量的取舍与整合。

在前印刷术时代，文本的每一次"复制"从理论上讲都存在"流动"的可能。这种"流动"，既有被动的、无意的（错简、误抄、误读），也有主动的、有意的（制作者基于观念、理解的修订、删改等）。有时，文本内部的紧密逻辑性会使其凝固起来，呈现相对稳定的状态，如《性情论》的第一章。但结构松散的篇章并不一定会始终"流动"，《缁衣》两个战国写本在章序上的一致性就是个例子，它们与今本的差异，更有可能是由某种偶然的、人为的因素在短期内造成的。

总的来说，在原始儒家文献的形成和流传这个问题上，来自战国中晚期的上博儒籍确实带来了更多的信息，但却还远远不是答案的全部。对历史真相的追溯一定艰难，却正是人类求知本能的体现，人之为人的根本。

---

① 李启谦、骆承烈、王世伦合编：《孔子资料汇编》，山东友谊出版社，1991年；李启谦、王世伦合编：《孔门弟子资料汇编》，山东友谊出版社，1991年。

参 考 书 目

一、出 土 文 献

安徽大学汉字发展与应用研究中心编，黄德宽、徐在国主编：《安徽大学藏战国竹简》（一），中西书局，2019年。

安徽省文物工作队、阜阳地区博物馆、阜阳县文化局：《阜阳双古堆西汉汝阴侯墓发掘简报》，《文物》1978年8期，12—31页。

北京大学出土文献研究所：《北京大学藏西汉竹书概说》，《文物》2011年6期，49—56页。

北京大学出土文献研究所编：《北京大学藏西汉竹书》（壹、贰、叁、肆、伍），上海古籍出版社，2015、2012、2015、2015、2014年。

陈松长编：《香港中文大学文物馆藏简牍》，香港中文大学文物馆，2001年。

陈松长主编：《岳麓书院藏秦简》（肆、伍），上海辞书出版社，2015、2017年。

阜阳汉简整理组：《阜阳汉简〈诗经〉》，《文物》1984年8期。

甘肃简牍保护研究中心、甘肃省文物考古研究所、甘肃省博物馆等编：《肩水金关汉简》（壹、贰、叁、肆、伍），中西书局，2011、2012、2013、2015、2016年。

甘肃居延考古队：《居延汉代遗址的发掘和新出土的简册文物》，《文物》1978年1期。

甘肃省博物馆、中国科学院考古研究所编：《武威汉简》，文物出版社，1964年。

甘肃省博物馆：《甘肃武威磨咀子6号汉墓》，《考古》1960年5期。

国家文物局古文献研究室、河北省博物馆、河北省文物研究所定县汉墓竹简整理组：《〈儒家者言〉释文》，《文物》1981年8期。

国家文物局古文献研究室编：《马王堆汉墓帛书》（壹），文物出版社，1980年。

简牍整理小组编：《居延汉简》（壹、贰、叁、肆），中研院历史语言研究所，2014、2015、2016、2017年。

简牍整理小组编：《居延汉简补编》，中研院历史语言研究所专刊之九十九，1998年。

荆门市博物馆编：《郭店楚墓竹简》，文物出版社，1998年。

劳干：《居延汉简考释·考证之部》，1944年四川南溪石印本。

劳干：《居延汉简考释·释文之部》，1943年四川南溪石印本、1949年商务印书馆铅印本。

马承源主编：《上海博物馆藏战国楚竹书》（一—九），上海古籍出版社，2001、2002、2003、2004、2005、2007、2008、2011、2012年。

马王堆汉墓帛书整理小组：《马王堆帛书〈六十四卦〉释文》，《文物》1984年3期。

濮茅左主编：《上海博物馆藏楚竹书：孔子诗论、子羔、鲁邦大旱》，中西书局，2014年。

清华大学出土文献研究与保护中心：《清华大学藏战国竹简〈保训〉释文》，《文物》2009年6期。

清华大学出土文献研究与保护中心编、李学勤主编：《清华大学藏战国竹简》（贰、叁、肆、伍、陆、柒、捌），中西书局，2011、2012、2013、2015、2016、2017、2018年。

裘锡圭主编，湖南省博物馆、复旦大学出土文献与古文字研究中心编纂：《长沙马王堆汉墓简帛集成》（全七册），中华书局，2014年。

文物局古文献研究室、安徽省阜阳地区博物馆阜阳汉简整理组：《阜阳汉简简介》，《文物》1983年2期。

晓菡：《长沙马王堆汉墓帛书概述》，《文物》1974年9期。

谢桂华、李均明、朱国炤：《居延汉简释文合校》，文物出版社，1987年。

中国简牍集成编委会编：《中国简牍集成》，敦煌文艺出版社，2005年。

中国科学院考古研究所：《居延汉简甲编》，科学出版社，1959年。

中国社会科学院考古研究所编：《居延汉简甲乙编》，中华书局，1980年。

朱汉民、陈松长主编：《岳麓书院藏秦简》（壹、贰、叁），上海辞书出版社，2010、2011、2013年。

二、典籍、旧著

（汉）班固编撰、顾实讲疏：《汉书艺文志讲疏》，上海古籍出版社，1987年。

（汉）班固撰、（唐）颜师古注：《汉书》，中华书局，1962年。

（汉）司马迁撰、（南朝宋）裴骃集解、（唐）司马贞索隐、（唐）张守节正义：《史记》，中华书局，1959年。

（魏）王肃注：《孔子家语》（四部丛刊景明翻宋本），中国基本古籍库电子本。

（唐）陆德明撰：《经典释文》（影印宋刻本），上海古籍出版社，2010年。

（清）冯登府：《论语异文考证》（清道光十四年广东学海堂刻本），中国基本古籍库电子本。

（清）刘宝楠：《论语正义》，中华书局，1990年。

（清）马骕撰、王利器整理：《绎史》，中华书局，2002年。

（清）孙希旦撰：《礼记集解》，中华书局，1989年。

程树德撰：《论语集释》，中华书局，1990年。

黄怀信主撰，孔德立、周海生参撰：《大戴礼记汇校集注》，三秦出版社，2005年。

李启谦、骆承烈、王式伦编：《孔子资料汇编》，山东友谊书社，1991年。

李启谦、王式伦编：《孔子弟子资料汇编》，山东友谊书社，1991年。

李学勤主编：《十三经注疏》，北京大学出版社，1999年。

杨伯峻译注：《论语译注》，中华书局，2009年。

三、专著、论文集

〔德〕扬·阿斯曼著，金寿福、黄晓晨译：《文化记忆：早期高级文化中的文字、回忆和政治身份》，北京大学出版社，2015年。

〔美〕夏含夷：《西观汉记》，上海古籍出版社，2018年。

〔美〕夏含夷著、周博群等译：《重写中国古代文献》，上海古籍出版社，2012年。

〔日〕福田哲之著，〔日〕佐藤江之、王绣雯合译：《中国出土文献与战国文字之研究》，台湾万卷楼图书股份有限公司，2005年。

〔日〕和辻哲郎著、刘幸译、陈玥校：《孔子》，上海古籍出版社，2021年。

〔日〕浅野裕一著、〔日〕佐藤将之监译：《上博楚简与先秦思想》，万卷楼图书股份有限公司，2008年。

（清）崔述撰著、顾颉刚编订：《崔东壁遗书》，上海古籍出版社，1983年。

曹建国：《楚简与先秦〈诗〉学研究》，武汉大学出版社，2010年。

陈鼓应主编：《道家文化研究》（第三辑　马王堆帛书专号），上海古籍出版社，1993年。

陈澧：《东塾读书记》，生活·读书·新知三联书店，1998年。

陈斯鹏：《简帛文献与文学考论》，中山大学出版社，2007年。

陈泳超：《尧舜传说研究》，南京师范大学出版社，2000年。

程鹏万：《简牍帛书格式研究》，上海古籍出版社，2017年。

楚永安：《文言复式虚词》，中国人民大学出版社，1986年。

冯胜君：《郭店简与上博简对比研究》，线装书局，2007年。

顾颉刚等编：《古史辨》（一——七册），上海古籍出版社，1982年。

顾立雅著、高专诚译：《孔子与中国之道》，大象出版社，2000年。

郭沫若：《十批判书》，东方出版社，1996年。

韩自强：《阜阳汉简〈周易〉研究——附：〈儒家者言〉章题〈春秋事语〉章题及相关竹简》，上海古籍出版社，2004年。

侯乃峰：《上博楚简儒学文献校理》，上海古籍出版社，2018年。

胡平生、韩自强编：《阜阳汉简诗经研究》，上海古籍出版社，1988年。

胡平生、李天虹：《长江流域出土简牍与研究》，湖北教育出版社，2004年。

胡适：《中国古代哲学史》，安徽教育出版社，2006年。

黄怀信：《上海博物馆藏战国楚竹书〈诗论〉解义》，社会科学文献出版社，2004年。

季旭昇主编，陈霖庆、郑玉姗、邹濬智合撰：《〈上海博物馆藏战国楚竹书（一）〉读本》，台湾万卷楼图书股份有限公司，2004年。

季旭昇主编，陈美兰、苏建洲、陈嘉凌合撰：《〈上海博物馆藏战国竹书（二）〉读本》，台湾万卷楼图书股份有限公司，2003年。

李均明、刘国忠、刘光胜等：《当代中国简帛学研究（1949—2019）》，中国社会科学出版社，2020年。

李零：《郭店楚简校读记》，中国人民大学出版社，2007年。

李零：《简帛古书与学术源流》，生活·读书·新知三联书店，2004年。

李零：《去圣乃得真孔子：〈论语〉纵横读》，生活·读书·新知三联书店，2008年。

李零：《丧家狗——我读〈论语〉》，山西人民出版社，2007年。

李零：《上博楚简三篇校读记》，中国人民大学出版社，2007年。

李启谦：《孔门弟子研究》，齐鲁书社，1988年。

李松儒：《战国简帛字迹研究：以上博简为中心》，上海古籍出版社，2015年。

李天虹：《郭店竹简〈性自命出〉研究》，湖北教育出版社，2002年。

李学勤：《重写学术史》，河北教育出版社，2002年。

梁涛：《郭店竹简与思孟学派》，中国人民大学出版社，2008年。

廖名春：《〈周易〉经传与易学史新论》，齐鲁书社，2001年。

廖名春：《新出楚简试论》，台湾古籍出版有限公司，2001年。

刘传宾：《郭店竹简文本研究综论》，上海古籍出版社，2017年。

刘娇：《言公与剿说——从出土简帛古籍看西汉以前古籍中相同或类似内容重复出现

　　现象》，线装书局，2012年。

刘汝霖：《汉晋学术编年》，华东师范大学出版社，2009年。

刘信芳：《孔子诗论述学》，安徽大学出版社，2003年。

刘钊：《郭店楚简校释》，福建人民出版社，2005年。

骈宇骞、段书安编：《二十世纪出土简帛综述》，文物出版社，2006年。

骈宇骞：《简帛文献纲要》，北京大学出版社，2015年。

钱穆：《孔子传》，生活·读书·新知三联书店，2002年。

钱穆：《先秦诸子系年》，商务印书馆，2001年。

单育辰：《楚地战国简帛与传世文献对读之研究》，中华书局，2014年。

沈颂金：《二十世纪简帛学研究》，学苑出版社，2003年。

王锷：《〈礼记〉成书考》，中华书局，2007年。

闻一多：《神话与诗》，古籍出版社，1957年。

邬可晶：《〈孔子家语〉成书考》，中西书局，2015年。

禤健聪：《战国楚系简帛用字习惯研究》，科学出版社，2017年。

余嘉锡撰：《古书通例》，上海古籍出版社，1985年。

俞绍宏、张青松编：《上海博物馆藏战国楚简集释》，社会科学文献出版社，2019年。

虞万里：《上博馆藏楚竹书〈缁衣〉综合研究》，武汉大学出版社，2009年。

赵纪彬：《关于孔丘杀少正卯问题》，人民出版社，1974年。

郑良树：《古籍辨伪学》，（台湾）学生书局，1986年。

周波：《战国时代各系文字间的用字差异现象研究》，线装书局，2012年。

四、论　　文

白于蓝：《〈上海博物馆藏战国楚竹书（一）〉释注商榷》，《华南师范大学学报
　　（社会科学版）》2002年5期。

白于蓝：《郭店楚墓竹简考释（四篇）》，《简帛研究：二〇〇一》，广西师范大学
　　出版社，2001年。

白于蓝：《释"玄咎"》，简帛研究网，2003年1月19日。

曹方向：《读上博楚简第八册琐记》，简帛网，2011年8月22日。

曹峰：《〈鲁邦大旱〉初探》，《上博馆藏战国楚竹书研究续编》，上海书店出版
　　社，2004年。

曹建敦：《读上博藏楚竹书〈内礼〉篇札记》，简帛研究网，2005年3月4日。

曹建敦：《上博简〈天子建州〉"天子歆气"章的释读及相关问题》，复旦大学出土文献与古文字研究中心网，2011年9月30日。

曹建敦：《用新出竹书校读传世古籍札记一则》，简帛研究网，2005年3月6日。

曹建国：《上博竹书〈弟子问〉关于子路的几条简文疏释》，"新出楚简国际学术研讨会"论文，武汉大学与哈佛大学燕京学社主办，武汉，2006年6月26—28日。

草野友子：《关于上博楚简〈武王践阼〉中误写的可能性》，复旦大学出土文献与古文字研究中心网，2009年9月22日。

陈东：《关于定州汉墓竹简〈论语〉的几个问题》，《孔子研究》2003年2期。

陈剑：《〈孔子诗论〉补释一则》，《上博馆藏战国楚竹书研究》，上海书店出版社，2002年。

陈剑：《〈上博（六）·孔子见季桓子〉重编新释》，复旦大学出土文献与古文字研究中心网，2008年3月22日，后收入《出土文献与古文字研究》（第二辑），复旦大学出版社，2008年。

陈剑：《〈上博（三）·仲弓〉剩义》，《简帛》（第三辑），上海古籍出版社，2008年。

陈剑：《〈上博（五）〉零札两则》，简帛网，2006年2月21日。

陈剑：《〈上博八·子道饿〉补说》，复旦大学出土文献与古文字研究中心网，2011年7月19日。

陈剑：《甲骨金文旧释"𤉡"之字及相关诸字新释》，复旦大学出土文献与古文字研究中心网，2007年12月29日。

陈剑：《上博简〈民之父母〉"而得既塞于四海矣"句解释》，简帛研究网，2003年1月18日。

陈剑：《上博简〈子羔〉、〈从政〉篇的拼合与编连问题小议》，简帛研究网，2003年1月8日，后发表于《文物》2003年5期。

陈剑：《上博竹书"葛"字小考》，简帛网，2006年3月10日。

陈剑：《上博竹书〈仲弓〉篇新编释文（稿）》，简帛研究网，2004年4月19日。

陈剑：《上海博物馆藏战国楚竹书〈从政〉篇研究（三题）》，《简帛研究：二〇〇五》，广西师范大学出版社，2008年。

陈剑：《试说战国文字中写法特殊的"亢"和从"亢"诸字》，复旦大学出土文献与古文字研究中心网，2010年10月7日，后发表于《出土文献与古文字研究》（第三辑），复旦大学出版社，2010年。

陈剑：《释"琼"及相关诸字》，"中国简帛学国际论坛2006"论文，后收入其《甲骨金文考释论集》，线装书局，2007年。

陈剑：《谈谈〈上博（五）〉的竹简分篇、拼合与编联问题》，简帛网，2006年2月19日。

陈侃理：《上博楚简〈鲁邦大旱〉的思想史坐标》，《中国历史文物》2010年6期。

陈丽桂：《由表述形式与义理结构论〈民之父母〉等篇优劣》，《上博馆藏战国楚竹书研究续编》，上海书店出版社，2004年。

陈斯鹏：《初读上博楚简》，简帛研究网，2002年2月5日。

陈斯鹏：《初读上博竹书（四）文字小记》，简帛研究网，2005年3月6日。

陈斯鹏：《读〈上博竹书（五）〉小记》，简帛网，2006年4月1日。

陈伟：《"鲁司寇寄言游于逡楚"试说》，简帛网，2011年7月21日。

陈伟：《〈季康子问孔子〉零识（续）》，简帛网，2006年3月2日。

陈伟：《〈君子为礼〉9号简的缀合问题》，简帛网，2006年3月6日。

陈伟：《〈上海博物馆藏战国楚竹书（二）〉零释》，简帛研究网，2003年3月17日。

陈伟：《〈天子建州〉校读》，简帛网，2007年7月13日。

陈伟：《〈颜渊问于孔子〉内事、内教二章校读》，简帛网，2011年7月22日。

陈伟：《读〈上博六〉条记》，简帛网，2007年7月9日。

陈伟：《读〈上博六〉条记之二》，简帛网，2007年7月10日。

陈伟：《郭店简书〈性自命出〉校释》，《新出土文献与古代文明研究》，上海大学出版社，2004年。

陈伟：《上博、郭店二本〈缁衣〉对读》，《上博馆藏战国楚竹书研究》，上海书店出版社，2002年。

陈伟：《上博楚竹书〈仲弓〉"季桓子章"集释》，简帛网，2005年12月10日。

陈伟：《上博五〈弟子问〉零释》，简帛网，2006年2月21日。

陈伟：《上博五〈季康子问于孔子〉零识》，简帛网，2006年2月20日。

陈伟：《上海博物馆藏楚竹书〈从政〉校读》，简帛研究网，2003年1月10日。

陈伟：《文本复原是一项长期艰巨的工作》，《湖北大学学报（哲学社会科学版）》1999年2期。

陈伟：《竹书〈仲弓〉词句试解（三则）》，简帛研究网，2005年8月15日。

程苏东：《京都大学所藏刘炫〈孝经述议〉残卷考论》，《中华文史论丛》2013年1期。

董莲池：《上海博物馆藏〈战国楚竹书（一）·孔子诗论〉解诂（一）》，《古籍整理研究学刊》2002年2期。

董珊：《读〈上博藏战国楚竹书（四）〉杂记》，简帛研究网，2005年2月20日。

凡国栋、何有祖：《〈孔子见季桓子〉札记一则》，简帛网，2007年7月15日。

范常喜：《〈弟子问〉〈季庚子问于孔子〉札记三则》，简帛网，2006年8月2日。

范常喜：《〈上博二·从政乙〉札记二则》，《简帛语言文字研究》（第五辑），巴蜀书社，2010年。

范常喜：《〈上博五·弟子问〉1、2号简残字补说》，简帛网，2006年5月21日。

范常喜：《读〈上博（四）〉札记四则》，简帛研究网，2005年3月31日。

范常喜：《读〈上博六〉札记六则》，简帛网，2007年7月25日。

范丽梅：《楚简文字零释》，复旦大学出土文献与古文字研究中心网，2010年7月21日。

范丽梅：《上博楚简〈鲁邦大旱〉注译》，《上博馆藏战国楚竹书研究续编》，上海书店出版社，2004年。

方旭东：《上博简〈民之父母〉篇论析》，《上博馆藏战国楚竹书研究续编》，上海书店出版社，2004年。

房振三：《上博馆藏楚竹书（四）释字二则》，简帛研究网，2005年4月3日。

冯胜君：《〈性情论〉首句"凡人虽有生"新解》，《简帛》（第二辑），上海古籍出版社，2007年。

冯胜君：《从出土文献看抄手在先秦文献传布过程中所产生的影响》，《简帛》（第四辑），上海古籍出版社，2009年。

冯胜君：《从出土文献谈先秦两汉古书的体例》，《文史》2004年4期。

冯胜君：《读上博简〈孔子诗论〉札记》，《古籍整理研究学刊》2002年2期。

冯胜君：《战国楚文字"黽"字用作"龟"字补议》，《汉字研究》（第一辑），学苑出版社，2005年。

福田哲之：《〈孔子见季桓子〉1号简的释读与缀合》，简帛网，2007年8月6日。

福田哲之：《上博四〈内礼〉附简、上博五〈季康子问于孔子〉第十六简的归属问题》，简帛网，2006年3月7日。

福田哲之：《上博五〈季康子问于孔子〉的编连与结构》，"新出楚简国际学术研讨会"论文，武汉大学与哈佛大学燕京学社主办，武汉，2006年6月26—28日。

复旦大学出土文献与古文字研究中心学生读书会：《攻研杂志（三）——读〈上博（六）·孔子见季桓子〉札记（四则）》，复旦大学出土文献与古文字研究中心网，2008年5月23日。

复旦大学出土文献与古文字研究中心研究生读书会：《〈上博七·武王践阼〉校

读》，复旦大学出土文献与古文字研究中心网，2008年12月30日。

复旦吉大古文字专业研究生联合读书会：《〈上博八·颜渊问于孔子〉校读》，复旦大学出土文献与古文字研究中心网，2011年7月17日。

复旦吉大古文字专业研究生联合读书会：《上博八〈子道饿〉校读》，复旦大学出土文献与古文字研究中心网，2011年7月17日。

高佑仁：《〈上博九〉初读》，简帛网，2013年1月8日。

顾史考：《上博九〈史蒥问于夫子〉》，"出土文献与传世典籍的诠释国际学术研讨会"论文，复旦大学出土文献与古文字研究中心主办，上海，2017年10月14—15日。

顾史考：《上博竹书〈鲁邦大旱〉探源》，"文明的和谐与共同繁荣"北京论坛，2016年11月4—6日。

郭齐勇：《上博楚简所见孔子思想及其与〈论语〉之比较——以仁学与德政为中心》，"新出楚简国际学术研讨会"会议论文，武汉大学与哈佛燕京学社主办，武汉，2006年6月26—28日。

郭齐勇：《上博楚简有关孔子师徒的对话与故事》，《简帛》（第十辑），上海古籍出版社，2015年。

郭锡良：《先秦语气词新探（一）》，《古汉语研究》1988年1期（创刊号）。

郭沂：《再论原始〈论语〉及其在西汉以前的流传》，《中国哲学史》1996年4期。

郭永秉：《〈孔子见季桓子〉5号简释读补正》，《中国文字》新37期，艺文印书馆，2012年。

郭永秉：《上博竹书〈孔子见季桓子〉考释二题》，《文史》2011年4期。

郭永秉：《说〈子羔〉简4的"敏以好诗"》，《出土文献与古文字研究》（第一辑），复旦大学出版社，2006年，又收入氏著：《古文字与古文献论集》，上海古籍出版社，2011年。

何琳仪：《第二批沪简选释》，《上博馆藏战国楚竹书研究续编》，上海书店出版社，2004年。

何琳仪：《沪简诗论选释》，《上博馆藏战国楚竹书研究》，上海书店出版社，2002年。

何有祖：《〈季庚子问于孔子〉与〈姑成家父〉试读》，简帛网，2006年2月19日。

何有祖：《楚简札记二则》，《简帛》（第二辑），上海古籍出版社，2007年。

何有祖：《读〈上博六〉札记》，简帛网，2007年7月9日。

何有祖：《读〈上海博物馆藏战国楚竹书（九）〉札记》，简帛网，2013年1月6日。

何有祖：《上博六札记（三）》，简帛网，2007年7月13日。

何有祖：《上博三〈仲弓〉小札》，简帛研究网，2004年5月12日。

何有祖：《上博五零释二则》，简帛网，2006年3月3日。

侯乃峰：《上博六剩义赘言》，简帛网，2007年10月30日。

胡平生、韩自强：《阜阳汉简〈诗经〉简论》，《文物》1984年8期。

胡平生：《读上博藏楚竹书〈诗论〉札记》，《上海博物馆藏战国楚竹书研究》，上海书店出版社，2002年。

胡平生：《阜阳汉简周易概述》，《简帛研究》（第三辑），广西教育出版社，1998年。

湖北省荆门市博物馆：《荆门郭店一号楚墓》，《文物》1997年7期。

黄德宽、徐在国：《〈上海博物馆藏战国楚竹书（一）·孔子诗论〉释文补正》，《安徽大学学报（哲学社会科学版）》2002年2期。

黄德宽：《安徽大学藏战国竹简概述》，《文物》2017年9期。

黄浩波：《肩水金关汉简所见典籍残简》，简帛网，2013年8月1日。

黄人二、林志鹏：《上博藏简第三册仲弓试探》，简帛研究网，2004年4月23日，后发表于《文物》2006年1期。

黄人二、赵思木：《读〈上海博物馆藏战国楚竹书（八）·颜渊问于孔子〉书后》，简帛网，2011年7月26日。

黄人二：《读上博藏简第四册内礼书后》，"新出战国楚竹书研读会"论文，台湾楚文化研究会，2005年3月12日。

季旭昇：《〈上博二〉小议（二）：〈民之父母〉"五至"解》，简帛研究网，2003年3月19日。

季旭昇：《〈上博九·史蒥问于夫子〉释读及相关问题》，《吉林大学社会科学学报》2015年4期。

季旭昇：《上博五刍议（上）》，简帛网，2006年2月18日。

季旭昇：《上博五刍议（下）》，简帛网，2006年2月18日。

江晓原：《孔子诞辰：公元前552年10月9日》，《历史月刊》1999年8期。

姜广辉：《郭店楚简与早期儒学》，《义理与考据——思想史研究中的价值关怀与实证方法》，中华书局，2010年。

姜广辉：《上博藏简〈容成氏〉的思想史意义——上海博物馆藏战国楚竹书（二）〈容成氏〉初读印象札记》，简帛研究网，2003年1月9日。

金秉骏：《如何解读战国秦汉简牍中句读符号及其与阅读过程的关系》，《简帛》（第四辑），上海古籍出版社，2009年。

金学勤：《论美国汉学家白氏夫妇的〈论语〉"层累论"成书说》，《四川大学学报

（哲学社会科学版）》2009年2期。

井上亘：《〈内礼〉篇与〈昔者君老〉篇的编连问题》，简帛研究网，2005年10月
　　16日。

来国龙：《论战国秦汉写本文化中文本的流动与固定》，《简帛》（第二辑），上海
　　古籍出版社，2007年。

赖怡璇：《上博九〈史蒥问于夫子〉考释四则》，《简帛》（第十三辑），上海古籍
　　出版社，2016年。

李存山：《〈孔丛子〉中的"孔子诗论"》，《孔子研究》2003年3期。

李存山：《先秦儒家的政治伦理教科书——读楚简〈忠信之道〉及其他》，《中国文
　　化研究》1998年4期。

李二民：《〈缁衣〉之学派归属及思想特质发微》，《中国文化》2016年1期。

李家浩：《释上博战国竹简〈缁衣〉中的"兹臣"合文》，《康乐集——曾宪通教授
　　七十寿庆论文集》，中山大学出版社，2006年。

李零：《出土发现与古书年代的再认识》，《李零自选集》，广西师范大学出版社，
　　1998年。

李零：《从简帛发现看古书的体例和分类》，《中国典籍与文化》2001年1期。

李孟涛：《试探书写者的识字能力及其对流传文本的影响》，"中国简帛学国际论
　　坛2008"论文，芝加哥大学；后发表于《简帛》（第四辑），上海古籍出版社，
　　2009年。

李锐：《〈孔子见季桓子〉新编（稿）》，简帛网，2007年7月11日。

李锐：《〈孔子见季桓子〉重编》，简帛网，2007年8月22日。

李锐：《〈仲弓〉新编》，简帛研究网，2004年4月22日。

李锐：《〈仲弓〉续释》，简帛研究网，2004年4月24日。

李锐：《读〈季康子问于孔子〉札记》，简帛研究网，2006年2月26日。

李锐：《读〈孔子见季桓子〉札记》，复旦大学出土文献与古文字研究中心网，2008
　　年3月27日。

李锐：《读上博四札记（二）》，孔子2000网，2005年2月20日。

李锐：《读上博五札记（二）》，简帛研究网，2006年2月27日。

李锐：《上博馆藏楚简（二）初札》，简帛研究网，2003年1月6日。

李天虹：《读〈季康子问于孔子〉札记》，简帛网，2006年2月24日。

李学勤、李零：《平山三器与中山国史的若干问题》，《考古学报》1979年2期。

李学勤：《〈诗论〉简的编联与复原》，《中国哲学史》2002年1期。

李学勤：《〈诗论〉说〈关雎〉等七篇释义》，《齐鲁学刊》2002年2期。

李学勤：《〈诗论〉与〈诗〉》，《经学今诠三编》[《中国哲学》（第二十四辑）]，辽宁教育出版社，2002年。

李学勤：《读〈周礼正义·天官〉笔记》，"清代经学国际学术研讨会"学术报告，2003年11月14日；又见简帛研究网，2004年4月29日。

李学勤：《对古书的反思》，《当代学者自选文库：李学勤卷》，安徽教育出版社，1998年。

李学勤：《郭店简与〈乐记〉》，《中国哲学的诠释与发展：张岱年先生九十寿庆纪念论文集》，北京大学出版社，1999年。

李学勤：《荆门郭店楚简中的〈子思子〉》，《文物天地》1998年2期。

李学勤：《孔孟之间与老庄之间》，《中国思想史研究通讯》（第六辑），中国社会科学院历史所思想史研究室，2005年。

李学勤：《清华简〈耆夜〉》，《光明日报》2009年8月3日。

李学勤：《清华简整理工作的第一年》，《清华大学学报（哲学社会科学版）》2009年5期。

李学勤：《上博楚简〈鲁邦大旱〉解义》，《上博馆藏战国楚竹书研究续编》，上海书店出版社，2004年。

李学勤：《先秦儒家著作的重大发现》，《郭店楚简研究》[《中国哲学》（第二十辑）]，辽宁教育出版社，1999年。

梁静：《〈孔子见季桓子〉校读》，简帛网，2008年3月4日。

梁涛：《定县竹简〈论语〉与〈论语〉的成书问题》，《管子学刊》2005年1期。

梁涛：《上博简〈内礼〉与〈大戴礼记·曾子〉》，简帛研究网，2005年6月26日。

廖璨璨：《竹简〈缁衣〉与〈礼记·缁衣〉对读研究》，《儒家典籍与思想研究》（第七辑），北京大学出版社，2015年。

廖名春：《〈上博五·君子为礼〉篇校释札记》，简帛研究网，2006年3月6日。

廖名春：《〈子羔〉篇感生简文考释》，《上博馆藏战国楚竹书研究续编》，上海书店出版社，2004年。

廖名春：《楚简〈仲弓〉篇与〈论语·子路〉篇仲弓章对读札记》，《淮阴师范学院学报（哲学社会科学版）》2005年1期。

廖名春：《楚竹书〈内礼〉、〈曾子立孝〉首章的对比研究》，《中国思想史研究通讯》（第六辑），中国社会科学院历史所思想史研究室，2005年。

廖名春：《读楚竹书〈内礼〉篇札记（一）》，简帛研究网，2005年2月20日。

廖名春：《荆门郭店楚简与先秦儒学》，《郭店楚简研究》（《中国哲学》第二十辑），辽宁教育出版社，1999年。

廖名春：《上博〈诗论〉简的形制和编连》，《孔子研究》2002年2期。

廖名春：《上博楚竹书〈鲁司寇寄言游于逄楚〉篇考辨》，《中华文史论丛》2011年4期。

廖名春：《上博简〈关雎〉七篇诗论研究》，《中州学刊》2002年1期。

廖名春：《上博简〈子羔〉篇释补》，《中州学刊》2003年6期。

廖名春：《上海博物馆藏诗论简校释》，《中国哲学史》2002年1期。

廖名春：《上海博物馆藏诗论简校释札记》，《上博馆藏战国楚竹书研究》，上海书店出版社，2002年。

廖名春：《试论帛书〈衷〉的篇名和字数》，《周易研究》2002年5期。

廖名春：《试论楚简〈鲁邦大旱〉的内容与思想》，《上博馆藏战国楚竹书研究续编》，上海书店出版社，2004年。

林启屏：《论〈民之父母〉中的"三无"》，"新出楚简国际学术研讨会"会议论文，武汉大学与哈佛大学燕京学社主办，武汉，2006年6月26—28日。

林圣峰：《〈上博六·孔子见季桓子〉底本国别问题补说》，简帛网，2008年6月7日。

林素清：《读上博楚竹书（五）札记两则》，"新出楚简国际学术研讨会"会议论文，武汉大学与哈佛大学燕京学社主办，武汉，2006年6月26—28日。

林素清：《郭店、上博缁衣简之比较——兼论战国文字的国别问题》，《新出土文献与古代文明研究》，上海大学出版社，2004年。

林素清：《上博楚竹书〈昔者君老〉新释》，《上博馆藏战国楚竹书研究续编》，上海书店出版社，2004年。

林素清：《上博四〈内礼〉篇重探》，《简帛》（第一辑），上海古籍出版社，2006年。

林素清：《释"匜"——兼及〈内礼〉新释与重编（初稿）》，"中国古文字：理论与实践国际研讨会"论文，芝加哥大学东亚语言与文化学系，2005年5月28—30日。

林素英：《〈仲尼燕居〉、〈孔子闲居〉与〈论礼〉纂辑之比较——以〈民之父母〉为讨论中介》，"新出楚简国际学术研讨会"会议论文，武汉大学与哈佛大学燕京学社主办，武汉，2006年6月26—28日。

林素英：《从施政原则论孔子德刑思想之转化——综合简本与今本〈缁衣〉之讨论》，《简帛》（第二辑），上海古籍出版社，2007年。

林晓平：《春秋战国时期史官职责与史学传统》，《史学理论研究》2003年1期。

林志鹏：《〈鲁邦大旱〉诠解》，《上博馆藏战国楚竹书研究续编》，上海书店出版社，2004年。

林志鹏：《战国楚竹书〈子羔〉篇复原刍议》，《上博馆藏战国楚竹书研究续编》，上海书店出版社，2004年。

林志鹏：《仲弓任季氏宰小考》，简帛研究网，2004年6月6日。

刘国胜：《上博（五）零札（六则）》，简帛网，2006年3月31日。

刘洪涛：《〈民之父母〉、〈武王践阼〉合编一卷说》，复旦大学出土文献与古文字研究中心网，2009年1月5日。

刘洪涛：《〈上博五·弟子问〉小考两则》，简帛网，2006年5月31日。

刘洪涛：《读上博竹书〈天子建州〉札记》，简帛网，2007年7月12日。

刘洪涛：《郭店竹简〈性自命出〉句读辨正一则》，简帛网，2009年10月24日。

刘洪涛：《上海博物馆藏战国竹简〈子路〉篇残简》，《出土文献》（第十五辑），中西书局，2019年。

刘娇：《居延汉简所见六艺诸子类资料辑释》，《出土文献与古文字研究》（第七辑），上海古籍出版社，2018年。

刘昕岚：《郭店楚简〈性自命出〉篇笺释》，《郭店楚简国际学术研讨会论文集》，湖北人民出版社，2000年。

刘信芳：《〈上博藏六〉试解之三》，简帛网，2007年8月9日。

刘信芳：《郭店简缁衣解诂》，《郭店楚简国际学术研讨会论文集》，湖北人民出版社，2000年。

刘信芳：《上博藏竹书试读》，《学术界》2003年1期。

刘云：《上博七词义五札》，简帛网，2009年3月17日。

刘钊：《读〈上海博物馆藏战国竹书（一）〉札记》，《上博馆藏战国楚竹书研究》，上海书店出版社，2002年。

罗新慧：《〈容成氏〉、〈唐虞之道〉与战国时期禅让学说》，《齐鲁学刊》2003年6期。

罗运环：《楚简〈史蒥问于夫子〉的主旨及其他》，《中原文化研究》2017年2期。

孟蓬生：《〈上博竹书（四）〉闲诂》，简帛研究网，2005年2月15日。

墨子涵：《〈天子建州〉中所见反印文、未释字及几点臆断》，简帛网，2007年12月25日。

宁镇疆：《由〈民之父母〉与定州、阜阳相关简牍再说〈家语〉的性质及成书》，《上博馆藏战国楚竹书研究续编》，上海书店出版社，2004年。

牛新房：《读上博（五）〈弟子问〉札记一则》，简帛网，2006年3月4日。

牛新房：《读上博（五）〈季康子问于孔子〉琐议》，简帛网，2006年3月9日。

庞朴：《话说"五至三无"》，《文史哲》2004年1期。

庞朴：《孔孟之间——郭店楚简中的儒家心性说》，《郭店楚简研究》［《中国哲学》（第二十辑）］，辽宁教育出版社，1999年。

庞朴：《喜读"五至三无"——初读〈上博藏简〉（二）》，简帛研究网，2003年1月12日；后发表于《上博馆藏战国楚竹书研究续编》，上海书店出版社，2004年。

庞朴：《郳燕书说——郭店楚简、中山三器心旁文字试说》，《郭店楚简国际学术研讨会论文集》，湖北人民出版社，2000年。

彭裕商：《〈孔子诗论〉随记二则》，《古文字研究》（第二十七辑），中华书局，2008年。

彭裕商：《禅让说源流及学派兴衰——以竹书〈唐虞之道〉、〈子羔〉、〈容成氏〉为中心》，《历史研究》2009年3期。

浅野裕一：《上海楚简〈君子为礼〉与孔子素王说》，"中国简帛学国际论坛2006"论文，武汉，2006年11月8—10日；后收入《简帛》（第二辑），上海古籍出版社，2008年。

秦桦林：《楚简〈君子为礼〉札记一则》，简帛网，2006年2月22日。

裘锡圭：《〈天子建州〉（甲本）小札》，简帛网，2007年7月16日；后发表于《简帛》（第三辑），上海古籍出版社，2008年。

裘锡圭：《北京大学中国古文献研究中心郭店楚墓竹简研究项目介绍》，《裘锡圭学术文集·简牍帛书卷》，复旦大学出版社，2012年。

裘锡圭：《关于〈孔子诗论〉》，《中国出土古文献十讲》，复旦大学出版社，2004年。

裘锡圭：《上博简〈相邦之道〉1号简考释》，《中国文字学报》（第一辑），商务印书馆，2006年。

裘锡圭：《释〈子羔〉篇"铫"字并论商得金德之说》，《简帛》（第二辑），上海古籍出版社，2007年。

裘锡圭：《释古文字中的有些"恩"字和从"恩"、从"兑"之字》，《出土文献与古文字研究》（第二辑），复旦大学出版社，2008年。

裘锡圭：《释郭店〈缁衣〉"出言有丨，黎民所訐"——兼说"丨"为"针"之初文》，《中国出土古文献十讲》，复旦大学出版社，2004年。

裘锡圭：《谈谈上博简〈子羔〉篇的简序》，《上博馆藏战国楚竹书研究续编》，上海书店出版社，2004年。

裘锡圭：《谈谈上博简和郭店简中的错别字》，《中国出土古文献十讲》，复旦大学出版社，2004年；后收入《裘锡圭学术文集（简牍帛书卷）》，复旦大学出版社，2015年。

裘锡圭：《由郭店简〈性自命出〉的"室性者故也"说到〈孟子〉的"天下之言性也"章》，《中国出土古文献十讲》，复旦大学出版社，2004年。

裘锡圭：《中国古典学重建中应该注意的问题》，《中国出土文献十讲》，复旦大学出版社，2004年。

单育辰：《〈上海博物馆藏战国楚竹书（九）〉杂识》，《简帛》（第十一辑），上海古籍出版社，2015年。

单育辰：《上博五短札（三则）》，简帛网，2006年4月30日。

单育辰：《占毕随录之二》，简帛网，2007年7月28日。

单育辰：《占毕随录之十五》，复旦大学出土文献与古文字研究中心网，2011年7月22日。

沈培：《〈上博（六）〉字词浅释（七则）》，简帛网，2007年7月20日。

沈培：《关于"抄写者误加'句读符号'"的更正意见》，简帛网，2006年2月25日。

沈培：《上博（七）残字辨识两则》，复旦大学出土文献与古文字研究中心网，2009年1月2日。

施谢捷：《说上博简〈缁衣〉中用为"望"、"汤"的字》，《华学》（第十一辑），中山大学出版社，2014年。

史杰鹏：《从郭店和上博〈缁衣〉的几条简文谈今本〈缁衣〉的形成》，《传统中国研究集刊》（九、十合辑），上海人民出版社，2012年。

史杰鹏：《上博竹简（三）注释补正》，简帛研究网，2005年7月16日。

史仪：《〈从政〉篇编连拾遗》，简帛研究网，2003年1月17日。

宋冬梅：《儒家道统中的孟子升格与孔孟之道》，《中国文化论衡》2017年2期。

苏建洲：《〈弟子问〉简21"未见善事人而贞者"解》，复旦大学出土文献与古文字研究中心网站，2010年8月20日。

苏建洲：《〈上博楚简（五）〉考释二则》，简帛网，2006年12月1日。

苏建洲：《〈上博楚竹书〉文字及相关问题研究》，万卷楼图书股份有限公司，2008年。

苏建洲：《〈上博五〉柬释（二）》，简帛网，2006年2月28日。

苏建洲：《〈上博五·弟子问〉研究》，中研院《历史语言研究所集刊》（第八十三本第二分），2012年。

苏建洲：《初读〈上博九〉札记（一）》，简帛网，2013年1月6日。

苏建洲：《读〈上博（六）·天子建州〉笔记》，简帛网，2007年7月22日。

孙伟龙、李守奎：《上博简标识符号五题》，《简帛》（第三辑），上海古籍出版社，2008年。

孙玉文：《说"无（毋）乃"》，《中学语文》2002年2期。

汤浅邦弘：《中国出土文献研究——上博楚简与银雀山汉简》，《古典文献研究辑刊十五编（第22册）》，花木兰文化出版社，2012年。

唐兰、裘锡圭、罗福颐等：《座谈长沙马王堆汉墓帛书》，《文物》1974年9期。

田炜：《读〈上海博物馆藏战国楚竹书〉零札》，《江汉考古》2008年2期。

田炜：《读上博竹书（四）琐记》，简帛研究网，2005年4月3日。

田炜：《上博五〈弟子问〉"登年"小考》，简帛网，2006年3月22日。

王博：《关于〈唐虞之道〉的几个问题》，《中国哲学史》1999年2期。

王楚宁、张予正：《海昏侯墓〈齐论·问王〉章句蠡测》，搜狐网，2017年8月22日，

王楚宁、张予正：《肩水金关汉简〈齐论语〉的整理》，《中国文物报》2017年8月11日。

王化平：《上博简〈中弓〉与〈论语〉及相关问题探讨》，《北方论丛》2009年4期。

王辉：《"豫绞而收贫"小札》，复旦大学出土文献与古文字研究中心网，2012年4月16日。

王凯博：《〈史蕳问于夫子〉缀合三例》，简帛网，2013年1月10日。

王三峡：《"死不顾生"句试解》，简帛网，2006年3月8日。

王志平：《上博九〈史蕳问于夫子〉之"史蕳"考》，《陕西师范大学学报（哲学社会科学版）》2017年5期。

王中江：《〈从政〉重编校注》，简帛研究网，2003年1月16日。

魏启鹏：《说"四方有败"及"先王之游"——读〈上博简〉（二）笺记之一》，《上博馆藏战国楚竹书研究续编》，上海书店出版社，2004年。

魏宜辉：《读上博楚简（四）札记》，简帛研究网，2005年3月10日。

闻一多：《高唐神女传说之分析》，《清华大学学报（自然科学版）》1935年4期。

武勇：《宋型文化背景下宋代道统论之发展——以孟子道统地位的确立历程为中心》，《湖北社会科学》2016年8期。

武致知：《张家山汉简〈引书〉阅读方式研究》，中研院史语所"简牍形制与物质文化——古代中国研究青年学者研习会（四）"论文，2016年4月22日。见陈弘音、游逸飞整理：《古人如何阅读：青年学者谈"简牍形制与物质文化"》，澎湃新闻，

2016年6月1日。

肖从礼、赵香兰：《金关汉简"孔子知道之易"为〈齐论知道〉佚文蠡测》，《简帛研究：二○一三》，广西师范大学出版社，2014年。

肖芸晓：《抄工与学者：试论清华简书手的职与能》，"第九届出土文献青年学者国际论坛暨先秦秦汉荆楚地区的空间整合学术工作坊"论文，2021年3月20、21日。

辛德勇：《解海昏侯刘贺三题》，人民网，2017年7月17日。

邢文：《〈礼记〉的再认识——郭店、上博楚简中与〈礼记〉有关的文献》，《中国古代文明研究与学术史——李学勤教授伉俪七十寿庆纪念文集》，河北大学出版社，2006年。

徐少华：《楚竹书〈民之父母〉思想源流探论》，《中国哲学史》2005年4期。

徐少华：《论〈上博五·君子为礼〉的编连与文本结构》，"新出楚简国际学术研讨会"论文，武汉大学与哈佛大学燕京学社主办，武汉，2006年6月26—28日。

徐少华：《论竹书〈君子为礼〉的思想内涵与特征》，《中国哲学史》2007年2期。

徐在国：《说楚简"叚"兼及相关字》，简帛网，2009年7月15日。

许无咎：《〈内礼〉札记一则》，简帛研究网，2005年3月1日。

禤健聪：《楚简释读琐记（五则）》，《古文字研究》（第二十七辑），中华书局，2008年。

禤健聪：《上博楚简（五）零札（二）》，简帛网，2006年2月26日。

禤健聪：《上博楚简（五）零札（一）》，简帛网，2006年2月24日。

杨朝明：《〈论语〉成书及其文本特征》，《理论学刊》2009年2期。

杨朝明：《上博竹书〈从政〉篇分章释文》，简帛研究网，2003年5月11日。

杨朝明：《上博竹书〈从政〉篇与〈子思子〉》，《孔子研究》2005年2期。

杨朝明：《新出竹书与〈论语〉成书问题再认识》，《中国哲学史》2003年3期。

杨朝明：《子夏及其传经之学考论》，《孔子与孔门弟子研究》，齐鲁书社，2004年。

杨华：《〈天子建州〉礼疏》，"中国简帛学国际论坛2007"论文，台湾大学，2007年。

杨军、王楚宁、徐长青：《西汉海昏侯刘贺墓出土〈论语·知道〉简初探》，《文物》2016年12期；后收入朱凤瀚主编、柯中华副主编：《海昏简牍初论》，北京大学出版社，2020年。

杨泽生：《〈上博五〉零释十二则》，简帛网，2006年3月20日。

杨泽生：《〈上海博物馆所藏竹书（二）〉补释》，简帛研究网，2003年2月15日。

杨泽生：《读〈上博六〉小札》，简帛网，2007年7月21日。

杨泽生：《说"既曰'天也'，犹有怨言"评的是〈鄘风·柏舟〉》，《新出土文献

与古代文明研究》，上海大学出版社，2004年，

伊若泊：《〈上博·五〉所见仲尼弟子子贡的言语与早期儒学史》，"中国简帛学国际论坛2007"论文，台湾大学，2007年11月10—12日。

尤骥：《孔门弟子的不同思想倾向和儒家的分化》，《孔子研究》1993年2期。

于豪亮：《帛书〈周易〉》，《文物》1984年3期。

虞万里：《〈缁衣〉简本与传本章次文字错简异同考征徵》，《中国经学》（第一辑），广西师范大学出版社，2005年。

张崇礼：《读〈天子建州〉札记》，简帛研究网，2007年10月9日。

张崇礼：《释古文字中的"吴"》，复旦大学出土文献与古文字研究中心网站，2012年4月22日。

张峰：《〈上博九·史蒥问于夫子〉初读》，简帛网，2013年1月6日。

张富海：《上博简〈子羔〉篇"后稷之母"节考释》，《上博馆藏战国楚竹书研究续编》，上海书店出版社，2004年。

张世超：《占毕脞说》，复旦大学出土文献与古文字中心网站，2011年12月7日。

张英梅：《试探〈肩水金关汉简（三）〉中所见典籍简及相关问题》，《敦煌研究》2015年4期。

张政烺：《帛书〈六十四卦〉跋》，《文物》1984年3期。

赵炳清：《上博简三〈仲弓〉的编联及讲释》，简帛研究网，2005年4月10日。

赵平安：《〈武王践阼〉"曼"字补说》，复旦大学出土文献与古文字中心网站，2009年1月15日。

赵平安：《楚竹书〈容成氏〉的篇名及其性质》，《华学》（第六辑），紫禁城出版社，2003年。

赵平安：《上博藏〈缁衣〉简字诂四篇》，《上博馆藏战国楚竹书研究》，上海书店出版社，2002年。

赵彤：《以母的上古来源及相关问题》，《语言研究》2005年4期。

中国文物研究所古文献研究室等：《阜阳汉简〈周易〉释文》，《道家文化研究》（第18辑），生活·读书·新知三联书店，2000年。

周波：《上博五补释二则》，简帛网，2006年4月5日。

周波：《上博五札记（三则）》，简帛网，2006年2月26日。

周凤五、林素清：《郭店竹简编序复原研究》，《古文字与古文献》（试刊号），台湾楚文化研究会印行，1999年。

周凤五：《读上博楚竹书〈从政〉甲篇札记》，《上博馆藏战国楚竹书研究续编》，

上海书店出版社，2004年。

周凤五：《郭店〈性自命出〉"奴欲盈而毋暴"说》，《新出土文献与古代文明研究》，上海大学出版社，2004年。

周凤五：《论上博〈孔子诗论〉竹简留白问题》，《上博馆藏战国楚竹书研究》，上海书店出版社，2002年。

周凤五：《上博〈性情论〉小笺》，《齐鲁学刊》2002年第4期。

朱德熙、裘锡圭：《战国文字研究（六种）》，《考古学报》1972年2期；后收入《朱德熙古文字论集》，中华书局，1995年。

朱维铮：《〈论语〉结集脞说》，《孔子研究》1986年1期（创刊号）。

五、学位论文

何有祖：《上博简〈天子建州〉初步研究》，武汉大学博士学位论文，2009年。

胡兰江：《七十子考》，北京大学博士学位论文，2002年。

黄武智：《上博楚简"礼记类"文献研究》，台湾"中山大学"博士学位论文，2009年。

李二民：《〈缁衣〉研究》，北京大学硕士学位论文，2001年。

刘洪涛：《上博竹书〈民之父母〉研究》，北京大学硕士学位论文，2008年。

马志亮：《〈上海博物馆藏战国楚竹书（八）〉集释》，武汉大学硕士学位论文，2012年。

杨先云：《上博（九）之〈陈公治兵〉、〈邦人不称〉、〈史蒥问于夫子〉、〈卜书〉集释》，武汉大学硕士学位论文，2015年。

张富海：《郭店楚简〈缁衣〉篇研究》，北京大学硕士学位论文，2002年。

张富海：《汉人所谓古文研究》，北京大学博士学位论文，2005年。

张昊：《上博简（五）〈君子为礼〉与〈弟子问〉研究》，武汉大学硕士学位论文，2007年。

张新俊：《上博楚简文字研究》，吉林大学博士学位论文，2005年。

已发表的相关文章目录

梁静：《简帛文献与早期儒学研究》，《简帛》（第五辑），上海古籍出版社，2010年。

梁静：《上博简〈孔子见季桓子〉研究——兼论孔子仕鲁的背景与周游列国的原因》，《中国文字》（新三十六期），艺文印书馆，2011年。

梁静：《从上博简〈季康子问于孔子〉看孔子晚年不仕的原因》，《人文论丛》2011年卷，中国社会科学出版社，2011年。

梁静：《上博简〈弟子问〉文本研究》，《出土文献研究》（第十辑），中华书局，2011年。

梁静：《上博楚简〈内礼〉研究》，《文献》2012年第4期。

梁静：《对于判断出土文献学派归属的反思》，《简帛》（第七辑），上海古籍出版社，2012年。

梁静：《上博楚简〈仲弓〉篇研究》，《中国典籍与文化》2013年1期。

梁静：《上博楚简〈从政〉研究》，《故宫博物院院刊》2013年4期。

梁静：《上博楚简〈子贡〉篇研究》，《考古与文物》2014年4期。

梁静：《"论语"类文献与〈论语〉的成书》，『동서인문』（제3집）（《东西人文》第三辑），2015年。

梁静：《出土〈齐论语〉与汉代〈论语〉版本的合并》，"古籍新诠——先秦两汉文献国际学术研讨会暨中国文化研究所五十周年庆典"会议论文，香港中文大学，2017年。

梁静：《语气对正确理解古代文献的重要性——以〈鲁邦大旱〉中的"毋乃"为例》，《简帛》（第十七辑），上海古籍出版社，2018年。

梁静：《上博〈性情论〉研究及与郭店本的对比》，《出土文献》（第十四辑），中西书局，2019年。

梁静：《上博简〈史蒥问于夫子〉拼合补说及人物试探》，《简帛》（第二十一辑），上海古籍出版社，2020年。

后　记

2010年6月，我在李零老师指导下撰写的博士学位论文《上博楚简儒籍考论》顺利通过答辩。本书就是在此基础上增补、修订而成的。

俗话说"十年磨一剑"。然而从博士毕业到最终出版的这十一年，不得不说，并不是百分之一百地用在打磨这把剑上。十一年间的日常琐事之外，将论文修订出版，是一直萦绕在我心头的第一要务。跟随李老师读书时，就常见他催促已经毕业的师兄师姐把论文整理出版。所以，这是我欠李老师的债。当然，更是我欠自己的债。只有完成这件事，我才能真正进入学术研究的"自由王国"。

与原稿相比，此次出版主要有两个变化。一是增补了2010年以后出版的新材料。包括《上博八》《上博九》中的《史蒥问于夫子》《颜渊问于孔子》《子道饿》三篇和只见释文的《子路初见》，前七册中的《孔子诗论》《缁衣》《性情论》《武王践阼》《天子建州》五篇，原稿未做校注，这次也一并补入，同时也包括学者的相关讨论。

二是调整结构。原稿首先系统考察了传世文献中的早期儒家概况，对简文的研究则主要模仿了李老师《郭店楚简校读记》的做法，先做文本校注，每篇简文后的"余论"部分进行相关问题的探讨（原稿本来叫《上博楚简儒籍考》，也是模仿李老师《中国方术考》和胡兰江学姐《七十子考》之命名。参加预答辩的张鸣老师觉得我的"余论"其实是"正论"，建议改为《上博楚简儒籍考论》，才有了现在的书名）。后来在《文献》《考古与文物》《简帛》等刊物发表时（详见"已发表的相关文章目录"），也保持了这样的模式。这次出版彻底打破了原来的结构，对简文的校读全部放在上编，而对简文内涵的讨论，除个别针对单篇简文的仍放在每卷后的"附论"以外，进一步提炼出"上博儒籍与孔子""上博儒籍与'七十子'""上博儒籍与儒学文献"三个主题，形成了下编的三章内容，试图从更加宏观的角度理解上博儒籍在早期儒学史和早期儒学文献流传的研究中，能够提供的新线索。

在研究方法上，还借鉴了近十年来简帛研究中对写本字迹、墨识符号的考察，尽力挖掘上博儒籍所承载的古人书写与阅读信息。引入"文化记忆"的理论，试图解释早期文本中人物混淆的现象等。虽然离完美还有不小的距离，只能说学有所限，生也有涯，在上博儒籍的研究中我已经尽力了，该开始新的探索了。

人生的选择与际遇往往充满了偶然。能够进入出土文献的研究领域，始于2005年我的考博决定（详细经过已写在《我和李零老师的师生缘起——我的考博记》，《传记文学》2017年第12期）。再往前找，又始于2003年我获得推免的机会成为李天虹老师的硕士研究生，2000年填报的高考志愿，1998年初夏的文理分班，1993年老梁给我择定的中学。这一系列的因果链无论哪一个出现差异，恐怕结果都不会是今天这样。当然，量子力学告诉我们，每一种选择事实上都已发生，无数种不同的结果已然存在于我们身边的无数个平行宇宙之中。

由于种种原因，当年毕业后我没能如愿以偿地进入科研单位。这份失落，我曾如实地写在博士论文的《后记》中：

> 由校园走向社会的过程，其实更多的是对人情商的考验。
>
> 在写论文的过程中，找工作占用了我大量的时间和精力，这是我始料不及的。为了工作，我频繁地往返于京汉之间。每次坐在320上望着窗外的中关村越来越远，我都在心里默默地对自己说，是的，我爱北京，是的，我也爱武汉。然而这世上究竟有什么办法能把你所热爱的一切都拴在身边，永不散去？每个人所能拥有的，终究还是有限的吧。得到的同时往往也意味着失去。
>
> 求职过程中遭遇的挫折，曾使我一度无法专心于论文的写作。正是因为此，才让我体会到绝粮七日仍能弦歌不辍的背后，是多么强大的精神力量在支撑。求职面试，被问起从《论语》中学到的最重要的是什么。我说，匹夫不可夺志。是的，不管将来从事何种工作，我都不会放弃对世界的认知和对人性的思考。
>
> 现在回过头来去看自己最初的年少轻狂与不切实际，心中竟然对这段日子充满了感激。不是因为最后的苦尽甘来，而是因为苦难本身对人意志的磨炼。希望今后在面对人生的种种变故时，能够表现得更加从容和坦然一些。

让我没想到的是，在从事对外汉语教学十年之后，又有了重返研究领域的机会。更巧的是，博士论文正式出版之际，我又处于工作变动之时。从刚毕业的即将而立，到现在的已逾不惑，有没有更加"从容和坦然一些"呢？如果说"从容和坦然"意味着在人生重要事件发生时情绪的毫无波动，那显然我是做不到的，不只现在做不到，以后恐怕也做不到。然而现在的我，能够明白强烈的情绪因何而生，并且能够"坦然"接受，在我看来，已是成长了不少。十一年的光阴，并未虚度，没有白活。

回顾自己这半生的经历，能够从寒门子弟成长为初具专业知识和技能的教育科研工作者，个人的坚持不懈自然是最主要的原因，老师的培养也至关重要。感谢李天虹、李零、陈伟三位老师在硕士、博士、博士后阶段对我的悉心指导。如果说，跟李天虹老师读硕士是我人生道路选择的起点，那么跟陈伟老师做博士后就是我职业生涯正式开始的标志。而作为一个研究者，学术趣味和研究能力的形成，世界观、人生观的建立，基本上是在跟李零老师读博士的过程中完成的。我是李老师的学生，更是他的读者。他的广博、敏锐、高效、自律，让我钦佩不已，"虽不能至，然心向往之"。同门之中，韩巍、苏晓威、林志鹏师兄博学、友善，王睿师姐大气、爽朗，菁菁、田天、莹莹聪颖、勤奋，后来的政富、冯坤也各有所长，都是我学习的榜样。学习之余，同门相聚，谈天论地的欢声笑语，就是困顿生活里的糖。

感谢唐晓峰、沈建华、林梅村、张鸣、刘玉才、赵超、陈平诸位老师在我中期考核、开题、预答辩、答辩时的宝贵意见。刘国胜老师虽然不是我的导师，却经常鼓励和指点我。老师的恩情我都铭记在心，作为受惠者，自然也当将这份光和热传递下去。

感谢有祖、文恺的陪伴和鼓励。缺乏安全感、没自信又暴躁的我不是一个好相处的人，他们比谁都清楚。感谢爸爸妈妈和公公婆婆的支持，你们的健康是我们最大的财富。

感谢国家社科基金批准"上博楚简儒籍研究"课题立项（12CZS007）。评审专家的批评和意见给了我很多启发。也感谢"古文字与中华文明传承发展工程"平台的支持。

感谢科学出版社的王光明和郝莎莎老师。书稿拖欠太久，给他们添了麻烦。

能够进入武汉大学古籍整理研究所，要感谢陈伟、李天虹老师的推荐，文学院与古籍所各位领导、老师的认可与接纳，还有国际教育学院领导的理解与成全。从未曾生活过的学生，到初具经验的教师，是我在国教院获得的宝贵成长。愿世界早日走出新冠肺炎疫情的阴霾，国际教育事业得到更好的发展。

感谢曾经一起工作的伙伴们。或许已经很难相信，在高校中还有这样一群人，会掏腰包为学生垫付学费，会联系身边的厂家为疫情中的学生寄去口罩，会在学生的作业旁写上温暖的话语，为雨中的女孩画上一把伞……虽然重归学术是我一直以来的愿望，但当这一天真的到来时，没想到竟然会有这么多的眼泪和不舍。亲爱的妮妮、姝、熊、静、萍萍、田田、大拿、周大……你们的通透、优雅、热情、真诚、智慧、幽默、博识，都是令我艳羡的品质。能够在人生的第一份工作中遇到你们，是我最大的幸运。在朋友圈日复一日地关注、点赞、贬损、祝福，就是我们对"人已走，茶不凉"的践行。

最后，感谢简帛中心资料室的郭老师。使我重返学术圈时的惶恐与不安，在触手可及的知识宝库中得到了最大的安抚。

在人生这条单行道上，感激每一程的相遇、相知和相伴。

路还长，必须满怀希望。

2021年9月26日写于珞珈山

2021年11月2日改于插秧斋